中国技能大赛——全国医药行业职业技能竞赛教材

全国职业教育医药类规划教材

药品购销技术

YAOPIN GOUXIAO JISHU

中国医药教育协会职业技术教育委员会　　组织编写

叶真　丛淑芹　主编

U0366958

化学工业出版社

·北京·

本教材是中国技能大赛——全国医药行业职业技能竞赛教材，是全国职业教育医药类规划教材，由中国医药教育协会职业技术教育委员会组织编写。本书以《医药商品购销员国家职业标准》为依据，引入医药基础知识，围绕常见病药物治疗、用药咨询与指导、药品首营审核、药品采购、药品收货与验收、药品保管养护、药品陈列与销售、处方调剂、药品营销等药品流通服务领域的职业活动与岗位技能要求，设计教材整体结构。书中注重立德树人的理念，以党的二十大报告为指引，以岗位实际需求为出发点，突出实践性和可操作性。本书由具有丰富实践经验的药品经营企业人员参与编写，具有较强的实用性和针对性。书中配套数字化教学资源，可以更生动、形象地展现教学内容。

本教材可供药品经营与管理、药品服务与管理、食品药品监督管理、药学、中药学、药物制剂技术、药品生产技术等专业作为教学及参赛使用，也可作为药品购销从业人员日常学习和技能培训的参考书。

图书在版编目（CIP）数据

药品购销技术/中国医药教育协会职业技术教育委员会组织编写；叶真，丛淑芹主编. —北京：化学工业出版社，2020.1（2025.4 重印）

中国技能大赛——全国医药行业职业技能竞赛教材

全国职业教育医药类规划教材

ISBN 978-7-122-35895-0

Ⅰ.①药… Ⅱ.①中…②叶…③丛… Ⅲ.①药品-购销-高等职业教育-教材 Ⅳ.①F763

中国版本图书馆 CIP 数据核字（2019）第 297784 号

责任编辑：陈燕杰 张 蕾 文字编辑：何 芳
责任校对：宋 玮 装帧设计：王晓宇

出版发行：化学工业出版社（北京市东城区青年湖南街 13 号 邮政编码 100011）
印　　装：三河市君旺印务有限公司
787mm×1092mm 1/16 印张 22¼ 字数 577 千字 2025 年 4 月北京第 1 版第 14 次印刷

购书咨询：010-64518888 售后服务：010-64518899
网　　址：http://www.cip.com.cn
凡购买本书，如有缺损质量问题，本社销售中心负责调换。

定　　价：48.00 元 版权所有　违者必究

广东省食品药品职业技术学校

天津现代职业技术学院

江西省医药技师学院

江西省医药学校

河南医药技师学院

山东医药技师学院

上海驭风文化传播有限公司

广东岭南职业技术学院

福建生物工程职业技术学院

上海市中药行业职业技能培训中心

山东药品食品职业学院

河北化工医药职业技术学院

湖南食品药品职业学院

山西药科职业学院

上海医药（集团）有限公司

广东食品药品职业学院

北京奥鹏远程教育中心有限公司

河南应用技术职业学院

江苏省徐州医药高等职业学校

上海健康医学院医学影像学院

汕头中医药技工学校

长江职业学院

深圳技师学院生物学院

杭州第一技师学院

浙江医药高等专科学校

河南应用技术职业学院医药学院

南京药育智能科技有限公司

本书编写人员

主　编　叶　真　丛淑芹

编写人员

于晓芳　山东药品食品职业学院

王国康　浙江医药高等专科学校

王增仙　山西药科职业学院

叶　真　北京金象大药房医药连锁有限责任公司

丛淑芹　山东药品食品职业学院

卢　超　杭州胡庆余堂国药号有限公司

李　雪　广东食品药品职业学院

何永佳　广东岭南职业技术学院

张　萍　江苏省徐州医药高等职业学校

汪丽华　长江职业学院

陈歆妙　广东省食品药品职业技术学校

段立华　河北化工医药职业技术学院

董建慧　杭州第一技师学院

谢冬梅　北京金象大药房医药连锁有限责任公司

鲁燕君　江西省医药学校

霍亚丽　山东医药技师学院

魏　睿　山西省晋中市卫生学校

序

近年来，国务院先后发布了《关于推行终身职业技能培训制度的意见》和《国家职业教育改革实施方案》，对新时期开展职业教育和职业培训提出了新的指导思想和具体任务，把职业教育培训摆在国家改革创新和经济社会发展中更加突出的位置。在两个文件中，都把开展技能竞赛、职业资格制度和职业技能等级制度（"1+X"制度试点）作为职业院校学生、企业员工强化工匠精神和职业素质培育，以党的二十大报告为指引，坚持产教融合、校企合作、知行合一、德技并修的重要举措。

中国技能大赛——全国医药行业职业技能竞赛经国家人力资源和社会保障部批准，已由中国医药教育协会连续举办五届，历时十年，对医药行业技能水平提升发挥了重要作用。此外，"1+X"制度的推进，使医药行业技能等级培训、评价，在原有职业资格制度基础上做得更加深入，将引起医药职业院校更大的关注和期待。为适应医药行业技术发展职业技能竞赛、"1+X"制度试点改革的需要，中国医药教育协会决定由中国医药教育协会职业技术教育委员会组织对《药品购销技术》《中药调剂技术》和《医药物流管理技术》竞赛培训教材进行编写，就研究组织教材编写的活动形成了几大特点。

1.教材内容基于《中华人民共和国职业分类大典》（2015年版）的职业（工种）定义、技能竞赛大纲，体现和满足医药商品购销员、中药调剂员和医药商品储运员三个工种的国家职业资格要求、范围和深度与职业标准、中国技能大赛竞赛大纲相适应。因此其实践性、应用性较强，突破了传统教材以理论知识为主的局限，突出了职业技能特点。

2.教材突出实践导向，以岗位实际要求为出发点，以职业能力和职业素养培养为核心，整合相应的知识点、技能点，实现工作与学习的统一，理论与实践的统一，专业能力、方法能力和社会能力的统一；在内容选取上适应企业岗位需求，突出实用性和针对性；教材为书网融合教材，即纸质教材与数字教学资源有机融合，增加学习趣味性。

3.教材注重产教融合，采用企业与院校双主编，将行业中现行的新技术、新规范、新标准融入到教材内容中，实现校企合作、工学结合的"无缝对接"。

4.实行主审制，每本教材均邀请专业领域内企业专家担任主审，确保教材内容准确性。

本套教材紧扣药品流通领域职业需求，以实用技术为主，产教深度融合，可作为学校相关专业教学用书，也可用于药品流通领域企业在职员工培训、日常学习。教材将会听取各方面的意见，及时修订并开发新教材以促进其与时俱进、臻于完善。

愿使用本套教材的每位师生收获丰硕！愿我国医药事业不断发展！

中国医药教育协会职业技术教育委员会

前　言

随着国家医疗卫生体制改革的不断推进、深化与提速，医药行业各个领域正面临着深刻的冲击。同时，广大人民群众的自我药疗意识不断增强，他们对美好生活充满了向往，这些都触动着药品经营和使用环节，使企业逐渐转变观念，树立以人为中心的专业化服务理念，在确保药品质量和供应的基础上，积极展开专业化的药学服务活动。这就需要职业教育为企业培养更多的专业人才，努力提高药学服务水平和质量。本教材顺应行业、企业新需求，以《医药商品购销员国家职业标准》为基本依据，引入医药基础知识，以岗位实际需求为出发点，以职业活动为主线，以职业技能培养为核心，突出实践性和可操作性。本书的理论知识以"必需、够用"为度，不过分强调理论知识的系统性和完整性（如常用药物介绍中，两种药物的相互作用不重复介绍，而是只在受影响明显的药物中介绍一次），注重知识与技能相结合的操作性与实用性，力求展现新知识、新技术和新方法。

本教材分为上、下两篇。上篇为医药综合知识，共五章，包括医学基础知识、药物基础知识、常用药物介绍、保健食品与医疗器械。下篇为药品购销技能，共九章，包括常见病药物治疗、药品采购、药品收货与验收、药品储存与养护、药品陈列、药品销售、用药咨询与指导、药品营销、经济核算、顾客服务。

通过对本教材的学习，可以达到以下基本要求：掌握医学基础知识和药物基础知识；掌握常见疾病症状、诊断标准与治疗药物；掌握各系统药物的作用机制、适应证、使用方法与注意事项；提高药品购销人员药品采购、验收、储存与养护、陈列与保管、销售与促进、营销与经济核算等工作的技能水平。本教材可以作为职业院校教学用书，也可作为药品经营企业的技术规范和岗位培训用书。

本教材编写人员分工如下：叶真与丛淑芹拟定本书编写大纲，并负责审稿、统稿。魏睿负责编写第一章和第五章第一节到第十三节；何永佳与段立华合作负责编写第二章；王增仙总负责第三章并编写第一节和第三节；王国康负责编写第三章第二节、第四节至第七节；陈歆妙负责编写第三章第八节至第十六节；段立华负责编写第四章；张萍总负责第五章并编写第十四节至第二十六节；李雪负责编写第五章第二十七节至第三十八节；于晓芳负责编写第六章；董建慧负责编写第七章；谢冬梅负责编写第八章；霍亚丽负责编写第九章；鲁燕君负责编写第十章；卢超负责编写第十一章和第十四章；汪丽华负责编写第十二章和第十三章。

本教材的编写得到了中国医药教育协会、南京药育科技有限公司、上海市医药学校大力支持，在此表示衷心感谢！

由于编者学识水平有限，教材中难免会有疏漏之处，敬请广大读者批评指正。

编者

目录
CONTENTS

上篇
医药综合知识

目录

CONTENTS

下篇
药品购销技能

上篇
医药综合知识

第一章
医学基础知识

学习目标

本章学习内容包括人体的构成、医学微生物学、免疫学基础、常规检验指标解读等医学基础知识。通过本章学习，达到以下要求：了解人体结构、细胞功能和病原微生物的种类；熟悉病原微生物的致病原理和常见检测指标的解读；掌握各系统及重要器官的生理功能。

第一节 人体的构成

一、人体的构成

人体是由庞大的细胞群体与细胞外基质（细胞间质）共同构成的有机体。细胞是组成人体结构和功能的基本单位。细胞外基质由细胞产生，营造成细胞生存的微环境，对细胞起支持、联络、保护和营养等作用；对细胞增殖、分化、运动及信息传递有重大影响。

在人体中形态、功能相同或相似的细胞与细胞外基质构成组织。人体的组织有四大类，即上皮组织、结缔组织、肌肉组织和神经组织。

不同的组织按一定的规律组合成具有一定形态并执行特定生理功能的结构，称器官，如心、肝、肺、肾等。许多器官为完成共同性的生理功能而组合成为系统。人体有运动、神经、感官、脉管、消化、呼吸、泌尿、生殖和内分泌等系统。各系统在神经、体液和免疫系统的调节下，彼此联络、相互协调与影响，共同构成一个完整统一的有机体。

二、细胞的基本功能

人体细胞尽管各式各样，但都具有共同的基本结构，细胞的结构通常分为细胞膜、细胞质、细胞核三部分。细胞膜对维持细胞的形态、进行细胞内外物质交换、参与细胞的相互识别和传递信息起着重要作用。细胞质位于细胞膜与细胞核之间，是细胞完成多种生命活动的场所，包括基质、细胞器和内含物三部分。基质是细胞质内有形成分的生活环境，又是细胞进行多种物质代谢的重要场所。细胞器有线粒体、高尔基复合体、中心体等，它们承载着细胞的生长、维持、修复和控制等方面的功能。除血液中成熟的红细胞外，人体细胞都有细胞核。细胞核内染色质的主要化学成分是蛋白质和脱氧核糖核酸（DNA）。DNA 是遗传物质基础。一切活细胞的细胞膜两侧的生物电称为跨膜电位，其分为静息电位（是动作电位产生的基础）和动作电位（是细胞兴奋的标志）。

三、各系统及重要器官

（一）血液

正常人的血液总量占体重的 $6\% \sim 8\%$。血液具有运输和缓冲的功能，在机体生理活动中有重要意义。血液由血浆和血细胞组成，血细胞分红细胞、白细胞、血小板三类。血液各组成的特点如下。

（1）血浆　血浆是血细胞的细胞外液，是重要的机体内环境。其中，白蛋白是构成血浆胶体渗透压的主要成分；球蛋白中的免疫球蛋白具有防御作用；纤维蛋白原参与凝血。

（2）红细胞　成熟红细胞呈双凹圆盘形，内无细胞核和细胞器，胞质内充满的血红蛋白具有携带 O_2 和一部分 CO_2 的功能，同时还可以缓冲体内产生的酸碱物质。

（3）白细胞　其中中性粒细胞具有杀菌作用，在细菌性炎症时数量增多。

（4）血小板　能保持血管内皮完整性，并在止血和凝血过程中起重要作用。

（二）循环系统

循环系统包括心血管系统和淋巴系统。心血管系统由心脏和血管组成。淋巴系统由淋巴管道、淋巴组织和淋巴器官构成。

1. 心血管系统

心血管系统由心脏和血管构成。血液在心脏和血管内单向循环流动且周而复始的现象叫血液循环，由体循环（大循环）和肺循环（小循环）构成。

体循环：血液由左心室射入主动脉，经主动脉各级分支流向全身毛细血管，与组织、细胞进行物质交换后，再经各级静脉回流，最后经上、下腔静脉流回右心房。其特点是流程长，经过循环后血液由动脉血变成静脉血。

肺循环：血液自右心室射出，经肺动脉干及其各级分支到达肺泡周围毛细血管，进行气体交换后，逐级汇合，最后经肺静脉流回左心房。其特点是流程短，经过循环后血液由静脉血变成动脉血。

（1）心脏　心脏是血液循环的动力器官，位于胸腔内、两肺之间的前下部。心脏有三尖瓣、二尖瓣、主动脉瓣及肺动脉瓣，这些瓣膜起到防止血液逆流的作用。心肌细胞有四个生理特性，即自律性、传导性、兴奋性和收缩性。心肌的生理特性以心肌的生物电活动为基础。

（2）血管　血管分布于人体各部，分为动脉、静脉和毛细血管三类。在封闭的心血管系统中，足够量的血液充盈血管是形成动脉血压的前提，心室射血和外周阻力这两个根本因素相互作用形成了动脉血压。血压所达的最高值称收缩压，最低值称舒张压。影响动脉血压的因素有：每搏输出量、心率、外周阻力、循环血量与血管容积的比例、大动脉管壁的弹性等。

2. 淋巴系统

淋巴系统是具有免疫功能的系统，可以预防疾病的发生。淋巴管道按管径大小分为毛细淋巴管、淋巴管、淋巴干和淋巴导管。淋巴器官包括淋巴结、脾、胸腺和扁桃体等。淋巴液来自组织液，组织液的大部分在静脉端被吸收入血液，少量则进入淋巴管，形成淋巴液，再由淋巴管运回血液。

（三）呼吸系统

呼吸系统由呼吸道和肺组成，见图 1-1。呼吸道是传送气体的管道，包括鼻、咽、喉、气管和左、右主支气管等。临床上将鼻、咽、喉合称上呼吸道，气管以下的呼吸道称下呼吸道。肺是进行气体交换的器官。

机体与外界环境之间氧和二氧化碳的气体交换过程，称为呼吸。呼吸全过程包括三个相互联系的环节。

（1）外呼吸 外呼吸包括肺通气和肺换气。肺通气即肺与大气间的气体交流，原动力是呼吸肌舒缩引起的呼吸运动。肺换气即肺泡与肺毛细血管血液之间的气体交换。

（2）气体在血液中的运输。

（3）内呼吸 内呼吸称为组织换气。组织换气是组织细胞与组织毛细血管血液之间的气体交换。机体中诸因素参与呼吸调节。二氧化碳是维持正常呼吸的生理性刺激。缺氧作用于外周化学感受器，可反射性地加强呼吸运动。但缺氧对呼吸中枢的直接作用是抑制。

（四）消化和吸收

1. 消化

消化是指食物在消化道内被分解成可吸收的小分子物质的过程。消化系统由消化管和消化腺组成见图 1-2。

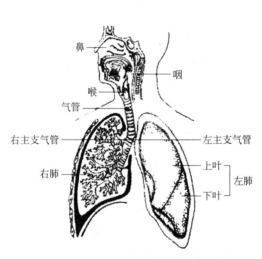

图 1-1 呼吸系统结构

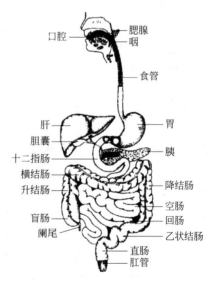

图 1-2 消化系统结构

（1）消化管 包括口腔、咽、食管、胃、小肠（包括十二指肠、空肠和回肠）和大肠（包括结肠、直肠、盲肠、阑尾和肛管）。临床上，常把口腔至十二指肠称上消化道；空肠至肛门称下消化道。

胃是消化管中最膨大的部分，上连食管，下续十二指肠。胃有两口即贲门和幽门。胃可分为四部：贲门部、胃底、胃体和幽门部。胃底腺的主细胞分泌胃蛋白酶原，壁细胞分泌盐酸和内因子。

盐酸的生理作用：激活胃蛋白酶原，并提供其作用所需的酸性环境；使食物中的蛋白质变性而易于水解；杀死随食物入胃的细菌；促使小肠消化液的分泌；促进小肠对铁、钙的吸收。胃蛋白酶原活化形成胃蛋白酶可水解蛋白质产生多肽。内因子保护维生素 B_{12} 并促进其吸收。

知识链接 -

胃排空

食物由胃排入十二指肠的过程为胃排空。一般说来，流体食物比固体食物排空快。在三种营养物质中，糖类的排空速度最快，蛋白质次之，脂肪最慢。

（2）消化腺　包括大唾液腺、肝、胰以及消化管壁内的许多小腺体，如胃腺、肠腺等。消化方式主要有机械消化和化学消化（表1-1）。

表 1-1　消化管各段的消化方式

形式	口腔	胃	小肠	大肠
机械消化	咀嚼 吞咽	紧张性收缩 容受性舒张	紧张性收缩 分节运动 蠕动	蠕动 集团蠕动 蠕动
化学消化	唾液	胃液	胰液 胆汁 小肠液	大肠液

肝是人体最大的消化腺，肝的大部分位于右季肋区和腹上区，小部分位于左季肋区。肝脏是新陈代谢最活跃的器官，不仅参与营养物质的代谢，还参与激素、药物等物质转化和解毒，同时具有分泌胆汁、吞噬、防御等功能。

胰位于胃的后方，是人体第二大消化腺。外分泌部腺细胞分泌的胰液，是消化力最强的消化液。内分泌部称为胰岛，它分泌的激素直接进入血液参与血糖调节。

2. 吸收

吸收是指食物消化后的小分子物质通过消化道黏膜进入血液和淋巴液的过程。不同物质吸收的部位不一样（表1-2）。

表 1-2　不同物质的吸收部位

部位	吸收物
口腔	某些药物（如硝酸甘油）
咽、食管	没有吸收功能
胃	酒精、少量水分和某些易溶于水的药物（如阿司匹林）
小肠	绝大多数的糖类、脂肪和蛋白质的消化产物以及水、维生素和无机盐
回肠	主动吸收胆盐和维生素 B_{12}

（五）肾的排泄

肾位于腹后壁脊柱的两侧。肾脏是体内最重要的排泄器官，在维持内环境稳定中发挥重要作用。

尿在肾单位及集合管生成，包括肾小球的滤过、肾小管和集合管的重吸收、肾小管和集合管的分泌与排泄三个过程。肾小球的滤过动力是有效滤过压，有效滤过压＝肾小球毛细血管血压－（血浆胶体渗透压＋肾小囊内压）。肾小球滤过率是指单位时间内（1min）两肾生成的原尿总量，其反映肾小球滤过功能。肾小管和集合管重吸收大量水和溶质，同时近端小管通过 H^+-Na^+ 交换分泌 H^+，远端小管和集合管通过 K^+-Na^+ 交换分泌 K^+。大量饮水后，机体会释放抗利尿激素（ADH），产生水利尿现象。醛固酮也是调节尿量的重要激素。

知识链接 -

尿液量的监测

多尿：每昼夜尿量经常超 2500mL。

少尿：每昼夜尿量在 100～500mL。

无尿：每昼夜尿量低于 100mL。

（六）神经系统

神经系统是人体内的主要功能调节系统，通常分中枢神经系和周围神经系两部分。中枢神经系包括脑和脊髓，周围神经系包括脑神经、脊神经和内脏神经。

神经系统的基本活动方式是反射。反射的结构基础为反射弧，反射弧由感受器、感觉神经、中枢、运动神经和效应器五部分组成。

神经系统的基本结构和功能单位是神经元。突触是指神经元与神经元接触和传递信息的部位。信息从一个神经元经突触传到另一神经元的过程，称为突触传递。在反射活动中，突触是最易疲劳的部位，这可能与递质的耗竭、代谢物的积聚等有关。突触的易疲劳性对中枢起保护作用，可避免长时间过强刺激的伤害。内环境的任何变化都会影响突触的传递。

（七）内分泌系统

内分泌系统由内分泌腺、内分泌组织和内分泌细胞组成。内分泌腺有垂体、甲状腺、甲状旁腺、肾上腺和松果体；内分泌组织有胰岛和性腺等；分散的内分泌细胞可见于消化管黏膜、下丘脑、肾、心等器官。

内分泌系统的细胞分泌的生物活性物质称激素。激素作用主要表现在调节物质代谢和生殖过程，促进生长发育，影响中枢神经系统及内脏神经系统的发育和活动，维持内环境稳定等方面。主要激素的分泌与功能见表 1-3。

表 1-3　主要激素的分泌与功能

名称	分泌部位	主要功能
甲状腺激素	甲状腺	1.影响长骨和中枢神经的发育 2.提高基础代谢率,对三大营养物质的代谢既有合成作用又有分解作用 3.提高中枢神经系统及交感神经兴奋性,使心率增快,心肌收缩力增强
胰岛素	胰岛的 B 细胞	1.降低血糖 2.促进蛋白质和脂肪合成,抑制分解
糖皮质激素	肾上腺皮质部	1.对物质代谢的影响:促进糖类、蛋白质分解代谢,对脂肪的作用存在部位差异 2.对水盐代谢的影响:保钠排钾 3.提高应激 4.允许作用 5.促进造血 6.其他:抗休克、抗炎、抗过敏、抗毒、提高中枢神经兴奋性等

第二节　医学微生物学

一、病原微生物的种类

病原微生物是能引起人类、动物、植物疾病的，具有致病性的微生物。病原微生物种类繁多，按其大小和结构的复杂程度，依次为病毒、细菌、支原体、衣原体、立克次体、螺旋体、放线菌、真菌、医学蠕虫、医学原虫和医学节肢动物。

二、病原微生物的致病原理

（一）细菌的致病性

病原菌的致病作用与其毒力、侵入机体数量和侵入途径密切相关。

1. 细菌的毒力

构成细菌毒力的物质是侵袭力和毒素。

（1）侵袭力　是指病原菌突破机体的某些防御功能，在机体内生长繁殖和蔓延扩散的能力。

（2）毒素　是细菌在生长繁殖中产生和释放的毒性物质，可分为外毒素和内毒素。外毒素主要是革兰阳性菌和部分革兰阴性菌产生并释放到菌体外的毒性蛋白质，毒性作用强，具有选择性。外毒素经甲醛处理可以脱去毒性、保留抗原性称类毒素，类毒素可刺激机体产生抗毒素。内毒素是革兰阴性菌细胞壁的成分，在菌体裂解后才能释放出来的一种毒性脂多糖，主要致病作用为发热反应。

2. 细菌数量

一次侵入机体的细菌数量越多，致病力越强。

3. 侵入途径

病原菌需通过特定的门户侵入，才能致病。

（二）病毒的感染

病毒侵入机体在宿主细胞内以复制的方式增殖，并与机体相互作用的过程，称为病毒的感染。

病毒感染后可导致机体出现明显的病理损伤和生理功能紊乱，主要表现如下。

（1）细胞损伤　主要包括杀细胞作用、细胞膜损伤、包涵体形成、细胞畸变、细胞凋亡等。

（2）免疫性损伤　包括体液免疫损伤和细胞免疫损伤。

（三）真菌

真菌是一种真核生物，具有完整的细胞结构，比细菌大。大多数真菌对人无害，常寄生在健康人的口腔、皮肤、阴道和消化道等处，只有少数能引起人类疾病，即为致病性真菌，如常见的脚癣、皮肤癣、真菌性阴道炎、鹅口疮等。

（四）寄生虫

寄生虫是指永久或暂时地生活在其他动物的体内或体表，获取营养，并损害对方的多细胞的无脊椎动物和单细胞的原生动物。

常见人体寄生虫有线虫、吸虫、绦虫及原虫。寄生虫的致病作用是寄生虫通过夺取营养、机械作用、毒素以及过敏原作用损害宿主。

第三节 免疫学基础

一、基本概念

（1）免疫 指机体免疫系统识别和排除抗原性异物，维持内环境相对稳定的一种生理功能。

（2）免疫反应 免疫体系中各成员（抗原、免疫分子、免疫细胞、免疫组织）之间相互依赖、相互影响和相互作用的一种免疫学现象。

（3）抗原 凡能刺激机体使其产生特异性免疫应答的物质，称为抗原，其是具有异物性、特异性和大分子性质的物质。

（4）抗体 指抗原进入体内后，体内产生的一种能与相应抗原结合的球蛋白。因为它参与免疫应答，最终清除抗原物质，故称免疫球蛋白。

二、免疫系统及功能

免疫系统包括免疫器官、免疫细胞和免疫分子，它是人体抵御病原菌侵犯最重要的保卫系统。

免疫功能主要有：防止外界病原体入侵，清除已入侵体内的病原体；随时发现和清除体内出现的不是自己的成分，比如肿瘤细胞以及衰老凋亡的细胞；通过自身免疫耐受、免疫调节两种主要机制来达到免疫系统内环境的稳定。

第四节 常规检验指标解读

医学检验指标是诊断疾病的重要指标。药师在进行药学服务时，应具有正确使用常用医学检验指标及临床意义的能力，以便于与医师沟通，对药物治疗方案和疾病的监测指标做出判断，以提高疗效和减少药品不良反应的发生率。常见的检验指标及临床意义见表1-4。

表1-4 常见的检验指标及临床意义

检验项目	参考范围	临床意义
红细胞计数（RBC）	成年男性：$(4.0\sim5.5)\times10^{12}/L$ 成年女性：$(3.5\sim5.0)\times10^{12}/L$ 新生儿：$(6.0\sim7.0)\times10^{12}/L$ 儿童：$(4.2\sim5.2)\times10^{12}/L$	1.增多:血液浓缩（连续性呕吐）；生理性增多（剧烈运动）；病理代偿性和继发性增多（常继发于慢性肺心病） 2.减少:再生障碍性贫血、溶血性贫血等
白细胞（WBC）	成人末梢血：$(4.0\sim10.0)\times10^{9}/L$ 成人静脉血：$(3.5\sim10.0)\times10^{9}/L$ 新生儿：$(15.0\sim20.0)\times10^{9}/L$ 6个月～2岁儿童：$(11.0\sim12.0)\times10^{9}/L$	1.减少:流行性感冒、伤寒、应用部分抗生素药物等 2.增多:生理性（月经前）；病理性（各种细菌感染）
中性粒细胞计数	中性粒细胞:$0.50\sim0.70(50\%\sim70\%)$	1.增多:急性感染、化脓性感染、手术后、严重组织损伤等 2.减少:伤寒、布氏杆菌病、某些病毒感染

续表

检验项目	参考范围	临床意义
血小板计数 （PLT）	$(100\sim300)\times10^9/L$	1. 减少：$<100\times10^9/L$，再障、急性白血病、脾大等 2. 增多：$>400\times10^9/L$，慢粒、急性感染、某些癌症等
血糖（GLU）	空腹血糖 成人：$3.9\sim6.1mmol/L(70\sim110mg/dL)$ 儿童：$3.3\sim5.5mmol/L(60\sim100mg/dL)$（略低） 餐后 2h 血糖 $<7.8mmol/L(140mg/dL)$	1. 增高：糖尿病、肾上腺皮质功能亢进、腺垂体功能亢进等 2. 降低：肾上腺素皮质功能减退、长期营养不良等
糖化血红蛋白 （HbAIC. Ghb）	竞争免疫比浊法：$4.8\%\sim6.0\%$	1. 增高：见于糖尿病、高血糖 2. 降低：见于贫血、红细胞更新率增加等
总胆固醇（TC）	两点终点法：$3.1\sim5.7mmol/L$ 胆固醇酯/总胆固醇：$0.60\sim0.75$	1. 升高：动脉硬化及高脂血症、肾病综合征 2. 降低：甲状腺功能亢进症、严重肝脏疾病、贫血
三酰甘油 （甘油三酯，TG）	一点终点法：$0.56\sim1.70mmol/L$	1. 增高：常见于食用高脂肪食品、肾病综合征等 2. 减少：甲状腺功能亢进症、严重肝脏疾病、贫血等
低密度脂蛋白 胆固醇（LDL-C）	两点终点法：$2.1\sim3.1mmol/L$	1. 增多：常见于饮食中含有胆固醇和饱和脂肪酸、肝脏疾病等 2. 降低：甲状腺功能亢进、严重肝脏疾病等
极低密度脂蛋白 胆固醇（VLDL-C）	$0.21\sim0.78mmol/L$	增多：可见于胰腺炎、低甲状腺血症及妊娠期妇女等
高密度脂蛋白 胆固醇（HDL-C）	直接遮蔽法：$1.2\sim1.65mmol/L$	降低：动脉硬化及高脂血症、吸烟、肥胖
血尿酸	酶法 男性：$180\sim440\mu mol/L$ 女性：$120\sim320\mu mol/L$	1. 增高：痛风、急慢性肾炎、甲状腺功能亢进症、红细胞增多症 2. 减少：恶性贫血、范科尼综合征、饮食影响
肌酸激酶（CK）	动态法 CK 总活性 男性：$25\sim200U/L$ 女性：$25\sim170U/L$ CK 同工酶 CK-BB：0 CK-MM：$0.94\sim0.96$ CK-MB：$0\sim0.05$	1. 肌酸激酶增高：心肌梗死（CK-MB 是急性心肌梗死的重要标志）、各种肌肉疾病（如挤压综合征）、他汀类药物 2. 磷酸激酶减少：见于肝硬化

续表

检验项目	参考范围	临床意义
丙氨酸氨基转移酶（GPT）	速率法：成人<40U/L	GPT升高见于肝胆疾病、心肌炎、心肌梗死所致的肝淤血或是药物影响
天门冬氨酸氨基转移酶（AST，GOP）	速率法：成人<40U/L	AST的测定反映肝细胞损伤程度，其升高见于心肌梗死、肝脏疾病等

自测练习

一、单项选择题

1. 上消化道不包括（　　　）

A. 口腔和咽　　　　　B. 食管　　　　　　　C. 胃　　　　　　　　D. 结肠

2. 严重烧伤会导致（　　　）

A. 红细胞减少　　　　　　　　　　B. 血红蛋白量增多

C. 血小板增多　　　　　　　　　　D. 红细胞沉降率增快

3. 肺通气的原动力是（　　　）

A. 呼吸肌的收缩与舒张　　　　　　B. 肺的收缩与扩张

C. 大气与肺之间的压力差　　　　　D. 胸膜腔内压的变化

4. 正常成人每昼夜排出的尿量为（　　　）

A. 500～1000mL　　B. 2000～2500mL　　C. 1500～3000mL　　D. 1000～2000mL

5. 营养心的血管是（　　　）

A. 桡动脉　　　　　　B. 尺动脉　　　　　　C. 股动脉　　　　　　D. 冠状动脉

6. 正常成人的空腹血糖范围是多少（　　　）

A. 3.9～6.1mmoL/L　　　　　　　B. 3.3～5.5mmoL/L

C. 7.8mmoL/L　　　　　　　　　　D. 4.0～8.1mmoL/L

二、多项选择题

1. 血细胞包括（　　　）

A. 红细胞　　　　　　B. 有粒白细胞　　　　C. 血小板

D. 无粒白细胞　　　　E. 成纤维细胞

2. 肾单位是肾结构和功能的基本单位，其组成包括（　　　）

A. 肾小体　　　　　　B. 肾小管　　　　　　C. 肾盂

D. 肾小盏　　　　　　E. 肾大盏

3. 心交感神经兴奋时可使（　　　）

A. 心率加快　　　　　B. 心收缩力增强　　　C. 心排血量增加

D. 血压升高　　　　　E. 血压降低

三、简答题

1. 人体主要的内分泌腺有哪些？

2. 简述神经系统的分布。

第二章
药物基础知识

学习目标

本章学习内容包括药品分类方法、药物的剂型及特点、药物的质量要求与包装、药物的基本作用以及药物体内基本过程涉及的理论知识。通过本章学习，达到以下要求：了解药物和药品的概念与异同及常用的分类方法、药品的包装与标识、药物体内基本过程；熟悉药物的剂型及特点、药物的体内过程四个阶段、药品的质量要求；掌握药物的基本作用与影响药物作用的因素、影响药物的体内过程的因素。

第一节 药物的分类方法

一、药物和药品的概念

药物是指可以改善或查明机体的生理功能或病理状态，用于治疗、预防、诊断疾病及计划生育的物质。

《中华人民共和国药品管理法》对药品的定义：是指用于预防、治疗、诊断人的疾病，有目的地调节人的生理功能并规定有适应证或者功能主治、用法和用量的物质，包括中药材、中药饮片、中成药、化学原料药及其制剂、抗生素、生化药品、放射性药品、血清、疫苗、血液制品和诊断药品等。

二、药品的分类方法

药品的分类方法很多，其目的是为了便于深入研究药品的质量和性质，从而有利于合理地组织药品流通或是选购和使用等。常用的分类方法见表 2-1。

表 2-1 药品分类方法

分类标准	类别	举例（或含义）
药物来源	动物	如牛磺酸、甲状腺素等
	植物	如小檗碱、长春碱、颠茄等

续表

分类标准	类别	举例（或含义）
药物来源	矿物	如芒硝、硫黄、硼砂等
	生物	如肠乐、辅酶 A 等
	合成或半合成	如阿司匹林、苯海拉明等
剂型	注射剂型	如粉针剂、小容量注射液，大容量注射液等
	口服剂型	液体制剂：如口服溶液、糖浆剂、乳剂、合剂、混悬剂等
		固体制剂：如片剂、胶囊、颗粒剂、丸剂、散剂
	外用制剂	固体制剂：散剂、贴膏剂
		半固体制剂：如软膏剂、乳膏膏、栓剂、凝胶剂、膏剂
		液体制剂：如搽剂、洗剂、酊剂、滴眼剂、滴耳剂、滴鼻剂
	其他剂型	如外用喷雾剂、口腔喷雾剂、气雾剂、吸入粉雾剂
	新剂型	如缓释、控释制剂、TTS、脂质体等
药理作用和治疗用途	抗微生物药	如青霉素类、大环内酯类、喹诺酮类、磺胺类、抗真菌药、抗病毒药等
	抗寄生虫药	抗疟药、驱肠虫药
	解热镇痛抗炎抗风湿药	如镇痛药、解热镇痛抗炎药、抗风湿药、抗痛风等药
	呼吸系统用药	如镇咳药、祛痰药、平喘药
	消化系统用药	如抗酸药及抗溃疡病药、助消化药、胃肠解痉药、胃动力药、泻药及止泻药、肝病辅助治疗药、微生态制剂、利胆药、治疗炎性肠病药
	心血管系统用药	如抗心绞痛药、抗心律失常药、抗心力衰竭药、抗高血压药、调脂及抗动脉粥样硬化药
	血液系统用药	抗贫血药、抗血小板药、促凝血药、抗凝血药及溶栓药、血容量扩充药
	神经系统用药	如抗震颤麻痹药、抗癫痫药、中枢兴奋药等
	治疗精神障碍药	如抗抑郁药、抗焦虑药、镇静催眠药
	泌尿系统用药	如利尿药及脱水药、良性前列腺增生用药、透析用药
	激素及影响内分泌药	如胰岛素及口服降血糖药、甲状腺激素、抗甲状腺药、雄激素及同化激素、雌激素、孕激素及抗孕激素、钙代谢调节药及抗骨质疏松药等
	维生素、矿物质类药	如维生素 A、葡萄糖酸钙、肠外营养药、肠内营养药等
	调节水、电解质及酸碱平衡药	如口服补液盐、碳酸氢钠、葡萄糖等
	抗变态反应药	如氯苯那敏、氯雷他定等
	免疫系统用药	如雷公藤多苷、环孢素等
	抗肿瘤药	如烷化剂、抗代谢药、抗肿瘤抗生素等
	解毒药	如有机磷酸酯类中毒解毒药、亚硝酸盐中毒解毒药、阿片类中毒解毒药、鼠药解毒药
	专科用药	如皮肤科用药、眼科用药、耳鼻喉用药、妇产科用药、儿科用药等
药品管理要求	非处方药	分甲类、乙类
	处方药	目前分单轨制管理与双轨制管理二类
	国家基本药物	临床应用的各类药品中经过科学评价而遴选出的在同类药品中具有代表性的药品

续表

分类标准	类别	举例(或含义)
药品管理要求	基本医疗保险药物	列入国家基本医疗保险用药范围的药品,分甲、乙二类,为临床必需、安全有效、价格合理、使用方便、市场能保证供应的药品
	特殊管理药品	包括麻醉药品、精神药品、医疗用毒性药品、放射性药品
	仿制药	是指与商品名药在剂量、安全性和效力(不管如何服用)、质量、作用以及适应证上相同的一种仿制品
	辅助用药	指有助于增加主要治疗药物的作用或通过影响主要治疗药物的吸收、作用机制、代谢以增加其疗效的药物;或在疾病常规治疗基础上,有助于疾病或功能紊乱的预防和治疗的药物
	医院制剂	是指医疗机构根据本单位临床需要经批准而配制、自用的固定处方制剂
	进口药	指在中国大陆境外生产的药品,在中国大陆注册销售。凡是在中国大陆境外生产,产地在中国大陆以外的地方,从外国或港、澳、台进口的药品在大陆注册销售都叫进口药品。进口药品分两类:一类是港澳台进口的药品,在中国大陆注册销售,发给的是《医药产品注册证》;另一类是从其他国家进口的药品,在中国大陆注册销售,发给的是《进口药品注册证》

 知识链接

生物制品和专利药概念

生物制品:是应用普通的或以基因工程、细胞工程、蛋白质工程、发酵工程等生物技术获得的微生物、细胞及各种动物和人源的组织和液体等生物材料制备的,用于人类疾病预防、治疗和诊断的药品。

专利药:凡申请专利的新化学单体药为专利药,它的研制过程包括发现阶段、临床前开发、新药临床前申请、新药临床试验Ⅰ期、新药临床试验Ⅱ期、新药临床试验Ⅲ期、新药申请。这些药品只有拥有这些专利药品的公司才能生产,或由他们自己转让别人生产。

第二节　药物的剂型及特点

一、液体制剂

液体制剂系指药物分散在适宜的分散介质中制成的液体形态的制剂。液体制剂可供内服或外用。内服液体制剂如合剂、糖浆剂、乳剂、混悬剂、滴剂等。外用液体制剂如皮肤科用的洗剂、搽剂,五官科用的洗耳剂、滴耳剂、洗鼻剂、含漱剂、涂剂等,直肠、阴道、尿道用的灌肠剂、灌洗剂等。

液体制剂的优点:药物分散度大,吸收快,药效发挥迅速;给药途径广泛,易于分剂量，适用于婴幼儿和老年患者；可外用于皮肤、黏膜和人体腔道等；可通过调整制剂浓度减少刺激性；某些固体药物制成液体制剂后有利于提高生物利用度。液体制剂的缺点：药物分散度大，易引起药物的化学降解；液体制剂携带、运输、储存都不方便；水性液体制剂容易霉变，需加入防腐剂；非均匀性液体制剂如乳剂、混悬剂等，药物的分散度大，表面积也大，易产生一系列的物理稳定性问题。

（一）合剂

系指以水为溶剂，含有一种或一种以上的药物成分的内服液体制剂（滴剂除外），在临床上除滴剂外所有的内服液体制剂都属于合剂。合剂中的药物可以是化学药物，也可以是中药材的提取物。合剂主要以水为溶剂，有时为了溶解药物可加少量的乙醇。合剂中加入甜味剂、调色剂、香精等。以水为溶剂的合剂需加入防腐剂，必要时也可加入稳定剂。合剂可以是溶液型、混悬液、乳剂型的液体制剂，如水合氯醛合剂。

口服液为合剂的一种，目前应用得较多，口服液应是澄清溶液，或含有极少量的一摇即散的沉淀物。

（二）洗剂

系指专供涂抹、敷于皮肤的外用液体制剂；洗剂一般轻轻涂于皮肤或用纱布蘸取敷于皮肤上。洗剂的分散介质为水和乙醇。洗剂有消毒、消炎、止痒、收敛、保护等局部作用。洗剂可为溶液型、混悬型以及它们的混合型液体制剂，其中混悬剂居多。混悬型洗剂中常加入甘油和助悬剂。

（三）搽剂

系指专供揉搽皮肤表面用的液体制剂，用乙醇和油作分散剂，有镇痛、收敛、消炎、杀菌、抗刺激等作用。起镇痛、抗刺激作用的搽剂，多用乙醇为分散剂，使用时用力揉搽，可增加药物的渗透性。搽剂可为溶液型、混悬型、乳剂型液体制剂，如复方地塞米松搽剂。

（四）滴耳剂

系指供滴入耳腔内的外用液体制剂。以水、乙醇、甘油为溶剂，也可用丙二醇、聚乙二醇等。乙醇为溶剂时虽然有渗透性和杀菌作用，但有刺激性。以甘油为溶剂时作用缓和、药效持久，有吸湿性，但渗透性较差。滴耳剂有消毒、止痒、收敛、消炎、润滑作用。外耳道有炎症时，pH 值在 $7.1 \sim 7.8$，所以外用滴耳剂最好为弱酸性，如复方硼酸滴耳液。

（五）滴鼻剂

系指专供滴入鼻腔内使用的液体制剂。以水、丙二醇、液状石蜡、植物油为溶剂，多制成溶液剂，但也有制成混悬液剂、乳剂使用。为促进吸收、防止黏膜水肿，应当调节渗透压、pH 值和黏度。油溶液刺激性小，作用持久，但不与鼻腔黏液混合。滴鼻剂 pH 应为 $5.5 \sim 7.5$，应与鼻腔黏液等渗，不影响纤毛运动和分泌液离子组成，如复方泼尼松龙滴鼻剂。

（六）含漱剂

系指用于咽喉、口腔清洗的液体制剂，起清洗、祛臭、防腐、收敛和消炎的作用。一般用药物的水溶液，也可含少量甘油和乙醇。溶液中常加适量着色剂，以示外用漱口，不可咽下。含漱剂要求微碱性，有利于除去口腔中的微酸性分泌物，溶解黏液蛋白，如复方硼酸钠溶液。

（七）灌肠剂

系指经肛门灌入直肠使用的液体制剂。包括以下几种类型。

（1）下灌肠剂 是以清除粪便、降低肠压、使肠道恢复正常功能为目的的液体制剂，如5％软肥皂溶液。

（2）含药灌肠剂 是指起局部作用或发挥全身作用的液体制剂。局部可起收敛作用，吸收可产生兴奋或镇静作用。药物在胃内易被破坏，对胃有刺激性，因恶心呕吐不能口服给药的患者可灌肠给药，如10％水合氯醛。

（3）营养灌汤剂 是指患者不能经口摄取营养而应用的含有营养成分的液体制剂。这类制剂需在直肠保留较长时间以利于药物吸收，可以是溶液剂，也可以是乳剂，如5％葡萄糖溶液。

二、注射剂

注射剂系指药物制成的供注入体内的灭菌溶液、乳浊液或混悬液，以及供临用前配成溶液或混悬液的无菌粉末或浓缩液。

（一）注射剂类型

（1）水溶液型注射剂 易溶于水或增加其溶解度后易溶于水，且在水溶液中稳定或经用稳定化措施后稳定的药物，可制成水溶液型注射剂，如氯化钠、氨茶碱、维生素C等注射剂。

（2）油溶液型或非水溶液型注射剂 油溶性药物可制成油或其他非水溶液型注射剂，如维生素E、黄体酮等注射剂，以及混悬型注射剂。

在水中微溶、极微溶或几乎不溶的药物，在一般注射容量内其溶液浓度达不到治疗要求的剂量时，可制成水性或油性的混悬液，如醋酸可的松、普鲁卡因、青霉素等。

（3）乳浊型注射剂 油类或油溶性药物，可制成乳浊型注射剂，如静脉注射用脂肪乳注射剂。

（4）注射用无菌粉末 又称粉针剂，为药物的无菌粉末或疏松的冻干块状物，临用前加溶剂溶解或混悬后注射。

（5）输液 指由静脉滴注输入体内的大剂量注射剂。由于是大量输入静脉，若有不慎易产生严重后果。其种类主要有：①电解质输液，如氯化钠、碳酸氢钠、乳酸钠等注射液，用于补充体内水分及电解质，纠正体内酸碱平衡等；②营养输液，如糖类（葡萄糖、果糖、木糖醇等）、氨基酸、脂肪乳注射液等，用于补充体液、营养及热量等；③血浆代用液，如右旋糖酐、羟乙基淀粉、变性明胶等注射液，用于代替血浆。

（二）注射剂优缺点

1. 优点

注射剂是应用最广泛、最重要的剂型之一，它具有下列优点。

（1）作用迅速可靠 其药液直接注入组织或血管，无吸收过程或吸收过程很短，因而血药浓度可迅速达到高峰而发挥作用；又因其不经过消化道，不受pH、酶、食物等影响，无首过效应，药物含量不易损失，因此疗效可靠，可用于抢救危急患者。

（2）适用于不宜口服的药物 易被消化液破坏的药物或首过效应显著的药物，以及口服后不易吸收或对消化道刺激性较大的药物，均可设计制成注射剂。

（3）用于不能口服药物的患者 如昏迷或不能吞咽的患者。

（4）可发挥局部定位的作用 如局麻药的使用和对比剂的局部造影。

2. 缺点

注射剂具有下列缺点。

（1）研制生产过程复杂　由于注射剂要求无菌、无致热原，生产过程严格，步骤较多，需要较高的设备条件，而且注射剂中药物一般均以分子状态或微米级的固体小粒子或油滴分散在水中，分散度很大，且要经过高温灭菌，往往产生药物水解、氧化、固体粒子聚结变大或油滴合并破裂等稳定性问题。研制过程中必须采取相应的措施予以解决，储存过程中也比固体制剂稳定性差。

（2）安全性及机体适应性差　由于注射剂直接迅速进入人体，无人体正常生理屏障的保护，因此若剂量不当或注射过快，或药品质量存在问题，均有可能给患者带来危害，甚至造成无法挽回的后果。此外注射时的疼痛、不能由患者自己给药、注射局部产生硬结以及静脉注射引起血管炎症等都是临床应用时存在的问题。

三、滴眼剂

滴眼剂系指药物制成供滴眼用的澄明溶液或混悬液。通常以水为溶剂，极少用油。滴眼剂可发挥消炎杀菌、散瞳缩瞳、降低眼压、诊断以及局部麻醉等作用。

四、散剂

散剂系指一种或数种药物经粉碎制成的粉末状制剂，可供内服或外用。散剂有以下几种分类：按组成药味多少分为单散剂与复散剂；按剂量分为分剂量散与不分剂量散；按用途分为内服散、溶液散、煮散、外用散、吹散、撒布散等。散剂为我国传统古老剂型之一，西药散剂应用日趋减少，中药散剂在临床上仍广为应用。散剂有以下特点。

① 比表面积大、易分散、奏效快。
② 外用覆盖面大，具保护、收敛作用。
③ 制作单位剂量易控制，便于小儿服用。
④ 储存、运输、携带方便。

五、颗粒剂

颗粒剂系指药物与适宜的辅料制成的干燥颗粒状制剂。颗粒剂既可吞服，又可混悬或溶解在水中服用。根据其在水中的溶解情况，分为可溶性颗粒剂、混悬性颗粒剂及泡腾性颗粒剂。

与散剂相比，颗粒剂有许多特点。

① 飞散性、附着性、聚集性、吸湿性等均较小。
② 服用方便，适当加入芳香剂、矫味剂、着色剂等可制成色、香、味俱全的药剂。
③ 必要时可以包衣或制成缓释制剂。但颗粒剂由于粒子大小不一，在用容量法分剂量时不易准确，且几种密度不同、数量不同的颗粒相混合时容易发生分层现象。

六、胶囊剂

胶囊剂系指将药物盛装于硬质空胶囊或具有弹性的软质胶囊中制成的固体制剂，胶囊剂分为硬胶囊剂、软胶囊剂和肠溶胶囊剂，一般供口服用，也可供其他部位如直肠、阴道、植入等使用。胶囊剂不仅整洁、美观、容易吞服，还有以下特点。

① 可掩盖药物的不良气味和减少药物的刺激性。

② 与片剂、丸剂等相比，制备时不需加黏合剂，在胃肠液中分散快、吸收好、生物利用度高。

③ 可提高药物的稳定性，胶囊壳可保护药物免受湿气和空气中氧、光的作用。

④ 可弥补其他剂型的不足，如含油量高或液态的药物难以制成丸剂、片剂时，可制成胶囊，又如对服用剂量小、难溶于水、胃肠道不易吸收的药物，可使其溶于适当的油中，再制成胶囊剂，以利吸收。

⑤ 可制成缓释、控释制剂，如可先将药物制成颗粒，然后用不同释放速率的高分子材料包衣，按需要的比例混匀后装入胶囊中。

⑥ 可使胶囊具有各种颜色或印字，便于识别。

七、滴丸剂和微丸剂

（一）滴丸

滴丸系指固体或液体与基质加热熔化混匀后，滴入不相混溶的冷凝液中，收缩冷凝而制成的制剂。滴丸主要供口服，亦可供外用和局部如眼、耳、鼻、直肠、阴道等使用。其主要特点如下。

① 发挥药效迅速、生物利用度高、副作用小。

② 液体药物可制成固体滴丸，便于服用和运输。

③ 增加药物的稳定性，因药物与基质溶合后与空气接触面积减少，不易氧化和挥发，基质为非水物，不易引起水解。

④ 生产设备简单，操作容易，重量差异较小，成本低，无粉尘，有利于劳动保护。

⑤ 根据需要可制成内服、外用、缓释、控释或局部治疗等多种类型的滴丸剂。

（二）微丸

微丸剂是指由药物和辅料组成的直径小于 2.5mm 的圆球实体。可根据不同需要制成快速、慢速或控释药物的微丸，一般填充于硬胶囊、装袋或制成片剂后服用。其主要特点如下。

① 药物在胃肠道表面分布面积增大，服后可迅速达到治疗浓度，提高生物利用度，减小局部刺激性。

② 可由不同释药速度的多种小丸组成，故可控制释药速度，制成零级、一级或快速释药的制剂。

③ 基本不受胃排空因素的影响，药物的体内吸收速度均匀，且个体间生物利用度差异小。微丸含药百分率范围大，1% ～ 95%，单个胶囊内装入控释微丸的最大剂量可达 600mg。

④ 制备工艺简单。

八、片剂

片剂系指药物与辅料均匀混合经制粒或不经制粒压制而成的片状或异形片状制剂，可供内服和外用。

1. 片剂优点

① 剂量准确，应用方便。

② 生产机械化、自动化程度高，产量大，成本较低。

③ 质量稳定，携带、运输和储存方便。

④ 能适应治疗、预防用药的多种要求。

⑤ 片面可以压上主药名称和药量的标记，也可用不同颜色着色使其便于识别或增加美观。

2. 片剂缺点

① 婴幼儿和昏迷患者等不宜吞服。

② 因片剂需加入若干种辅料并且经过压缩成型，故易出现溶出度和生物利用度方面的问题。

③ 含挥发性成分的片剂，久储后成分会挥发。

九、栓剂

栓剂系指药物与适宜基质制成的、有一定形状、供人体腔道给药的固体制剂。栓剂在常温下为固体，塞入腔道后，在体温下能迅速软化熔融或溶解于分泌液，逐渐释放药物而产生局部或全身作用。栓剂按给药部位可分为肛门栓和阴道栓两种，后者主要用于阴道疾病的局部治疗。

十、软膏剂

软膏剂系指药物与适宜基质均匀混合制成的具有一定稠度的半固体外用制剂。其中用乳剂型基质制成的易于涂布的软膏剂称乳膏剂。软膏剂主要起保护、润滑和局部治疗作用。

十一、膜剂

膜剂系指药物溶解或分散于成膜材料中或包裹于成膜材料中制成的单层或多层膜状制剂。膜剂可供口服、口含、舌下给药，也可用于眼结膜囊内或阴道内，外用可用于皮肤和黏膜创伤、烧伤或炎症表面的覆盖。

1. 膜剂优点

① 无粉末飞扬。

② 成膜材料用料少。

③ 含量准确。

④ 稳定性好。

⑤ 配伍变化少（可制成多层复合膜）。

⑥ 吸收起效快，也可制成控/速释药（制成不同释药速度的膜）。

2. 膜剂缺点

载药量少，只适用于剂量小的药物。

十二、气雾剂

气雾剂系指药物与适宜的抛射剂封装于具有特制阀门系统的耐压密封容器中制成的制剂。使用时借抛射剂的压力将内容物喷出，药物喷出时多为细雾状气溶胶，也可以使药物喷出呈烟雾状、泡沫状或细流样。气雾剂可在呼吸道、皮肤或其他腔道起局部或全身作用。

气雾剂的主要特点如下。

① 具有速效和定位作用，气雾剂可直接喷于作用部位，药物分布均匀，起效快。

② 药物密闭于容器内能保持药物清洁无菌，且由于容器不透明、避光且不与空气中的

氧或水直接接触，所以稳定性好。

③ 无局部用药的刺激性。

④ 可避免肝脏首过效应和胃肠道的破坏作用。

⑤ 需要耐压容器、阀门系统和特殊的生产设备，成本高。

十三、缓释制剂和控释制剂

缓释制剂系指用药后能在较长时间内持续释放药物以达到延长药效目的的制剂。控释制剂系指药物能在设定的时间内自动以设定速度释放，使血药浓度长时间恒定地维持在有效浓度范围内的制剂。

缓释、控释制剂主要有以下特点。

① 对半衰期短的或需要频繁给药的药物，可以减少服药次数，使用方便。这样可以大大提高患者服药的顺应性，特别适用于需要长期服药的慢性疾病患者。

② 使血药浓度平稳，避免或减少峰谷现象，有利于降低药物的毒副作用。

③ 可减少用药的总剂量，因此可用最小剂量达到最大药效。

 知识链接

靶向药物制剂

靶向药物（也称作靶向制剂）是指被赋予了靶向（targeting）能力的药物或其制剂。其目的是使药物或其载体能瞄准特定的病变部位，并在目标部位蓄积或释放有效成分。靶向制剂可以使药物在目标局部形成相对较高的浓度，从而在提高药效的同时抑制毒副作用，减少对正常组织和细胞的伤害。

第三节 药品的质量要求及包装

一、药品的质量要求

药品除具有社会公共性、作用的两重性、质量的单一性、鉴定的专业性、适用的局限性等一般特点外，作为一种特殊商品，它还有以下四个方面的特性。

（1）药品的专属性 药品是专用于治病救人的，要在医生和药师的指导下对症使用，每个药品都有规定的适应证和功效，不像其他商品那样彼此之间可以互相替代。

（2）药品的两重性 药品用之得当，可以治病；使用不当，则可危害健康，甚至致命。例如盐酸吗啡，使用合理是镇痛良药，滥用就是害人的毒品。

（3）质量的严格性 《中华人民共和国药品管理法》规定，药品必须符合国家标准，符合法定质量标准的药品才是合格药品，才能保证疗效，不得生产、销售和使用不合格药品。国家在药品生产、流通和使用环节实行严格监督管理，确保药品质量。

（4）药品的时限性 人只有患病时才需要用药，但药品生产、经营企业平时就应有适当储备。只能药等病，不能病等药。有些药品虽然需用量少，效期短，也要有所储备，宁可到期报废；有些药品即使无利可图，也必须保证生产和供应。

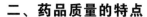

二、药品质量的特点

(一)药品的质量特性要求

药品质量的特性可以被概括为有效性、安全性、均一性、稳定性。有效性与安全性构成了药品的最基本特性。

(1)有效性　指在规定的适应证、用法和用量的条件下能满足预防、治疗、诊断人的疾病，有目的地调节人的生理功能的要求。疗效确切、适应证肯定是药品质量的根本要求，是药品的基本特征。若对防治疾病没有效果，则不能成为药品。

(2)安全性　指按规定的适应证和用法、用量使用药品后，人体产生毒副反应的程度。大多数药品均有不同程度的毒副反应，因此，只有在衡量有效性大于毒副反应或可解除、缓解毒副反应的情况下才可使用某种药品。安全是药品评价和使用时首要考虑的特性。

(3)均一性　指药物制剂的每一单元产品成分含量均匀一致，且都必须符合有效性、安全性的规定要求，主要表现为物理分布方面的特性，是制剂过程中形成的固有特性。

(4)稳定性　指药品在规定的条件下，能够保持其有效性和安全性的能力。这里所指的规定的条件是指在规定的有效期内，以及生产、储存、运输和使用中达到标准规定的条件。

(二)药品的质量标准

药品标准是国家对药品质量及检验方法所作的技术规定，即把反映药品质量特性的技术参数、指标明确规定下来，形成的技术文件。

1. 药品质量标准分类

药品质量标准分为法定标准和非法定标准两类。

(1)法定标准　是国家对药品品种、规格、技术要求、试验检验方法、包装、标志、储运和保管等方面所作的统一规定，是药品生产、供应、使用、检验单位必须共同遵守的法定依据。法定标准属于强制性标准。我国的国家药品标准为国务院药品监督管理部门颁布的《中华人民共和国药典》及其增补版和经国家药品监督管理局批准的药品注册标准和颁布的其他药品标准。

药典是一个国家记载药品规格、标准的法典。由国家组织的药典委员会编写，并由政府颁布施行，具有法律的约束力。

(2)非法定标准　可以由行业集团乃至制药公司制定，不能低于法定标准。

2. 中华人民共和国药典

新中国成立后，编辑了我国第一部《中华人民共和国药典》(简称《中国药典》)1953年版，收载各类药品531种。至今已经先后颁布了十版。现行版为2015年版，新版药典进一步扩大药品品种的收载和修订，共收载品种5608种。一部收载药材和饮片、植物油脂和提取物、成方制剂和单味制剂等品种2598种，其中新增品种440种。二部收载化学药品、抗生素、生化药品、放射性药品等品种2603种，其中新增品种492种。三部收载生物制品品种137种，其中新增品种13种、修订品种105种。2015年版药典将前版药典附录整合为通则，并与药用辅料单独成卷，作为第四部。

3. 国外药典

世界上大约有38个国家有自己的药典，此外还有国际和区域性药典。这些药典无疑对世界医药科学技术交流和国际贸易有极大促进作用。

（1）美国药典《Pharmacopoeia of the United States》简称 USP，1950 年起每 5 年出版一次，现行版为 2016 USP 39。

（2）英国药典《British Pharmacopoeia》简称 BP。英国药典更新周期为每年 1 次。目前最新版为 2019 版，即 BP 2019，于 2018 年 8 月 1 日出版，2019 年 1 月 1 日生效。

（3）日本药局方《The Japanese Pharmacopoeia》简称 JP，目前最新版为 2016 年出版的第 17 改正版（即 JP 17）。

（4）国际药典《International Pharmacopoeia.》简称 Ph. Int，WHO 为了统一世界各国药品的质量标准和质量控制的方法而编纂的。现行版为 2015 年出版的第 5 版，同步发行网络版和光盘版，出版时间不定期。《国际药典》对各国无法律约束力，仅供各国编纂药典时作为参考标准。

三、药品的包装与标识

（一）药品包装的基本要求

1. 应适应不同流通条件的需要

药品在流通领域中可受到运输装卸条件、储存时间、气候变化等情况的影响，所以药品的包装应与这些条件相适应。如怕冻药品发往寒冷地区时，要加防寒包装；药品包装措施应按相对湿度最大的地区考虑等。同样，在对出口药品进行包装时应充分考虑出口国的具体情况，将因包装而影响药品质量的可能性降低到最低限度。

2. 应和内容物相适应

包装应结合所盛装药品的理化性质和剂型特点，分别采取不同措施。如遇光易变质、露置空气中易氧化的药品，应采用遮光容器；瓶装的液体药品应采取防震、防压措施。

3. 要符合标准化要求

符合标准化要求的包装有利于保证药品质量；便于药品运输、装卸与储存；便于识别与计量，有利于现代化港口的机械化装卸；有利于包装、运输、储存费用的减少。

此外，药品包装还有一些具体要求，如药品包装（包括运输包装）必须加封口、封签、封条或使用防盗盖、瓶盖套等；标签必须贴牢、贴正，不得与药物一起放入瓶内；凡封签、标签、包装容器等有破损的，不得出厂和销售。特殊管理药品、非处方药及外用药品的标签上必须印有规定的标志。在国内销售的药品的包装、标签、说明书必须使用规范化汉字，增加其他文字对照的，应当以汉字表述为准。

（二）包装的类别与材料

1. 包装的类别

（1）按包装在流通领域中的作用分类

① 销售包装（内包装、零售包装）：销售包装是以销售为主要目的，与药品一起到达消费者手中的包装。它具有保护产品、美化产品、宣传产品、促进销售的作用。要求结构新颖，造型美观、色彩悦目、符合医药商品的特点、便于陈列和展销；外表的设计应给予消费者一种美感，以达到促进消费的目的。医药企业设计的新颖独特包装，一旦获得"外观设计专利"，对于企业占领市场将会发挥巨大的作用。

② 储运包装（外包装）：储运包装是以运输储存为主要目的的包装，是指内包装外面的木箱、纸箱、桶以及其他包装物。它具有保障药品的安全、避免破损、方便储运装卸、加速

交接和点验等作用。储运包装除了要满足包装的基本要求外，还应有明显清楚的运输标志，以便提示装卸、搬运、堆码、保管作业。此外，危险品必须有国家标准的危险货物包装标志，特殊管理药品及外用药品应有专用标签。

（2）按包装技术与目的分类

① 真空包装指将药品装入气密性包装容器，抽去容器内的空气，使密封后的容器内达到预定真空度的一种包装方法。

② 充气包装指将药品装入气密性包装容器，用氮、二氧化碳等气体置换容器中原有空气的一种包装方法。

③ 无菌包装指将药品、包装容器、材料灭菌后，在无菌的环境中进行充填和封合的一种包装方法。

④ 条形包装指将一个或一组药片、胶囊之类的小型药品包封在两层连续的带状铝塑包装材料之间，热封合形成一粒一个单元的包装。

⑤ 喷雾包装指将液体或膏状药品装入带有阀门和推进剂的气密性包装容器中，当开启阀门时，药品在推进剂产生的压力作用下被喷射出来的一种包装方法。也称气雾剂。

⑥ 儿童安全包装系一种能够保护儿童安全的包装，其结构设计使大部分儿童在一定时间内难以开启或难以取出一定数量的药品。

⑦ 危险品包装指易燃、易爆、有毒、有腐蚀性或有辐射性药品的包装。危险品包装应能控制温度、防潮、防止混杂、防震、防火以及将包装与防爆、灭火等急救措施相结合。

无论哪一种形式的包装，都必须有利于保护药品的质量，有利于药品的装卸、储存、运输、销售，单纯为了促销而采用生活用品式的包装是不可取的。

2. 常用包装材料

为了保证药品质量的完好，所有药品包装用材料及容器必须按法定标准生产。直接接触药品的包装材料及容器（包括油墨、黏合剂、衬垫、填充物等）必须卫生、无毒、不与药品发生化学反应、不发生组分游离或微粒脱落；不准采用可能影响药品质量的包装材料及容器。政府对直接接触药品的包装材料及容器的生产实施生产许可证制度。

（1）玻璃　玻璃具有能防潮、易密封、透明和化学性质较稳定等优点，但玻璃也有许多缺点，如较重、易碎，还可因受到水溶液的侵蚀而释放出碱性物质和不溶性脱片。为了保证药品的质量，药典规定安瓿、大输液瓶必须使用硬质中性玻璃，在盛装遇光易变质的药品时，应选用棕色玻璃制成的容器。

（2）塑料　塑料具有包装牢固、容易封口、色泽鲜艳、透明美观、重量轻、携带方便、价格低廉等优点。由于塑料在生产中常加入附加剂，如增塑剂、稳定剂等，这些附加剂直接与药品接触可能与药品发生化学反应，以致药品质量发生变化。塑料还具有透气透光、易吸附等缺点，这些缺点均可加速药品氧化变质的速度，引起药品变质。

（3）纸制品　纸制品的原料来源广泛、成本较低、刷上防潮涂料后具有一定的防潮性能，包装体积可按需要而制造，具有回收使用的价值，是当今使用最广泛的包装材料之一。缺点是强度低、易变形。

（4）金属　常用的是黑铁皮、镀锌铁皮、马口铁、铝箔等。该类包装耐压、密封、性能好，但是成本比较高。

（5）木材　具有耐压性能，是常用的外包装材料，由于消耗森林资源，现逐步被纸及塑料等材料代替。

（6）复合材料　复合材料是包装材料中的新秀，是用塑料、纸、铝箔等进行多层复合制成的包装材料。常用的有纸-塑复合材料、铝箔-聚乙烯复合材料、铝箔-聚酯乙烯复合材料等。这些复合材料具有良好的机械强度、耐生物腐蚀性能、保持真空性能及抗压性能等。

（7）橡胶制品　主要用于瓶装药品的各种瓶塞，由于直接与药品接触，故要求具有非常好的生化稳定性及优良的密封性，以确保药品在有效期内不因空气及水汽的进入而变质。

从发展趋势来看，包装材料在向以纸代木、以塑代纸或以纸、塑料、铝箔等组成各种复合材料的方向发展。特种包装材料如聚四氟乙烯塑料、有机硅树脂、聚酯复合板或发泡聚氨酯等的应用处于上升趋势。

（三）包装上的标识

根据《中华人民共和国药品管理法》的规定，药品的包装必须印有或贴有标签。药品的标签分为内包装标签与外包装标签。内包装标签与外包装标签内容不得超出国家食品药品监督管理总局批准的药品说明书所限定的内容，文字表达应与说明书保持一致。

内包装标签可根据其尺寸的大小，应包含药品通用名称、适应证或者功能主治、规格、用法用量、生产日期、产品批号、有效期、生产企业等内容。如尺寸太小，可以简化内容，但至少标注药品通用名称、规格、产品批号、有效期等内容。药品外标签应当注明药品通用名称、成分、性状、适应证或者功能主治、规格、用法用量、不良反应、禁忌、注意事项、贮藏、生产日期、产品批号、有效期、批准文号、生产企业等内容。适应证或者功能主治、用法用量、不良反应、禁忌、注意事项不能全部注明的，应当标出主要内容并注明"详见说明书"字样。

用于运输、贮藏的包装的标签，至少应当注明药品的通用名称、规格、贮藏、生产日期、产品批号、有效期、批准文号、生产企业，也可以根据需要注明包装数量、运输注意事项或者其他标记等必要内容。

1. 药品的注册商标

药品的注册商标是由文字、符号及图形等综合组成。是药品的销售包装及其他宣传品上专用的标志，也是药品生产者为把自己的产品与他人的同类产品相区别的标志。

药品标签使用注册商标的，应当印刷在药品标签的边角，在商标名称的右上方印一个"®"。R 是英语"registered trademark"的缩写，药品标签中禁止使用未经注册的商标。

2. 药品包装上的电子监管码/追溯码

为实现药品全过程可追溯，在药品最小销售包装上加印（贴）统一标识的药品电子监管码（简称监管码），通过药品全过程电子监管，保障药品在生产、流通、使用各环节的安全，有力打击假劣药品行为，最快捷地实现问题药品的追溯和召回，最大化地保护企业的合法利益，确保人民群众用药安全。

3. 批准文号

药品批准文号是药品生产合法性的标志。《中华人民共和国药品管理法》规定，生产药品"须经国务院药品监督管理部门批准，并发给药品批准文号"。另外，进口药品的包装和标签还应标明"进口药品注册证号"。

4. 药品的批号

在规定限度内具有同一性质和质量，并在同一连续生产周期生产出来的一定数量的药为一批，每批药品均应指定生产批号。

根据药品的批号，可以追溯和审查该批药品的生产历史，能够判断该药品出厂时间的长短，便于掌握先生产、先销售、先使用的原则以防久贮变质。此外，药品的抽样检验均以批号为单位进行处理。

产品批号的识别：我国医药企业一般用 6 位数来表示批号，前 2 位表示年份，中间 2 位表示月份，后 2 位表示药品的生产批次，也有一些企业以生产日期来表示批次。进口药品的批号由各国生产厂家自定，表示方法不一。

5.药品的有效期限

（1）药品有效期 药品的有效期是指在一定的储存条件下，能够保证药品质量的期限，按规定药品包装应标明有效期的终止日期。

（2）有效期和失效期的识别 药品的有效期是指药品有效的终止日期，应当按照年、月、日的顺序标注，具体标注格式为"有效期至××××年××月"或者"有效期至××××年××月××日"。有效期若标注到日，应当为起算日期对应年月日的前一天；若标注到月，应当为起算月份对应年月的前一月。如某药有效期至 2003 年 10 月，则表示有效期的终止日期是 2003 年 9 月 30 日。

国外生产的进口药品常以"Expiry date"或"Exp."（截止日期）表示失效期，或以"Use Before"（在此之前使用完）表示有效期。

6.专有标志

特殊管理的药品（麻醉药品、精神药品、医疗用毒性药品和放射性药品）、外用药品、非处方药品，必须在其包装上印有符合规定的专有标志。

（四）药品说明书

药品说明书是药品质量标准的一部分，是医疗上的重要文件，是医师和药师开方、配方的依据，具有科学及法律上的意义。同时药品的说明书也是药品生产厂家报请审批药品生产的必备资料之一，生产厂家不仅应对药品质量负责，同时也应对说明书内容是否真实并符合要求负责。

知识链接

实施注册管理的药包材产品分类

（1）实施Ⅰ类管理的药包材产品 ①药用丁基橡胶瓶塞；②药品包装用 PTP 铝箔；③药用 PVC 硬片；④药用塑料复合硬片、复合膜（袋）；⑤塑料输液瓶（袋）；⑥固体、液体药用塑料瓶；⑦塑料滴眼剂瓶；⑧软膏管；⑨气雾剂喷雾阀门；⑩抗生素瓶铝塑组合盖；⑪其他接触药品直接使用药包材产品。

（2）实施Ⅱ类管理的药包材产品 ①药用玻璃管；②玻璃输液瓶；③玻璃模制抗生素瓶；④玻璃管制抗生素瓶；⑤玻璃模制口服液瓶；⑥玻璃管制口服液瓶；⑦玻璃（黄料、白料）药瓶；⑧安瓿；⑨玻璃滴眼剂瓶；⑩输液瓶天然胶塞；⑪抗生素瓶天然胶塞；⑫气雾剂罐；⑬瓶盖橡胶垫片（垫圈）；⑭输液瓶涤纶膜；⑮陶瓷药瓶；⑯中药丸塑料球壳；⑰其他接触药品便于清洗、消毒灭菌的药包材产品。

（3）实施Ⅲ类管理的药包材产品 ①抗生素瓶铝（合金铝）盖；②输液瓶铝（合金铝）、铝塑组合盖；③口服液瓶铝（合金铝）、铝塑组合盖；④除实施Ⅱ、Ⅲ类管理以外其他可能直接影响药品质量的药包材产品。

第四节　药物的基本作用

一、药物作用的含义

药物作用是指药物与机体（含病原体）细胞间的初始作用。药物的基本作用是使机体器官原有的生理生化功能发生改变，其基本类型包括兴奋和抑制。

二、药物作用的两重性

药物在具有防治作用的同时也具有不良反应。

1. 药物的防治作用

包括预防作用与治疗作用。利用药物进行疾病的预防称为预防作用；治疗作用是药物的主要作用。

治疗作用一般分为对症治疗与对因治疗。对症治疗的目的是缓解疾病症状但不能消除体内的致病因素，减轻患者的痛苦。对因治疗的目的是消除致病因素，是对疾病根本的治疗。对于无法进行对因治疗的疾病，对症治疗同样重要。

2. 药物不良反应的类型

(1) 副作用　使用药物正常剂量时，伴随着治疗作用出现的与治疗目的无关的作用称为副作用，属于药物固有的效应，在治疗中是经常出现的，可能会给患者带来不适或痛苦，一般较轻微。大多数药物可能同时兼有几种药理作用，而在治疗某一疾病时可能仅需要其中的一种作用，此时其他的作用就成为副作用；在改变用药目的后，副作用与治疗作用有可能相互转化。出现副作用的主要原因是由于药物的选择性较差、作用范围较广。一个成熟的药品的副作用应是可预知的，因此有些副作用是可以设法减轻或消除的。

(2) 毒性反应　这是指用药剂量过大或用药时间过长引起的反应，一般在超过极量时才发生。但有时也可因为患者的个体差异、病理状态或合并用药使敏感性增加而在治疗量时发生。毒性反应可以立即发生（用药剂量过大发生急性毒性），也可以经长期蓄积后发生（用药时间过长发生慢性毒性）。

(3) 变态反应　这是指抗原（药品或其他致敏原）与抗体结合而形成的一种对机体有损害的病理性免疫反应，也称过敏反应。变态反应与用药的剂量无关或关系很小，一般见于过敏体质患者。不同的药物可以产生相同的症状，轻者如荨麻疹、药物热、哮喘、血管神经性水肿等，严重者可出现剥脱性皮炎、造血系统抑制、过敏性休克，如不及时抢救可危及生命。对于易致变态反应的药物或过敏体质的患者，用药前应做过敏试验，结果阳性者禁用。

(4) 特异质反应　是指少数人对药物反应特别敏感，反应性质也可能与常人不同，但药理效应基本一致，反应严重程度与剂量成比例，药理拮抗药救治可能有效。

(5) 耐受性　这是指机体对某种药物的敏感性特别低，要加大剂量才出现预期的作用。产生耐受性的原因有先天与后天两种。先天耐受性多受遗传因素影响，在初次用药时即出现；后天耐受性则因反复使用某种药使机体的反应性减弱而获得。

(6) 耐药性　这是细菌、病毒和寄生虫等接触药物后，产生了结构、生理、生化的变化，形成耐药性变异菌株，它们对药物的敏感性下降甚至消失。

(7) 依赖性　一些作用于中枢神经系统的药物连续应用后可致依赖性。临床上可分为

"精神依赖性"与"躯体依赖性"。"精神依赖性"也称"心理依赖",是一种强烈、迫切地要求服用某种药品以获得愉快与满足感的欲望;"躯体依赖性"也称"生理依赖性"或成瘾性,是指用药者被迫性的要求连续定期使用某种药品,以得到欣快感,一旦停药会产生戒断反应。

(8)继发反应和后遗反应 继发反应是指由药物的治疗作用引发的不良后果;后遗反应是指血药浓度已降到有效值以下仍然残留的药物效应。

(9)"三致"反应 这是指"致畸、致癌、致突变",属慢性毒性范畴,是新药开发中必须检测的项目。"三致"反应一般比较严重,但是可以预知,应该尽量避免发生。

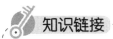

药物不良反应案例:反应停事件

20 世纪 60 年代前后,欧美至少 15 个国家的医生都在使用沙立度胺(反应停)这种药治疗妇女妊娠反应,很多人吃了药后就不吐了,恶心的症状得到了明显的改善,于是它成了"孕妇的理想选择"(当时的广告用语)。于是,反应停 被大量生产、销售,仅在 联邦德国就有近 100 万人服用过反应停,该药每月的销量达到了 1 吨的水平。在联邦德国的某些州,患者甚至不需要医生处方就能购买到反应停。但随即而来的是,许多出生的婴儿都是短肢畸形,形同海豹,被称为"海豹肢畸形"。1961 年,这种症状终于被证实是孕妇服用反应停所导致的,于是,该药被禁用,然而,受其影响的婴儿已多达 1.2 万名。经过媒体的进一步披露,人们才发现,这起丑闻的产生是因为在反应停出售之前,有关机构并未仔细检验其可能产生的副作用。记者的发现震惊了世界,引起了公众的极大愤怒,并最终迫使 沙立度胺的销售者支付了赔偿。

三、影响药物作用的因素

(一)药物方面的因素

1.药物剂型问题

同一药物不同剂型的吸收速率和分布范围可能不同,从而影响药物起效时间、作用强度和维持时间等。通常吸收速度是液体>胶囊>片剂>丸剂,给药途径快慢为静注>肌注>皮注>口服。

一般说来,吸收快的剂型的血药浓度的峰值较高,单位时间内排出也较多,故维持时间较短。吸收太慢则血药峰浓度可能太低,从而影响疗效。

2.药物剂量问题

剂量是指每天的用药量(包括每次用量)。在一定范围内,剂量越大,药物在体内的浓度就越高,作用也越强。随着剂量加大,血药浓度继续升高,则会引起毒性反应,出现中毒甚至死亡,几乎所有的药物都有从量变到质变的基本规律。下面是与剂量有关的几个概念。

(1)最小有效量 即刚能引起有效作用的最小剂量,对应最小有效浓度。

(2)常用量(治疗量) 能产生明显作用的剂量,是临床上经常用于防治疾病的剂量,是最小有效量至极量之间的一个剂量范围,一般情况下,常用量既可获得较好的疗效又比较安全。

(3)极量 药典中规定的治疗剂量的极限,超过该量就有中毒的危险。

（4）最小中毒量　即刚能引起中毒的剂量，对应最小中毒浓度。

（5）最小致死量　即刚能引起死亡的剂量，对应最小致死浓度。

（二）患者生理因素

1.年龄

小儿的药物代谢清除率较高，而且对药物较敏感，同时小儿处在发育阶段，易受药物影响；老年人的器官功能降低，对药物敏感性增高，对药物的耐受性也较差。

2.性别

药物反应和药物代谢酶活性有性别差异。酒精在女性代谢较男性慢（女性更易发生中毒反应），女性对特非那定（抗组胺药）的心脏毒性更敏感。雌激素、孕激素抑制药物代谢，从而导致女性对药物的清除能力一般比男性弱。

3.个体差异

有的患者对某种药物特别敏感，别人的最小有效量是他的中毒剂量；有的患者对某种药物特别耐受，需要比别人更大的剂量才有效。另有少数人由于体质特异，对某些具有抗原性的药物产生变态反应，甚至是过敏性休克。还有人体内缺少某种酶，导致药物生物转化异常。

4.疾病

肝实质损伤导致酶活性降低，肝组织结构紊乱也会导致血流量改变；肾脏疾病导致肾脏血流量降低，肾排泄减少。

5.心理与精神状态

医患关系、治疗手段和医生对患者的心理影响及患者本身的情绪均对疾病的治疗有直接或间接的影响。乐观的情绪对疾病的痊愈可产生有利的影响，忧郁、悲观的情绪可影响药物的疗效。如果心理与情绪因素是积极和乐观的，可使疼痛、咳嗽、焦虑、紧张、感冒、心绞痛和心衰等的症状得到很大程度的改善。

（三）药物使用方法因素

① 给药途径能直接影响药物的吸收、分布、代谢和排泄，影响药物的作用强度和速度。有些药因给药的途径不同而表现出完全不同的药理作用，如硫酸镁口服有泻下作用，而注射有抗惊厥作用。

② 给药时间与给药次数也对药物的吸收作用发生影响，如饭前与睡前、空腹与饭后。给药次数一般取决于病情的需要及药物的半衰期，如肝肾功能不全患者的用药剂量应该减少，用药次数也相应减少，半衰期短的药物给药次数应增多。

（四）药物相互作用因素

（1）药物与药物的相互作用　药物之间的相互作用是指患者同时或在一定时间内先后服用两种或两种以上药物后所产生的复合效应，可使药效加强或副作用减轻，也可使药效减弱或出现不应有的毒副作用。作用加强包括疗效提高和毒性增加，作用减弱包括疗效降低和毒性减少。因此，临床上在进行联合用药时，应注意利用各种药物的特性，充分发挥联合用药中各个药物的药理作用，以达到最好的疗效和最少的不良反应，从而提高用药安全。

（2）药物与食物的相互作用　药物的相互作用除药物与药物之间的相互作用外，同时也包括药物与烟、酒、食物之间的相互作用。食物影响药物疗效的例子也很多，如饮酒时服用头孢菌素类抗生素会引起"双硫仑样反应"危及生命；西柚汁能够抑制人体内一种代谢酶的活性，使某些药物在体内的浓度升高，如与他汀类药物同服时，会增加他汀类药物的不良反应；咖啡因也可与刺激性药物如利他林发生相互作用，增加药物的效应或降低镇静催眠药物如唑吡坦的作用。

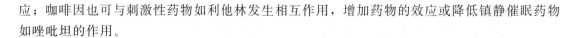

第五节 药物的体内过程

药物的体内过程表现为药物在体内的吸收、分布、代谢和排泄四个阶段，生物转化和排泄又合称为消除，它们可影响血浆中药物的浓度，直接表现为药物作用随时间变化的规律。

一、药物的吸收及影响因素

（一）吸收

药物从给药部位进入血液循环的过程称为吸收。其吸收快、慢、难、易，可受多种因素影响。

1. 消化道的吸收

（1）口服给药 这是最常用的给药方法。由于胃的吸收面积小，排空迅速，所以吸收量少。在胃液的酸性环境中，弱酸性药物在胃液中非离子型多可被吸收，弱碱性药物则离子型多难吸收。小肠是吸收的主要部位，由于小肠吸收面积大，并有血流量大、毛细血管壁的膜孔较大、蠕动缓慢和 pH 偏中性的特点，所以弱酸性和弱碱性药物均易被吸收，但高度解离的药物如季铵盐类药物难吸收。

由胃肠吸收的药物，进入门静脉后都要经过肝才能进入体循环。因此，有些口服的药物在首次通过肝时即发生转化灭活，使进入体循环的药量减少、药效降低，这种现象称为首过效应。首过效应较多的药物不宜口服给药。

（2）舌下给药 由于口腔黏膜为多孔的类脂质膜，脂溶性较高、用量较小的药物，可用舌下给药的方法由口腔黏膜吸收，此法具有吸收迅速和避开首过效应的特点，但吸收面积小，吸收药量少，适合于高脂溶性、有效剂量比较小的药物。

（3）直肠给药 药物经肛门灌肠或使用栓剂进入直肠或结肠，其吸收面积不大，吸收量较口服少，但可避开首过效应。

2. 注射部位的吸收

临床常用的皮下或肌内注射，药液沿结缔组织或肌纤维扩散，穿过毛细血管壁进入血液循环。其吸收速度与局部血流量和药物制剂有关。由于肌肉组织血管丰富、血流供应充足，故肌内注射较皮下注射吸收快，休克时周围循环衰竭，皮下或肌内注射吸收速度减慢，需静脉给药方能即刻显效。静脉注射时无吸收过程。

3. 皮肤黏膜和呼吸道的吸收

外用药物时由于皮肤角质层仅可使脂溶性高的药物通过，皮脂腺的分泌物覆盖在皮肤表面，可阻止水溶性物质通过，所以完整皮肤的吸收能力差。但脂溶性很高的药物可经皮肤吸收，如硝酸甘油、敌百虫。黏膜吸收能力虽比皮肤强，但除口腔黏膜外，其他部位的黏膜给药其吸收作用的治疗意义不大。呼吸道给药主要由肺泡吸收，肺泡血流丰富且表面积较大，吸收极其迅速，凡气体或挥发性药物可直接进入肺泡；药物溶液经喷雾器雾化后，可到达肺泡迅速吸收。

（二）影响吸收的因素

（1）药物的理化性质 药物的分子大小、脂溶性、溶解度和解离度等均可影响吸收。一般认为，药物脂溶性越高，越易被吸收；小分子水溶性药物易吸收，水和脂肪均不溶的药物则难吸收。解离度高的药物口服很难吸收。

（2）药物的剂型 口服给药时，溶液剂较片剂或胶囊剂等固体制剂吸收快，因为后者需要崩解和溶解的过程。皮下或肌内注射时，水溶液吸收迅速，混悬剂或油制剂由于在注射部位滞留而吸收较慢，故显效慢、作用时间久。

（3）吸收环境 口服给药时，胃的排空功能、肠蠕动的快慢、pH 值、肠内容物的多少和性质均可影响药物的吸收。如胃排空迟缓、肠蠕动过快或肠内容物多等均不利于药物的吸收。

二、药物的分布及影响因素

（一）药物的分布

药物被吸收之后，经血液循环到达各组织器官的过程称为分布。药物在体内的分布是不均匀的，血流丰富的组织，药物分布得快而且量多。一般地说，药物的分布与药物作用关系密切，分布浓度高者，药物在此部位的作用也较强，如碘和碘化物分布在甲状腺的浓度较高，对该部位的作用较强。但有的药物并非如此，如吗啡作用于中枢，却大量分布于肝；强心苷作用于心脏，却主要分布于骨骼肌和肝。

（二）影响分布的因素

1. 药物的理化性质和体液 pH

脂溶性药物或水溶性小分子药物均易透过毛细血管壁进入组织；水溶性大分子药物或离子型药物则难以透出血管壁进入组织。如右旋糖酐由于其分子体积较大，不易透出血管壁，故静脉注射后，一方面可补充血容量，另一方面通过其胶体渗透压作用，吸收血管外的水分而扩充血容量。

体液 pH 也能影响药物的分布，生理情况下细胞内液 pH 约为 7.0，细胞外液 pH 约为 7.4。弱酸性药物在酸性环境下解离较少，易透过细胞膜，因此在细胞内的浓度略低于细胞外液；弱碱性药物则相反。升高血液 pH 可使弱碱性药物向细胞内转移，弱酸性药物向细胞外转移，如苯巴比妥中毒时，应用碳酸氢钠碱化血液和尿液，有利于药物自脑组织向血浆中转移及促进药物自尿排出。

2. 药物与血浆蛋白的结合

在血液中总有或多或少的药物与血浆蛋白结合形成结合型药物，由于分子量变大，不易跨膜转运，从而影响药物的分布和排泄，药物与血浆蛋白的结合是可逆的，结合后暂时失去药理活性。未结合的药物为游离型，具有药理活性。结合型药物与游离型药物以一定比例处于动态平衡，当游离型药物被转化或排泄，血药浓度降低时，结合型药物可自血浆蛋白释出呈游离型，药物不同，其血浆蛋白结合率也不同，结合率高的药物，生效慢、作用时间较长，两种药物同时使用可能竞争与同一蛋白结合而发生置换现象。

3. 药物与组织的亲和力

有些药物与某组织细胞有特殊的亲和力，使药物在其中的浓度较高，从而表现出药物分布的选择性，如碘在甲状腺中的浓度比血浆中浓度高约 25 倍。

4. 血脑屏障与胎盘屏障

血脑屏障是指血浆与脑细胞或脑脊液间由特殊细胞构成的屏障，这是大脑自我保护机制。药物只有通过血脑屏障才能进入脑组织，此屏障能阻止某些大分子、水溶性和解离型药物通过；脂溶性药物可以通过。当脑膜有炎症时，血脑屏障的通透性增加，使某些药物易进入脑脊液中。如青霉素一般难以进入脑脊液，但在脑膜炎患者的脑脊液中可达有效浓度。

胎盘屏障是由胎盘将母体与胎儿血液隔开的屏障，其通透性与一般细胞膜相似，脂溶性高的药物易通过，解离度高的药物难通过。有些可通过胎盘屏障的药物对胎儿有毒性或者导致畸形，故孕妇用药应慎重。

5. 体重与药物分布浓度的关系

在药物代谢动力学上，药物在体内的分布量常用表观分布容积（V_d）来表达，它可被看作是形成血浆或血清中药物浓度时所需要的体内容积。V_d 是与一般生理概念无关的假想容积，它是体内药量除以血浆（或血清）药物浓度所得的值，与患者体重有关。计算公式如下。

$$V_d(L/kg) = D(体内药量)/C(血药浓度)$$

三、药物的代谢及影响因素

药物的代谢是指药物在体内发生的化学变化过程。多数药物经过代谢后失去活性，并转化为极性高的水溶性代谢物而利于排出体外。也有些药物在体内几乎不被代谢，以原型排出。

药物进行代谢需要酶的参与，肝脏是药物代谢的重要器官，肝脏微粒体的细胞色素 P450 酶系统是促进药物代谢的主要酶系统，又称肝药酶。部分药物也可在其他组织被有关的酶催化而分解。

肝药酶的活性和含量是不稳定的，且个体差异性大，又易受某些药物的影响。凡能使肝药酶的活性增强或合成加速的药物称为药酶诱导剂，它可加速药物自身和其他某些药物的代谢，这是药物产生耐受性的原因之一。如苯巴比妥的药酶诱导作用很强，连续用药能加速自身的代谢和抗凝血药华法林的代谢，使其药效降低。凡能使药酶活性降低或合成减少的药物称药酶抑制剂，它能减慢其他某些药物的代谢，使药效增强。如氯霉素为药酶抑制剂，能减慢苯妥英钠的代谢，两药同服可使苯妥英钠的血浓度升高、药效增强，甚至出现毒性反应。故联合用药时应注意药物间的相互影响。

四、药物的排泄及影响因素

药物排泄是指药物在体内经吸收、分布、代谢以后，最终以原型或代谢产物通过不同途径排出体外的过程。

1. 肾排泄

肾是排泄药物的主要器官。游离型药物及其代谢产物可经肾小球滤过，与血浆蛋白结合的药物分子较大而不易滤过。药物自肾小球滤过进入肾小管后，可不同程度地被重吸收。脂溶性药物重吸收的多，故排泄速度慢；水溶性药物重吸收的少，易从尿中排出，故排泄速度快。有的药物在尿中浓度较高而发挥治疗作用，如呋喃妥因经肾排泄时，尿中可达有效抗菌浓度，故可治疗泌尿道感染。

尿量和尿液 pH 的改变可影响药物排泄。增加尿量可降低尿液中药物浓度，减少药物的重吸收，从而增加药物排泄。尿液呈酸性时，弱碱性药物在肾小管中大部分解离，因而重吸收少、排泄多。同样道理，尿液呈碱性时，弱酸性药物重吸收少、排泄多。

肾功能不良时，药物排泄速度减慢，反复用药易致药物蓄积甚至中毒。

2. 胆汁排泄

某些药物及其代谢物可经胆汁排泄进入肠道。有的抗菌药在胆道内的浓度高，有利于肝胆系统感染的治疗。有的药物经胆汁排泄在肠中再次被吸收形成肝肠循环，可使药物作用时间延长。

3. 乳汁排泄

药物经简单扩散的方式自乳汁排泄。由于乳汁略呈酸性，又富含脂质，所以脂溶性高的药物和弱碱性药物如吗啡、阿托品等可自乳汁排出，故授乳妇女用药应予注意，以免对婴幼儿引起不良反应。

五、药物的半衰期

1. 药物半衰期的含义

药物消除的快慢多用"半衰期（$T_{1/2}$）"表示。半衰期是指药物在血液中的浓度（或效应）下降一半所需的时间。它反映了药物在体内的消除速度，消除快的药物半衰期短，消除慢的药物半衰期长。经 5 个半衰期后药物浓度下降到原来的 3% 左右，可认为基本消除完毕。一般根据药物的半衰期长短来决定给药的间隔时间。对于肝肾功能不好的患者，半衰期相对延长，如仍按常规给药有引起中毒的危险。

2. 半衰期的意义

半衰期对临床用药方案可提供很好的指导。

① 有助于了解药物在体内的消除速度，调整用药间隔时间。

② 按半衰期连续给药，估计达稳态血浓度的时间。

③ 估计停药后药物的消除时间。

自测练习

一、单项选择题

1. 药品批准文号编号前注 H 者为（ ）

A. 辅料 　　　　　B. 化学药 　　　　　C. 生物制品 　　　　　D. 中药

2. 下列描述不正确的是（ ）

A. 药典、局颁标准均为国家药品标准

B. 我国的药品标准分为国家标准和地方标准

C. 药典由药典委员会负责制定和修订

D. 药典是国家对药品质量规格及检验方法所作的技术规定

3. 药品包装必须按照规定（ ）

A. 印有或贴有标签并附有说明书 　　　　　B. 列明药品的获奖证书

C. 列明包装专利知识 　　　　　D. 公布企业荣誉证书

4. 下列哪种剂型属于口服剂型（ ）

A. 片剂 　　　　　B. 酊剂 　　　　　C. 软膏剂 　　　　　D. 搽剂

5. 下列哪项不属于影响药物作用因素中的患者生理因素（ ）

A. 性别 　　　　　B. 年龄 　　　　　C. 身高 　　　　　D. 心理与精神状态

6. 首过效应较多的药物不宜（ ）

A. 直肠给药 　　　　　B. 口服给药 　　　　　C. 注射给药 　　　　　D. 舌下给药

二、多项选择题

1. 药品的种类范围包括（ ）

A. 中成药　　　　　　B. 化学药　　　　　　C. 中药材

D. 中药饮片　　　　　E. 处方药

2. 按药品来源分类可以分为（　　　）

A. 植物药　　　　　　B. 动物药　　　　　　C. 注射剂

D. 矿物药　　　　　　E. 生物药

3. 特殊管理药品包括（　　　）

A. 麻醉药品　　　　　B. 精神药品　　　　　C. 医疗用毒性药品

D. 放射性药品　　　　E. 含有特殊功能的药品

4. 药物排泄的途径包括（　　　）

A. 肾脏排泄　　　　　B. 胆汁排泄　　　　　C. 乳汁排泄

D. 唾液排泄　　　　　E. 汗腺排泄

三、简答题

1. 简述注射剂的优缺点。

2. 简述药物不良反应的类型。

3. 简述药物半衰期的意义。

第三章
常用药物介绍

 学习目标

本章学习内容包括作用于不同系统的药物分类及其作用机制、临床常用药物的介绍。通过本章学习，达到以下要求：了解药物的具体作用机制；熟悉临床常用药物的不良反应、禁忌证、注意事项、相互作用等；掌握药物的分类及其药物品种，掌握临床常用药物的适应证、使用方法。

第一节　抗感染药物

知识链接

超级细菌及其危害

超级细菌是对所有抗菌药物有耐药性的细菌的统称。超级细菌是由普通细菌变异而成的，人类和动物在滥用抗菌药物的同时，细菌为了躲避药物的作用不断调节或改变自身结构，从而形成了超级细菌。这种超级细菌可造成脓疮和毒疱，甚至逐渐引起肌肉坏死。更可怕的是超级细菌对大多数抗菌药物不再敏感，且目前尚无特效药物，患者会因为感染超级细菌而引起严重的炎症，出现高热、痉挛、昏迷直到最终死亡。因此，必须慎重和合理使用抗菌药物，避免和（或）延缓耐药性的产生。

一、抗生素

抗生素是由微生物（包括细菌、真菌、放线菌等）产生，能抑制或杀灭其他微生物的一类物质及其衍生物。抗生素分为天然抗生素和半合成抗生素。

（一）抗生素分类及作用机制

1. β-内酰胺类

（1）青霉素类　包括天然品和半合成品。天然青霉素对大多数革兰阳性菌（如链球菌、

肺炎球菌、葡萄球菌、白喉杆菌、破伤风杆菌）和少数革兰阴性球菌（如脑膜炎球菌、淋球菌）以及螺旋体和放线菌有强大的杀菌作用；对病毒、支原体、立克次体、真菌无效。为了克服其不耐酸、不耐酶、抗菌谱窄、容易引起过敏等缺点，对青霉素进行了化学改造，现有耐酶、耐酸、广谱的多种半合成青霉素。

天然青霉素有青霉素、苄星青霉素、普鲁卡因青霉素、青霉素 V 钾。

半合成青霉素有耐酶青霉素，如苯唑西林、氯唑西林、双氯西林、氟氯西林；耐酸、广谱青霉素，如氨苄西林、阿莫西林；抗铜绿假单胞菌青霉素，如羧苄西林、哌拉西林、替卡西林、呋布西林、美洛西林钠等；抗革兰阴性菌青霉素，如美西林、替莫西林、匹美西林等。

（2）头孢菌素类　是一类由头孢菌素 C 侧链改造而得的半合成抗生素。与青霉素类相比，其抗菌谱广、抗菌作用强、对 β-内酰胺酶较稳定、疗效高、毒性低、过敏反应较少。根据开发年代、抗菌特点，头孢菌素分为四代。

第一代头孢菌素有头孢氨苄、头孢羟氨苄、头孢拉啶、头孢唑林等。抗菌谱广，对革兰阳性菌包括耐药金黄色葡萄球菌作用较强，对革兰阴性菌作用较差，对各种 β-内酰胺酶较稳定，有一定的肾毒性。

第二代头孢菌素有头孢呋辛、头孢克洛、头孢美唑、头孢孟多、头孢替安等。对革兰阳性菌作用较第一代差；对革兰阴性菌作用较第一代强，对铜绿假单胞菌无效；对各种 β-内酰胺酶较稳定，肾毒性较第一代小。

第三代头孢菌素有头孢他啶、头孢噻肟、头孢哌酮、头孢曲松等。对革兰阳性菌活性作用不及第一、二代；对革兰阴性菌（包括铜绿假单胞菌和厌氧菌）有很强的活性；对各种 β-内酰胺酶稳定；对肾脏基本无毒性；体内分布广，可通过血脑屏障。

第四代头孢菌素有头孢匹罗、头孢吡肟等。对革兰阳性菌活性作用较第三代强，对革兰阴性菌的活性与第三代相似或略强，对 β-内酰胺酶高度稳定，无肾毒性。

（3）含 β-内酰胺酶抑制剂的复方制剂　β-内酰胺酶抑制剂本身没有或只有微弱的抗菌活性，但能抑制 β-内酰胺酶，保护 β-内酰胺环免受水解，与其他 β-内酰胺类抗生素合用可发挥抗菌增效作用。常用复方制剂有：氨苄西林-舒巴坦（舒氨西林、优立新）、阿莫西林-克拉维酸钾（奥格门亭、安美汀、安灭菌）、替卡西林钠-克拉维酸钾、哌拉西林-三唑巴坦（他唑仙）、头孢哌酮-舒巴坦等。

（4）头霉素类　化学结构与头孢菌素类相似，药物有头孢西丁、头孢美唑、头孢替坦等。其抗菌谱广，对革兰阴性杆菌尤其是肠杆菌科细菌作用强，对各种厌氧菌有良好作用，但对铜绿假单胞菌无效。

（5）碳青霉烯类　药物有亚胺培南和美罗培南等。本类抗生素抗菌谱广，对多数革兰阳性菌和革兰阴性菌有效，对厌氧菌有强效，对 β-内酰胺酶高度稳定，且有抑制 β-内酰胺酶的作用。亚胺培南在体内易被肾脱氢肽酶水解而失效，需与此酶抑制剂西司他丁合用。

（6）氧头孢烯类　药物有拉氧头孢和氟氧头孢。与第三代头孢菌素类相似，对多种革兰阴性杆菌及厌氧菌作用强，耐 β-内酰胺酶。

（7）单环类　代表药物有氨曲南。抗菌谱窄，对革兰阴性杆菌作用强，对革兰阳性球菌、厌氧菌无效，对革兰阴性杆菌产生的 β-内酰胺酶高度稳定。抗菌谱与氨基糖苷类相似而无肾毒性，可作为氨基糖苷类替代药选用。

β-内酰胺类抗生素的抗菌机制为：与细菌细胞膜上的青霉素结合蛋白（PBP）结合，抑制转肽酶活性，阻止黏肽生成，使之不能交联而造成细胞壁缺损，致使菌体细胞破裂死亡，为繁殖期杀菌药。

2. 大环内酯类

大环内酯类是一类具有 14~16 元大环内酯基本结构的抗生素，14 元环药物有红霉素、克拉霉素、罗红霉素、地红霉素等，15 元环药物有阿奇霉素；16 元环药物有麦迪霉素、乙酰麦迪霉素、吉他霉素、乙酰吉他霉素、螺旋霉素、乙酰螺旋霉素、罗他霉素等。本类药物抗菌谱、抗菌活性基本相似，对多数革兰阳性菌及某些革兰阴性球菌、军团菌属、衣原体、支原体、厌氧菌敏感。

大环内酯类抗菌机制：作用于敏感菌核糖体 50S 亚基而抑制蛋白质的合成，属于静止期抑菌药。

3. 氨基糖苷类

氨基糖苷类是由苷元和氨基糖分子通过氧桥连接而成。可分为天然和半合成两类，天然氨基糖苷类有链霉素、卡那霉素、新霉素、妥布霉素、大观霉素、庆大霉素、西索米星、小诺米星等，半合成氨基糖苷类有阿米卡星、奈替米星、异帕米星等。本类药物在碱性条件下抗菌作用增强，抗菌谱较广，尤其是对各种需氧革兰阴性杆菌有强大抗菌活性；庆大霉素、妥布霉素、阿米卡星、奈替米星对铜绿假单胞菌敏感；链霉素、阿米卡星、卡那霉素对结核杆菌敏感。本类药物口服吸收差，口服仅适于肠道感染；肌内注射可用于全身感染；以原型经肾排泄，可用于尿路感染。在内耳外淋巴液、肾皮质部药物浓度较高，可造成耳毒性、肾毒性。

氨基糖苷类药物抗菌机制：作用于细菌蛋白质的合成过程（作用于 70S 复合物，并抑制其解离为 30S 和 50S 亚基），使其合成异常蛋白质，并阻碍合成蛋白的释放；其次，还能增强细菌细胞膜通透性，使重要的物质外漏，造成细菌死亡。

4. 四环素类

四环素类分为天然和半合成两类，天然品有四环素、土霉素，半合成品有多西环素、米诺环素。本类药物抗菌谱广，对需氧和厌氧的革兰阳性菌和阴性菌、立克次体、衣原体、支原体、螺旋体、放线菌、阿米巴原虫均有抑制作用，但对革兰阳性菌作用不如青霉素类和头孢菌素类；对革兰阴性菌作用不如氨基糖苷类和氯霉素；对铜绿假单胞菌、结核杆菌、伤寒沙门菌与真菌无效。因耐药性严重，对胎儿、新生儿、婴幼儿牙齿、骨骼发育的影响，对肝脏的损害以及二重感染等，目前主要用于立克次体病、布氏杆菌病、支原体感染、衣原体感染、霍乱、回归热等。

四环素类抗菌机制：作用于细菌核糖体 30S 亚基，阻止蛋白质合成。此外还可使细菌细胞膜通透性改变，使胞内的核酸和其他重要成分外漏，从而抑制细菌生长繁殖，为快速抑菌药。

5. 林可霉素类

林可霉素类药物有林可霉素、克林霉素。两药对金黄色葡萄球菌（包括耐青霉素类者）、溶血性链球菌、草绿色链球菌、肺炎球菌等革兰阳性菌及大多厌氧菌都敏感，对革兰阴性菌大都无效。主要用于敏感菌引起的急慢性骨及关节感染。因克林霉素抗菌作用更强，口服吸收好且毒性较小，故临床较为常用。

林可霉素类抗菌机制：能与细菌核蛋白体 50S 亚基结合，抑制肽酰基转移酶，使蛋白质肽链的延伸受阻。

6. 糖肽类

糖肽类药物有万古霉素、去甲万古霉素和替考拉宁。本类药物仅对革兰阳性菌有强大作用。虽有严重的耳毒性、肾毒性，但随着耐药性的加重，近年来在耐药革兰阳性菌引起的严重感染方面得到广泛应用。

糖肽类抗菌机制：作用于细菌细胞壁，干扰甘氨酸五肽的连接，抑制黏肽合成，影响细胞壁的生成。不与青霉素类竞争结合部位。

7. 多肽类

多肽类药物除糖肽类外，还有杆菌肽和多黏菌素类。

（1）杆菌肽　对革兰阳性菌尤其是金黄色葡萄球菌和链球菌属具有强大抗菌作用，对革兰阴性球菌、螺旋体、放线菌等也具有一定作用，革兰阴性杆菌对其耐药。因全身应用可产生严重的肾毒性，故目前仅限于局部应用。

杆菌肽抗菌机制：抑制细菌细胞壁合成中的脱磷酸化过程，从而阻碍细胞壁的合成，并对细胞膜有损伤作用，使胞浆内容物外漏，导致细菌死亡。

（2）多黏菌素类　包括多黏菌素 B 和多黏菌素 E。本类药物只对革兰阴性杆菌有效，临床主要用于对 β-内酰胺类和氨基糖苷类耐药而难以控制的铜绿假单胞菌及其他革兰阴性杆菌引起的严重感染，但其肾毒性均较大，故应用得到限制。

多黏菌素类为阳离子型表面活性剂，抗菌机制为药物插入细胞膜中，与外膜脂双层内侧磷脂酰-氨基乙醇结合，使细菌通透性增加，导致细菌胞浆内容物外漏而死亡。

8. 酰胺醇类

酰胺醇类药物有氯霉素、甲砜霉素。本类药物抗菌谱广，对革兰阳性菌、阴性菌均有抑制作用，且对革兰阴性菌作用较强。其中对伤寒杆菌、流感杆菌、副流感杆菌和百日咳杆菌的作用强；对立克次体感染也有效。因有严重的骨髓功能抑制作用，其临床应用受到极大限制。

酰胺醇类抗菌机制：与细菌核蛋白体 50S 亚基结合，抑制肽酰基转移酶，从而抑制蛋白质合成。

9. 其他类

（1）磷霉素　对革兰阳性菌、革兰阴性菌均具有杀菌作用，对多种耐药的葡萄球菌显示优异作用。抗菌机制为抑制细菌细胞壁的早期合成而导致细菌死亡。

（2）夫西地酸　对革兰阳性菌有强大的抗菌作用，革兰阴性需氧菌多数耐药。抗菌机制可能为干扰 G 因子参加蛋白质合成的移位作用而抑制蛋白质合成，导致细菌死亡。

 知识链接

二重感染

正常人的口腔、鼻咽、肠道等处有多种微生物寄生，菌群间相互抑制而维持相对平衡的共生状态。广谱抗菌药长期应用，使敏感菌的生长、繁殖受到抑制，而受其抑制的不敏感菌乘机在体内生长、繁殖引发新的感染即二重感染，又称菌群失调。这种现象常见于老幼和体质衰弱、抵抗力低的患者。此外，合并应用肾上腺皮质激素、抗代谢药或抗肿瘤药物也容易诱发二重感染。

（二）常用抗生素介绍

常用抗生素适应证、使用方法、不良反应、注意事项及相互作用见表3-1。

表 3-1 常用抗生素介绍一览表

药品名称	适应证	用法用量	不良反应	注意事项	相互作用举例	
青霉素	敏感菌所致的急性感染,如败血症、扁桃体炎、肺炎、中耳炎、蜂窝织炎、丹毒、猩红热、心内膜炎、脑膜炎、淋病、放线菌病等。治疗破伤风、白喉宜与相应抗毒素联用	●肌内注射:成人一日 80 万～200 万单位,分 3～4 次给药 ●静脉滴注:成人一日 200 万～2000 万单位,分 2～4 次给药,滴注速度不能超过每分钟 50 万单位	过敏反应,如过敏性休克、血清病样反应、白细胞减少、药疹、接触性皮炎、哮喘等。肌内注射可发生周围神经炎。大剂量应用时可引起青霉素脑病(肌肉阵挛、抽搐、昏迷等)。应用于螺旋体病时可引起赫氏反应	▲青霉素过敏者或皮肤试验呈阳性者禁用。哮喘、荨麻疹、花粉症等过敏性疾病慎用 ▲须新鲜配制 ▲哺乳期妇女应用时应暂停哺乳	丙磺舒	青霉素排泄延缓血药浓度升高
					华法林	抗凝血作用增强
					红霉素、四环素、氯霉素等抑菌药	减弱青霉素杀菌作用
					阿司匹林、吲哚美辛	延长本品血清半衰期
阿莫西林	敏感菌所致的呼吸道、尿路、胆管感染及伤寒等	●口服:成人每次 0.5～1g,每日 3～4 次 ●肌内注射或静脉滴注:成人每次 0.5～1g,每日 3～4 次。肾功能严重不足者应延长用药间隔	恶心、呕吐、腹泻、假膜性肠炎等消化道症状;皮疹、药物热、哮喘等过敏反应等	▲用药前须做青霉素皮肤试验,阳性者禁用;哮喘、荨麻疹、花粉症等过敏性疾病慎用 ▲老年人、肾功能严重不足者须调整剂量		
头孢氨苄	敏感菌所致的呼吸道、泌尿生殖器、皮肤软组织等部分感染	●口服:成人每次 0.25～0.5g,每日 4 次,日最大量 4g。肾功能不足者应酌情减量	常见胃肠道反应,如恶心、腹泻、食欲缺乏等。少见皮疹、荨麻疹、红斑、药物热等变态反应,偶见过敏性休克。可出现暂时性肝功能异常、一过性肾损害	▲对头孢菌素过敏者及有青霉素过敏性休克史者禁用 ▲对青霉素过敏或过敏体质者慎用	庆大霉素、阿米卡星	协同抗菌作用
					肾毒性药物如氨基苷类	增加肾毒性
					华法林	增加出血危险
					丙磺舒	抑制本品排泄,升高血药浓度
头孢呋辛	敏感革兰阴性菌所引起的下呼吸道、耳鼻喉科、泌尿道、皮肤软组织、骨和关节、女性生殖道感染等	●肌内注射或静脉滴注:成人每次 750～1500mg,每日 3 次。严重感染可一次 1500mg,一日 4 次	皮肤瘙痒、胃肠道反应、血红蛋白减少、转氨酶升高、肾功能改变等;长期应用可致二重感染	▲对头孢菌素过敏者禁用 ▲对青霉素过敏或过敏体质者慎用 ▲严重肝肾功能不全者、妊娠、哺乳期妇女慎用	高效利尿药	致肾毒性
					抗酸药	减少本品吸收

续表

药品名称	适应证	用法用量	不良反应	注意事项	相互作用举例	
头孢克肟	敏感菌所引起的肺炎、支气管炎、泌尿道炎、淋病、胆囊炎、胆管炎、猩红热、中耳炎等	●口服:成人每次 50～100mg,每日 2 次;重症一次可增至 200mg	偶有过敏性反应;可致肝氨基转移酶及碱性磷酸酶升高;可致菌群失常	▲对本类药物过敏者禁用 ▲妊娠期妇女、新生儿、早产儿慎用 ▲肾功能不全者应减量使用		
头孢哌酮	敏感菌所致的呼吸道、尿路、胆道、皮肤软组织感染、败血症、腹膜炎、盆腔感染等	●肌内注射或静脉滴注:成人每次 1～2g,每日 2～4g。严重者每次 2～4g,每日 6～8g	常见皮疹,少见腹泻、腹痛、嗜酸粒细胞增多、中性粒细胞减少、暂时性血清转氨酶升高、血尿素氮或血肌酐升高,偶见血小板减少、凝血酶原延长、菌群失调等	▲对头孢菌素过敏者禁用 ▲对青霉素过敏或过敏体质者慎用 ▲肝肾功能不全者、胆道阻塞者禁用 ▲妊娠、哺乳期妇女慎用 ▲用药期间和停药后 5 天内,不能饮酒、口服或静脉输入含乙醇的药物	乙醇	双硫仑样反应
					强效利尿药	增加肾毒性
					氨基苷类	抗菌作用协同,肾毒性增加
					抗凝血药	致低凝血酶原血症
					抗血小板药	增加出血危险
琥乙红霉素	青霉素过敏患者的替代用药;军团菌病;衣原体肺炎、支原体肺炎,衣原体、支原体菌属所致的泌尿生殖系统感染,沙眼衣原体结膜炎;厌氧菌所致口腔感染;空肠弯曲菌肠炎;百日咳。风湿热复发、感染性心内膜炎的预防用药	●口服:成人一日 1.6g,分 2～4 次服用。军团菌病,一次 0.4～1g,一日 4 次。衣原体感染,一次 0.8g,每隔 8h 给予 1 次,连续 7 日。空腹或与食物同服均可	多见胃肠道反应,少见肝毒性	▲肝功能不全者慎用 ▲妊娠期妇女禁用、哺乳期妇女慎用	卡马西平、丙戊酸钠	抑制后者代谢,易发生毒性
					抗组胺药	增加心脏毒性
					华法林	增加出血危险
克拉霉素	敏感菌所引起的鼻、咽、下呼吸道、皮肤软组织感染,急性中耳炎、肺炎支原体肺炎、沙眼衣原体引起的尿道炎及宫颈炎等	●口服:成人每次 0.25g,每日 2 次;严重感染者每次 0.5g,每日 2 次,根据感染的严重程度连用 6～14 日	主要有胃肠道症状,也可出现头痛、味觉异常、肝转氨酶短暂升高	▲肝肾功能不全者慎用 ▲与其他大环内酯类药之间有交叉过敏、交叉耐药性 ▲妊娠、哺乳期妇女禁用	地高辛、口服抗凝血药、三唑仑	后者血药浓度水平升高
					氟康唑	抑制本药代谢,使血药浓度升高

续表

药品名称	适应证	用法用量	不良反应	注意事项	相互作用举例	
阿奇霉素	敏感菌所引起的支气管炎、肺炎、中耳炎、鼻窦炎、咽炎、扁桃体炎、皮肤和软组织感染以及沙眼衣原体所致单纯性生殖器感染等	●静脉滴注：成人每次0.5g，每日1次，连续用药2～3天 ●口服：成人，沙眼衣原体或敏感淋球菌所致性传播疾病，每日1次，每次1g；其他感染每次0.5g，每日1次，连服3天。餐前1h或餐后2h服用	主要有胃肠道症状，偶见假膜性肠炎、变态反应、中枢神经系统反应等	▲肝功能不全者慎用 ▲静脉滴注宜慢 ▲妊娠、哺乳期妇女慎用 ▲注射剂不宜肌内注射 ▲用药期间发生过敏反应，应立即停药，并采取措施	地高辛	后者血药浓度水平升高
					三唑仑	后者药效增强
					含镁、铝的抗酸药	降低本品血药浓度
庆大霉素	敏感菌所致的严重感染，如败血症、下呼吸道感染、肠道感染、盆腔感染、腹腔感染、皮肤软组织感染、复杂性尿路感染等	●口服：成人一日240～640mg，分4次服用 ●肌内注射或静脉滴注：成人每次80mg，每8h一次，疗程为7～14天	听力减退、耳鸣等耳毒性反应，肾毒性反应，偶有因神经肌肉阻滞或肾毒性引起的呼吸困难	▲对本类药物过敏者、严重肾功能不全者禁用 ▲有抑制呼吸作用，不得静脉推注 ▲不宜与其他药物同瓶滴注 ▲其他肾毒性及耳毒性药物均不宜与本品合用或先后连续应用	双膦酸盐类药物	引起严重低钾血症

二、化学合成的抗菌药

（一）化学合成的抗菌药分类及作用机制

1. 磺胺类

磺胺类是第一个人工合成的用于细菌感染性疾病的抗菌药物，其抗菌谱较广（对多数革兰阳性菌如溶血性链球菌、肺炎球菌和革兰阴性菌如脑膜炎奈瑟菌、淋病奈瑟菌、鼠疫杆菌、大肠埃希菌、痢疾杆菌、变形杆菌、流感杆菌等有效；对衣原体、放线菌、疟原虫也有效）、对某些疾病疗效显著、使用方便、性质稳定、价格低廉。与甲氧苄啶联合应用疗效明显增强，抗菌谱扩大，曾广泛应用于临床。药物可分为以下三类。

（1）用于全身感染（肠道易吸收）　根据半衰期长短分为三类，短效类有磺胺异噁唑（SIZ）；中效类有磺胺嘧啶（SD）、磺胺甲噁唑（SMZ）；长效类有磺胺多辛（SDM）。

（2）用于肠道感染（肠道难吸收）　有柳氮磺吡啶（SASP）。

（3）外用　有磺胺米隆（SML）、磺胺醋酰（SA）、磺胺嘧啶银（SD-Ag）。

磺胺类药物抗菌机制：磺胺类药与PABA竞争二氢叶酸合成酶，抑制细菌合成二氢叶酸，从而抑制细菌生长繁殖，为抑菌药。

2.甲氧苄啶

甲氧苄啶的抗菌谱与磺胺类相似，抗菌作用较磺胺强，单用易产生耐药性。通过抑制二氢叶酸还原酶，使二氢叶酸不能还原为四氢叶酸，从而干扰细菌核酸合成。与磺胺类药合用，可双重阻断叶酸代谢，增强抗菌作用，甚至出现杀菌作用，并降低细菌耐药性的产生。

3.喹诺酮类

目前应用的主要是氟喹诺酮类，具有抗菌谱广、抗菌作用强、生物利用度高、半衰期较长、血药浓度较高、组织分布广、药物不良反应低、不用皮试等特点，主要对抗革兰阴性菌，对革兰阳性菌也有相当作用。在体内的分布较广，可进入大多数药物不能进入的骨、关节和前列腺组织等。常用药有诺氟沙星、洛美沙星、环丙沙星、依诺沙星、氧氟沙星、左氧氟沙星、司帕沙星、加替沙星、莫西沙星、曲伐沙星、吉米沙星等。

喹诺酮类抗菌机制：作用于细菌 DNA 回旋酶，阻碍 DNA 复制，导致细菌死亡。

 知识链接

光敏性皮炎

光敏性皮炎是使用某些药物后，皮肤表面或皮肤内药物或其代谢产物对正常无害剂量的紫外线或可见光产生的不良反应，包括光毒性反应和光变态反应。光毒性反应是药物导致皮肤对日光的敏感性增加而产生晒伤性反应，其发生与免疫机制无关，可发生于任何个体。光变态反应是药物进入机体，经日光照射后，在皮肤内转化为具有半抗原性质的物质，与体内蛋白质结合成为复合抗原，引起迟发型变态反应，仅见于少数患者。光敏性皮炎大多发生于日光直接照射部位，如面部、颈部和颈前 V 字区、手背，有时可发生于前臂、小腿和足背等处。用药剂量越大，暴露于阳光下的时间越长，症状越严重，特别是皮肤娇嫩、儿童和年老体弱者更易发生。可引起皮肤光敏反应的药物有四环素类、磺胺类、喹诺酮类、异丙嗪等。

4.硝基呋喃类

硝基呋喃类药物有呋喃妥因、呋喃唑酮。其抗菌谱广、血药浓度低、不良反应大，不宜用于全身感染。

5.硝基咪唑类

硝基咪唑类药物有甲硝唑、替硝唑、奥硝唑。对厌氧菌、滴虫、阿米巴原虫有强大抗菌作用。

6.噁唑烷酮类

噁唑烷酮类药物有利奈唑胺。通过抑制细菌蛋白质合成发挥作用。

（二）常用化学合成的抗菌药介绍

常用化学合成抗菌药的适应证、使用方法、不良反应、注意事项及相互作用见表 3-2。

三、抗结核药

（一）抗结核药分类及作用机制

1.第一线抗结核药

药物有异烟肼、利福平及其类似物、链霉素、吡嗪酰胺、乙胺丁醇。

表 3-2　常用化学合成抗菌药介绍一览表

药品名称	适应证	用法用量	不良反应	注意事项	相互作用举例	
复方磺胺甲噁唑	急性支气管炎、肺部感染、尿路感染、伤寒、菌痢等	●口服：成人每次 2 片，一日 2 次，首剂加倍 ●肌内注射：每次 2mL，一日 2 次	药疹、渗出性多形红斑、剥脱性皮炎等变态反应；粒细胞或血小板减少及再障；高胆红素血症和新生儿黄疸；结晶尿、血尿、管型尿；精神错乱、定向障碍、幻觉、欣快等中枢神经系统反应；恶心、呕吐、食欲缺乏、腹泻等	▲对磺胺药过敏者禁用 ▲孕妇及哺乳期妇女、小于 2 个月的婴儿、重度肝肾功能损害者禁用 ▲葡萄糖-6-磷酸脱氢酶缺乏者慎用 ▲用药期间多饮水或同服碳酸氢钠	口服抗凝血药、口服降血糖药、甲氨蝶呤、硫喷妥钠	使后者作用时间延长或发生毒性反应
诺氟沙星	敏感菌引起的呼吸道、胃肠道、泌尿生殖系统感染及伤寒等	●口服：成人每次 400mg，一日 2 次。疗程视疾病及病情而定，详见说明书 ●静脉滴注：成人每次 0.2g，一日 2 次。重症者加倍	胃肠道反应，少见周围神经刺激症、中枢神经反应、变态反应、光敏反应	▲孕妇、哺乳期妇女禁用 ▲18 岁以下的患者禁用 ▲避免过度暴露于阳光下 ▲避免结晶尿，宜多饮水 ▲不宜静脉注射，滴注速度不宜过快，控制在 1h 以上	含铝、镁、锌、铁制剂	本品口服吸收减少
					华法林、环孢素	后者血药浓度升高，导致不良反应
					呋喃妥因	拮抗作用
环丙沙星	敏感菌引起的泌尿生殖系统、呼吸道、胃肠道、骨关节、皮肤软组织感染及伤寒、败血症等	●静脉滴注：成人每次 0.2g，一日 2 次，静滴时间不少于 30min。重症者加倍 ●口服：成人每次 250mg，一日 2 次，重症者加倍，一日剂量不得超过 1.5g	胃肠道反应、中枢神经反应、变态反应、血糖紊乱、跟腱炎和跟腱断裂、心脏毒性，少见光敏反应	同诺氟沙星	降血糖药	血糖紊乱
					非甾体抗炎药	增加中枢神经兴奋和惊厥的危险
					其他同诺氟沙星	
左氧氟沙星	敏感菌引起的呼吸道、泌尿生殖系统、胃肠道、皮肤软组织、骨关节、五官科及术后伤口感染等	●口服：成人每次 100mg，一日 2 次，根据严重程度增量，最多每次 200mg，一日 3 次	有胃肠道反应、中枢神经反应、变态反应、结晶尿、血清氨基转移酶升高、血尿素氮增高、白细胞减少、	▲孕妇、哺乳期妇女、18 岁以下患者禁用 ▲不宜与其他药物同瓶混合静滴	含铝、镁、锌、铁制剂	本品口服吸收减少
					华法林、环孢素	后者血药浓度升高，导致中毒

续表

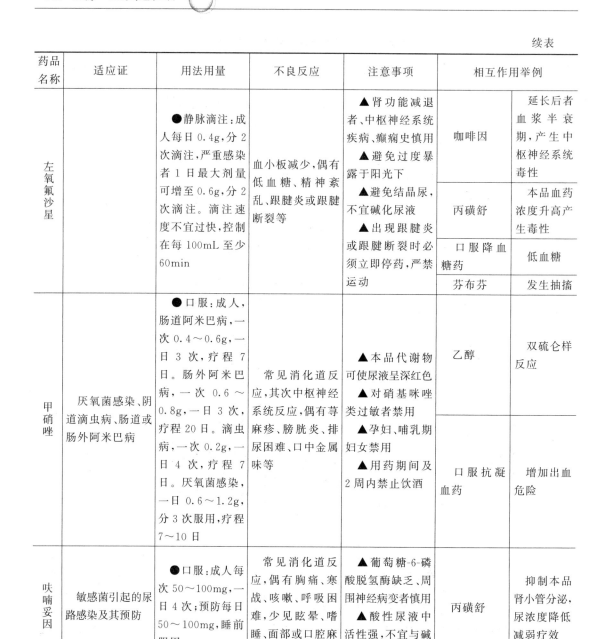

药品名称	适应证	用法用量	不良反应	注意事项	相互作用举例	
左氧氟沙星		●静脉滴注:成人每日0.4g,分2次滴注,严重感染者1日最大剂量可增至0.6g,分2次滴注。滴注速度不宜过快,控制在每100mL至少60min	血小板减少,偶有低血糖、精神紊乱、跟腱炎或跟腱断裂等	▲肾功能减退者、中枢神经系统疾病、癫痫史慎用 ▲避免过度暴露于阳光下 ▲避免结晶尿,不宜碱化尿液 ▲出现跟腱炎或跟腱断裂时必须立即停药,严禁运动	咖啡因	延长后者血浆半衰期,产生中枢神经系统毒性
					丙磺舒	本品血药浓度升高产生毒性
					口服降血糖药	低血糖
					芬布芬	发生抽搐
甲硝唑	厌氧菌感染、阴道滴虫病、肠道或肠外阿米巴病	●口服:成人,肠道阿米巴病,一次0.4~0.6g,一日3次,疗程7日。肠外阿米巴病,一次0.6~0.8g,一日3次,疗程20日。滴虫病,一次0.2g,一日4次,疗程7日。厌氧菌感染,一日0.6~1.2g,分3次服用,疗程7~10日	常见消化道反应,其次中枢神经系统反应,偶有荨麻疹、膀胱炎、排尿困难、口中金属味等	▲本品代谢物可使尿液呈深红色 ▲对硝基咪唑类过敏者禁用 ▲孕妇、哺乳期妇女禁用 ▲用药期间及2周内禁止饮酒	乙醇	双硫仑样反应
					口服抗凝血药	增加出血危险
呋喃妥因	敏感菌引起的尿路感染及其预防	●口服:成人每次50~100mg,一日4次;预防每日50~100mg,睡前服用	常见消化道反应,偶有胸痛、寒战、咳嗽、呼吸困难,少见眩晕、嗜睡、面部或口腔麻木等	▲葡萄糖-6-磷酸脱氢酶缺乏、周围神经病变者慎用 ▲酸性尿液中活性强,不宜与碱性药物合用	丙磺舒	抑制本品肾小管分泌,尿浓度降低减弱疗效

2. 第二线抗结核药

药物有对氨基水杨酸、乙硫异烟胺、环丝氨酸、卷曲霉素、阿米卡星、卡那霉素、莫西沙星、左氧氟沙星等。

异烟肼是全效杀菌药,通过抑制分枝菌酸的合成,使细胞丧失耐酸性、疏水性、增殖力而死亡。

利福平是广谱抗结核药,可特异性抑制敏感微生物DNA依赖的RNA多聚酶,阻碍其mRNA的合成。

乙胺丁醇可渗入结核菌体内,与Mg^{2+}结合,干扰细菌RNA的合成。

对氨基水杨酸可竞争性抑制二氢叶酸合成酶,使二氢叶酸合成障碍而抑制结核杆菌的生长繁殖。

（二）常用抗结核药物介绍

常用抗结核药物的适应证、使用方法、不良反应、注意事项及相互作用见表 3-3。

表 3-3　常用抗结核药物介绍一览表

药品名称	适应证	用法用量	不良反应	注意事项	相互作用举例	
异烟肼	单用于各型结核病的预防；与其他抗结核药合用于各型结核病	●口服：成人。预防时，单剂量 0.3g 顿服；治疗时，一日 5mg/kg，最高 0.3g	常用剂量较轻，剂量增大时主要有肝毒性、周围神经炎，少见中枢神经系统反应，偶见视神经炎或视神经萎缩	▲对本品过敏、肝功能不全、精神病、癫痫患者禁用 ▲孕妇、哺乳期妇女慎用 ▲同服维生素 B₆ 可防治周围神经炎 ▲定期检查肝功能	利福平	有协同抗菌作用，但肝毒性也增加
					阿司匹林	使本品疗效降低
					抗酸药	抑制本品吸收
					抗凝血药	增加出血危险
					对乙酰氨基酚	增加肝肾毒性
					乙醇	诱发肝毒性
					酮康唑、咪康唑、氟康唑	降低后者血药浓度
利福平	与其他抗结核药合用于各型结核病；麻风病等	●口服：成人结核治疗一日 0.45～0.6g，空腹顿服。疗程半年左右	主要为肝毒性；多见胃肠道反应；大剂量间歇疗法偶有"流感样症候群"；偶见过敏反应	▲用药后尿、唾液、汗液、痰液、泪液呈橘红色 ▲定期检查肝功能 ▲对本品过敏、严重肝功能不全者禁用 ▲孕妇、哺乳期妇女、5 岁以下儿童慎用	对氨基水杨酸	影响本品吸收，间隔至少 6h
					乙胺丁醇	增加视力损害
					丙磺舒	增加本品血药浓度及毒性
					酮康唑、咪康唑、氟康唑	降低后者血药浓度

四、抗真菌药

（一）抗真菌药分类及作用机制

1.多烯类

多烯类药物有两性霉素 B、制霉菌素、曲古霉素、克念菌素、哈霉素、那他霉素等。本类药物与真菌细胞膜上的麦角固醇结合，使细胞膜通透性增加，细胞内重要物质外漏而死亡。

2.唑类

唑类药物包括咪唑类和三唑类。咪唑类有酮康唑、克霉唑、咪康唑、益康唑、硫康唑、噻康唑、舍他康唑、联苯苄唑等。三唑类有伊曲康唑、氟康唑、伏立康唑、泊沙康唑、雷夫康唑、磷氟康唑、舍他康唑等。本类药物可抑制麦角甾醇合成，影响真菌细胞膜稳定性，导

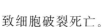

致细胞破裂死亡。

3. 丙烯胺类

丙烯胺类药物有萘替芬、特比萘芬、布替萘芬。本类药物竞争性抑制真菌角鲨烯环氧酶，使麦角甾醇合成受阻，细胞膜屏障功能受损导致死亡。

4. 棘白菌素类

棘白菌素类药物有卡泊芬净、米卡芬净和阿尼芬净。本类药物抑制真菌细胞壁中β-葡聚糖的合成，导致菌体破裂死亡。

5. 嘧啶类

嘧啶类药物有氟胞嘧啶。药物在真菌细胞内代谢为氟尿嘧啶，干扰真菌的嘧啶代谢、RNA 和 DNA 合成及蛋白质合成等。

6. 其他

其他抗菌药有灰黄霉素、阿莫罗芬、利拉萘酯、环吡酮胺等。

（二）常用抗真菌药物介绍

常用抗真菌药物的适应证、使用方法、不良反应、注意事项及相互作用见表3-4。

表 3-4　常用抗真菌药物介绍一览表

药品名称	适应证	用法用量	不良反应	注意事项	相互作用举例	
两性霉素 B	深部真菌感染	●静脉滴注：成人，开始先试从 1～5mg 或按每次 0.02～0.1mg/kg 给药，以后根据患者耐受情况每日或隔日增加 5mg，当增加至每次 0.6～0.7mg/kg 时即可暂停增加剂量。最高单次剂量按体重不超过 1mg/kg，每日或隔 1～2 日给药 1 次，总累积量 1.5～3.0g，疗程 1～3 个月，也可长至 6 个月，需视患者病情及疾病种类而定。对敏感真菌所致感染宜采用较小剂量，即 1 次 20～30mg，疗程仍宜较长	毒性较大。可有寒战、高热、严重头痛、食欲缺乏、恶心、呕吐等；肾毒性；低钾血症；偶有白细胞、血小板减少，血压下降，肝毒性，心率加快等	▲对本品过敏者禁用 ▲肝肾功能不全者慎用 ▲定期检查肝肾功能、血象、血钾（低钾血症时及时补钾）▲静脉滴注如漏出血管外，可致局部炎症 ▲抗组胺药、皮质激素可减轻本品某些反应，但只限于反应严重时用 ▲宜避光缓慢滴注，每次需 6h 以上	洋地黄苷	增加后者毒性
					氨基糖苷、多黏菌素、万古霉素	增加肾毒性
					氟胞嘧啶	有协同作用，但氟胞嘧啶的毒性也增加

续表

药品名称	适应证	用法用量	不良反应	注意事项	相互作用举例	
氟康唑	念珠菌病、隐球菌病、球孢子菌病等	●口服：成人。播散性念珠菌病：首次剂量 0.4g，以后 1 次 0.2g，1 日 1 次，至少 4 周，症状缓解后至少持续 2 周。食管念珠菌病：首次剂量 0.2g，以后 1 次 0.1g，1 日 1 次，持续至少 3 周，症状缓解后至少持续 2 周。根据治疗反应，也可加大剂量至 1 次 0.4g，1 日 1 次。口咽部念珠菌病：首次剂量 0.2g，以后 1 次 0.1g，1 日 1 次，疗程至少 2 周。念珠菌外阴阴道炎：单剂量 0.15g，一次服。预防念珠菌病：0.2～0.4g，1 日 1 次	常见消化道反应；偶见剥脱性皮炎（肝功能损害）、渗出性多形红斑；肝毒性；头痛、头晕；中性粒细胞、血小板减少；肾功能异常等	▲对本品过敏者禁用 ▲肝功不全者、妊娠、哺乳期妇女慎用 ▲定期检查肝肾功能	双香豆素类抗凝血药	增加出血危险
					磺酰脲类降血糖药	导致低血糖
					苯妥英钠	升高后者血药浓度
					茶碱	升高后者血药浓度致中毒

五、抗病毒药

（一）抗病毒药分类及作用机制

1. 广谱抗病毒药

广谱抗病毒药有利巴韦林、干扰素、胸腺肽 α_1、转移因子。

利巴韦林抑制病毒 RNA 聚合酶，阻碍 mRNA 的转录过程；干扰素与细胞内特异性受体结合，影响相关基因，对病毒穿透细胞膜过程、脱壳、mRNA 合成、蛋白质翻译后修饰、病毒颗粒组装和释放均有抑制作用。

2. 抗流感病毒药

抗流感病毒药有金刚烷胺、金刚乙胺、扎那米韦、奥司他韦等。

金刚烷胺、金刚乙胺可抑制病毒脱壳及核酸释放，还可干扰病毒组装；扎那米韦抑制病毒神经氨酸酶，影响病毒从感染细胞的释放；奥司他韦是前药，其活性代谢物是强效流感病毒神经氨酸酶抑制药。

3. 抗疱疹病毒药

抗疱疹病毒药有阿昔洛韦、伐昔洛韦、喷昔洛韦、更昔洛韦、阿糖腺苷等。药物可干扰病毒DNA多聚酶,抑制病毒复制。

4.抗乙型肝炎病毒药

抗乙型肝炎病毒药有拉米夫定、阿德福韦、恩替卡韦。药物在宿主细胞内激活后可抑制病毒是反转录酶,终止病毒DNA链的延伸。

5.抗人类免疫缺陷病毒(HIV)药

抗HIV药有齐多夫定、拉米夫定、扎西他滨、奈韦拉平、沙奎那韦、利托那韦等。

（二）常用抗病毒药物介绍

常用抗病毒药物的适应证、使用方法、不良反应、注意事项及相互作用见表3-5。

表3-5 常用抗病毒药物介绍一览表

药品名称	适应证	用法用量	不良反应	注意事项	相互作用举例	
利巴韦林	呼吸道合胞病毒引起的病毒性肺炎与支气管炎	●口服:成人,体重≤65kg,一次400mg,一日2次;体重65～85kg,早晨400mg,晚上600mg;体重≥85kg,一次600mg,一日2次	常见贫血、乏力,少见疲倦、头痛、失眠、食欲减退、恶心等,偶见皮疹	▲对本品过敏者、妊娠期妇女禁用 ▲严重贫血、肝功能异常者慎用 ▲哺乳期妇女用药期间暂停哺乳	齐多夫定	对后者拮抗
阿昔洛韦	单纯疱疹病毒感染、带状疱疹、免疫缺陷者水痘	●口服:成人一次200mg,每4h一次,或一日总量1g,分次给予	常见皮疹、荨麻疹、血清肌酐升高等;少见急性肾功能不全、白细胞、红细胞、血小板减少,低血压、高脂血症、呼吸困难、心悸等	▲对本品过敏者禁用 ▲用药前及用药期间应检查肾功能 ▲静脉滴注宜缓慢,以避免肾功能损害;应防止药液外漏引起疼痛、静脉炎	齐多夫定	引起肾毒性
					丙磺舒	抑制本品自尿路排泄
					干扰素、甲氨蝶呤	引起精神异常

六、抗寄生虫药

（一）抗寄生虫药分类及作用机制

1.抗疟疾药

（1）控制症状的药物 有氯喹、奎宁、甲氟喹、青蒿素、蒿甲醚、咯萘啶。青蒿素可产生自由基破坏疟原虫的生物膜、蛋白质等,导致虫体死亡。氯喹能抑制DNA复制和转录,同时干扰虫体内环境,使血红蛋白分解和利用减少,从而抑制疟原虫生长繁殖。

（2）主要用于控制复发和传播的药物 有伯氨喹。

（3）主要用于病因性预防的药物 有乙胺嘧啶。该药通过抑制二氢叶酸还原酶,影响疟原虫叶酸代谢,使其生长繁殖受到抑制。

2.抗阿米巴病药

（1）抗肠内外阿米巴病药 有甲硝唑、替硝唑、奥硝唑、依米丁、去氢依米丁等。

（2）抗肠内阿米巴病药 有氯碘羟喹、双碘喹啉、喹碘方、二氯尼特、尼龙霉素等。

（3）抗肠外阿米巴病药　有氯喹。

（4）杀灭包囊的抗阿米巴病药　有二氯尼特。

3.抗滴虫病药

抗滴虫病药有甲硝唑、乙酰胂胺。

4.抗血吸虫病药

抗血吸虫病药有吡喹酮，通过5-HT受体使虫体痉挛性麻痹脱落。

5.抗丝虫病药

抗丝虫病药代表药有乙胺嗪。

6.抗肠线虫药

广谱类抗肠线虫药有甲苯达唑、阿苯达唑，可抑制蠕虫细胞内微管形成，干扰葡萄糖摄取和利用，使虫体内糖原耗尽而死亡；左旋咪唑，抑制虫体内延胡索酸还原为琥珀酸，虫体接触后神经节兴奋，肌肉持续收缩而麻痹；噻嘧啶，抑制胆碱酯酶活性，使乙酰胆碱堆积，神经肌肉去极化，致虫体痉挛、麻痹；哌嗪，阻断虫体胆碱受体，抑制神经-肌肉传递，使蛔虫、蛲虫虫体肌肉麻痹；恩波维铵，抑制虫体需氧呼吸并阻断对葡萄糖的吸收，抑制蛲虫虫体生长繁殖。

7.抗绦虫药

抗绦虫代表药有氯硝柳胺。

（二）常用抗寄生虫药物介绍

常用抗寄生虫药物的适应证、使用方法、不良反应、注意事项及相互作用见表3-6。

表3-6　常用抗寄生虫药物介绍一览表

药品名称	适应证	用法用量	不良反应	注意事项	相互作用举例
阿苯达唑	钩虫、蛔虫、鞭虫、蛲虫、旋毛虫等线虫病及囊虫病、棘球蚴病	●口服：成人，蛔虫、蛲虫病，单剂量400mg顿服。钩虫、鞭虫病，一次400mg，一日2次，连续3日。旋毛虫病，一次400mg，一日2次，连续7日。囊虫病，一日20mg/kg，分3次服用，1个疗程10日，一般需1~3个疗程。疗程间隔视病情而定，多为3个月。棘球蚴病，一日20mg/kg，分2次服用，疗程1个月，一般需5个疗程以上，疗程间隔7~10天	消化道反应及头晕、头痛和嗜睡等	▲2岁以下儿童、妊娠期妇女禁用 ▲蛋白尿、化脓性或弥散性皮炎、各种急性传染病及癫痫患者不宜使用 ▲蛲虫病易重复感染，在治疗2周后重复治疗一次	

续表

药品名称	适应证	用法用量	不良反应	注意事项	相互作用举例	
左旋咪唑	蛔虫、钩虫、蛲虫和粪类圆线虫病	●口服：成人，蛔虫病，1.5～2.5mg/kg，空腹或睡前顿服。钩虫病，1.5～2.5mg/kg；每晚1次，连服3日。丝虫病，4～6mg/kg，分3次服，连服3日	消化道反应，少见头晕、头痛、味觉障碍、关节酸痛、流感样症候群、血压降低、脉管炎、皮疹、光敏性皮炎等，个别见粒细胞、血小板减少	▲妊娠早期、肝功能异常、肾功能减退者慎用	噻嘧啶	用于严重钩虫感染时可提高疗效
					噻苯达唑	用于肠道线虫混合感染
					乙胺嗪	可先后应用于丝虫感染
					四氯乙烯	增加毒性

第二节　解热镇痛抗炎药

　　解热镇痛抗炎药是一类具有解热、镇痛，大多数还有抗炎、抗风湿作用的药物。可通过抑制体内前列腺素（PG）合成所需的环氧酶（COX）而产生作用，目前认为这是它们共同作用的基础。由于其特殊的抗炎作用，故本类药物又称为非甾体抗炎药（NSAID）。

一、解热镇痛抗炎药共同作用

　　（1）解热作用　能降低发热者的体温，而对体温正常者几无影响。
　　（2）镇痛作用　仅有中等程度镇痛作用，对各种严重创伤性剧痛及内脏平滑肌绞痛无效。
　　（3）抗炎抗风湿作用（苯胺类除外）　大多数此类药都有抗炎作用，对控制风湿性关节炎及类风湿关节炎的症状有肯定疗效，但不能根治，也不能防止疾病发展及合并症的发生。

　知识链接

解热镇痛药用于解热时的注意事项

　　发热时使用解热药，使体温降低或恢复至正常水平，可谓人所共知，但有些人并不理解，发热从另一角度讲并非坏事。发热，不仅告诉患者已经有病在身了，同时，不同的热型是某些疾病的特征，可以帮助医生做出正确诊断。发热是机体的一种防御反应，发热时机体的吞噬细胞功能加强，白细胞增加，抗体生成增多，这些都有利于杀灭细菌与病毒，因此，不应一有发热就盲目使用解热药。尤其感冒发热，如非高热，一般不主张用解热药

二、解热镇痛抗炎药分类

（一）按照化学结构分类

　　（1）水杨酸类　常用药物有阿司匹林、贝诺酯。
　　（2）苯胺类　常用药物有对乙酰氨基酚。
　　（3）芳基乙酸类　常用药物有吲哚美辛、双氯芬酸、舒林酸等。

（4）芳基丙酸类　常用药物有布洛芬、萘普生等。

（5）昔康类　常用药物有吡罗昔康、美洛昔康等。

（6）昔布类　常用药物有塞来昔布、罗非昔布等。

（7）其他类　常用药物有尼美舒利等。

（二）按照作用机制分类

（1）COX-1 高选择性抑制药　常用药物有阿司匹林、吲哚美辛、舒林酸、吡罗昔康等。

（2）COX-1 低选择性抑制药　常用药物有布洛芬、对乙酰氨基酚等。

（3）COX-1 无选择性抑制药　常用药物有萘普生、双氯芬酸等。

（4）COX-2 高选择性抑制药　常用药物有塞来昔布、罗非昔布、依托考昔、尼美舒利等。

（三）常用解热镇痛抗炎药介绍

常用解热镇痛抗炎药的适应证、使用方法、不良反应、注意事项及相互作用见表 3-7。

表 3-7　常用解热镇痛抗炎药介绍一览表

药品名称	适应证	用法用量	不良反应	注意事项	相互作用举例	
对乙酰氨基酚	普通感冒引起的发热；轻中度疼痛	●口服：1 次 0.3～0.6g，1 日 0.6～1.8g，1 日量不宜超过 2g	恶心、呕吐、出汗、腹痛及苍白等	▲乙醇中毒、肝病或病毒性肝炎、肾功能不全的患者慎用 ▲大剂量可损害肝脏，严重可致昏迷甚至死亡	抗凝血药	增加抗凝血药作用
					齐多夫定、NSAID	增加肾毒性
阿司匹林	发热、轻中度疼痛、急慢性风湿性关节炎；预防心肌梗死、动脉血栓、动脉粥样硬化等；胆道蛔虫病；足癣	●口服：每次 0.3～0.6g，1 日 3 次，或需要时服	较常见：恶心、呕吐、上腹部不适或疼痛等 较少见或罕见：长期或大剂量服用可有胃肠道溃疡、出血或穿孔，"阿司匹林哮喘"、皮肤过敏等过敏反应；可逆性耳鸣、听力下降；Reye 综合征	▲能缓解症状，不能治疗引起疼痛和发热的病因 ▲慎用于：①有哮喘及其他过敏性反应时；②葡萄糖-6-磷酸脱氢酶缺陷者；③痛风；④肝功能减退时可加重肝脏毒性反应，加重出血倾向，肝功能不全和肝硬化患者易出现肾脏不良反应；⑤心功能不全或高血压，大量用药时可能引起心力衰竭或肺水肿；⑥肾功能不全时有加重肾脏毒性的危险；⑦血小板减少者；⑧慢性或复发性胃或十二指肠病变者；⑨哺乳期妇女 ▲年老体弱或体温在 40℃以上者，解热时宜用小量 ▲饮酒前后不可服本品	其他水杨酸类药物、双香豆素类抗凝血药、磺胺类降血糖药、磺胺类抗生素、苯妥英钠、甲氨蝶呤	作用或毒性增强
					碱性药、抗酸药	解热镇痛作用降低
					布洛芬	布洛芬血药浓度降低，胃肠道不良反应增加

续表

药品名称	适应证	用法用量	不良反应	注意事项	相互作用举例	
阿司匹林				▲长期大量服用或误服大量,可引起急性中毒,严重者甚至出现高热、脱水、虚脱、昏迷而危及生命 ▲可致胎儿异常,妊娠期避免使用 ▲10 岁左右儿童,患流感或水痘后使用本品,可诱发 Reye 综合征,严重者可致死		
布洛芬	轻中度疼痛;普通感冒或流行性感冒引起的发热	●口服:一次 0.2～0.4g,每 4～6h 一次。成人极量每日 2.4g	头痛、嗜睡、眩晕和耳鸣等;长期用药有消化道不良反应 少见有下肢水肿、肾功能不全、皮疹、支气管哮喘、肝功能异常、白细胞减少等	▲支气管哮喘、心肾功能不全、高血压、血友病和有消化道溃疡史者慎用 ▲长期用药时应定期检查血象及肝、肾功能	肝素及口服抗凝血药	增加出血风险
					甲氨蝶呤、地高辛、降血糖药	增强药物作用或毒性
					维拉帕米、硝苯地平、丙磺舒	增加本品血药浓度
					呋塞米	减弱呋塞米降压作用
双氯芬酸钠	类风湿关节炎、神经炎等引起的疼痛;各种原因引起的发热	●口服:成人,每日 100～150mg,分 2～3 次服用。对轻度患者以及 14 岁以下的青少年酌减	胃肠道反应;中枢神经系统反应如头痛、头昏、眩晕;过敏反应如皮疹、荨麻疹、疱疹、湿疹、剥脱性皮炎、脱发;血液系统反应如血小板减少、白细胞减少、粒细胞缺乏、溶血性贫血、再生障碍性贫血	▲有胃肠道溃疡史、溃疡性结肠炎或克罗恩病以及严重肝功能损害的患者慎用 ▲长期服用,应监测肝功能 ▲对心、肾功能有损害,应定期监测肾功能	CYP2C9 抑制剂	其血药浓度显著增加
					锂剂和地高辛	血药浓度增高
					利尿药和抗高血压药物	降低抗高血压效果
					环孢素和他克莫司	增加肾毒性
					可引起高血钾的药物	增高血清钾水平
					喹诺酮类抗菌药	发生惊厥
吲哚美辛	急慢性风湿性关节炎、痛风性关节炎及癌性疼痛;滑囊炎、腱鞘炎及关节囊炎等;恶	●口服:成人开始时剂量每次 25mg,1 日 2～3 次,餐时或餐后立即服用。治疗风湿性关节炎等症时,	胃肠道反应如恶心、呕吐、腹痛、腹泻等;中枢神经系统症状如头痛、眩晕等;肝功能损害;高血压、脉管炎、轻度水肿;血	▲儿童慎用 ▲长期应用致角膜色素沉着及视网膜改变,应定期眼科检查	阿司匹林或其他非甾体抗炎药	消化道溃疡的发病率增高,并增加出血倾向
					洋地黄、肝素及口服抗凝血药等	与其合用的药物作用或毒性增加

续表

药品名称	适应证	用法用量	不良反应	注意事项	相互作用举例	
吲哚美辛	性肿瘤引起的发热或其他难以控制的发热	可逐渐增至每日 100～150mg，一日最大量不超过150mg，分3～4次服用	尿、肾功能不全；瞳孔散大、畏光、视物模糊、复视、中毒性弱视和视觉丧失；抑制造血系统（粒细胞或血小板减少等）；过敏反应		呋塞米、布美他尼、吲达帕胺	利尿降压作用减弱
					氨苯蝶啶	肾功能损害

第三节 呼吸系统药物

一、镇咳药

（一）镇咳药的分类及作用机制

1. 中枢性镇咳药

中枢性镇咳药可激动延髓孤束核的阿片受体，抑制咳嗽中枢，提高咳嗽中枢的兴奋阈值，使咳嗽反射不易发生乃至消失。其中成瘾性镇咳药有可待因等，非成瘾性镇咳药有右美沙芬、喷托维林、苯丙哌林等。

2. 外周性镇咳药

麻醉性的外周性镇咳药（苯佐那酯）对肺牵张感受器有选择性的抑制作用，阻断迷走反射，抑制咳嗽冲动传入中枢而镇咳；非麻醉性的外周性镇咳药（苯丙哌林）能阻滞肺及胸膜感受器的传入感觉神经冲动。

（二）常用镇咳药物介绍

镇咳药临床上用于各种无痰干咳或与祛痰药合用治疗由痰液刺激引起的咳嗽。成瘾性中枢镇咳药效果好，但久服易成瘾；非成瘾性中枢镇咳药、外周性镇咳药不良反应轻微，应用较多。

常用镇咳药物的适应证、使用方法、不良反应、注意事项及相互作用见表3-8。

表3-8 常用镇咳药介绍一览表

药品名称	适应证	用法用量	不良反应	注意事项	相互作用举例	
可待因	治疗干咳（尤其是伴有胸痛的剧烈干咳）及轻度至中等程度的疼痛	●口服：每次15～30mg，一日30～90mg。极量每次0.1g，一日0.25g ●皮下注射：每次15～30mg，一日30～90mg	偶见头晕、恶心、呕吐、便秘、嗜睡、眩晕等。剂量较大或过量时，可出现异常兴奋、烦躁不安、精神改变、癫性发作、神志改变、瞳孔改变、血压降低，严	▲长期使用可引起依赖性 ▲酒精中毒、肝肾功能不全、支气管哮喘、胆结石、颅内病变、前列腺增生症者及哺乳期妇女和老年人慎用 ▲多痰患者、早产儿和新生儿禁用	中枢抑制药、肌松药	呼吸抑制作用相加
					解热镇痛药	协调作用
					抗胆碱药	加重便秘、尿潴留

续表

药品名称	适应证	用法用量	不良反应	注意事项	相互作用举例	
可待因			重者可出现呼吸、循环衰竭等	▲哮喘患者、特异性过敏患者、严重高血压、冠状动脉疾病患者禁用	西咪替丁	诱发精神错乱、定向力障碍及呼吸急促
右美沙芬	用于干咳,包括上呼吸道感染(如感冒和咽炎)、支气管炎等引起的咳嗽	●口服:成人一次 10～15mg,一日 3～4 次	偶有头晕、轻度嗜睡、恶心、胃部不适、皮疹等轻微反应,但不影响继续用药	▲妊娠 3 个月内妇女、精神病史者及哺乳期妇女禁用 ▲哮喘、痰多、肝肾功能不全患者及妊娠 3 个月后的孕妇慎用 ▲本品过敏者禁用,过敏体质者慎用 ▲服药期间不得驾驶机、车、船、从事高空作业或机械作业及操作精密仪器	乙醇及其他中枢神经系统抑制药物	增强中枢抑制作用
					单胺氧化酶抑制药、抗抑郁药	不得并用
喷托维林	适用于干咳及由上呼吸道感染引起的咳嗽	●口服:成人每次 25mg,一日 3～4 次	偶有便秘、轻度头痛、头晕、嗜睡、口干、恶心、腹胀、皮肤过敏等反应	▲孕妇、哺乳期妇女、青光眼及心力衰竭患者禁用 ▲痰多的患者宜与祛痰药合用 ▲对本品过敏者禁用,过敏体质者慎用 ▲服药期间不得驾驶机、车、船、从事高空作业或机械作业及操作精密仪器		
苯丙哌林	适用于刺激性干咳和各种原因引起的咳嗽	●口服:成人每次 20～40mg,每天 3 次	一过性口咽发麻;尚有乏力、头晕、上腹不适、食欲缺乏、皮疹等	▲本品对口腔黏膜有麻醉作用,应整片吞服 ▲对本品过敏者禁用,过敏体质者慎用		

二、祛痰药

(一) 祛痰药的分类及作用机制

(1) 多糖纤维素分解剂　促使痰中酸性黏蛋白纤维裂解,导致糖蛋白的肽链断裂,形成小分子物,减低痰液的黏稠度。如溴己新、氨溴索。

(2) 黏痰溶解剂　结构中含巯基的氨基酸,吸入后使痰液中黏蛋白的双硫键断裂而降低痰液的黏稠度。如乙酰半胱氨酸。

(3) 含有分解脱氧核糖核酸(DNA)的酶类　促使脓性痰 DNA 分解,使痰黏度下降。如糜蛋白酶、脱氧核糖核酸酶等。

（4）表面活性剂 可降低痰液的表面张力以降低痰液的黏稠度，使其在黏膜表面的黏附力降低，易于咳出。如愈创甘油醚。

（5）黏痰调节剂 能分裂痰液中黏蛋白、糖蛋白多肽链等分子间的双硫键，使分子变小、黏度降低，同时调节黏液的分泌；并增加黏膜纤毛的转运，从而增加痰液的排出，改善呼吸道分泌细胞的功能，修复黏膜和促进气管分泌。如羧甲司坦、厄多司坦等。

（二）常用祛痰药物介绍

常用祛痰药物的适应证、使用方法、不良反应、注意事项及相互作用见表3-9。

表 3-9 常用祛痰药介绍一览表

药品名称	适应证	用法用量	不良反应	注意事项	相互作用举例	
羧甲司坦	用于治疗慢性支气管炎、支气管哮喘等疾病引起的痰液黏稠、咳痰困难患者	●口服：成人首剂量0.75g，以后每次0.5g，一日3次	可见恶心、胃部不适、腹泻、轻度头痛以及皮疹等	▲消化道溃疡活动期患者禁用 ▲孕妇、哺乳期妇女、2岁以下儿童慎用 ▲对本品过敏者禁用，过敏体质者慎用		
溴己新	用于慢性支气管炎、哮喘等引起的黏痰不易咳出的患者	●口服（饭后）：成人一次8～16mg，一日2～3次 ●皮下、肌注、静注或静滴：每次4～8mg，每天1～2次 ●雾化吸入：每次2mL，每天2～3次	个别有胃部不适，减量或停药后可消失。偶见血清转氨酶升高	▲胃溃疡患者慎用 ▲孕妇及哺乳期妇女慎用 ▲对本药过敏者禁用 ▲脓性痰患者需加用抗生素	阿莫西林、四环素类抗生素	增强抗菌疗效
乙酰半胱氨酸	用于黏性痰或脓性痰不易咳出，尤其适用于手术后咳痰困难者及肺部感染的预防和治疗	●口服：成人每200mg，1日2～3次 ●喷雾吸入：临用前用氯化钠溶液溶解成10%溶液，每次1～3mL，1日2～3次	特殊的气味对呼吸道有刺激性，可引起恶心、呕吐和呛咳等，有时导致支气管痉挛，一般减量即可缓解，如遇恶心、呕吐可暂停给药	▲禁用于老年患者、严重呼吸道阻塞和支气管哮喘患者 ▲糖尿病患者慎用 ▲水溶液在空气中易氧化变质，因此应在临床前配制。未使用的可存于冰箱中，并于48h内用完 ▲避免同时服用强力镇咳药 ▲不宜与金属、橡皮、氧化剂及氧气接触	青霉素类、头孢菌素类等抗生素	减弱抗生素抗菌活性，不宜合用，必要时间隔4h或交替使用
					酸性较强的药物	使本品作用明显降低
					硝酸甘油	可增加低血压和头痛的发生

三、平喘药

（一）平喘药的分类及作用机制

 知识链接

瘦肉精与 β 受体激动药

瘦肉精是一类药物的统称。任何能够抑制动物脂肪生成、促进瘦肉生长的物质都可称为瘦肉精。能产生这种功能的物质主要是肾上腺素 β 受体激动药，在我国主要指的是盐酸克仑特罗，简称克仑特罗，又名克喘素、氨哮素、氨必妥、氧双氯喘通，临床用于治疗支气管哮喘、慢性支气管炎和肺气肿等疾病。大剂量用在饲料中可以促进牲畜肌肉生长，加速脂肪转化和分解，提高瘦肉率，但食用含有瘦肉精的肉制品对人体有害，可导致肌肉震颤、心慌、头痛、恶心、呕吐等症状，尤其是对高血压、心脏病、青光眼、糖尿病、甲亢和前列腺增生症等疾病患者危害更大，严重时可导致死亡。为此，1997年中国农业部发文禁止在饲料和畜牧生产中使用瘦肉精。

平喘药作用于哮喘发病的不同环节，具有支气管平滑肌舒张作用，可缓解呼吸困难。分以下六类。

1. β 受体激动药

β 受体激动药选择性激动支气管 β_2 受体，激活腺苷酸环化酶而增加支气管平滑肌 cAMP 浓度，使支气管平滑肌松弛。同时，也能抑制肥大细胞及中性粒细胞释放炎症介质，减少渗出，促进黏液分解，有利于哮喘的治疗。常用的有沙丁胺醇、克仑特罗、沙美特罗、班布特罗、丙卡特罗、福莫特罗、氯丙那林、特布他林等。

2. 白三烯受体拮抗药

白三烯受体拮抗药通过拮抗半胱氨酸白三烯或多肽白三烯靶组织上的受体，缓解支气管的应激性和慢性炎症病变。常用药有孟鲁司特、扎鲁司特。

3. 过敏介质阻释药

过敏介质阻释药主要稳定肺组织肥大细胞膜，抑制过敏介质释放，防止哮喘发作；还可阻止引起支气管痉挛的神经反射，降低哮喘患者支气管的高反应性。常用的有色甘酸钠、酮替芬等。

4. 磷酸二酯酶抑制药

茶碱类药品能松弛支气管平滑肌，对痉挛状态平滑肌的作用尤显。作用机制有：①抑制磷酸二酯酶，使 cAMP 含量增加；②抑制过敏介质的释放和降低细胞内钙；③阻断腺苷受体，拮抗腺苷受体激动引起的哮喘。常用药物有氨茶碱、二羟丙茶喊等。

5. 胆碱受体拮抗剂

胆碱受体拮抗剂可阻断节后迷走神经通路，降低迷走神经兴奋性而松弛支气管平滑肌。常用的有异丙托溴铵。

6. 吸入性肾上腺糖皮质激素

吸入性肾上腺糖皮质激素是目前治疗哮喘最有效的抗炎药物，与其抗炎和抗过敏作用有关。它能抑制前列腺素和白三烯生成；减少炎症介质的产生和反应；能使小血管收缩，渗出减少。本类药物是哮喘持续状态或危重发作时的重要抢救药物。常用药物有倍氯米松、布地奈德、氟替卡松等。

（二）常用平喘药物介绍

常用平喘药物的适应证、使用方法、不良反应、注意事项及相互作用见表3-10。

表 3-10　常用平喘药介绍一览表

药品名称	适应证	用法用量	不良反应	注意事项	相互作用举例	
沙丁胺醇	用于各型支气管哮喘及伴有支气管痉挛的各种支气管及肺部疾病；产科用于防治早产	●口服：成人，每次 4～5mg，1日 3 次 ●气雾吸入：每次喷吸 1～2 次，必要时每 4h 重复 1 次，但 24h 内不宜超过 8 次。粉雾吸入，成人每次吸入 0.4mg，1日3～4 次 ●静脉注射、静脉滴注：每次 0.4mg ●肌内注射：每次 0.4mg，必要时 4h 可重复注射	偶有心悸、头痛、眩晕、震颤等不良反应。长期或连续应用反而可能加重支气管哮喘	▲对本品及其他肾上腺素受体激动药过敏者禁用 ▲心血管功能不全、高血压、糖尿病、甲状腺功能亢进症患者及妊娠期妇女慎用 ▲应从小剂量开始，逐渐加大剂量	β受体阻滞药	疗效降低
					糖皮质激素	引起低钾血症，导致心律失常
					茶碱类药物	增强本品松弛支平滑肌作用，不良反应也可能增强
					单胺氧化酶抑制药、三环抗抑郁药、抗组胺药、左甲状腺素	增加本品的不良反应
					甲基多巴	可致严重急性低血压反应
特布他林	用于支气管哮喘、慢性支气管炎、肺气肿和其他伴有支气管痉挛的肺部疾病；预防早产	●口服：成人每次 2.5～5mg，1日 3 次 ●气雾吸入：成人每次 0.2mg，1日3～4 次 ●皮下注射：每次 0.25mg，如 15～30min 无明显临床改善，可重复注射 1 次，但 4h 内总量不能超过 0.5mg	少数患者有手颤、头痛、心悸及胃肠障碍	▲高血压病、冠心病、糖尿病、甲状腺功能亢进症、癫痫患者及妊娠期妇女慎用 ▲对本品及其他肾上腺素受体激动药过敏者禁用 ▲严重心功能损害者禁用	β受体阻滞药	疗效降低
					单胺氧化酶抑制药、三环抗抑郁药、抗组胺药、左甲状腺素	增加本品的不良反应
					胍乙啶	减弱降血压作用
					非保钾利尿药	增强后者不良反应
					胰岛素或口服降血糖药	需调整后者剂量
					茶碱	降低茶碱的血药浓度

续表

药品名称	适应证	用法用量	不良反应	注意事项	相互作用举例	
茶碱	用于支气管哮喘及伴有慢性支气管炎和肺气肿的可逆性支气管痉挛,对夜间发作的哮喘患者更适宜	●口服(缓释胶囊):成人一般剂量为1日200mg,晚上8~9点服用或早、晚各服用100g,根据病情可增加剂量至每天最大用量600mg	早期多见恶心、呕吐、易激动、失眠;血清浓度超过20μg/mL可出现心动过速、心律失常,超过40μg/mL可发生发热、失水、惊厥等症状,严重的甚至出现呼吸、心跳停止而致死	▲消化性溃疡、肝肾功能不全、心力衰竭、持续高热、有低氧血症、高血压病史的患者慎用 ▲新生儿、55岁以上患者慎用 ▲孕妇及哺乳妇女避免使用	西咪替丁、喹诺酮类、大环内酯类及口服避孕药	降低茶碱清除率,增加茶碱血药浓度
					利福平	使本品血清浓度降低
					苯妥英钠	二者血药浓度均降低
					地尔硫䓬、维拉帕米	干扰茶碱代谢,增加该品血药浓度和毒性
孟鲁司特	用于哮喘的预防和长期治疗,包括对阿司匹林敏感的哮喘患者及预防运动引起的支气管收缩	●口服:每次10mg,每日一次,睡前服用	一般耐药性良好,不良反应轻微,主要是头痛	▲对本品过敏者禁用		
酮替芬	用于过敏性鼻炎、过敏性支气管哮喘	●口服:成人及儿童均为每次1mg,1日2次,分早、晚服用 ●滴鼻:每次1~2滴,1日1~3次 ●滴眼:滴入结膜囊,1日2次,每次1滴,或每8~12h滴一次	常见有嗜睡、倦怠、口干、恶心等胃肠道反应,偶见头痛、头晕、迟钝及体重增加	▲妊娠期妇女慎用 ▲用药期间不宜驾驶车辆、操作精密机器、高空作业等 ▲出现严重不良反应时,可暂时将剂量减半,待不良反应消失后再恢复原剂量 ▲注意药物中毒	抗组胺药	有协同作用
					多种中枢神经抑制药或乙醇	增强本品的镇静作用,应避免合用
					口服降血糖药	不宜并用
					抗胆碱药	可增加抗胆碱药的不良反应
倍氯米松	用于需长期全身应用皮质微素的慢性支气管哮喘患者,以防止哮喘急性发作。对于非激素类药治疗无效的哮喘患者也可以使用本品	●气雾吸入:每次50~200μg,1日3~4次 ●粉雾吸入:每次200μg,1日3~4次	偶见声音嘶哑。长期应用,可发生口腔咽喉念珠菌感染	▲儿童、妊娠期妇女、活动性肺结核患者慎用 ▲对哮喘持续状态疗效不佳,不宜用 ▲孕妇和婴幼儿避免大面积长期使用 ▲对哮喘者在症状控制后逐渐停药,一般在应用后4~5日缓慢减量		

第四节 消化系统药物

消化系统药物是一类作用于消化系统的药物，主要包括抗酸药与抗消化性溃疡药、助消化药、解痉药与促胃动力药、泻药与止泻药、微生态药物和肝胆及辅助用药等六大类。

一、抗酸药与抑酸药

（一）抗酸药与抑酸药分类及作用机制

抗酸药呈弱碱性，口服后可直接中和过多的胃酸，降低胃内酸度和胃蛋白酶活性，解除胃酸对胃黏膜及溃疡面的侵蚀和刺激，从而缓解疼痛，促进溃疡愈合。如氢氧化铝、三硅酸镁、铝碳酸镁、碳酸氢钠。

抑酸药可通过不同途径抑制胃酸的分泌，有利于溃疡愈合。常用药物如下：H_2受体拮抗药有西咪替丁、雷尼替丁、法莫替丁、尼扎替丁、罗沙替丁乙酸酯等；质子泵抑制药有奥美拉唑、泮托拉唑、兰索拉唑、雷贝拉唑、埃索美拉唑等；胃泌素受体拮抗药有丙谷胺；M_1受体拮抗药有哌仑西平。

（二）抗酸药与抑酸药常用药物介绍

常用抗酸药与抑酸药的适应证、使用方法、不良反应、注意事项及相互作用见表3-11。

表3-11 常用抗酸药与抑酸药介绍一览表

药品名称	适应证	用法用量	不良反应	注意事项	相互作用举例	
复方氢氧化铝	胃痛、胃灼热感、反酸，慢性胃炎	●口服：成人一次2～4片，一日3次。饭前半小时或胃痛发作时嚼碎后服	长期大剂量服用可致严重便秘、肠梗阻。老年人可致骨质疏松	▲连续服用不得超过7天 ▲妊娠头3个月、肾功能不全、长期便秘、低磷血症、前列腺增生症、青光眼、高血压、心脏病、胃肠道阻塞性疾病、甲状腺功能亢进症、溃疡性结肠炎等患者慎用	肠溶片	加速肠溶片溶解，不宜合用
雷尼替丁	胃及十二指肠溃疡等；卓-艾综合征；上消化道出血	●口服：成人每日2次，每次150mg，早、晚饭时服。维持剂量每日150mg，于餐前顿服。对卓-艾综合征宜用大量，一日600～1200mg	常见有面热感、头晕、恶心、出汗及胃刺激；有时还可产生焦虑、兴奋、健忘等；少见男性乳房女性化	▲老年患者与肝肾功能不全患者慎用 ▲少数患者引起的轻度肝损伤，停药后可恢复正常 ▲8岁以下儿童、孕妇及哺乳期妇女禁用	普鲁卡因胺、普萘洛尔、利多卡因	延缓合用药物的作用
					维生素B_{12}	降低后者吸收，长期使用可致维生素B_{12}缺乏

续表

药品名称	适应证	用法用量	不良反应	注意事项	相互作用举例	
奥美拉唑	十二指肠溃疡和卓-艾综合征，胃溃疡和反流性食管炎；幽门螺杆菌	●口服：成人，消化性溃疡每次20mg，每日1～2次，十二指肠溃疡疗程2～4周，胃溃疡疗程4～8周，不可嚼服。卓-艾综合征，初始剂量为每日1次，每次60mg。如剂量调整到每日大于80mg，则应分2次给药。反流性食管炎每日20～60mg	较少。如恶心、胀气、腹泻、便秘、上腹痛等。皮疹、ALT和胆红素升高也有发生，一般是轻微和短暂的，大多不影响治疗。神经系统可有感觉异常、头晕、头痛、嗜睡、失眠及外周神经炎等	▲长期使用可引起高胃泌素血症、胃息肉类癌 ▲可致维生素B_{12}缺乏 ▲严重肝功能不全者慎用，必要时剂量减半 ▲婴幼儿禁用，妊娠期与哺乳期慎用	地西泮、苯妥英钠、华法林、硝苯地平等	延缓后者在体内的消除，合用需减少后者用量
					克拉霉素	增加中枢神经系统(主要是头痛)和胃肠道不良反应发生率
铝碳酸镁	胃及十二指肠溃疡、反流性食管炎、急慢性胃炎和十二指肠球炎等	●口服：成人每次1.0g，每日3次，餐后1h服用。十二指肠球部溃疡6周为1疗程，胃溃疡8周为1疗程	轻微，可出现胃肠道不适、消化不良、呕吐、大便次数增多甚至腹泻等	▲胃肠道蠕动功能不全者、严重肾功能不全者慎用	四环素类、喹诺酮类、铁剂、抗凝血药、鹅去氧胆酸、H_2受体拮抗药等	干扰后者吸收，服药时间间隔至少1～2h

二、胃黏膜保护药

(一) 胃黏膜保护药作用机制

胃黏膜保护药可防治胃黏膜损伤，促进组织修复和溃疡愈合。如硫糖铝、枸橼酸铋钾、胶体果胶铋，药物在胃内酸性环境下形成黏附性复合物或溶胶保护层，覆盖于溃疡部位促进其愈合。

(二) 常用胃黏膜保护药介绍

常用胃黏膜保护药的适应证、使用方法、不良反应、注意事项及相互作用见表3-12。

表3-12 常用胃黏膜保护药介绍一览表

药品名称	适应证	用法用量	不良反应	注意事项	相互作用举例	
胶体果胶铋	消化性溃疡；幽门螺杆菌感染；慢性浅表性和萎缩性胃炎	●口服：成人每次3～4粒，一日4次，于三餐前半小时各服1次，睡前加服1次。疗程一般为4周	粪便可呈无光泽的黑褐色，但无其他不适，停药后1～2天内粪便色泽转为正常	▲可引起便秘 ▲严重肾功能不全、妊娠期妇女禁用 ▲不宜与碱性药物合用 ▲不可与牛奶同服	抗酸药、抑酸药	降低其疗效

三、助消化药

（一）助消化药分类及作用机制

助消化药多为消化液中成分或促进消化液分泌的药物。能促进食物的消化，用于消化道分泌功能减弱、消化不良，如胃蛋白酶、胃酸、多酶片；有些药物能阻止肠道内食物的过度发酵而治疗消化不良，如乳酶生等。

（二）常用助消化药介绍

常用助消化药的适应证、使用方法、不良反应、注意事项及相互作用见表 3-13。

表 3-13 常用助消化药介绍一览表

药品名称	适应证	用法用量	不良反应	注意事项	相互作用举例	
乳酶生	消化不良及其腹泻	●口服：成人每次 0.3～1.0g，一日 3 次，餐前服	无	▲不宜与抗菌药物或吸着剂合用，或分开服（间隔 2～3h）	抗酸药、抑酸药、磺胺类抗生素	疗效减弱

四、解痉与促胃动力药

（一）解痉与促胃动力药作用机制

解痉药以 M 受体阻断药为主，通过松弛内脏平滑肌，解除内脏痉挛，缓解和消除内脏绞痛。如阿托品、山莨菪碱、东莨菪碱、颠茄。

促胃动力药通过促进和刺激胃肠排空，增加胃肠道推动性蠕动，改善功能性消化不良等症状。如多巴胺 D_2 受体阻断药甲氧氯普安、多潘立酮，$5\text{-}HT_4$ 受体激动药莫沙必利等。

（二）常用解痉与促胃动力药介绍

常用解痉与促胃动力药的适应证、使用方法、不良反应、注意事项及相互作用见表 3-14。

表 3-14 常用解痉与促胃动力药介绍一览表

药品名称	适应证	用法用量	不良反应	注意事项	相互作用举例	
颠茄	胃及十二指肠溃疡，轻度胃肠、肾和胆绞痛	●口服：成人每次 10～30mg，一日 3 次。极量为每次 50mg，一日 150mg	口干、头昏、视力模糊、面红、疲乏等反应。停药后可自行消失	▲出血性疾病、脑出血急性期及青光眼患者禁用 ▲严重心衰及心律失常者慎用 ▲不宜与促胃肠动力药合用		
阿托品	感染中毒性休克；阿-斯综合征；内脏绞痛；麻醉前给药；有机磷农药中毒；角膜炎、虹膜睫状体炎	●静脉注射：感染中毒性休克，成人每次 1～2mg ●皮下注射：内脏绞痛、麻醉前给药 0.5mg	常有口干、眩晕，严重时瞳孔散大、皮肤潮红、心率加快、兴奋、烦躁、惊厥等症状	▲口服极量一次 1mg，1 日 3mg ▲青光眼及前列腺增生症者、高热者禁用	含镁或钙的抗酸药、碳酸酐酶抑制药、碳酸氢钠、枸橼酸盐	延迟本品排泄，增加其作用时间和（或）毒性

续表

药品名称	适应证	用法用量	不良反应	注意事项	相互作用举例	
阿托品		● 有机磷农药中毒：①与碘解磷定等合用，对中度中毒，每次皮下注射 0.5～1mg；对严重中毒，每次静脉注射 1～2mg。②单独使用，轻度中毒，每次皮下注射 0.5～1mg；中度中毒，每次皮下注射 1～2mg；重度中毒，即刻静脉注射 2～5mg		▲溃疡性结肠炎、反流性食管炎、心脏病患者慎用	甲氧氯普胺	拮抗后者作用
多潘立酮	消化不良；腹胀、上腹疼痛；各种恶心、呕吐	●口服：成人每次10～20mg，每日3次，餐前服	偶见头痛、头晕、嗜睡、倦怠、神经过敏等；较大剂量时会在更年期后妇女及男性患者中出现乳房胀痛的现象	▲哺乳期妇女慎用 ▲用药期间，血清催乳素水平可升高，但停药后可恢复正常。同时应用维生素 B_6 可抑制催乳素分泌 ▲不宜与唑类抗真菌药、大环内酯类抗生素、蛋白酶抑制剂类抗艾滋病药物合用	左旋多巴、对乙酰氨基酚、氨苄西林、四环素	增加后者吸收速度
					抗胆碱能药如山莨菪碱、颠茄片等	相互拮抗作用减弱，合用时应间隔使用
					抑酸药、抗酸药	减少本品吸收
莫沙必利	功能性消化不良；胃功能障碍	●口服：成人每次 5mg，每日3次，餐前服用	腹泻、腹痛、口干、皮疹、倦怠、头晕、不适、心悸等；嗜酸粒细胞增多、三酰甘油升高、ALT 升高等	▲服用 2 周后，如消化道症状无变化，应停止服用 ▲妊娠期妇女、哺乳期妇女、儿童及青少年、肝肾功能障碍的老年患者慎用	抗胆碱药物（如阿托品）	减弱其作用

五、泻药与止泻药

（一）泻药与止泻药分类及作用机制

1. 泻药

泻药能增加肠内水分，促进肠管蠕动，软化粪便或润滑肠道以促进排便。临床主要用于功能性便秘。按作用机制的不同可分为以下几类。

（1）容积性（渗透性）　泻药主要为非吸收的盐类和食物性纤维素等物质，服用后在肠道内形成高渗透压，阻止肠道水分大量吸收，从而增加肠道内容物，刺激肠蠕动。如硫酸镁、硫酸钠、乳果糖。

（2）接触性（刺激性）泻药　药物本身或其代谢物刺激肠壁，增加肠蠕动而促进粪便排出。如酚酞、比沙可啶、番泻叶。

（3）润滑性泻药　通过局部润滑并软化粪便而发挥作用。如开塞露、液状石蜡。

（4）膨胀性泻药　药物在肠内吸收水分后膨胀形成胶体，使肠内容物变软，体积增大，反射性增加肠蠕动使粪便排出。如聚乙二醇4000、羧甲基纤维素。

2. 止泻药

止泻药通过减少肠道蠕动或保护肠道免受刺激而控制腹泻。适用于剧烈腹泻或长期慢性腹泻，以防止机体过度脱水、水盐代谢失调、消化及营养障碍。本类药物包括：抗动力药，如洛派丁胺、地芬诺酯、复方樟脑酊；吸附收敛药，如鞣酸蛋白、蒙脱石、药用炭。

（二）常用泻药与止泻药介绍

常用泻药与止泻药的适应证、使用方法、不良反应、注意事项及相互作用见表3-15。

表 3-15　常用泻药与止泻药介绍一览表

药品名称	适应证	用法用量	不良反应	注意事项	相互作用举例
开塞露	便秘	●直肠插入：缓慢插入肛门，将药液挤入直肠内，成人一次1支	无	▲注意导管的开口应光滑，以免擦伤肛门或直肠 ▲对本品过敏者禁用，过敏体质者慎用	无
乳果糖	慢性功能性便秘	●口服：成人每次10mL，一日3次	偶有恶心、呕吐、腹部不适、腹胀、腹痛；长期大剂量可致腹泻、水和电解质紊乱。减量不良反应即消失	▲治疗期间不得使用其他轻泻药物 ▲妊娠期妇女可使用，但妊娠3个月内慎用 ▲哺乳期妇女可使用	无
蒙脱石	急慢性腹泻	●口服：成人每次1袋，每日3次。首剂量应加倍	轻微便秘。减量不良反应即消失	▲与其他药物合用应间隔1h服用 ▲少数人可产生轻度便秘，必要时可减量	无

六、微生态药物

（一）微生态药物作用机制

微生态药物可调节机体微生态平衡，通过增强机体对肠道内有害微生物的抑制或通过增强非特异性免疫功能来预防疾病、促进机体生长或食物消化吸收而发挥作用。如地衣芽孢杆菌活菌、乳杆菌 GG 株、双歧杆菌、双歧杆菌三联活菌、干酪乳杆菌、保加利亚乳杆菌、布拉酵母菌散、嗜热链球菌。

（二）常用微生态药物介绍

常用微生态药物的适应证、使用方法、不良反应、注意事项及相互作用见表 3-16。

表 3-16　常用微生态药物介绍一览表

药品名称	适应证	用法用量	不良反应	注意事项	相互作用举例	
地衣芽孢杆菌活菌	1.细菌与真菌引起的急慢性腹泻 2.肠道菌群失调	●口服：每次 0.5g，一日 3 次	超剂量服用可见便秘	与抗菌药物和吸附剂合用，建议间隔 1～3h 服用	抗菌药物 吸附剂	降低本品药效
双歧杆菌三联活菌	1.肠道菌群失调 2.慢性腹泻和轻、中度急性腹泻 3.便秘 4.肝硬化、急慢性肝炎及肿瘤化疗等的辅助治疗	●口服：每次 420～630mg，一日 2～3 次，餐后服用	无	切勿将本品置于高温处。溶解时水温不宜超过 40℃。避免与抗菌药同服		

七、肝胆及辅助用药

（一）肝胆及辅助用药

肝脏辅助用药通过加强肝脏代谢、提升肝脏功能的药物。如联苯双酯、门冬氨酸钾镁、葡醛内酯、水飞蓟素等。

利胆药促进胆汁分泌或促进胆囊排空的药物。如熊去氧胆酸、苯丙醇、硫酸镁、曲匹布通等。

（二）常用肝胆及辅助用药介绍

常用肝胆及辅助用药的适应证、使用方法、不良反应、注意事项及相互作用见表 3-17。

表 3-17　常用肝胆及辅助用药介绍一览表

药品名称	适应证	用法用量	不良反应	注意事项	相互作用举例	
联苯双酯	迁延性肝炎及单项丙氨酸氨基转移酶异常者	●口服：50～150mg。多采用一日 3 次，每次服 25mg	轻微，如口干、轻度恶心，偶有皮疹，一般加用抗变态反应药物后即可消失	▲少数患者用药过程中 ALT 可回升，加大剂量可使之降低。停药后部分患者 ALT 反跳，但继续服药仍有效	肌苷	减少本品降酶反跳现象

续表

药品名称	适应证	用法用量	不良反应	注意事项	相互作用举例	
精氨酸	1.肝性脑病 2.血氨过高所致的精神病状	●静脉滴注：1次 15～20g，以 5%葡萄糖液 500～1000mL 稀释，滴注宜慢（每次 4h 以上）	无	▲用其盐酸盐，可引起高氯酸性血症 ▲肾功能不全者禁用	无	
甘草酸二铵	伴有 ALT 升高的慢性肝炎	●口服：每次 150mg，每日 3 次	血压升高、头昏、头痛、上腹部不适、腹胀、皮疹和发热等	▲治疗期间应定期测血压和血清钾、钠浓度，如出现高血压、钠潴留和低血钾等，应减量或停药	无	
水飞蓟素	1.慢性迁延性肝炎 2.慢性活动性肝炎 3.初期肝硬化、中毒性肝损伤等	●口服：每次 70～140mg，每日 3 次，餐后服。维持量可减半	较少，偶见头晕、恶心、呃逆、轻度腹泻等	无	无	
熊去氧胆酸	1.胆固醇型胆结石 2.中毒性肝损伤、胆囊炎、胆道炎和胆汁性消化不良等	●口服：利胆，一次 50mg，一日 150mg。溶胆石，一日 50～600mg，分 2 次服用	常见：腹泻。罕见：便秘、过敏反应、瘙痒、头痛、头晕、胃痛、胰腺炎和心动过缓等	▲妊娠期妇女不宜服用	口服避孕药	增加本品胆汁饱和度
					考来烯胺或氢氧化铝	减少本品吸收
					环孢素	增加环孢素吸收

第五节　循环系统药物

一、抗心力衰竭药

（一）抗心力衰竭药分类

心力衰竭治疗药物一般分为正性肌力药和非正性肌力药。

1.正性肌力药

强心苷类正性肌力药如地高辛、洋地黄毒苷及毒毛花苷 K 等；非强心苷类正性肌力药如氨力农、米力农等。

2.非正性肌力药

血管紧张素Ⅰ转化酶抑制药（ACEI）如卡托普利；血管紧张素Ⅱ受体拮抗药如氯沙坦；β受体阻滞药如美托洛尔、卡维地洛；α受体阻滞药如酚妥拉明；利尿药如氢氯噻嗪、呋塞米、螺内酯等；钙通道阻滞药（CCB）如氨氯地平、非洛地平等；血管扩张药如硝普钠。

（二）常用抗心力衰竭药介绍

常用抗心力衰竭药的适应证、使用方法、不良反应、注意事项及相互作用见表3-18。

表3-18 常用抗心力衰竭药介绍一览表

药品名称	适应证	用法用量	不良反应	注意事项	相互作用举例	
地高辛	高血压、瓣膜性心脏病、先天性心脏病等急性和慢性心功能不全；伴有快速心室率的心房颤动、心房扑动患者的心室率及室上性心动过速	●口服：常用量0.125～0.5mg，每日一次，7天可达稳态血药浓度	常见：促心律失常作用、胃纳不佳或恶心、呕吐、下腹痛、异常的无力、软弱 少见：视力模糊（如黄视、绿视）、腹泻、中枢神经系统反应（如精神抑郁或错乱） 罕见：嗜睡、头痛及皮疹、荨麻疹等	▲不宜与酸类、碱类药物配伍 ▲低钾血症、不完全性房室传导阻滞、高钙血症、甲状腺功能减退症、缺血性心脏病慎用 ▲注意随访：血压、心率及心律；心电图；心功能监测；电解质尤其钾、钙、镁；肾功能	排钾利尿药如布美他尼、依他尼酸	引起低血钾而致中毒
					抗酸药、抑酸药、吸附类止泻药如白陶土与果胶、考来烯胺、柳氮磺吡啶或新霉素、对氨基水杨酸	抑制本品吸收而导致其作用减弱

二、抗心律失常药

（一）抗心律失常药分类及作用机制

抗心律失常药主要通过影响心肌细胞 Na^+、K^+、Ca^{2+} 的转运，纠正心肌电生理的紊乱而发挥抗心律失常作用。根据药物对心肌电生理和作用特点的影响，可分为以下几类。

1. 钠通道阻滞药

本类药物通过阻滞心肌细胞膜快 Na^+ 通道，抑制4相 Na^+ 内流，降低自律性，不同程度减慢0相除极速度，减慢传导速度。部分药物尚能抑制膜对 K^+、Ca^{2+} 的通透性，有膜稳定作用。又可以细分为3个亚类：ⅠA类适度阻滞钠通道，如奎尼丁、普洛卡因胺；ⅠB类轻度阻滞钠通道，并促进钾外流，如利多卡因、苯妥英钠、美西律；ⅠC类明显阻滞钠通道如普罗帕酮、氟卡尼等。

2. β受体阻滞药

本类药物通过拮抗儿茶酚类对心脏的作用，降低窦房结、房室结和传导组织的自律性，减慢传导，延长动作电位时程和有效不应期。药物有普萘洛尔、美托洛尔、艾司洛尔等。

3. 延长动作电位时程药

本类药物通过阻滞 K^+ 通道，延迟复极，延长动作电位时程和有效不应期。药物有胺碘酮、索他洛尔、溴苄胺等。

4. 钙通道阻滞药

本类药物通过阻滞心肌慢钙通道，抑制 Ca^{2+} 内流，减慢房室结传导速度，消除房室结区的折返激动。药物有维拉帕米、地尔硫䓬等。

（二）常用抗心律失常药介绍

常用抗心律失常药的适应证、使用方法、不良反应、注意事项及相互作用见表3-19。

表 3-19　常用抗心律失常药介绍一览表

药品名称	适应证	用法用量	不良反应	注意事项	相互作用举例	
美西律	慢性快速型室性心律失常	●口服：成人首次 200～300mg，必要时 2h 后再服 100～200mg	恶心、呕吐等胃肠反应；头晕、震颤、共济失调、眼球震颤、嗜睡、昏迷及惊厥、复视、视物模糊、精神失常、失眠等神经反应；皮疹等过敏反应；心血管如窦性心动过缓及窦性停搏一般较少发生	▲可用于已安装起搏器的Ⅱ度和Ⅲ度房室传导阻滞患者 ▲可引起严重心律失常，多发生于恶性心律失常患者 ▲低血压、严重充血性心力衰竭、肝功能异常患者慎用	与奎尼丁、普萘洛尔或胺碘酮合用治疗效果更好。可用于单用一种药物无效的顽固室性心律失常。但不宜与ⅠB类药物合用	
					肝酶诱导药如苯妥英钠、利福平、苯巴比妥等	降低本品血药浓度
普罗帕酮	阵发性室性心动过速及室上性心动过速	●口服：成人每次 100～200mg，一日 3～4 次	较少，常见口干、舌唇麻木、头痛、头晕、恶心、呕吐、便秘、房室阻滞症状、胆汁淤积性肝损伤，停药后 2～4 周各酶的活性均恢复正常	▲心肌严重损害、严重的心动过缓、肝肾功能不全、低血压者等慎用 ▲如出现窦房性或房室性高度传导阻滞，可静注乳酸钠、阿托品、异丙肾上腺素或间羟肾上腺素等解救	奎尼丁	减慢本品代谢
					局麻药	增加本品中枢神经系统副作用的发生
					普萘洛尔、美托洛尔	增加本品血浆浓度
普萘洛尔	快速型室上性心律失常、室性心律失常	●口服：成人每日 10～30mg，每日服 3～4 次。饭前、睡前服用	头昏、眩晕、神志模糊（尤见于老年人）、精神抑郁、反应迟钝等；心率过慢（<50 次/分）	▲与食物共服可延缓肝内代谢，提高生物利用度 ▲首次用本品时需从小剂量开始，逐渐增加剂量并密切观察反应以免发生意外 ▲根据心率及血压等临床征象指导临床用药 ▲长期用药，撤药时必须逐渐递减剂量，至少经过 3 天，一般为 2 周	利血平	致直立性低血压、心动过缓、头晕、晕厥
					单胺氧化酶抑制药	致极度低血压
					肾上腺素、去氧肾上腺素或拟交感胺类	增加高血压、心率过慢及房室传导阻滞

续表

药品名称	适应证	用法用量	不良反应	注意事项	相互作用举例	
阿替洛尔	高血压、心绞痛、心肌梗死、心律失常	●口服：成人每次 6.25～12.5mg，一日 2 次，按需要及耐受量渐增至 50～200mg	低血压和心动过缓；头晕、四肢冰冷、疲劳、乏力、肠胃不适、精神抑郁、脱发、血小板减少症、牛皮癣样皮肤反应、牛皮癣恶化、皮疹及干眼等	▲肾功能损害时必须减量；有心力衰竭症状，与洋地黄或利尿药合用，如心力衰竭症状仍存在，应逐渐减量 ▲停药过程至少 3 天，最长可达 2 周，如有撤药症状如心绞痛发作，则应继续用药，待稳定后再渐停用	其他抗高血压药物及利尿药	能加强本品降压效果
胺碘酮	严重的心律失常（房性、室性）；WPW 综合征的心动过速；体外电除颤无效的室颤相关心脏停搏的心肺复苏	●静脉滴注：不超过 30mg/min，维持滴注达 0.5mg/min，持续 2～3 周	心脏异常：心动过缓，老年人会出现心律失常发作或恶化，有时伴随心脏骤停 甲状腺异常：甲状腺功能减退，如体重增加、畏寒、淡漠、嗜睡	▲必须预防低钾血症的发生 ▲重度低血压、循环衰竭不推荐静脉注射 ▲静脉注射仅用于体外电除颤无效的室颤相关心脏停搏复苏等 ▲严禁与抗心律失常药物(丙吡胺、奎尼丁、索他洛尔等合用	维拉帕米	增加心脏毒性
维拉帕米	预防阵发性室上性心动过速的反复发作	●口服：成人每日总量为 240～480mg，一日 3 次或 4 次	便秘、眩晕、轻度头痛、恶心、低血压、头痛、外周水肿、皮疹；充血性心力衰竭；窦性心动过缓、Ⅰ度、Ⅱ度或Ⅲ度房室传导阻滞	▲已用 β 受体阻滞药治疗的心室功能障碍的患者，避免使用维拉帕米。必须使用维拉帕米的轻度心功能不全的患者，必须先由洋地黄类或利尿药控制临床症状 ▲房室旁路通道合并心房扑动或心房颤动患者慎用	环磷酰胺、顺铂等细胞毒性药物	减少本品吸收
					苯巴比妥、乙内酰脲、苯磺唑酮和异烟肼	降低本品血浆浓度
					西咪替丁	提高本品生物利用度
					乙醇	增加后者毒性

三、抗心绞痛药

（一）抗心绞痛药分类及作用机制

1. 硝酸酯类

硝酸酯的主要作用机制：①扩张静脉血管，使血液储存于外周静脉血管床，从而减少回心血量，降低心脏前负荷和室壁张力；扩张外周阻力小动脉，使动脉血压和心脏后负荷下降，从而降低心肌耗氧量。②扩张心外膜狭窄的冠状动脉和侧支循环血管，使冠脉血流重新分布，增加缺血区域尤其是心内膜下的血流供应。常用药物有硝酸甘油、硝酸异山梨酯、戊四硝酯、单硝酸异山梨酯。

2. β受体阻滞药

β受体阻滞药通过拮抗儿茶酚类对心脏的作用，降低心肌收缩力和心率，减少心肌耗氧量。常用药物有普萘洛尔、吲哚洛尔、阿替洛尔、美托洛尔等。

3. 钙通道阻滞药（CCB）

CCB通过阻滞细胞膜钙通道，抑制 Ca^{2+} 进入血管平滑肌细胞内，从而松弛血管平滑肌，降低心肌收缩力，从而降低心肌耗氧、改善心肌供血、保护缺血心肌细胞，发挥抗心绞痛的作用。常用药物有硝苯地平、维拉帕米、地尔硫䓬及普尼拉明等。

4. 其他

其他抗心绞痛药有双嘧达莫、银杏叶片等。

（二）常用抗心绞痛药介绍

常用抗心绞痛药的适应证、使用方法、不良反应、注意事项及相互作用见表3-20。

表3-20 常用抗心绞痛药介绍一览表

药品名称	适应证	用法用量	不良反应	注意事项	相互作用举例	
硝酸甘油	冠心病、心绞痛的治疗及预防；高血压；充血性心力衰竭	●舌下给药：每次1片，缓解症状	头痛、低血压反应、晕厥、面红、药疹和剥脱性皮炎；偶见眩晕、虚弱、心悸和其他直立性低血压的表现，尤其在直立、制动的患者；过量时，依次为口唇指甲青紫、眩晕欲倒、头胀、气短、高度乏力、心跳快而弱、发热、甚至抽搐	▲应使用能有效缓解急性心绞痛的最小剂量，过量可能导致耐受现象 ▲小剂量可能发生严重低血压 ▲血容量不足或收缩压低者慎用 ▲低血压时可合并心动过缓，加重心绞痛 ▲加重梗阻性肥厚型心肌病引起的心绞痛 ▲易出现药物耐受性 ▲如出现视力模糊或口干，应停药 ▲剂量过大可引起剧烈头痛	中度或过量饮酒	可致低血压
					抗高血压药或血管扩张药	增强本品直立性低血压作用
					拟交感类药如去氧肾上腺素、麻黄碱或肾上腺素	降低抗心绞痛效应
					三环类抗抑郁药	加剧后者低血压和抗胆碱效应

续表

药品名称	适应证	用法用量	不良反应	注意事项	相互作用举例	
硝酸异山梨酯	冠心病;预防心绞痛;心肌梗死引起的心绞痛	●口服:成人预防心绞痛,一次5～10mg,每日2～3次,每日总量10～30mg	血管扩张性头痛、面部潮红、眩晕、直立性低血压和反射性心动过速	▲低充盈压的急性心肌梗死、主动脉或二尖瓣狭窄、直立性低血压、颅内压增高者慎用。不可突然停止用药,以免反跳现象	血管扩张药、钙通道阻滞药、β受体阻滞药、抗高血压药、三环抗抑郁药、酒精	增强降血压效应
地尔硫䓬	心绞痛;高血压;肌源性心肌病	●口服:成人每次30mg,每日4次,餐前及睡前服药,每1～2天增加一次剂量	水肿、头痛、恶心、眩晕、皮疹、无力;房室传导阻滞、心动过缓、束支传导阻滞、充血性心衰、心电图异常、低血压、心悸、晕厥、心动过速、室性早搏;多梦、遗忘、抑郁、步态异常、幻觉、失眠、神经质、感觉异常、性格改变、嗜睡、震颤;厌食、便秘、腹泻、味觉障碍、消化不良、口渴、呕吐、体重增加;碱性磷酸酶、乳酸脱氢酶、谷草转氨酶、谷丙转氨酶轻度升高	▲可延长房室结不应期 ▲急性肝损害,碱性磷酸酶、乳酸脱氢酶、谷草转氨酶、谷丙转氨酶明显增高及其他急性肝损害征象。停药可恢复	β受体阻滞药	需减少后者剂量
					地高辛	地高辛血药浓度增加20%
					西咪替丁	增加本品血药浓度

四、抗休克药

休克按病因和病理生理特点分为低血容量性、感染性、心源性、过敏性、神经源性休克等,常用药物如肾上腺素、阿托品、去甲肾上腺素、异丙肾上腺素、间羟胺、多巴胺、多巴酚丁胺及糖皮质激素等。

常用抗休克药的适应证、使用方法、不良反应、注意事项及相互作用见表3-21。

五、抗高血压药

(一)分类及作用机制

抗高血压药是一类能控制血压,防止心、脑、肾等重要脏器损伤的药物。

表 3-21 常用抗休克药介绍一览表

药品名称	适应证	用法用量	不良反应	注意事项	相互作用举例	
肾上腺素	支气管痉挛,过敏性休克,心脏骤停	●皮下注射:一次 0.25～1mg;极量每次 1mg。过敏性休克时皮下注射或肌内注射 0.5～1mg	心悸、头痛、血压升高、震颤、无力、眩晕、呕吐、四肢发凉;严重者可由于心室颤动而致死;局部可有水肿、充血、炎症	▲高血压、器质性心脏病、冠状动脉疾病、糖尿病、甲状腺功能亢进症、洋地黄中毒、外伤性及出血性休克、心源性哮喘等患者禁用	α 受体阻滞药及各种血管扩张药	对抗本品升压作用
					洋地黄、三环类抗抑郁药	致心律失常
					利血平、胍乙啶	致高血压和心动过速
去甲肾上腺素	急性心肌梗死;低血压;心跳骤停	●静脉滴注:成人以 4～10μg/min 速度滴注,维持量为 2～4μg	药液外漏可引起局部组织坏死;组织供血不足导致缺氧和酸中毒;过敏如皮疹、面部水肿	▲缺氧、高血压、动脉硬化、甲状腺功能亢进症、糖尿病、闭塞性血管炎、血栓病患者慎用 ▲用药过程中必须监测动脉压、中心静脉压、尿量、心电图 ▲不宜皮下或肌内注射 ▲停药时应逐渐减慢滴速,否则血压会突然下降	β 受体阻滞药	发生高血压、心动过缓
					抗高血压药	抵消或减弱后者作用
间羟胺	各种原因所致的低血压;心源性休克	●肌内或皮下注射:成人每次 2～10mg,每隔 0.5～2h 1 次	常见胸痛、呼吸困难、心悸、心律失常、全身软弱无力感;少见心跳缓慢、头痛、恶心呕吐;升压反应过快过猛可致急性肺水肿、心律失常、心跳停顿;过量时,抽搐、严重高血压、严重心律失常,此时应立即停药观察,血压过高者可用 5～10mg 酚妥拉明静脉注射,可重复	▲甲状腺功能亢进症、高血压、冠心病、充血性心力衰竭、糖尿病患者和疟疾病史者慎用 ▲血容量不足者应先纠正后再用本品 ▲有蓄积作用	α 受体阻滞药	血压下降
					单胺氧化酶抑制药	致严重高血压
					洋地黄或拟肾上腺素药	致异位心律

续表

药品名称	适应证	用法用量	不良反应	注意事项	相互作用举例	
多巴胺	各类休克	●静脉注射：每次 20mg，稀释后以每分钟 20 滴的速度滴入，据病情可调整滴速，但最快不得超过每分钟 0.5mg	偶见恶心、呕吐、低血压或高血压；剂量过大或滴注太快可出现心动过速和心律失常等，一般减慢滴速或停药后，反应可消失；长时间滴注可出现手足疼痛或发冷，甚至局部坏死	▲滴注前必须稀释 ▲静脉滴注时，应监测血压、心排血量、心率、心电图、尿量等	硝普钠、异丙肾上腺素、多巴酚丁胺	心排血量可改变
					全麻药	致室性心律失常

1. 利尿药

利尿药早期通过排钠利尿作用使血容量和细胞外液减少，心排血量减少，产生降血压作用；长期应用因排钠降低小动脉壁钠离子的浓度，影响钠、钙交换，降低血管平滑肌细胞内钙离子浓度而起降压作用。药物有氢氯噻嗪、吲达帕胺等。

2. β 受体阻滞药

β 受体阻滞药主要的降压机制有：①阻断心肌 $β_1$ 受体，抑制心肌收缩力和减慢心率，减少心排血量；②阻断球旁细胞 $β_1$ 受体，降低血浆肾素活性，随后降低 Ang Ⅱ 水平；③阻断中枢 β 受体，降低外周交感张力；④阻断交感神经末梢突触前膜 $β_2$ 受体，抑制其正反馈作用，减少去甲肾上腺素释放。药物有普萘洛尔、阿替洛尔、美托洛尔、比索洛尔等。

3. 血管紧张素 Ⅰ 转化酶抑制药（ACEI）

ACEI 能抑制血管紧张素 Ⅰ 转化酶（ACE）的活性，减少血管紧张素 Ⅱ（Ang Ⅱ）生成及醛固酮分泌，同时抑制缓激肽的降解，扩张血管，降低血压。药物有卡托普利、依那普利、贝那普利、赖诺普利、雷米普利、培哚普利、西拉普利、福辛普利等。

4. 血管紧张素 Ⅱ 受体拮抗药（ARB）

ARB 可以选择性阻断血管紧张素 Ⅱ 受体（AT_1）而拮抗 Ang Ⅱ 的血管收缩、水钠潴留、心血管细胞增生而降压，并逆转肥大的心肌细胞。药物有氯沙坦、缬沙坦、厄贝沙坦、替米沙坦、奥美沙坦等。

5. 钙通道阻滞药（CCB）

CCB 通过选择性阻断细胞膜钙离子通道，抑制细胞外钙离子内流，降低细胞内钙离子浓度而松弛血管平滑肌，使血压下降。药物有尼群地平、卡维地洛、硝苯地平、非洛地平、氨氯地平、拉西地平等。

6. 其他

（1）$α_1$ 受体阻滞药 如哌唑嗪、特拉唑嗪、多沙唑嗪，通过选择性阻断 $α_1$ 受体，扩张小动脉、小静脉血管，降低外周阻力，减少回心血量而降压。

（2）扩血管药 如硝普钠，通过直接松弛血管平滑肌，降低外周阻力，使血压下降。

（3）影响交感神经递质药 如利血平、胍乙啶，通过作用于去甲肾上腺素能神经末梢，抑制递质再摄取，导致递质耗竭，从而使交感神经冲动受阻，血管扩张、心率减慢，血压下降。

（4）肾素抑制药　如阿利吉仑，直接抑制活性，降低血管紧张素Ⅰ和血管紧张素Ⅱ水平而降低血压。

（5）钾通道开放药　如克罗卡林、吡那地尔、米诺地尔和二氮嗪等，选择性开放血管平滑肌细胞膜的钾通道，K^+外流，细胞膜超极化，抑制钙通道和胞内钙释放，胞浆钙降低，扩张血管降压，其中米诺地尔在降压的同时致心肌肥厚，临床应用不多。

（6）中枢性抗高血压药　如可乐定、甲基多巴、莫索尼定，通过激动脑干抑制性神经元α_2受体和咪唑啉受体I_1，降低外周交感神经张力，使血管扩张、血压下降。

（7）西氟他宁、酮色林、乌拉地尔等。

（二）常用抗高血压药介绍

常用抗高血压药的适应证、使用方法、不良反应、注意事项及相互作用见表3-22。

表 3-22　常用抗高血压药介绍一览表

药品名称	适应证	用法用量	不良反应	注意事项	相互作用举例	
卡托普利	各型高血压、心力衰竭	●口服：成人高血压，每次12.5mg，一日2～3次，按需要1～2周内增至50mg，每日2～3次，疗效仍不满意时可加用其他抗高血压药	常见皮疹（可能伴有瘙痒和发热）、心悸、心动过速、胸痛、干咳、味觉迟钝；较少见蛋白尿、眩晕、头痛、晕厥、血管性水肿；少见白细胞、粒细胞减少	▲妊娠期妇女、高钾血症、双侧肾动脉狭窄、有血管神经性水肿者禁用　▲与保钾利尿药合用时注意检查血钾　▲餐前1h服药	利尿药、其他扩血管药	增强降压作用
依那普利	原发性高血压	●口服：成人开始剂量为一日5～10mg，分1～2次服。餐前、餐中或餐后服用均可	头昏、头痛、嗜睡、口干、疲劳、上腹不适、恶心、心悸、胸闷、咳嗽、面红、皮疹和蛋白尿等	▲首次剂量宜从2.5mg开始　▲定期做白细胞计数和肾功能测定。如出现白细胞减少，需停药　▲肾功能不全者应慎用并监测　▲双侧性肾动脉狭窄患者忌用。儿童、孕妇、哺乳期妇女、肾功能严重受损者慎用		
赖诺普利	原发性高血压及肾血管性高血压	●口服：原发性高血压患者初始剂量为每日10mg，维持剂量每日一次，每次20mg	常见眩晕、头痛、腹泻、疲倦、咳嗽和恶心；少见直立效应（包括低血压）、皮疹和衰弱	▲症状性低血压　▲急性心肌梗死者慎用　▲用ACEI后产生的低血压可增加肾功能损害	吲哚美辛	其降压效果减弱

续表

药品名称	适应证	用法用量	不良反应	注意事项	相互作用举例	
缬沙坦	轻、中度原发性高血压	●口服：成人每次 80mg 或 160mg，每日一次	血液系统疾病；免疫系统疾病；代谢和营养障碍；耳和内耳疾病	▲妊娠期禁用 ▲钠和血容量不足、肾动脉狭窄者慎用 ▲肝功能不全患者不需要调整剂量。肾功能不全患者需要调整剂量	氢氯噻嗪	增强降压作用
氨氯地平	心绞痛、高血压	●口服：开始时每次 5mg，一日一次，可根据情况增加剂量，最大剂量为一日 10mg	较常见头痛、水肿、疲劳、失眠、恶心、腹痛、面红、心悸、少见瘙痒、皮疹、呼吸困难、肌肉痉挛、消化不良等	▲低血压、重度主动脉瓣狭窄、肝功能不全、孕妇和哺乳期妇女禁用	可与其他抗高血压药如利尿药、ACEI、β 受体阻滞药合用	
硝苯地平	高血压、心绞痛	●口服：缓释片一次 10～20mg，一日 2 次，单次最大剂量 40mg，一日最大剂量 120mg。控释片一次 30mg，一日一次 缓（控）释片必须吞服，勿嚼碎	常见踝、足与小腿肿胀、头痛、面部潮红、恶心、食欲缺乏、腹痛、便秘、胸部疼痛、眼花、心悸、血压下降等；少见白细胞、血小板减少、牙龈肥厚等	▲低血压患者、严重主动脉瓣狭窄、肝肾功能不全患者慎用 ▲妊娠期与哺乳期妇女禁用	红霉素、西咪替丁、卡马西平	血药浓度增加，必要时可减量
					β 受体阻滞药	可引起心动过缓和诱发或加重低血压、心力衰竭和心绞痛
					洋地黄	出现中毒
					硝酸酯类	增强抗心绞痛作用
非洛地平	高血压、稳定型心绞痛、心力衰竭	●口服：初始剂量 5mg，根据患者反应可减少到 2.5mg 或增加到 10mg，一日一次	常出现在治疗初始或增加剂量时，长期治疗较少出现。偶见面部潮红、头痛、心悸、头晕、呕吐	▲肝脏损害、严重肾功能损害、急性心肌梗死后心衰、低血压慎用 ▲主动脉瓣狭窄、妊娠期妇女、半乳糖不耐受者禁用	葡萄柚汁、西咪替丁、红霉素、伊曲康唑、酮康唑	升高本品血药浓度
					地高辛	增加后者血药浓度
					苯妥英钠、卡马西平、利福平、巴比妥类	降低本品血药浓度

续表

药品名称	适应证	用法用量	不良反应	注意事项	相互作用举例	
尼群地平	高血压	●口服:开始一次口服 10mg,每日1次,根据情况调整为 20mg,每日2次	头痛、面部潮红、头晕、恶心、低血压、足踝部水肿、心绞痛发作;过敏性肝炎、皮疹,甚至剥脱性皮炎等	▲严重主动脉瓣狭窄者禁用 ▲肝肾功能不全慎用	β受体阻滞药	加强降压作用,减轻本品心动过速风险
					血管紧张素转化酶抑制药	加强降压作用
吲达帕胺	轻中度高血压	●口服:每次 2.5mg,一日1次。维持量可2日1次	较少见腹泻、头痛、食欲减低、失眠、反胃、直立性低血压;少见皮疹、瘙痒等过敏反应,低血钠、低血钾、低氯性碱中毒	▲注意维持水与电解质平衡,注意及时补钾 ▲无尿或严重肾功能不全,可诱发氮质血症 ▲糖尿病、痛风或高尿酸血症慎用 ▲肝功能不全者利尿后可促发肝昏迷 ▲对磺胺类药物过敏者不宜使用	肾上腺皮质激素、非甾体抗炎药	减弱利尿排钠作用
					胺碘酮	因低血钾致心律失常
					洋地黄	中毒
					阿司咪唑、苄普地尔、红霉素	增加尖端扭转型室速发生率
硝普钠	高血压急症、麻醉期间控制性降压,急性左心衰竭	●静脉滴注:稀释后根据治疗反应以每分钟 0.5μg/kg 递增,极量为每分钟 10μg/kg	肾功能不全和严重低血压患者可出现恶心、呕吐、肌肉抽搐、出汗、头痛、心悸。氰化物血浓度达到 50~100μg/mL 时,可发生中毒。长期大剂量使用可致甲减、血压过低	▲滴注溶液应新鲜配制并迅速将输液瓶用黑纸或铝箔包裹避光 ▲配制溶液只可静脉慢速点滴,切不可直接推注 ▲超量时动脉血乳酸盐浓度可增高,提示代谢性酸中毒 ▲突然停药时,可发生反跳性血压升高 ▲妊娠期妇女禁用 ▲肝肾功能不全、甲减者慎用	其他抗高血压药	使血压剧降
					多巴酚丁胺	心排血量增多
					拟交感类	减弱其降压作用

续表

药品名称	适应证	用法用量	不良反应	注意事项	相互作用举例	
哌唑嗪	轻中度高血压，心力衰竭	●口服：一般用量每次 0.5～1mg，1 日 3 次，睡前服用。按疗效逐渐调整为 1 日 6～15mg，分 2～3 次服用	易发生眩晕、头昏、晕厥等首剂效应，少见心绞痛加重、心悸、心动过速、足麻木、头痛、疲劳、嗜睡、抑郁、情绪改变、定向力障碍、幻觉及多梦、尿频、尿失禁、皮疹、瘙痒、视物模糊等	▲对本品过敏者禁用 ▲严重心脏病、精神病患者慎用	β 受体阻滞药或利尿药	降压作用增强，水钠潴留减轻
					钙通道阻滞药	加强降压作用，易致首剂效应
					非甾体抗炎药（尤其是吲哚美辛）	减弱降压作用

六、调节血脂药及抗动脉粥样硬化药

（一）调节血脂药及抗动脉粥样硬化药分类及作用机制

调节血脂药可调节脂质代谢失常，从而可防治动脉粥样硬化。调脂药物可分为以下几类。

1. 羟甲基戊二酰辅酶 A 还原酶抑制剂（他汀类）

他汀类药物或其代谢产物竞争性抑制 HMG-CoA 还原酶活性，使甲羟戊酸形成障碍，阻碍肝脏内源性胆固醇的合成。主要降低 LDL 胆固醇，大剂量也可降低三酰甘油。常用药物有辛伐他汀、氟伐他汀、匹伐他汀、普伐他汀、洛伐他汀、瑞舒伐他汀、阿托伐他汀等。

2. 贝丁酸类（贝特类）

贝特类药物通过抑制胆固醇和胆酸的合成，提高胆固醇从胆汁中的分泌。主要降低 VLDL 浓度，升高 HDL 胆固醇，对 LDL 胆固醇作用多变，主要用于高三酰甘油血症。常用药物有苯扎贝特、非诺贝特、吉非贝齐、环丙贝特、氯贝丁酯等。

3. 胆汁酸结合树脂（胆汁酸螯合剂）类

胆汁酸螯合剂通过与肠道内的胆酸结合抑制其重吸收，使得胆固醇氧化转变为胆汁酸增加，补充损失的胆酸，肝细胞 LDL 受体合成增加，最终造成血浆胆固醇水平降低。常用药物有考来维仑、考来烯胺、考来替兰、考来替泊、地维烯胺等。

4. 烟酸类

烟酸是 B 族维生素，在高剂量时对血脂有益，可降低三酰甘油，升高 HDL 胆固醇，中度降低 LDL 胆固醇。主要用于高三酰甘油血症。本类药物包括烟酸及其衍生物，有阿昔莫司、比尼贝特、可扎烟酸、依托贝特等。

5. 胆固醇吸收抑制药

胆固醇吸收抑制药抑制食物中胆固醇在肠道吸收，降低血总胆固醇。药物有依折麦布。

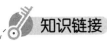 **知识链接**

药物调脂之几大误区

我国公众对高脂血症的认知存在较多误区，比如64%的人认为高脂血症应该有症状；近90%的人不知道每日应该摄入的胆固醇量；48%的人认为肥胖与高脂血症最密切；仅20%的人知道血脂成分中危害最大的是低密度脂蛋白胆固醇（LDL-C）等。

1. 高脂血症无任何不适，无需特别治疗；

2. 只有血脂高的人才需要药物调脂；

3. 有高脂血症，仅靠药物治疗；

4. 监测到血脂达标后就停药；

5. 调脂药的副作用大，不敢用药。

（二）常用调节血脂药及抗动脉粥样硬化药介绍

常用调节血脂药及抗动脉粥样硬化药适应证、使用方法、不良反应、注意事项及相互作用见表3-23。

表3-23　常用调节血脂药及抗动脉粥样硬化药介绍一览表

药品名称	适应证	用法用量	不良反应	注意事项	相互作用举例	
辛伐他汀	原发性高胆固醇血症	●口服：每次10mg，一日一次，晚间顿服	轻微，且为一过性。最常见胃肠道症状有便秘、腹痛、腹胀、消化不良、恶心；常见疲乏无力、头痛	▲肌肉作用：伴或不伴继发性肌红蛋白尿症的急性肾功能衰竭的横纹肌溶解罕见报道 ▲肝功能不全者、妊娠期、哺乳期妇女、对本品过敏者禁用	贝特类药物	发生肌病的危险性增加
阿托伐他汀	原发性高胆固醇血症	●口服：每次10mg，一日一次。如需要，4周后调整到最大剂量为80mg，每日一次	横纹肌溶解、肌病、肝酶异常	▲妊娠期、哺乳期妇女、对本品过敏者禁用 ▲定期测定肝功能 ▲出现弥漫性肌痛、肌肉触痛或无力时，可能为肌病，应停用本品	唑类抗真菌药、大环内酯类抗生素、贝特类调脂药	发生肌病的危险性增加
					地高辛	后者血药浓度增加
非诺贝特	高胆固醇血症、内源性高三酰甘油血症	●口服：每次100mg，一日2～3次。与餐同服	少数有谷丙转氨酶升高；偶见口干、食欲减退、大便次数增多、皮疹、白细胞减少	▲妊娠期、哺乳期妇女禁用 ▲肝肾功能不全者慎用 ▲定期检查肝功能	香豆素类抗凝血药	延长凝血酶原时间

第六节 内分泌及代谢系统药物

一、降血糖药

（一）降血糖药分类及作用机制

1.胰岛素及类似物

胰岛素是由胰岛 B 细胞分泌的激素，能调节糖代谢，促进组织对糖的利用及肝糖原形成，加速葡萄糖的无氧酵解和有氧氧化，能增加糖原合成并抑制糖原的分解，促进葡萄糖转变为脂肪，并能抑制糖异生以减少糖的生成，因而能使血糖降低。胰岛素还能促进脂肪的合成，抑制脂肪分解，使酮体生成减少。也可促进蛋白质的合成，抑制蛋白质分解。根据作用时间分为：超短效类如赖脯胰岛素、门冬胰岛素、赖谷胰岛素；短效类有如胰岛素；中效类如低精蛋白锌胰岛素；长效类如蛋白锌胰岛素；超长效类如地特胰岛素、甘精胰岛素。

2.口服降血糖药

（1）促胰岛素分泌药 通过刺激胰岛 B 细胞产生和释放胰岛素而降低血糖。磺酰脲类药物有甲苯磺丁脲、氯磺丙脲、格列本脲、格列吡嗪、格列齐特、格列波脲、格列美脲、格列喹酮等。非磺酰脲类有瑞格列奈、那格列奈。

（2）双胍类 通过增加基础状态下糖的无氧酵解，抑制肠道内葡萄糖的吸收，增加葡萄糖的外周利用，减少糖原异生和减少肝糖输出，增加胰岛素受体的结合和受体后作用，改善对胰岛素的敏感性。药物有二甲双胍。

（3）α-葡萄糖苷酶抑制药 通过竞争性抑制小肠内 α-葡萄糖苷酶的活性，减慢淀粉等多糖分解为双糖（如蔗糖）和单糖（如葡萄糖），延缓单糖的吸收，降低餐后血糖峰值，适用于以碳水化合物为主要食物成分和餐后血糖升高的患者。药物有阿卡波糖、伏格列波糖、米格列醇等。

（4）胰岛素增敏药 又称为噻唑烷二酮类药（TZD），通过增加骨骼肌、肝脏、脂肪组织对胰岛素的敏感性，提高细胞对葡萄糖的利用而发挥降低血糖作用，可明显降低空腹血糖及胰岛素和 C 肽水平，对餐后血糖也有降低作用。药物有吡格列酮、罗格列酮、曲格列酮、环格列酮、恩格列酮等。

（5）胰高糖素样肽-1（GLP-1）受体激动剂 以葡萄糖浓度依赖的方式增强胰岛素分泌、抑制胰高血糖素分泌，并能延缓胃排空，通过中枢性的食欲抑制来减少进食量。药物有艾塞那肽、利拉鲁肽，均需皮下注射。

 知识链接

肠促胰岛素

当进食后血糖高时，人体的胃肠分泌细胞分泌两种肠促胰岛素，即胰高糖素样肽-1（GLP-1）和葡萄糖依赖性促胰岛素释放多肽（GIP），两种肽均可促进分泌胰岛素，从而控制血糖的升高，但两种肽均可迅速被二肽基肽酶-4降解。

（6）二肽基肽酶-4（DPP-4）抑制药 DPP-4 抑制剂可高选择性抑制 DPP-4 减少 GLP-1 的降解，延长其活性，促使胰岛素的分泌增加，胰高血糖素分泌减少，并能减少肝葡萄糖的合成，单药或联合应用可控制对胰岛素敏感的糖尿病患者的血糖水平。药物有西格列汀、维格列汀、沙格列汀、利格列汀和阿格列汀。

（二）常用降血糖药介绍

常用降血糖药的适应证、使用方法、不良反应、注意事项及相互作用见表 3-24。

表 3-24　常用降血糖药介绍一览表

药品名称	适应证	用法用量	不良反应	注意事项	相互作用举例	
胰岛素	糖尿病	●皮下注射：根据患者的需要于餐前 30min 注射，一日 3～4 次	低血糖；局部过敏反应；注射部位脂肪萎缩；胰岛素抵抗	▲更换胰岛素规格和厂商时应在严格的医疗监控下进行 ▲剂量不足或中断治疗时，会导致出现高血糖和酮症酸中毒 ▲出现低血糖时可给以糖类口服或静脉注射葡萄糖 ▲应在冰箱中 2～8℃储存	口服避孕药、皮质类固醇、达那唑、β 受体激动药	血糖上升，应增加本品剂量
					水杨酸盐、β 受体阻滞药、磺胺类、酒精等	增强本品作用，需减小剂量
甘精胰岛素	糖尿病	●皮下注射：定时一次注射即可。必须对预期的血糖水平、本品的剂量及给药时间进行个体化调整	低血糖；轻微过敏；神经系统的损害；脂肪营养不良和眼部异常	▲对本品过敏者禁用 ▲本品切勿静脉注射 ▲治疗糖尿病酮症酸中毒时不宜选用 ▲低血糖可影响驾驶和机械操作能力 ▲运动员慎用	皮质类固醇、二氮嗪、利尿药、拟交感药、胰高血糖素、生长激素	应增加本品的剂量
					口服降血糖药物、ACE 抑制剂、丙吡胺、贝特类、氟西汀等	应降低本品的剂量
					利尿药	增加本品乳酸性酸中毒的风险
					糖皮质激素、拟交感神经药物	监测血糖，必要时调整本品的剂量
					抗凝血药如华法林等	致出血
					磺酰脲类	引起低血糖

续表

药品名称	适应证	用法用量	不良反应	注意事项	相互作用举例	
格列本脲	轻中度2型糖尿病	●口服：开始2.5mg，轻症者1.25mg，一日三次，餐前服，7日后递增每日2.5mg，最大用量每日不超过15mg	低血糖；腹泻、恶心、呕吐、头痛、胃痛或不适；少见皮疹、黄疸、肝功能损害、骨髓抑制、粒细胞减少、血小板减少症等	▲体质虚弱、高热、恶心和呕吐、甲状腺功能亢进症、老年人慎用 ▲2型糖尿病酮症酸中毒、昏迷、严重烧伤、感染等应激情况，肝肾功能不全、磺胺药物过敏者禁用 ▲用药期间应定期测血糖、尿糖、尿酮体、尿蛋白和肝肾功能及眼科	β受体阻滞药	掩盖低血糖症状，增加危险
					氯霉素、胍乙啶、胰岛素、单胺氧化酶抑制药、丙磺舒、水杨酸盐、磺胺类	加强降血糖作用
					香豆素类	需调整两者的剂量
阿卡波糖	2型糖尿病；降低糖耐量低的餐后血糖	●口服：起始剂量为一次50mg，一日3次，以后逐渐增加至一次0.1g，一日3次。餐前即刻吞服或与第一口主食一起咀嚼服用	常见胃肠胀气、腹泻、腹部疼痛等胃肠道功能紊乱；少见恶心、呕吐、消化不良及肝酶升高症状；罕见水肿和黄疸	▲大剂量，会发生无症状的肝酶升高 ▲如发生急性低血糖，不宜使用蔗糖，而应该使用葡萄糖纠正低血糖反应 ▲妊娠期、哺乳期妇女、18岁以下儿童、对本品过敏者禁用	蔗糖或含有蔗糖的食物	引起腹部不适，甚至腹泻
					磺酰脲类、二甲双胍或胰岛素	低血糖，需减少合用药物的剂量
					地高辛	影响地高辛生物利用度
					考来酰胺、肠道吸附剂和消化酶类	影响本品疗效
瑞格列奈	2型糖尿病	●口服：起始剂量为0.5mg，以后如需要可每周或每2周调整。餐前15min服用	常见：低血糖、视觉异常；腹痛、腹泻等	▲糖尿病酮症酸中毒、严重肝肾功能不全、妊娠期、哺乳期妇女、12岁以下儿童、对本品过敏者禁用 ▲不进餐不服用	β受体阻滞药、ACEI、非甾体抗炎药、乙醇	可增强或延长本品降血糖作用
					口服避孕药、皮质激素、噻嗪类利尿药	减弱本品降血糖作用

知识链接

合理使用降血糖药的注意事项

（1）掌握正确的服用方法　主要针对口服降血糖药，类型不同则服用的时间不同，前文中已有说明；同时，剂型不同服用的方法也不同，如缓释片只需每日早晨服用一次即可，而二甲双胍如制成肠溶片可避免对胃的刺激，使其不一定要餐后服用。需要注意的是，规律用药不但可以平稳保持血糖水平，还能使耐药情况发生减少。

（2）与其他药物合用的禁忌　与噻嗪类利尿药、甲状腺激素类药物合用会使血糖升高，抵消降血糖药作用；与普萘洛尔、磺胺类药、阿司匹林等合用会引起严重的低血糖反应；与苯妥英钠等肝药酶诱导药合用会降低降血糖药的疗效；与吲哚美辛合用会引发高血糖；与肾上腺素和糖皮质激素类合用可拮抗降血糖药作用；与加替沙星合用会引起原因不明的血糖波动等。

（3）合并其他疾病的选择用药　糖尿病合并高血压的患者，最好不用β受体阻滞药（普萘洛尔等），因降血糖药可能引起低血糖，而β受体阻滞药会掩盖其临床症状，导致严重后果；如选择二甲双胍需要配合服用 B 族维生素和叶酸；肾功能损害严重者需要选用胰岛素治疗。

二、抗痛风药

（一）抗痛风药分类及作用机制

痛风的药物治疗是控制症状、缓解病情、预防复发及减少发作的重要手段。根据药物作用方式的不同可分为：抑制粒细胞浸润药，如秋水仙碱；抑制尿酸生成药，如别嘌醇；促进尿酸排泄药，如丙磺舒、苯溴马隆等；非甾体抗炎药，如吲哚美辛、吡罗昔康、萘普生、布洛芬等；糖皮质激素类，如泼尼松。治疗痛风急性发作，可应用秋水仙碱、非甾体抗炎药和糖皮质激素。控制慢性痛风可用促尿酸排泄药和抑制尿酸生成药。

（二）常用抗痛风药介绍

常用抗痛风药的适应证、使用方法、不良反应、注意事项及相互作用见表3-25。

表 3-25　常用抗痛风药介绍一览表

药品名称	适应证	用法用量	不良反应	注意事项	相互作用举例	
别嘌醇	慢性原发性或继发性痛风、痛风性肾病	●口服：成人每次 0.05g，每日 1～2 次，2～3 周后增至每日 0.2～0.4g，分 2～3 次服，每日最大量不超过 0.6g	皮疹；恶心、呕吐、腹泻、腹痛等胃肠道反应；低热、脱发、暂时性氨基转移酶升高或粒细胞、血小板减少	▲应多饮水，使尿液呈中性或碱性以利尿酸排泄 ▲肝肾功能不全者及老年人慎用 ▲可诱发痛风，开始4～8 周内与小剂量秋水仙碱合用	氨苄西林	增加皮疹发生率
					氯化钙、维生素 C、磷酸钾	增加肾脏中黄嘌呤结石的形成
					双香豆素	增加抗凝效应
					噻嗪类利尿药	可致肾衰竭

续表

药品名称	适应证	用法用量	不良反应	注意事项	相互作用举例	
别嘌醇					茶碱	茶碱血药浓度增加
					环磷酰胺	骨髓抑制作用增加
苯溴马隆	反复痛风性关节炎伴高尿酸血症及痛风石	●口服:初始剂量 25mg,每日 1 次,需要时可调整到每日 100mg,餐后服用,连用 3～6 个月	胃肠道反应、肾绞痛及激发急性关节炎发作;粒细胞减少、皮疹、发热	▲应保证每日约 2000mL 的饮水或碱化尿液 ▲如有痛风性关节炎急性发作,可加用非甾体抗炎药	水杨酸制剂、吡嗪酰胺	减弱本品作用

三、甲状腺激素类药及抗甲状腺药

（一）甲状腺激素类药及抗甲状腺药分类及作用机制

甲状腺激素为碘化酪氨酸的衍化物，包括甲状腺素（thyroxin，T_4）和三碘甲状腺原氨酸（T_3）。常用药物如下。

（1）硫脲类 硫脲类药物可抑制甲状腺过氧化酶活性，减少甲状腺激素的合成，如丙硫氧嘧啶、甲巯咪唑、卡比马唑。

（2）碘化物 小剂量碘剂作为供碘原料以合成甲状腺素，以纠正原来垂体促甲状腺素分泌过多，而使肿大的甲状腺缩小。可治疗地方性甲状腺肿。大剂量的碘有抗甲状腺的作用，但作用时间短暂（最多维持 2 周），且服用时间过长时可使病情加重，不作为常规的抗甲状腺药。

（3）放射性碘。

（4）β受体阻滞药。

（二）常用甲状腺激素类药及抗甲状腺药介绍

常用甲状腺激素类药及抗甲状腺药的适应证、使用方法、不良反应、注意事项及相互作用见表 3-26。

表 3-26 常用甲状腺激素类药及抗甲状腺药介绍一览表

药品名称	适应证	用法用量	不良反应	注意事项	相互作用举例	
甲状腺片	甲状腺功能减退症	●口服:成人每日 10～20mg,逐渐增加,维持量为每日 40～120mg	过量时出现心动过速、心绞痛、头痛、兴奋、不安、失眠、骨骼肌痉挛、肌无力、震颤、出汗、潮红、怕热、腹泻、呕吐、体重减轻等似甲状腺功能亢进症的症状	▲动脉硬化、心功能不全、糖尿病、高血压患者慎用 ▲心绞痛、冠心病、快速型心律失常禁用 ▲对病程长、病情重的甲状腺功	胰岛素或降血糖药	需增加胰岛素或降血糖药剂量
					抗凝血药如双香豆素	抗凝作用增强
					三环类抗抑郁药	两类药的作用及毒副作用均增强

续表

药品名称	适应证	用法用量	不良反应	注意事项	相互作用举例	
甲状腺片				能减退症或黏液性水肿患者起始需小剂量	雌激素或避孕药	甲状腺素结合球蛋白水平增加
左甲状腺素钠	甲状腺功能减退症	●口服：一般开始剂量每日 25～50μg，每 2 周增加 25μg，直到完全替代剂量，一般为 100～150μg，成人维持剂量为每日 75～125μg	长期大剂量使用可引起甲亢症状	▲心血管疾病包括心绞痛、动脉粥样硬化、冠心病、高血压、心肌梗死等慎用 ▲对本品过敏者禁用	抗糖尿病药物	降低后者降血糖效应
					氢氧化铝、硫糖铝、考来烯胺、考来替泊	抑制本药吸收
					苯妥英钠、阿司匹林、双香豆素、口服降血糖药	竞争血浆蛋白的结合，增强后者作用
甲巯咪唑	甲状腺功能亢进症	●口服：一般一日 30mg，根据病情，可调整为 15～40mg，一日最大量 60mg，分次服用	常见味觉减退、恶心、呕吐、皮疹或皮肤瘙痒及白细胞减少；少见严重的粒细胞缺乏症，再生障碍性贫血，红斑狼疮样综合征；罕见肝炎、肾炎和血管炎	▲服药期间宜定期检查血象 ▲孕妇、肝功能异常、外周血白细胞数偏低者应慎用 ▲本品可使凝血酶原时间延长和引起血胆红素及血乳酸脱氢酶升高 ▲在用本品前避免高碘食物或药物	抗凝血药	增强抗凝作用

四、肾上腺皮质激素类药

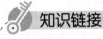

知识链接

肾上腺糖皮质激素的合理应用原则

1. 合理选药。

2. 根据治疗目的并在医师指导下选择。

3. 选择适合疗程，冲击治疗一般少于 5 天，适用于危重症患者的抢救。

4. 监测糖皮质激素的不良反应。

5. 注意停药反应和反跳现象。

肾上腺皮质激素是肾上腺皮质所分泌的激素的总称，属甾体类化合物。这里主要介绍糖皮质激素，如可的松、氢化可的松、地塞米松、氟轻松、布地奈德、泼尼松、倍他米松等。

常用肾上腺皮质激素的适应证、使用方法、不良反应、注意事项及相互作用见表 3-27。

表 3-27 常用肾上腺皮质激素介绍一览表

药品名称	适应证	用法用量	不良反应	注意事项	相互作用举例	
氢化可的松	肾上腺皮质功能减退症；先天性肾上腺皮质增生症；支气管哮喘等过敏性疾病；严重感染；休克	●口服：成人每日剂量 20～30mg，清晨服 2/3，午餐后服 1/3	长期使用出现医源性库欣综合征面容和体态、体重增加、下肢水肿、紫纹、创口愈合不良、月经紊乱、肱骨或股骨头缺血性坏死、骨质疏松及骨折、肌无力、肌萎缩、低钾血症、胃肠道刺激、胰腺炎、消化性溃疡或穿孔，抑制儿童生长；精神症状；诱发感染；糖皮质激素停药综合征	▲对本品或非甾体抗炎药过敏者禁用 ▲心脏病或急性心力衰竭、糖尿病、严重精神病和癫痫、活动性消化性溃疡、全身性真菌感染、青光眼、肝功能损害、眼单纯性疱疹、高脂蛋白血症、高血压、甲减、重症肌无力、骨质疏松、肾功能损害或结石、结核病等慎用	非甾体抗炎药	加强致溃疡作用
					对乙酰氨基酚	增强后者肝毒性
					两性霉素B 或碳酸酐酶抑制药	加重低钾血症
					抗胆碱能药	眼压增高
					三环类抗抑郁药	加重精神症状
					降血糖药	血糖升高
					甲状腺激素	增加本品代谢清除率
					避孕药或雌激素制剂	增加本品疗效和不良反应
					强心苷	增加心律失常风险
					排钾利尿药	致严重低钾血症
					免疫抑制药	增加感染的风险
					异烟肼、美西律	增加后者代谢和排泄
					水杨酸盐	减少血浆水杨酸盐的浓度
					生长激素	抑制后者促生长作用
地塞米松	自身免疫性疾病；严重的支气管哮喘等过敏性疾病；严重感染	●口服：一次 0.75～3mg，一日 2～4 次。维持量一日 0.75mg	同上	▲结核病、急性细菌性或病毒性感染患者，必须结合抗感染治疗 ▲长期服药后，停药前应逐渐减量 ▲糖尿病、骨质疏松症、肝硬化、肾功能不良、甲状腺功能低下患者慎用 ▲运动员慎用	巴比妥类、苯妥英、利福平	其代谢减弱
					水杨酸类药	增加后者毒性
					抗凝血药、口服降血糖药	减弱后者作用

续表

药品名称	适应证	用法用量	不良反应	注意事项	相互作用举例
布地奈德	支气管哮喘	●气雾吸入:成人日剂量范围200~1600μg,一日2~4次。在每次吸药后用水漱口	轻度喉部刺激、咳嗽、声嘶;皮疹、接触性皮炎、荨麻疹、血管性水肿和支气管痉挛等过敏反应;紧张、不安、抑郁和行为障碍等精神症状	▲快速缓解哮喘急性发作需合用短效支气管扩张药 ▲由全身给药过渡到吸入给药的患者需特别观察 ▲在撤除期,非特异性的不适感,如肌肉和关节痛	酮康唑 可增加本品血药浓度

五、影响骨代谢药

(一)影响骨代谢药分类及作用机制

根据骨质疏松症的发病机制,防治骨质疏松症的影响骨代谢药可分为两类:抑制骨吸收药如双膦酸盐类、雌激素类、降钙素等;刺激骨形成药如氟制剂、甲状旁腺激素、生成激素、骨生长因子等。另外钙剂、维生素 D 及其活性代谢物(骨化三醇、阿尔法骨化醇)可促进骨的钙化,对抑制骨的吸收、促进骨的形成也起作用。

(二)常用影响骨代谢药介绍

常用影响骨代谢药的适应证、使用方法、不良反应、注意事项及相互作用见表 3-28。

表 3-28 常用影响骨代谢药介绍一览表

药品名称	适应证	用法用量	不良反应	注意事项	相互作用举例	
阿法骨化醇	甲状旁腺功能亢进;甲状旁腺功能减退;佝偻病和骨软化症	●口服:成人骨质疏松症每次0.5μg,一日一次	长期大剂量服用或患有肾损伤的患者可能出现恶心、头昏、皮疹、便秘、厌食、呕吐、腹痛等高血钙征象,停药即可恢复正常	▲至少每3个月进行一次血浆和尿(24h 收集)钙水平的常规检验 ▲如高血钙或高尿钙,应迅速停药,终止钙的补充,直至血钙水平恢复正常	洋地黄制剂	高血钙患者可增加心律失常的风险
					巴比妥酸盐或其他酶诱导的抗惊厥药	需增大本品剂量
					含镁抗酸药或轻泻药	致高镁血症
					含钙制剂及噻嗪类利尿药	增加高血钙的危险

续表

药品名称	适应证	用法用量	不良反应	注意事项	相互作用举例	
阿仑膦酸钠	骨质疏松症;预防髋部和脊柱骨折	● 口服:1次10mg,一日一次,早餐前至少30min空腹用200mL温开水送服;或一次70mg,每周1次	常见恶心、呕吐、食管炎、食管糜烂、食管溃疡、头晕、眩晕、味觉障碍及过敏反应;罕见食管狭窄或穿孔、口咽溃疡;胃和十二指肠溃疡	▲对上消化道黏膜产生局部刺激,应保持坐位或立位用足量水送服 ▲阿仑膦酸钠和糖皮质激素联合用药时,治疗中应测定骨密度值	钙补充制剂、抗酸药物	干扰本品吸收,应间隔2h

六、避孕药

避孕药一般指女性用避孕药,多由雌激素和孕激素配伍而成,也有单方的孕激素及一些非甾体药物。主要抑制排卵的药物如复方炔诺酮、复方甲地孕酮、复方氯地孕酮;抗着床药如炔诺酮、甲地孕酮;紧急避孕药如左炔诺酮、米非司酮;终止妊娠药如米非司酮、前列腺素等。

第七节 泌尿系统药物

一、利尿药和脱水药

(一) 利尿药和脱水药分类及作用机制

1. 利尿药

利尿药主要影响肾小管的重吸收,促进肾的电解质(钠离子为主)和水分排泄。用于治疗各种原因所致的水肿。

(1) 高效利尿药 主要抑制髓袢升支粗段髓质部和皮质部的 Na^+-K^+-$2Cl^-$ 同向转运系统,减少 NaCl 的重吸收,降低肾的稀释与浓缩功能,排出大量尿液。如呋塞米、布美他尼、依他尼酸、托拉塞米。

(2) 中效利尿药 主要抑制远曲小管近端 NaCl 的重吸收产生利尿作用。如氢氯噻嗪、环戊噻嗪、苄噻嗪、氯塞酮、美托拉宗等。

(3) 弱效利尿药 主要作用于远曲小管远端及集合管,如醛固酮受体阻断剂螺内酯,肾小管上皮细胞 Na^+ 通道抑制剂氨苯蝶啶、阿米洛利;抑制远曲小管前段上皮细胞的碳酸酐酶,减少 Na^+-H^+ 交换。如乙酰唑胺。

2. 脱水药

脱水药又称渗透性利尿药,在体内不被代谢或代谢较慢,静脉给药后能迅速升高血浆渗透压,引起组织脱水,且易从肾小球滤过,但不被肾小管重吸收,可提高肾小管内渗透压产生利尿作用。如甘露醇、山梨醇、葡萄糖等。

(二) 常用利尿药和脱水药介绍

常用利尿药和脱水药的适应证、使用方法、不良反应、注意事项及相互作用见表3-29。

表 3-29　常用利尿药和脱水药介绍一览表

药品名称	适应证	用法用量	不良反应	注意事项	相互作用举例	
呋塞米	水肿性疾病；高血压；预防急性肾功能衰竭；高钾血症及高钙血症；急性药物或毒物中毒	●口服：成人每次 20～40mg，每日1次，必要时6～8h 后追加 20～40mg，最大剂量可达每日 600mg	常见水、电解质紊乱；大剂量或长期应用时可见直立性低血压、休克、低钾血症、低氯血症、低氯性碱中毒、低钠血症、低钙血症；耳毒性；高尿酸血症、高血糖	▲与磺胺药和噻嗪类利尿药交叉过敏 ▲无尿或严重肾功能损害者、糖尿病、高尿酸血症或有痛风病史者、严重肝功能损害者、前列腺增生症、低钾血症倾向者、红斑狼疮、妊娠期和哺乳期妇女等慎用 ▲注意随访检查	盐皮质激素、促肾上腺皮质激素、雌激素、非甾体抗炎药、拟交感神经药物、抗惊厥药	降低本品利尿作用
					两性霉素、头孢菌素、氨基糖苷类	增加肾毒性、耳毒性
					氯贝丁酯	肌肉酸痛、强直风险增加
					抗组胺药	增加耳毒性
					多巴胺	加强利尿作用
					抗痛风药	升高血尿酸，需调整后者剂量
					降血糖药	降低降血糖作用
					抗凝血药物和抗纤溶药物	降低后者作用
氢氯噻嗪	水肿；轻中度高血压；尿崩症；肾石症	●口服用药 水肿：每次 25～50mg，每日 1～2次 高血压：初始 12.5mg，需要时可增加为 25～100mg，分 1～2次服用，并按降压效果调整剂量	常见如水、电解质紊乱，高糖血症、高尿酸血症、高脂血症，过敏反应等；少见白细胞减少症、血小板减少性紫癜等	▲糖尿病、高尿酸血症或有痛风病史、严重肝功能损害、低钾血症、红斑狼疮等患者及妊娠期和哺乳期妇女慎用 ▲与磺胺药交叉过敏 ▲注意随访检查	促肾上腺皮质激素、雌激素、两性霉素 B	降低本品利尿作用，增加电解质紊乱
					抗痛风药、降血糖药	需增加后者剂量
					非甾体抗炎药	降低本品利尿作用
					多巴胺	加强利尿作用
					胺碘酮	增强后者毒性，应补钾

续表

药品名称	适应证	用法用量	不良反应	注意事项	相互作用举例	
螺内酯	醛固酮增多有关的水肿；高血压；原发性醛固酮增多症	●口服用药 水肿：每日 40～120mg，分 2～4 次服用，至少连服 5 日 高血压：每日 40～80mg，分 2～4 次服用，至少 2 周 原发性醛固酮增多症：每日 400mg，分 2～4 次服用	常见高钾血症，胃肠道反应如恶心、呕吐、胃痉挛和腹泻；少见低钠血症；抗雄激素样作用或对其他内分泌系统的影响和中枢神经系统表现；罕见过敏反应	▲无尿、肾功能不全、肝功能不全、低钠血症、酸中毒、乳房增大或月经失调等患者及妊娠期和哺乳期妇女等慎用 ▲高血钾、肾衰竭、对本品过敏者禁用 ▲如出现高钾血症，应立即停药	多巴胺	加强利尿作用
					ACEI、ARB	增加高钾血症发生率
					糖皮质激素、促肾上腺皮质激素	降低本品利尿作用，增加电解质紊乱
					非甾体抗炎药	降低本品利尿作用，增加肾毒性
					华法林、双香豆素	降低抗凝作用

二、良性前列腺增生药

良性前列腺增生药主要包括 α_1 受体阻滞药如特拉唑嗪、坦洛新；5α-还原酶抑制药如非那雄胺。

常用良性前列腺增生药的适应证、使用方法、不良反应、注意事项及相互作用见表 3-30。

表 3-30　常用良性前列腺增生药介绍一览表

药品名称	适应证	用法用量	不良反应	注意事项	相互作用举例	
非那雄胺	良性前列腺增生	●口服：成人一日 5mg。70 岁以上老年患者清除率有所下降，但不需调整剂量	可引起性欲减退、阳痿、射精障碍、射精量减少等	▲肝功能不全者慎用 ▲妊娠或可能受孕的妇女不应触摸本品的碎片和裂片，对男性胎儿有影响		
特拉唑嗪	轻中度高血压；良性前列腺增生引起的尿潴留	●口服：前列腺增生每次 2mg，一日一次，睡前服用	全身：胸痛、面部水肿、发热、腹痛、颈痛、肩痛 心血管系统：心律失常、直立性低血压 消化系统：便秘、腹泻、口干、消化不良、肠胃气胀、呕吐 代谢/营养疾病：痛风 肌肉与骨骼系统：关节痛、关节炎、关节病、肌痛 神经系统：焦虑、失眠	▲首次用药或停止用药会发生眩晕、头痛、瞌睡，用药 12h 内禁止从事驾驶或危险工作 ▲妊娠期、哺乳期妇女慎用 ▲对本品过敏、12 岁以下儿童、低血压者禁用	噻嗪类药、抗高血压药	低血压，需减小本品剂量

续表

药品名称	适应证	用法用量	不良反应	注意事项	相互作用举例
特拉唑嗪			呼吸系统:支气管炎、感冒症状、鼻出血、流感症状、咳嗽加重、咽炎、鼻炎 皮肤及附件:瘙痒、皮疹、出汗 特殊感觉:视力异常、结膜炎、耳鸣 泌尿生殖系统:尿频、尿道感染、尿失禁		

三、性功能障碍药

性功能障碍药主要有选择性 5 型磷酸二酯酶抑制药西地那非、伐地那非、他达拉非及育亨宾、阿扑吗啡。

常用性功能障碍药的适应证、使用方法、不良反应、注意事项及相互作用见表 3-31。

表 3-31　常用性功能障碍药介绍一览表

药品名称	适应证	用法用量	不良反应	注意事项	相互作用举例	
西地那非	勃起功能障碍	●口服:推荐剂量为 50mg,在性活动前约 1h 服用。每日最多服用 1 次,单剂极量 100mg	头痛、面部潮红、消化不良、鼻塞、眩晕、视物模糊	▲心血管状况欠佳者慎用	α 受体阻滞药	引起低血压
					红霉素、西咪替丁、克林霉素、酮康唑、葡萄柚汁	减慢本品代谢

第八节　精神与神经系统用药

一、镇静、催眠、抗焦虑药

(一) 镇静、催眠、抗焦虑药的分类及作用机制

本类药物对中枢系统有广泛抑制作用,产生镇静、催眠和抗惊厥等效应,能引起近似生理睡眠,可治疗睡眠障碍,长期使用可以产生耐受性和依赖性,突然停药可产生戒断症状。根据结构不同可分为以下几类。

1. 苯二氮䓬类

苯二氮䓬类药临床上用于抗焦虑、镇静催眠、抗惊厥、抗震颤以及中枢性肌肉松弛。药物有:短效类如三唑仑、咪达唑仑、去羟西泮、溴替唑仑;中效类如替马西泮、劳拉西泮、艾司唑仑、阿普唑仑;长效类如地西泮、氯硝西泮、硝西泮、氟硝西泮、氟西泮。本类药物作用于中枢神经系统内的苯二氮䓬受体,通过促进中枢抑制性递质 γ-氨基丁酸(GABA)与GABA 受体复合物结合,使氯离子通道开放频率增加,更多的氯离子大量进入细胞内,引

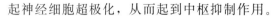

起神经细胞超极化，从而起到中枢抑制作用。

2. 巴比妥类

巴比妥类药物临床上常用于镇静催眠、抗惊厥、抗癫痫及麻醉前给药。药物有：长效类如巴比妥、苯巴比妥；中效类如异戊巴比妥、戊巴比妥；短效类如司可巴比妥；超短效类如硫喷妥钠。镇静催眠作用机制可能与其选择性抑制丘脑网状上行激活系统，从而阻断兴奋向大脑皮质的传导有关。

3. 其他类

包括佐匹克隆、唑吡坦、水合氯醛等。

（二）常用镇静、催眠、抗焦虑药物介绍

 知识链接

中枢镇静催眠药典型不良反应

1. 常见不良反应包括嗜睡、精神依赖性、步履蹒跚、共济失调等"宿醉"现象。

2. 巴比妥类药物长期应用后可发生药物依赖性，出现戒断综合征。

3. 服用巴比妥类药物患者如出现剥脱性皮疹，可能致死，故一旦出现皮疹等皮肤反应应立即停药。

常用镇静、催眠、抗焦虑药物的适应证、使用方法、不良反应、注意事项及相互作用见表 3-32。

表 3-32　常用镇静、催眠、抗焦虑药介绍一览表

药品名称	适应证	用法用量	不良反应	注意事项	相互作用举例
替马西泮	失眠症、焦虑症及手术前镇静	●催眠：口服 10～20mg，睡前顿服。老年患者开始用 7.5mg，以后按需要调整剂量 ●术前给药：成人 20～40mg，术前 0.5～1h 给药	不良反应少，长期用药有依赖性	▲妊娠期开始 3 个月禁用 ▲肝肾功能不全者慎用 ▲应定期检查肝功能与白细胞计数 ▲用药期间不宜驾驶车辆、操作机械或高空作业 ▲长期用药后骤停可引起撤药反应 ▲服药期间勿饮酒	
溴替唑仑	失眠症、术前催眠	●口服：失眠每次 0.25mg，睡前服。老年患者每次 0.125mg。术前催眠 0.5mg	偶有胃部不适、头痛、眩晕，高血压患者血压下降	▲本品可产生耐药性或进展性健忘 ▲对苯二氮䓬类过敏、重症肌无力、精神病、急性闭角型青光眼、急性呼吸功能不全、肝功能不全等患者禁用	中枢抑制药、抗组胺药、巴比妥类药 可增强本品作用

续表

药品名称	适应证	用法用量	不良反应	注意事项	相互作用举例
溴替唑仑				▲妊娠期和哺乳期妇女禁用 ▲18岁以下青少年禁用	
司可巴比妥	失眠症、抗惊厥	●口服：成人催眠0.1～0.2g，睡前1次顿服；镇静每次30～50mg，一日3～4次。成人极量1次0.3g	偶有粒细胞和血小板减少，皮疹，环形红斑，眼睑、口唇、面部水肿，幻觉，低血压，肝功能损害，黄疸，骨痛，肌肉无力	▲禁用于严重肺功能不全、肝硬化、血卟啉病、贫血、哮喘、未控制的糖尿病、对本品过敏等 ▲本品可致依赖性	

二、抗震颤麻痹药

抗震颤麻痹药用于治疗原发性帕金森病或原因已明的帕金森综合征，有的也可治疗药物诱发的锥体外系反应、肝豆状核变性及先天性手足徐动症等疾病。帕金森综合征多发生于中老年人，是中枢神经系统变性疾病。

（一）抗震颤麻痹药的分类及作用机制

1. 拟多巴胺类药

本类药物通过增强中枢多巴胺能神经功能发挥作用。按作用机制可分为：多巴胺前体药物，如左旋多巴；外周多巴脱羧酶抑制药，如卡比多巴、苄丝肼等；中枢多巴胺受体激动药，如溴隐亭、卡麦角林等。

2. 抗胆碱药

抗胆碱药可阻断纹状体内M胆碱受体，以恢复胆碱能神经与多巴胺能神经的功能平衡。常用药有苯海索。

3. 单胺氧化酶B抑制药

本类药物可选择性抑制B型单胺氧化酶，抑制纹状体中多巴胺（DA）降解，其结果是基底神经节中保存了多巴胺。常用药有司来吉兰。

4. 其他类

促使多巴胺能神经元释放多巴胺，抑制多巴胺的再摄取，直接激动多巴胺受体。常用药有金刚烷胺。

 知识链接

帕金森病

又称为震颤麻痹，是一种常见的老年性神经系统退行性疾病，具有特征性运动症状，包括静止性震颤、运动迟缓、肌强直和姿势平衡障碍。还常伴有便秘、嗅觉障碍、睡眠障碍、自主神经功能障碍和精神、认知障碍。平均患病年龄为60岁，随年龄增加发病率显著升高。

（二）常用抗震颤麻痹药物介绍

常用抗震颤麻痹药物的适应证、使用方法、不良反应、注意事项及相互作用见表 3-33。

表 3-33　常用抗震颤麻痹药介绍一览表

药品名称	适应证	使用方法	不良反应	注意事项	相互作用举例	
苯海索	帕金森病、药物引起的锥体外系反应、肝豆状核变性、痉挛性斜颈和面肌痉挛等运动障碍	●口服用药 帕金森综合征：成人第 1 天 1～2mg，以后每 3～5 日增加 1～2mg，至获得满意疗效，总量每日不超过 10mg，每日分 3～4 次服用，需长期服用 对药物引起的锥体外系反应：开始剂量为每日 1mg，并渐增剂量，至每日 5～10mg，每日分 2～3 次服用。老年人用量酌减，每日总量小于 10mg	常见的有口干、便秘、尿潴留或排尿疼痛、腹胀、瞳孔散大、视物模糊	▲闭角型青光眼、尿潴留、前列腺增生症者禁用 ▲心血管功能不全、肝肾功能不全、高血压、肠梗阻、迟发型多动症、重症肌无力者慎用	乙醇、中枢神经系统抑制药	增强中枢抑制作用
					单胺氧化酶抑制药	导致高血压
					金刚烷胺、抗胆碱药	发生麻痹性肠梗阻
金刚烷胺	不能耐受左旋多巴治疗的帕金森病、亚洲 A-Ⅱ型流行性感冒的预防和早期治疗、脑梗死所致的自发性意识低下者	●口服：成人每次 100mg，早、晚各 1 次，最大剂量每日 400mg	偶见嗜睡、眩晕、食欲缺乏等，亦可出现青斑、踝部水肿	▲妊娠期和哺乳期妇女禁用 ▲脑动脉硬化、肝肾功能不全、精神病或严重神经病患者、癫痫患者慎用 ▲服药期间不宜饮酒	抗组胺药、吩噻嗪类药、三环类抗抑郁药	增强抗胆碱作用
					安定类药	增强中枢神经抑制作用

三、抗癫痫药

（一）抗癫痫药的分类及作用机制

知识链接

癫痫

癫痫，是大脑局部神经元异常高频放电，并向周围正常组织扩散所引起的反复发作性的慢性脑疾病。表现为突然发作、短暂的运动、感觉功能或精神异常，并伴有异常脑电图。急性发作时防止受伤最为重要，成人患者应避免驾驶、高空作业及井下作业。

抗癫痫药物可通过两种方式来消除或减轻癫痫发作：①影响中枢神经元，以防止或减少大脑神经元的病理性过度放电；②提高正常脑组织的兴奋阈，减弱病灶兴奋的扩散，防止癫痫复发。本类药物需要长期规则服用，并需在维持稳态有效血药浓度的情况下才能有效控制发作。临床常用抗癫痫药可分为以下几类。

1. 乙内酰脲类

本类药物通过减少钠离子内流，稳定神经细胞膜，限制钠离子通道介导的发作性放电的扩散。如苯妥英钠，为临床常用的控制大发作和局限性发作的药物。

2. 巴比妥类

巴比妥类药物可阻止病灶放电向周围健康组织扩散，也能抑制病灶放电。如苯巴比妥、扑米酮、异戊巴比妥等，用于大发作治疗。

3. 琥珀酰亚胺类

本类药物有乙琥胺、甲琥胺、苯琥胺等，其中乙琥胺为失神小发作首选。

4. 三环类

本类药物临床常用的有卡马西平，作为癫痫部分发作一线药物，可单独或与其他抗惊厥药合并用药治疗癫痫部分发作。

5. 苯二氮䓬类

苯二氮䓬类药物为 GABA 激动药。如地西泮、氯硝西泮和硝西泮等，常用于癫痫持续状态。

6. 脂肪酸类

脂肪酸类药物常用的有丙戊酸钠、丙戊酸镁、癫痫安等。丙戊酸钠具有广谱抗癫痫作用，具有多重抗癫痫作用机制，对原发性全身发作各种类型有效，对部分性发作也有效。

（二）常用抗癫痫药物介绍

常用抗癫痫药物的适应证、使用方法、不良反应、注意事项及相互作用见表 3-34。

表 3-34　常用抗癫痫药介绍一览表

药品名称	适应证	使用方法	不良反应	注意事项	相互作用举例	
苯妥英钠	全身强直-阵挛性发作、单纯部分性发作和癫痫持续状态，三叉神经痛等	●口服：用于抗癫痫，成人每日 250～300mg，开始时 100mg，每日 2 次，1～3 周内增加至每日 250～300mg，分 3 次服，极量一次 300mg，一日 500mg	常见齿龈增生、恶心、呕吐、眩晕、头痛、眼球震颤、共济失调、语言不清和意识模糊	▲本品过敏者禁用 ▲阿-斯综合征、Ⅱ至Ⅲ度房室传导阻滞、窦房结传导阻滞、窦性心动过缓等心功能损害者禁用 ▲久服不可骤停 ▲孕妇及哺乳期妇女慎用 ▲嗜酒、贫血、心血管病、糖尿病、肝肾功能不全者、甲状腺疾病患者慎用	香豆素类、氯霉素、异烟肼、保泰松、磺胺类药	本品毒性增加
					对乙酰氨基酚	疗效降低，肝脏毒性增加
					丙戊酸钠	毒性增加

续表

药品名称	适应证	使用方法	不良反应	注意事项	相互作用举例	
丙戊酸钠	为癫痫全面性发作的首选药,也可用于部分性发作、林-戈综合征及热性惊厥、偏头痛及双相精神病	●口服:成人1次200～400mg,每日3次	常见腹泻、消化不良、恶心、呕吐、胃肠道痉挛、女性月经周期改变	▲明显肝功能损害者禁用 ▲孕妇及哺乳期妇女慎用 ▲用药期间避免饮酒	乙醇	加重镇静作用
					抗凝血药	增加出血危险性
					苯巴比妥	引起嗜睡
					扑米酮	增加药效

四、抗抑郁药

 **知识链接**

抑郁症

又称抑郁障碍,以显著而持久的心境低落为主要临床特征,是心境障碍的主要类型。主要表现有心境低落、思维迟缓、意志活动减退、认知功能损害,严重者可出现自杀念头和行为,常伴有某些躯体或生物学症状。目前抑郁症的病因、病理生理机制等尚不明确,但长期研究表明,其生理学基础可能是脑内单胺类递质5-羟色胺和去甲肾上腺素缺乏。

（一）抗抑郁药的分类及作用机制

1. 三环类

三环类是临床上治疗抑郁症最常用的药物之一,该类药物主要通过抑制突触前膜对5-羟色胺（5-HT）及去甲肾上腺素（NA）的再摄取,使突触间隙的5-HT、NA浓度升高,增强5-HT、NA能神经作用而发挥抗抑郁作用。常用药物有氯米帕明、阿米替林、丙米嗪、多塞平、度硫平、普罗替林等,其中丙米嗪是最早发现的具有抗抑郁作用的化合物。

2. NA再摄取抑制药

本类药物主要通过抑制突触前膜NA的再摄取,从而增强中枢NA能神经功能而发挥抗抑郁作用。常用药物有地昔帕明、马普替林（四环类）。

3. 选择性5-羟色胺再摄取抑制药

本类药物主要通过抑制5-HT的再摄取,增加突触间隙5-HT的浓度,从而增强中枢5-HT能神经功能而发挥抗抑郁作用。常用药物有帕罗西汀、氟西汀、舍曲林、西酞普兰、艾司西酞普兰等。

4. 单胺氧化酶抑制药

本类药物主要抑制A型单胺氧化酶,减少NA、5-HT、DA的降解,增强NA、5-HT、DA能神经作用而发挥抗抑郁作用。代表药物有吗氯贝胺。

5. 其他类

其他类抗抑郁药有安非拉酮、文拉法辛、度洛西汀、曲唑酮等。

（二）常用抗抑郁药物介绍

常用抗抑郁药物的适应证、使用方法、不良反应、注意事项及相互作用见表 3-35。

表 3-35 常用抗抑郁药介绍一览表

药品名称	适应证	使用方法	不良反应	注意事项	相互作用举例	
多塞平	抑郁症及焦虑性神经症，也可用于镇静催眠、过敏性瘙痒性皮肤疾病	●口服：开始每次 25mg，每日 2～3 次，以后逐渐增加至每日总量 100～250mg。每日不超过 300mg	可出现口干、震颤、眩晕、视物模糊、排尿困难、便秘等	▲对三环类药物过敏、急性心肌梗死、躁狂、谵妄、青光眼、尿潴留、肝肾功能严重不全及甲亢者禁用 ▲孕妇、哺乳期妇女、老年人、前列腺增生症、癫痫及心血管病患者慎用 ▲使用期间应监测心电图 ▲用药期间不宜驾驶车辆、操作机械或高空作业		
氟西汀	成人抑郁症、强迫症、神经性贪食、惊恐症	●口服（晨服）：抑郁症每日 20mg。强迫症每日 20～60mg。神经性贪食症每日 60mg。老年人日剂量一般不宜超过 40mg。最高推荐日剂量为 60mg	常见头痛，神经质，失眠，目眩，头重脚轻和出汗；可见恶心、腹泻、口干、厌食。偶有出现皮疹	▲肝肾功能不全者或老年患者，适当减少剂量 ▲有癫痫史者，妊娠或哺乳期妇女慎用 ▲出现皮疹或发热，应立即停药	三环类抗抑郁药	增加后者血药浓度
					苯妥英钠	增加后者血药浓度
					锂剂	增加或降低锂浓度
					地西泮	延长后者半衰期

五、抗老年痴呆药和脑代谢改善药

（一）抗老年痴呆药和脑代谢改善药的分类及作用机制

1. 抗老年痴呆药

老年痴呆是老年人发生的痴呆的统称，最常见的是阿尔茨海默病（AD），其次是血管性痴呆（VD）。痴呆是由于皮质或皮质下功能障碍而导致的认知能力减退综合征。目前临床治疗 AD 主要应用以下两类药。

（1）胆碱酯酶抑制药 可延缓突触间隙乙酰胆碱的降解，提高乙酰胆碱的含量。包括多奈哌齐、利斯的明、加兰他敏、石杉碱甲等。

（2）NMDA 受体拮抗药 可抑制钙超载，减少神经元死亡，用于治疗中重度 AD。常用药物有美金刚。

2. 脑代谢改善药

脑代谢改善药主要用于治疗脑创伤、脑血管意外引起的功能损伤，其中一些药物也可用于治疗老年痴呆。目前用于临床的脑代谢改善药主要有以下几类。

（1）吡咯烷酮类脑代谢激活药　如吡拉西坦、茴拉西坦、奥拉西坦等。

（2）增强脑内供氧、葡萄糖或能量代谢的药物　如阿米三嗪/萝巴新、吡硫醇、艾地苯醌等。

（3）可供神经细胞生长的补充剂　如胞磷胆碱、神经节苷脂、脑蛋白水解物、赖氨酸、肌氨肽苷等。

（二）常用抗老年痴呆药和脑代谢改善药物介绍

常用抗老年痴呆药和脑代谢改善药物的适应证、使用方法、不良反应、注意事项及相互作用见表3-36。

表3-36　常用抗老年痴呆药和脑代谢改善药介绍一览表

药品名称	适应证	使用方法	不良反应	注意事项	相互作用举例	
吡拉西坦	急慢性脑血管病、脑外伤、各种中毒性脑病等多种原因所致的记忆减退及轻中度脑功能障碍，也可用于儿童智能发育迟缓	●口服：成人每次0.8～1.6g，每日3次，4～8周为一疗程 ●肌内注射：每次1g，每日2～3次 ●静脉注射：每次4～6g，每日2次	胃肠道反应常见恶心、腹部不适、纳差、腹胀、腹痛等；中枢神经系统常见兴奋、易激动、头晕、头痛和失眠。停药后症状可消失	▲锥体外系疾病、亨廷顿舞蹈症者禁用 ▲孕妇及新生儿禁用 ▲肝肾功能障碍者慎用	华法林	诱导血小板聚集的抑制
胞磷胆碱	颅脑损伤或脑血管意外引起的神经系统后遗症	●口服：每次0.2g，每日3次 ●静脉滴注：每日0.25～0.5g，每5～10日为一疗程	偶见胃肠道反应，轻微，持续时间短	▲儿童、妊娠期妇女及哺乳期妇女慎用 ▲癫痫及低血压患者慎用	含甲氯芬酯的药物	禁止合用
					脑蛋白水解酶	相互提高疗效
					左旋多巴	引起肌僵直恶化

第九节　血液系统药物

一、抗凝血药

（一）抗凝血药的分类及作用机制

抗凝血药是通过影响凝血过程中的某些凝血因子来阻止凝血过程的药物。可用于防治血管内栓塞或血栓形成的疾病或其他血栓性疾病。根据作用机制不同可分为以下几类。

1. 影响凝血过程药

（1）肝素类　通过激活凝血酶Ⅲ而对凝血过程的多个环节均有抑制作用，其作用迅速。常用药有肝素钠、肝素钙、舒洛地特等。

（2）维生素 K 拮抗药　通过抑制维生素 K 而间接地抑制肝脏合成依赖于维生素 K 的凝血因子Ⅱ、Ⅶ、Ⅸ、Ⅹ，从而抑制血液凝固。常用药有华法林等。

（3）枸橼酸钠　通过络合血中游离钙离子使其减少而抗凝，仅用于体外抗凝。

2. 促纤溶药

通过直接或间接激活纤溶酶原使之转化为纤溶酶而发挥溶栓和抗凝作用。常用的有链激酶、尿激酶、蚓激酶、阿替普酶、瑞替普酶、去纤酶、纤溶酶等。

3. 新型口服抗凝血药

以口服为特点，具有单靶点凝血因子抑制作用。常用的有阿加曲班、阿哌沙班、利伐沙班等。

（二）常用抗凝血药物介绍

常用抗凝血药物的适应证、使用方法、不良反应、注意事项及相互作用见表 3-37。

表 3-37　常用抗凝血药介绍一览表

药品名称	适应证	用法用量	不良反应	注意事项	相互作用举例	
舒洛地特	有血栓形成危险的血管疾病	●口服：每次250LSU，每日2次，距用餐时间要长 ●肌内或静脉注射：每次600LSU，每日1次。通常用注射剂开始治疗，维持15～20天，然后服用胶囊30～40天，即45～60天为一疗程	偶见恶心、呕吐和上腹痛等胃肠道紊乱症状	▲对本品、肝素或肝素样药物过敏者，有出血素质或出血性疾病者禁用 ▲定期检测凝血指标	肝素或其他抗凝血药	增加后者抗凝作用
蚓激酶	缺血性脑血管病中纤维蛋白原增高及血小板凝集率增高的患者	●口服（饭前半小时）：一次60万单位，一日3次。3～4周为一疗程	偶有头痛、皮疹、皮肤瘙痒、嗜酸粒细胞增高，消化反应（如恶心、呕吐、胃部不适、稀便次数增多、便秘等）	▲本品必须饭前服用 ▲有出血倾向者慎用 ▲妊娠期和哺乳期妇女慎用	抑制血小板功能的药物	有协同作用，使后者抗凝作用增强
阿魏酸哌嗪	各类伴有镜下血尿和高凝状态的肾小球疾病，如肾炎、慢性肾炎、肾病综合征、早期尿毒症以及冠心病、脑梗死、脉管炎等的辅助治疗	●口服：一次100～200mg，每日3次	尚不明确	▲禁与阿苯达唑类和双羟萘酸噻嘧啶类药合用		

二、抗贫血药

（一）抗贫血药的分类及作用机制

（1）缺铁性贫血补充药 用于补充急慢性失血、儿童生长期、妇女妊娠期和哺乳期体内供造血的铁质的不足。常用药物有硫酸亚铁、富马酸亚铁、乳酸亚铁、枸橼酸铁铵、右旋糖酐铁等。

（2）巨幼细胞贫血治疗药 缺乏叶酸和（或）维生素 B_{12} 使幼稚红细胞成熟过程 DNA 合成障碍所致的巨幼细胞贫血，常用药物有叶酸和维生素 B_{12}。由叶酸拮抗药甲氨蝶呤、乙胺嘧啶所引起的巨幼细胞贫血，需用亚叶酸钙治疗。

（3）重组人促红素 人促红素主要作用是与红系祖细胞表面受体结合，促进红细胞繁殖和分化到成熟，增加红细胞和血红蛋白含量；同时稳定红细胞膜，提高红细胞膜的抗氧化酶功能。

（二）常用抗贫血药物介绍

 知识链接

贫血的治疗原则

通常情况下，贫血只是一个症状，不是一个单一疾病，因此，需要先确定病因，才能进行有效治疗。除针对原发病进行病因治疗外，急性大量失血患者应积极止血，同时迅速恢复血容量并输红细胞纠正贫血；营养性贫血，可通过补充缺乏的营养物质进行治疗，如缺铁性贫血补铁及治疗导致缺铁的原发病；巨幼细胞贫血应补充叶酸或维生素 B_{12}。

常用抗贫血药物的适应证、使用方法、不良反应、注意事项及相互作用见表 3-38。

表 3-38 常用抗贫血药介绍一览表

药品名称	适应证	使用方法	不良反应	注意事项	相互作用举例	
富马酸亚铁	各种原因引起的缺铁性贫血	●口服：成人每次 0.2g，一日 3～4 次。轻症 2～3 周、重症 3～4 周为一疗程	常见恶心、呕吐、上腹疼痛、便秘等，还可引起黑粪	▲溃疡性结肠炎、肠炎、对铁过敏者禁用 ▲不应与浓茶同服 ▲宜在饭后或饭时服用，以减轻胃部刺激		
叶酸	各种巨幼细胞贫血、预防胎儿先天性神经管畸形以及妊娠期、哺乳期妇女预防给药	●口服：成人一次 5～10mg，一日 5～30mg。妊娠期和哺乳期妇女预防用药每次 0.4mg，每天 1 次 ●肌内注射：每天 1 次，每次 10～20mg	长期用药可以出现厌食、恶心、腹胀等胃肠症状。大量服用叶酸时，可使尿呈黄色	▲维生素 B_{12} 缺乏引起的巨幼细胞贫血不能单用叶酸治疗 ▲本药过敏者禁用	维生素 C	抑制本品吸收
					柳氮磺吡啶、胰酶	减少后者吸收
					苯妥英钠、苯巴比妥、扑米酮	减弱后者作用
					甲氨蝶呤、乙胺嘧啶	疗效均降低

三、抗血小板药

（一）抗血小板药的作用机制

抗血小板药主要通过抑制花生四烯酸代谢、增加血小板内环腺苷酸浓度等机制抑制血小板的黏附、聚集和分泌功能，防止血栓形成以及防止动脉粥样硬化。常用药有阿司匹林、双嘧达莫、普拉格雷、氯吡格雷、噻氯匹定、曲克芦丁等。

（二）常用抗血小板药物介绍

常用抗血小板药物的适应证、使用方法、不良反应、注意事项及相互作用见表 3-39。

表 3-39　常用抗血小板药介绍一览表

药品名称	适应证	使用方法	不良反应	注意事项	相互作用举例
曲克芦丁	闭塞综合征、血栓性静脉炎、毛细血管出血等	● 口服：一次120～180mg，一日3次 ● 肌内注射：一次100～200mg，一日2次。20天为1疗程 ● 静脉滴注：一次400mg，一日1次	偶见胃肠道反应，表现为恶心及便秘	▲服药期间避免阳光直射、高温,避免过久站立	
双嘧达莫	抗血小板聚集，预防血栓形成	● 口服(饭前)：一次25～100mg，一日3次	偶有头晕、头痛、呕吐、腹泻、脸红、皮疹和瘙痒，罕见心绞痛、肝功能不全及出血倾向	▲心肌梗死的低血压患者禁用 ▲孕妇及哺乳期妇女慎用 ▲与抗凝血药、抗血小板凝集药及溶栓药合用时注意出血倾向	阿司匹林	有协同作用

四、促进白细胞增生药

促白细胞增生药是一类能提升体内白细胞数、有效治疗白细胞减少症的药物。促白细胞增生药分为以下几类。

（1）传统升白药物　常用药有利可君、维生素 B_4、鲨肝醇等。

（2）生物制品　常用药有粒细胞集落刺激因子、粒细胞-巨噬细胞集落刺激因子等。

（3）植物提取物　常用药有小檗胺、茜草双酯、苦参总碱、茴香烯、千金藤素等。

第十节　影响变态反应和免疫功能药物

一、抗变态反应药

（一）抗变态反应药的分类及作用机制

变态反应又称过敏反应，是机体受抗原性物质（如细菌、病毒、寄生虫、花粉、食物、

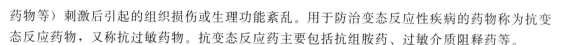

药物等）刺激后引起的组织损伤或生理功能紊乱。用于防治变态反应性疾病的药物称为抗变态反应药物，又称抗过敏药物。抗变态反应药主要包括抗组胺药、过敏介质阻释药等。

（1）抗组胺药 组胺 H_1 受体拮抗药是目前使用最广泛的抗变态反应药物，主要用于防治各种过敏性疾病。常用药有氯苯那敏、苯海拉明、异丙嗪、赛庚啶、特非那定、氯雷他定、西替利嗪、咪唑斯汀、地氯雷他定、左卡巴斯汀等。

 知识链接

组胺 H_1 受体拮抗药

体内组胺受体有 H_1、H_2、H_3 三种亚型，其中 H_1 受体激活时，可引起过敏性荨麻疹、血管神经水肿伴随的瘙痒、喉痉挛及支气管痉挛等反应。临床用于治疗过敏反应的主要是组胺 H_1 受体拮抗药，能与组胺竞争效应细胞上的组胺 H_1 受体，可抑制血管渗出、减轻组织水肿。本类药物最常见的不良反应为中枢抑制引起的镇静、嗜睡、疲倦、乏力等，应用药物时应注意：车船、飞机的驾驶人员及精密仪器操作者在工作前应禁服有中枢抑制作用的抗组胺药。其中氯雷他定、西替利嗪、特非那定、地氯雷他定等抗组胺药无镇静作用。

（2）过敏介质阻释药 能稳定肥大细胞膜，阻止组胺及其他过敏介质的释放，产生抗过敏效应。常用药有色甘酸钠、酮替芬等。

（3）其他常用药 其他常用药有孟鲁司特、扎鲁司特、氯化钙、葡萄糖酸钙、肾上腺糖皮质激素药、免疫抑制药等。

（二）常用抗变态反应药物介绍

常用抗变态反应药物的适应证、使用方法、不良反应、注意事项及相互作用见表 3-40。

表 3-40　常用抗变态反应药物介绍一览表

药品名称	适应证	用法用量	不良反应	注意事项	相互作用举例	
氯苯那敏	过敏性鼻炎、感冒和鼻窦炎及荨麻疹、过敏性药疹或湿疹、血管神经性水肿、虫咬所致皮肤瘙痒	●口服：成人每次 4mg，一日 3 次 ●肌内注射：每次 5～20mg	常见嗜睡、口渴、多尿、咽喉痛、困倦、虚弱感、心悸、皮肤瘀斑、出血倾向	▲服药期间不得驾驶飞机、车、船及从事高空作业、机械作业和操作精密仪器 ▲新生儿、早产儿不宜使用 ▲孕妇及哺乳期妇女慎用 ▲服药期间不宜饮酒	中枢神经抑制药、酒精	增加中枢神经抑制作用
					抗胆碱药	加强后者作用
					苯妥英钠	毒性增加
氯雷他定	过敏性鼻炎、急性或慢性荨麻疹、过敏性结膜炎、花粉症及其他过敏性皮肤病	●口服：成人及 12 岁以上儿童每次 10mg，一日 1 次	常见乏力、头痛、嗜睡、口干、恶心、胃炎以及皮疹等	▲2 岁以下不推荐使用 ▲孕妇、哺乳期妇女慎用 ▲本品过敏者禁用	酮康唑、大环内酯类、西咪替丁、茶碱	提高本品的血药浓度
					中枢神经抑制药、酒精	引起严重嗜睡

二、免疫抑制药

（一）免疫抑制药的分类及作用机制

免疫抑制药是一类非特异性抑制机体免疫功能的药物，主要用于防治器官移植时的排斥反应和自身免疫性疾病如类风湿关节炎、红斑狼疮、硬皮病、自身免疫性溶血性贫血等。免疫抑制药分为以下几类。

（1）钙调神经磷酸酶抑制药　钙调神经磷酸酶抑制药通过阻断免疫活性细胞的白介素-2（IL-2）的效应环节，干扰细胞活化，其以淋巴细胞为主而具有相对特异性。常用药有环孢素、他克莫司。

（2）抗增殖药　抗增殖药通过防止淋巴细胞分化与增殖、抑制 T 细胞对细胞因子的反应而发挥作用。常用药有硫唑嘌呤、吗替麦考酚酯、西罗莫司等。

（3）糖皮质激素类药　糖皮质激素类药可影响免疫级联反应中多个环节，包括抗原识别和淋巴因子的产生。常用药有可的松、泼尼松等。

（4）多克隆或单克隆抗体　多克隆或单克隆抗体可与 T 细胞群结合并使之耗竭。如抗淋巴细胞免疫球蛋白、莫罗单抗 CD3 等。

（5）其他　常用药物有雷公藤多苷等。

（二）常用免疫抑制药物介绍

多数免疫抑制药既可抑制免疫病理反应，又干扰正常免疫应答反应，既抑制体液免疫，又抑制细胞免疫，长期应用可降低机体的抗感染免疫力，易诱发细菌、病毒和真菌感染，可增加肿瘤的发病率以及影响生殖系统功能等不良反应。

常用免疫抑制药物的适应证、使用方法、不良反应、注意事项及相互作用见表 3-41。

表 3-41　常用免疫抑制药物介绍一览表

药品名称	适应证	用法用量	不良反应	注意事项	相互作用举例	
环孢素	预防同种异体器官或骨髓移植的排斥反应，常与肾上腺皮质激素合用，也适用于经其他免疫抑制药治疗无效的狼疮肾炎、难治性肾病综合征等自身免疫性疾病	●口服：成人开始剂量按每日 12～15mg/kg，1～2 周后逐渐减量，维持量为每日 5～10mg/kg。移植手术患者，在移植前 4～12h 给药	常见震颤、厌食、恶心、呕吐、高血压等；大量应用有肝、肾损害	▲有病毒感染时禁用 ▲本品过敏者禁用 ▲孕妇、哺乳期妇女慎用	其他免疫抑制药	增加感染概率
					吲哚美辛、洛伐他汀	增加急性肾功能衰竭的危险性
雷公藤多苷	类风湿关节炎、红斑狼疮、皮肌炎、白塞综合征、肾小球肾炎等，外用治疗银屑病	●口服（饭后）：按每日 1～1.5mg/kg，分三次服用 ●外用：涂患处，一日 2～3 次	常见胃肠道反应，如恶心、食欲减退；偶见血小板减少，停药后可恢复	▲服此药时应避孕，孕妇及哺乳期妇女禁用 ▲老年患者应适当减量 ▲严重心血管病患者、肝肾功能不全者及过敏体质者慎用	糖皮质激素	可增强本品疗效

三、免疫增强药

（一）免疫增强药的作用机制

免疫增强药能激活一种或多种免疫活性细胞，增强机体的非特异性和特异性免疫功能，使低下的免疫功能恢复正常；或增强合用抗原的免疫原性，加速诱导免疫应答反应；或代替体内缺乏的免疫活性成分发挥作用。主要用于增强机体的抗肿瘤、抗感染能力，纠正免疫缺陷。

（二）常用免疫增强药物介绍

常用免疫增强药物的适应证、使用方法、不良反应、注意事项及相互作用见表 3-42。

表 3-42 常用免疫增强药物介绍一览表

药品名称	适应证	使用方法	不良反应	注意事项	相互作用举例
香菇多糖	治疗乙型病毒性肝炎及消化道肿瘤的放疗、化疗辅助药	●口服：一次 0.3～0.5g，一日 2 次 ●静脉注射：一次 2mg，每周 1 次。一般 3 个月为一疗程	偶见胸闷、休克、皮疹、恶心、呕吐等。停药后可消失	▲癫痫持续状态时禁用 ▲严重肾功能不全者禁用 ▲有抗血小板凝聚作用，出血症患者慎用	
匹多莫德	反复发作的呼吸道感染、尿路感染、妇科感染及慢性支气管炎的治疗	●口服（餐前或餐后 2h）：成人一次 800mg，一日 2 次。与抗感染药联合应用	常见皮疹、恶心、呕吐、头痛、头晕等	▲3 岁以下儿童禁用 ▲妊娠 3 个月内妇女禁用 ▲本药过敏者禁用	

第十一节 抗肿瘤药物

一、抗肿瘤药物的分类及作用机制

目前国际上临床常用的抗肿瘤药逾百种，一般分为以下六类：烷化剂、抗代谢物、抗肿瘤抗生素、激素类药物、植物药和其他抗肿瘤药（包括铂类、门冬酰胺酶、靶向治疗等）。

（一）烷化剂

这是细胞类抗肿瘤药物，通过影响核酸、蛋白质的结构和功能，使细胞的分裂增殖受到抑制或致细胞死亡，属于细胞周期非特异性药。可分为以下几类。

（1）氮芥类 常用药有氮芥、苯丁酸氮芥、环磷酰胺等。

（2）亚硝基脲类 常用药有卡莫司汀、司莫司汀等。

（3）二甲亚胺类 常用药有塞替派。

（4）甲烷磺酸类　常用药有白消安等。

（二）抗代谢药

这是通过干扰核酸蛋白质的生物合成和利用，使肿瘤细胞死亡，属于细胞周期特异性药。可分为以下几类。

（1）胸腺核苷合成酶抑制药　如氟尿嘧啶、替加氟等。

（2）嘌呤核苷合成酶抑制药　如巯嘌呤等。

（3）二氢叶酸还原酶抑制药　如甲氨蝶呤等。

（4）DNA 多聚酶抑制药　如阿糖胞苷。

（5）核苷酸还原酶抑制药　如羟基脲等。

（三）抗肿瘤抗生素

这是由微生物代谢产生的具有抗肿瘤活性的化学物质。其中蒽醌类抗生素是临床使用最广泛的一类抗肿瘤抗生素，常用药有柔红霉素、多柔比星、阿柔比星、米托蒽醌等；多肽类和蛋白质抗生素主要有博来霉素、放线菌素 D 等；其他类抗生素有力达霉素、西罗莫司等。

（四）植物来源的抗肿瘤药及其衍生物

作用于有丝分裂 M 期干扰蛋白质合成的药物，通过影响微管蛋白质装配、干扰有丝分裂中纺锤体的形成，使细胞生长停滞于分裂中期，常用药物包括长春碱类、紫杉烷类和高三尖杉酯碱。

（五）抗肿瘤激素类

（1）类固醇类激素　包括雌激素、雄激素、肾上腺皮质激素等，常用药有己烯雌酚、炔雌醇、他莫昔芬、丙酸睾酮、氟他胺等。

（2）非类固醇激素　药物有左甲状腺素等。

（六）抗肿瘤靶向药

（1）酪氨酸激酶抑制剂　常用药有吉非替尼、伊马替尼、达沙替尼、索拉菲尼、维莫非尼等。

（2）抗体靶向药物　主要为单克隆抗体靶向药物，常用药有曲妥珠单抗、利妥昔单抗、西妥昔单抗等。

 知识链接

作用于 DNA 化学结构的抗肿瘤药的常见不良反应

本类抗肿瘤药的作用靶部位为细胞 DNA，因此可对多种生长活跃的正常组织和重要器官产生明显毒性。常见不良反应包括：骨髓抑制、消化道反应、心脏毒性、皮肤黏膜毒性、脱发、神经毒性、肺毒性及肝肾功能损伤等。在临床应用过程中，应权衡利弊、合理选择，必要时根据药物毒性反应酌情减低药物剂量甚至停药。

二、常用抗肿瘤药物介绍

常用抗肿瘤药物的适应证、使用方法、不良反应、注意事项及相互作用见表 3-43。

表 3-43 常用抗肿瘤药介绍一览表

药品名称	适应证	用法用量	不良反应	注意事项	相互作用举例	
氮芥	治疗恶性淋巴瘤及癌性积液如胸腔积液、心包积液及腹腔积液	●静脉注射：每次 4～6mg/m²，每周 1 次，连用 2 次，休息 1～2 周重复 ●腔内给药：每次 5～10mg，加生理盐水 20～40mL 稀释，在抽液后即时注入，每周 1 次	消化道反应、骨髓抑制、脱发，注射于血管外时可引起溃疡	▲骨髓严重抑制者禁用 ▲对本品过敏者禁用 ▲妊娠期及哺乳期妇女禁用 ▲肝肾功能不全者慎用	氯霉素、磺胺类药	加重骨髓抑制作用
司莫司汀	脑原发肿瘤及转移瘤，与其他药物合用可治疗恶性淋巴瘤，胃癌，大肠癌，黑色素瘤	●口服：成人 100～200mg/m²，顿服，每 6～8 周一次，睡前与止吐药、安眠药同服；儿童一次 80～100mg/m²，每 6～8 周一次	常见胃肠道反应，乏力，轻度脱发；偶见全身皮疹，骨髓抑制	▲本品过敏者禁用 ▲骨髓严重抑制者禁用 ▲妊娠期及哺乳期妇女禁用 ▲肝肾功能不全者慎用 ▲预防感染，注意口腔卫生	骨髓抑制药	增强骨髓抑制作用
利替加氟	消化系肿瘤，对乳腺癌和肝癌也有效	●口服：成人每次 0.2～0.4g，一日 0.6～1.2g，分 3～4 次服用。总量 20～40g 为一疗程 ●静脉滴注：每日 1g	常见轻度白细胞和血小板减少，食欲减退、恶心。还可出现外周水肿、呼吸困难	▲孕妇及哺乳期妇女禁用 ▲严重肝肾功能不全者禁用 ▲用药期间定期检查白细胞、血小板计数	索立夫定	毒性增加
他莫昔芬	女性复发转移乳腺癌和乳腺癌术后转移辅助治疗	●口服：每次 10mg，每天 2 次	食欲缺乏、恶心、呕吐、腹泻；月经失调，闭经，阴道出血，外阴瘙痒，子宫内膜增生；颜面潮红，皮疹、脱发；精神错乱，头痛、头晕等	▲有眼底疾病者禁用 ▲妊娠期妇女禁用 ▲肝功能异常者慎用 ▲运动员慎用	华法林	增加抗凝作用
					雌激素	影响疗效

第十二节　维生素与矿物质药物

一、维生素类药

（一）维生素类药的分类

维生素是机体维持正常代谢和功能所必需的一类低分子化合物，是人体七大营养素之一，大多数必须从食物中获得，仅少数可在体内合成或由肠道细菌产生。迄今被世界公认的维生素有14种，分别是维生素 A、维生素 B_1、维生素 B_2、泛酸、烟酸、维生素 B_6、生物素、叶酸、维生素 B_{12}、胆碱、维生素 C、维生素 D、维生素 E 和维生素 K。维生素类药临床上主要用于维生素缺乏症或补充特殊需要，也可作为某些疾病的辅助用药。维生素可分为脂溶性维生素及水溶性维生素两大类。

1.脂溶性维生素

脂溶性维生素易溶于大多数有机溶剂，不溶于水。在食物中常与脂类共存，脂类吸收不良时其吸收亦减少，甚至发生缺乏症。常用药物有维生素 A、维生素 D、维生素 E 和维生素 K 等。脂溶性维生素可在体内大量储存，主要储存于肝脏部位，因此摄入过量会引起中毒。

2.水溶性维生素

水溶性维生素易溶于水。常用药有维生素 B_1、维生素 B_2、烟酸、维生素 B_6、维生素 C、叶酸和维生素 B_{12} 等。

 知识链接

区分维生素的预防性与治疗性应用

预防性与治疗性应用维生素是截然不同的概念，两者应用的剂量和疗程均不相同，预防是对体内缺乏的补充，治疗则是用于机体因为缺乏维生素导致相关疾病的发生。机体内维生素主要由食物供给，对已有充分平衡膳食的健康者，另行补充维生素并无益处。相反的，维生素剂量过大，在体内不易吸收，甚至有害，出现不良反应。为防止中毒，不宜将维生素作为"补药"使用。

（二）常用维生素类药物介绍

常用维生素类药物的适应证、使用方法、不良反应、注意事项及相互作用见表3-44。

表 3-44　常用维生素类药介绍一览表

药品名称	适应证	用法用量	不良反应	注意事项	相互作用举例	
维生素 E	心、脑血管疾病及习惯性流产、不孕症的辅助治疗	●口服:成人一次 100mg，一日2～3次	长期过量服用可引起恶心、呕吐、眩晕、头痛、视力模糊、皮肤皲裂、唇炎、口角炎、腹泻、乳腺肿大、乏力等	▲维生素 K 缺乏而引起的低凝血酶原血症患者慎用 ▲缺铁性贫血患者慎用 ▲对本品过敏者禁用	维生素 K_3、环孢素	两者疗效下降甚至消失
					肝素、华法林	缩短凝血酶原时间

续表

药品名称	适应证	用法用量	不良反应	注意事项	相互作用举例	
维生素C	预防坏血病，也可用于各种急慢性传染病及紫癜等的辅助治疗	●口服(饭后)：补充维生素C时成人一日0.1g，一日1次。治疗维生素C缺乏时成人一次0.1～0.2g，一日3次，至少服2周 ●肌内或静脉注射，一次0.5～1.0g，每日1～3次	可致肾脏草酸钙结石形成，大剂量可引起腹泻	▲不宜长期过量服用本品，否则突然停药有可能出现坏血病症状 ▲本品过敏者禁用，过敏体质者慎用 ▲孕妇服用过量时，可诱发新生儿产生坏血病	碱性药物、维生素B$_2$、铁离子	不宜合用，以免影响疗效
					抗凝血药	口服大量本品可干扰抗凝效果
					巴比妥、扑米酮、水杨酸类	促进本品排泄
维生素B$_1$	预防和治疗维生素B$_1$缺乏症，如脚气病、神经炎、消化不良等	●口服：成人一次10～20mg，一日3次 ●肌内注射：一次50～100mg，一日1次	注射时偶见过敏反应	▲本品不宜静脉注射	碱性药物	易引起本品分解
维生素B$_2$	治疗结膜炎、口角炎、舌炎、阴囊炎、脂溢性皮炎等	●口服：一次5～10mg，每日2～3次 ●皮下或肌内注射：5～10mg，每日1次		▲宜进食时或进食后立即服用 ▲大量服用时尿呈黄色	甲氧氯普胺	降低本品疗效
维生素B$_6$	防治由异烟肼引起的周围神经炎，也可用于减轻放疗、化疗引起的恶心、呕吐及妊娠呕吐等。外用治疗痤疮、酒糟鼻、脂溢性湿疹	●口服：成人一日10～20mg，儿童一日5～10mg，连用3周 ●静脉或肌内注射：成人一次50～100mg，每日1次	长期、过量应用该药品可致严重的周围神经炎、神经感觉异常、步态不稳、手足麻木	▲孕妇超量使用，可致新生儿发生维生素B$_6$依赖综合征	左旋多巴	降低后者药效
					雌激素	应增加本品用量

二、矿物质药

（一）矿物质药的分类

矿物质是构成人体组织和维持正常生理功能必需的无机化合物。矿物质和维生素一样，是人体必需的营养素，有些矿物质需要量很大，在人体组织中占有较大比重，如钙、钾、磷、钠、镁等，有些需要量较少，称为微量元素，如铁、锌、硒、锰、碘、铜等。临床主要常用的有以下几类。

（1）钙制剂　碳酸钙、葡萄糖酸钙、乳酸钙、枸橼酸钙、复方氨基酸螯合钙等。

（2）锌制剂　葡萄糖酸锌。

（3）铁制剂　硫酸亚铁、富马酸亚铁、葡萄糖酸亚铁等。

 **知识链接** --

维生素 D 与钙、磷吸收的关系

　　一般认为，只有机体内钙与磷的浓度适宜时，才呈现骨形成的正常速率。维生素 D 不仅促进小肠对钙的吸收，对肾小管重吸收磷和钙有促进作用，也提高血钙、血磷浓度或维持及调节血浆钙、磷正常浓度。当机体内维生素 D 缺乏时，就会出现吸收钙、磷能力下降，成骨作用受阻。

（二）常用矿物质药物介绍

常用矿物质药物的适应证、使用方法、不良反应、注意事项及相互作用见表3-45。

表 3-45　常用矿物质药介绍一览表

药品名称	适应证	用法用量	不良反应	注意事项	相互作用举例	
葡萄糖酸钙	预防和治疗钙缺乏症，如骨质疏松、手足搐搦症、骨发育不全、佝偻病以及儿童、妊娠和哺乳期妇女、绝经期妇女、老年人钙的补充	●口服：一次0.5～2g，一日3次	偶见便秘	▲高钙血症、高钙尿症、含钙肾结石或有肾结石病史患者禁用 ▲心、肾功能不全者慎用	苯妥英钠、四环素类	两者吸收均降低
					洋地黄类药	增强后者药效，引起中毒
葡萄糖酸锌	缺锌引起的营养不良、厌食症、异食癖、口腔溃疡、痤疮、儿童生长发育迟缓等	●口服（饭后）：成人一次70mg，一日3次。儿童1～6岁，体重10～21kg，一日35mg；7～9岁，体重22～27kg，一日35mg；10～12岁，体重28～32kg，一日105mg	有轻度恶心、呕吐、便秘等消化道反应	▲本品宜餐后服用以减少胃肠道刺激 ▲本品过敏者禁用 ▲本品勿与牛奶同服 ▲本品与铝盐、钙盐、碳酸盐、鞣酸等应间隔时间使用	青霉胺、四环素类药	降低后者药效

第十三节　五官、皮肤及外用药

一、眼科用药

（一）眼科用药的分类及作用机制

眼科疾病涉及眼球、眼内容、眼睑及附属器等，按眼科疾病特有的治疗用药的药物作用机制以及临床应用情况分类如下：

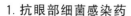

1. 抗眼部细菌感染药

眼部感染是眼科最常见的疾病，其中最常见的有睑缘炎、结膜炎、沙眼、角膜炎、流行性结膜炎等。保护眼组织及其功能是治疗眼部感染的目标。常用药有氯霉素、红霉素、氧氟沙星、利福平、阿昔洛韦等抗感染药物。

2. 青光眼用药

青光眼是一种进行性视神经病变，可能导致严重的视力损害。正常眼压范围为 $11\sim21mmHg$。眼压升高是引起视神经、视野损害的主要因素，目前临床治疗青光眼的重要方法是通过充分降低眼压，改善或者抑制视神经损害。其用药分为以下几类。

（1）拟胆碱药 通过缩瞳促进房水流出，常用药物有毛果芸香碱。

（2）β受体阻滞药 减少睫状体的房水生成，常用药物有噻吗洛尔、倍他洛尔、卡替洛尔、左布诺洛尔、美替洛尔。

（3）α_2 受体激动药 促进房水流出和减少房水生成，代表药物有溴莫尼定、安普乐定。

（4）碳酸酐酶抑制药 减少房水生成，常用药物有布林佐胺（局部使用）、醋甲唑胺（全身使用）。

（5）前列腺素衍生物 通过影响葡萄膜巩膜通道促进房水流出，常用药物有拉坦前列腺素、他氟前列腺素等。

3. 干眼病用药

按病因可分为泪液缺乏性和蒸发过强两大类，常用治疗药物主要为人工泪液。

（1）润滑作用类 如玻璃酸钠、羟丙甲纤维素、羧甲纤维素钠、卡波姆等。

（2）牛血清提取物 如小牛血去蛋白提取物。

（3）细胞因子类 促进角膜上皮细胞的再生，包括表皮生长因子等。

4. 其他类眼科用药

（1）缓解视疲劳用药 可收缩结膜血管，减轻眼球充血症状，常用药物有萘甲唑啉。

（2）散瞳类药物 用于屈光检查、解除调节痉挛治疗假性近视、治疗恶性青光眼等，常用药物有阿托品、消旋山莨菪碱、托吡卡胺等。

（3）白内障用药 用于预防或延缓老年性白内障的发生和发展，常用药物有吡诺克辛、苄达赖氨酸。

（二）常用眼科用药物介绍

常用眼科用药物的适应证、使用方法、不良反应、注意事项及相互作用见表 3-46。

表 3-46　常用眼科用药介绍一览表

药品名称	适应证	用法用量	不良反应	注意事项	相互作用举例
布林佐胺	降低高眼压症和开角型青光眼患者升高的眼压	●滴眼:滴入结膜囊内，每日 2～3 次，一次 1 滴	眼部有充血、烧灼感、干燥感、刺痛感、瘙痒感、结膜滤泡、视物不清等，偶见头痛、味觉异常等	▲磺胺类药物过敏者禁用 ▲严重肝肾功能障碍者禁用 ▲哺乳期妇女禁用 ▲孕妇和小儿慎用	

续表

药品名称	适应证	用法用量	不良反应	注意事项	相互作用举例
吡诺克辛	初期老年性白内障、轻度糖尿病性白内障或并发性白内障等	● 滴眼：每日3～4次，一次1～2滴。用前充分摇匀	可有轻微眼部刺激	▲使用前将1片药片投入1瓶溶剂中，待药物完全溶解后，方可使用，并在20天内用完 ▲对本品过敏者禁用	

二、耳鼻喉、口腔科用药

主要作用于耳部、鼻部、咽喉部的药物统称为耳鼻喉科用药，该类用药相对较少，主要为局部使用的抗感染药物和糖皮质激素类药物。鼻炎的治疗除了以上两类常用药外，还常用抗组胺药和减充血药治疗。常用抗组胺药有左卡巴斯汀鼻喷雾剂；常用减充血药有呋麻、羟甲唑啉、赛洛唑啉等滴鼻液。

口腔科用药也较少，除局部使用的抗感染药物和糖皮质激素类药物外，还常用消毒防腐类如碘甘油、西地碘等。在局部治疗中，口腔用药的特点是药物剂型多样化。

 知识链接

减充血药

减充血药一般用于治疗鼻塞症状，有缓解作用，但不宜长期使用。α受体激动药是减充血药，具有良好的外周血管收缩作用，使鼻腔黏膜血管收缩，减轻炎症所致的充血和水肿，缓解鼻塞效果快，一般几分钟内起效，可维持数小时。但用药次数过频易出现反跳性鼻充血，久用可导致药物性鼻炎。

常用耳鼻喉、口腔科用药的适应证、使用方法、不良反应、注意事项及相互作用见表3-47。

表 3-47　常用耳鼻喉、口腔科用药介绍一览表

药品名称	适应证	使用方法	不良反应	注意事项	相互作用举例
左卡巴斯汀	过敏性鼻炎的症状治疗	●喷鼻吸入：成年人常规剂量为每鼻孔每次喷两下(0.1mg)，每日两次。用前必须摇匀药液，同时清洁鼻腔后再吸入	偶见轻微鼻刺痛和烧灼感	▲鼻腔干燥、萎缩性鼻炎患者禁用 ▲孕妇、哺乳期妇女和小儿慎用	

续表

药品名称	适应证	使用方法	不良反应	注意事项	相互作用举例
西地碘	慢性咽喉炎、口腔溃疡、慢性牙龈炎、牙周炎	●口含：成人，一次1.5mg，一日3～5次	偶见皮疹、皮肤瘙痒等过敏反应	▲孕妇及哺乳期妇女慎用 ▲甲状腺病患者慎用 ▲对碘过敏者禁用	

三、皮肤科用药

作用和治疗皮肤疾病的药物称为皮肤科用药。包括系统用药和局部用药两大类药。系统用药有抗感染药、抗组胺药、免疫抑制药、糖皮质激素类等；局部用药种类广泛，主要可分为抗真菌类、糖皮质激素类、抗细菌类、烧烫伤类、其他类（包括痤疮、防冻裂、去瘢痕等）。

 知识链接

外用药物的注意事项

外用药物的局部给药是皮肤病治疗或巩固治疗的一个重要手段，外用药物使用时应注意以下几点。

1. 根据不同的皮疹使用不同的药物剂型。

2. 掌握各剂型正确使用方法。

3. 从低浓度到高浓度使用，用量应适当。

4. 年龄和部位不同，使用药物不同，如婴幼儿避免使用刺激性过强的药物，多毛部位不使用糊剂或水粉剂等。

5. 应嘱咐患者，一旦用药部位出现刺激或红肿、皮肤瘙痒等过敏反应，应立即停药，及时对患处进行清洗并及时到医院就诊。

常用皮肤科用药物适应证、使用方法、不良反应、注意事项及相互作用见表3-48。

表3-48　常用皮肤科用药介绍一览表

药品名称	适应证	使用方法	不良反应	注意事项	相互作用举例
联苯苄唑	手足癣、体癣、股癣、花斑癣、红癣等浅表皮肤真菌感染及念珠菌性阴道炎	●外用：涂患处，一日1次，2～4周为一疗程 ●阴道给药：一日1次，一次1片，于睡前放入阴道深处	偶见接触性皮炎	▲妊娠期3个月内妇女、哺乳期妇女禁用 ▲对咪唑类药过敏者慎用	

续表

药品名称	适应证	使用方法	不良反应	注意事项	相互作用举例	
阿帕达林	以粉刺、丘疹和脓疱为主要表现的寻常型痤疮的治疗。亦可用于治疗面部、胸部和背部的痤疮	●外用：涂患处，一日1次，睡前清洗患处后使用	皮肤刺激性，停药后可恢复	▲避免接触眼、口腔、鼻黏膜及其他黏膜组织 ▲孕妇及哺乳期妇女慎用 ▲本药过敏者禁用 ▲不得用于皮肤破溃处 ▲用药期间避免过度日晒	维A酸类药	作用机制相同
糠酸莫米松	湿疹、神经性皮炎、异位性皮炎及皮肤瘙痒症	●外用：涂患处，一日1次	偶见烧灼感、瘙痒、刺痛和皮肤萎缩	▲本药过敏者禁用 ▲不得用于皮肤破溃处 ▲婴幼儿、儿童和老年人慎用 ▲长期外用于面部时可发生痤疮样皮炎		

四、消毒防腐收敛药

消毒防腐药是指用化学方法达到杀菌、抑菌和防腐目的的药物，其中消毒药可杀灭病原微生物，防腐药则能抑制微生物的繁殖。这两类药物之间并没有严格的界限，消毒药在低浓度时也有抑菌作用，防腐药在高浓度时也能杀菌。

消毒防腐药的种类很多，它们的杀菌或抑菌机理也各不相同，主要分为以下几类。

（1）使病原体蛋白质凝固变性而发挥消毒防腐作用的药物　如醇、酸、醛、酚及重金属盐类。常用药有乙醇、戊二醛、苯甲酸等。

（2）干扰病原体重要的酶系统，影响菌体代谢功能的药物　如染料类药和某些重金属盐类，常用药有甲紫等。

（3）氧化细菌体内的活性部分而产生杀菌作用的药物　如过氧乙酸、高锰酸钾、卤素等。

（4）表面活性剂　降低细菌表面张力，增加菌体细胞膜的通透性，使细胞分裂或溶解的药物，如碘伏、氯己定、苯扎溴铵等。

第十四节　妇产科用药

一、妇产科用药的分类

妇产科的用药主要包括子宫收缩药、引产药、子宫松弛药、子宫颈和阴道的局部用药、促性腺激素、抗早产等药物，此外有些药物也用于退乳。

（一）子宫兴奋药

子宫兴奋药能选择性地兴奋子宫平滑肌，由于药物种类不同、用药剂量不同以及子宫生理状态不同，可引起子宫节律性或强直性收缩，分别用于产前催产、引产、产后止血或产后子宫复原，此外部分药物也用于人工流产。

1. 垂体后叶制剂

包括垂体后叶素、缩宫素、卡古缩宫素、卡贝缩宫素、去氨缩宫素等。

2. 麦角制剂

主要用于治疗产后子宫出血、产后子宫复原不全。能选择性地兴奋子宫平滑肌，起效迅速，作用强而持久，但妊娠后期子宫对其敏感性增强，因此，不宜用于催产和引产。常用药物有麦角新碱、双氢麦角碱、麦角胺等。

3. 前列腺素

可因药物选择的品种不同、用药剂量不同、子宫所处的生理状态不同，使子宫产生节律性收缩或强直性收缩，分别用于引产、催产、产后止血、产后子宫复原等不同用途。如米索前列醇。

（二）其他妇科药物

1. 治疗妇科炎症类药

如滴虫性阴道炎常用甲硝唑、替硝唑等高效抗滴虫药，念珠菌性阴道炎常用酮康唑、制霉菌素等药物治疗。

2. 调经类药

常用调经药有雌激素药和孕激素药。

以上药物在其他章节已作介绍。

 知识链接

妇科炎症用药的注意事项

妇科炎症是女性的常见疾病，主要是指女性生殖器官的炎症，包括各种原因引起的女性外阴炎、阴道炎、宫颈炎、盆腔炎等。治疗妇科炎症正确用药是关键。用药时应注意：给药方法要正确，治疗期间禁烟酒，经期暂停坐浴、阴道冲洗及上药，妊娠期或哺乳期禁忌用药，坚持按疗程用药以防复发。

二、常用妇产科用药物介绍

常用妇产科用药的适应证、使用方法、不良反应、注意事项及相互作用见表3-49。

表3-49 常用妇产科用药一览表

药品名称	适应证	用法用量	不良反应	注意事项	相互作用举例	
麦角新碱	产后子宫出血、产后子宫复原不全（加速子宫复原）	● 口服：1次0.2～0.5mg，1日1～2次	静脉给药时，可出现头痛、头晕、耳鸣、腹痛、恶心、呕吐、胸痛、心悸、	▲胎儿娩出前禁用	缩宫素、其他麦角制剂	有协同作用

续表

药品名称	适应证	用法用量	不良反应	注意事项	相互作用举例	
麦角新碱		●静注或肌注：1次0.1~0.2mg，极量1次0.5mg，1日1mg ●子宫壁注射：剖宫产时直接注射于子宫肌层0.2mg；产后或流产后为了止血可在子宫颈注射0.2mg	呼吸困难、心动过缓；也有可能突然发生严重高血压	▲肝肾功能损害、冠心病、血管痉挛、严重高血压、低钙血症、脓毒症患者及哺乳期妇女慎用 ▲服药期间应戒烟	升压药	引起剧烈头痛
					乙醚、硫喷妥钠、氟烷、吗啡	减弱子宫收缩作用
米索前列醇	与米非司酮序贯合并使用，可用于终止49天内的早期妊娠	●口服（饭前）：在服用米非司酮40~48h后，单次口服米索前列醇0.6mg	有轻度恶心、呕吐、眩晕、乏力和下腹痛，个别妇女可出现潮红、发热及手掌瘙痒，甚至过敏性休克	▲心、肝、肾疾病患者及肾上腺皮质功能不全者禁用 ▲青光眼、哮喘及过敏体质者禁用 ▲带宫内节育器妊娠和怀疑宫外孕者禁用 ▲用于终止早孕时，必须与米非司酮配伍，严禁单独使用		

第十五节　其他类药物

一、生物制品

（一）生物制品的分类及作用机制

生物制品系指以微生物（细菌、噬菌体、立克次体、病毒等）、细胞、动物或人源组织和体液等为原料，应用现代生物技术或传统技术制成的制品，用于多种人类疾病的预防、治疗和诊断。人用生物制品包括：细菌类疫苗（含类毒素）、病毒类疫苗、抗毒素及抗血清、血液制品、细胞因子、生长因子、酶、体内外诊断制品以及其他生物活性制剂。生物制品按用途分以下几类。

1. 预防用生物制品

用于预防的生物制品，无论是来自细菌或病毒，国际上统称为疫苗。常用药有：伤寒疫苗、重组乙型肝炎疫苗、冻干人用狂犬病疫苗、麻疹减毒活疫苗、流感全病毒灭活疫苗、脊髓灰质炎减毒活疫苗、HPV疫苗、皮内注射用卡介苗、水痘减毒活疫苗等。

2. 治疗用生物制品

治疗用生物制品包括抗毒素及人血液制品等。常用药有：白喉抗毒素、破伤风抗毒素、抗蛇毒血清、人血白蛋白、人免疫球蛋白、乙型肝炎人免疫球蛋白、狂犬病人免疫球蛋白、注射用重组链激酶等。

3. 体内诊断试剂

如结核菌素纯蛋白衍生物等。

（二）常用生物制品介绍

常用生物制品的适应证、使用方法、不良反应、注意事项及相互作用见表3-50。

表 3-50　常用生物制品介绍一览表

药品名称	适应证	用法用量	不良反应	注意事项	相互作用举例
脊髓灰质炎减毒活疫苗	预防脊髓灰质炎	●口服:首次免疫从2月龄开始,第一年连续口服3次,每次间隔4~6周。4岁再加强免疫1次。其他年龄组在需要时也可以服用	偶见发热、恶心、呕吐、腹泻和皮疹	▲发热、患急性传染病、免疫缺陷病、接受免疫抑制药治疗者及孕妇禁用 ▲温开水送服,切忌水温过高	
重组乙型肝炎疫苗	乙型肝炎易感者,包括新生儿	●肌内注射(上臂三角肌):基础免疫程序为3针,分别在第0个月、第1个月、第6个月接种。新生儿第1针在出生后24h内注射。16岁以下人群每一次剂量为5μg,16岁或16岁以上人群每次剂量为10μg	偶有注射局部疼痛、红肿或中低度发热	▲发热、患急性或慢性严重疾病者、对酵母成分过敏者禁用	

二、解毒药

（一）解毒药的分类及作用机制

临床上用于解救急性中毒的药物称为解毒药。目前临床常用的解毒药包括以下几类。

1. 金属中毒解毒药

如谷胱甘肽、依地酸钙钠、二巯丙醇、青霉胺、去铁胺等。

2. 有机磷中毒解毒药

如碘解磷定、氯解磷定、阿托品、东莨菪碱等。

3. 氰化物中毒解毒药

如亚甲蓝、硫代硫酸钠、亚硝酸钠、亚硝酸异戊酯等。

4. 有机氟中毒解毒药

如乙酰胺。

5. 苯二氮䓬类中毒解毒药

如氟马西尼。

6. 吗啡类中毒解毒药

如纳洛酮、纳美芬等。

7. 其他解毒药

如乙酰半胱氨酸、亚叶酸钙等。

（二）常用解毒药物介绍

常用解毒药物的适应证、使用方法、不良反应、注意事项及相互作用见表 3-51。

表 3-51　常用解毒药介绍一览表

药品名称	适应证	使用方法	不良反应	注意事项	相互作用举例
东莨菪碱	有机磷农药类中毒	●口服：成人 0.3～0.6mg，一日 0.6～1.2mg。极量为 1 次 0.6mg，1 日 2mg ●皮下或肌内注射：一次 0.3～0.5mg。极量一次 0.5mg，一日 1.5mg	常有口干、眩晕，严重时瞳孔散大、皮肤潮红、灼热、兴奋、烦躁、谵语、惊厥、心跳加快	▲青光眼患者禁用 ▲严重心脏病，器质性幽门狭窄或麻痹性肠梗阻者禁用 ▲本品过敏者禁用 ▲前列腺增生症者慎用	抗抑郁药、抗精神病药、抗震颤麻痹药	禁用
纳洛酮	麻醉性镇痛药急性中毒、镇静催眠药和解救急性乙醇中毒、阿片类及其他麻醉性镇痛药药物依赖的诊断	●静脉注射：成年人常用量，一次 0.4～0.8mg	偶见口干、嗜睡、恶心、呕吐、心动过速、高血压和烦躁不安。个别患者诱发心律失常、肺水肿和心肌梗死	▲心功能障碍和高血压患者慎用 ▲阿片类及其他麻醉性镇痛药成瘾者注射本品后立即出现戒断症状，注意掌握剂量		

三、药用辅料

药用辅料系指生产药品和调配处方时使用的赋形剂和附加剂；是除活性成分以外，在安全性方面已进行了合理的评估，且包含在药物制剂中的物质。药用辅料除了赋形、充当载体、提高稳定性外，还具有增溶、助溶、缓控释等重要功能，是可能会影响到药品的质量、安全性和有效性的重要成分。

常用药用辅料如下。

（1）稳定剂　如依地酸钙钠。

（2）润滑剂　如二甲硅油。

（3）透皮促进剂 如二甲亚砜。

（4）黏合剂 如甲基纤维素。

（5）崩解剂 如羧甲基纤维素钠。

（6）填充剂 如甲壳素。

（7）缓冲剂 如磷酸二氢钠。

（8）防腐剂 如山梨酸钾。

第十六节 中成药

一、中成药的组方原则

中成药是以中医药理论为基础，用中药材为原料按照法定处方和工艺标准加工制成的具有一定质量规格的中药制剂成品。方剂是中成药制作的依据，中药组方来源于医药文献的中成药，是古人遵循祖国医学理论，按照"君臣佐使"的配伍原则组方。"君臣佐使"的提法最早见于《黄帝内经》，在《素问·至真要大论》中有："主病之谓君，佐君之谓臣，应臣之谓使"的记载。一张处方的组成，除在辨证论治的基础上选择合适的药物外，还必须严格遵循配伍组成的原则。

知识链接

中成药的安全性

长期以来，人们一直认为中药是安全、有效、无毒的，甚至部分医务人员也存在"中草药是天然药物，无不良反应"的认识误区。大量研究和临床实践表明，在合理使用的情况下，中成药的安全性是较高的。合理使用包括正确的辨证选药、用法用量、使用疗程、禁忌证、合并用药等多方面，其中任何环节有问题都可能引发药物不良事件，中药所致的药物性肝肾损伤是不容忽视的客观现实，所以合理用药是中成药应用安全的重要保证。

（1）君药 指针对主病因或主证起主要治疗作用的药物，即《黄帝内经》所谓"主病之谓君"。它是处方中不可少的主要部分，药力为方中之首。

（2）臣药 协助君药以加强对主症治疗作用的药物，是处方中的辅助药。

（3）佐药 是协助君药治疗兼证或次要症状，或抑制君药、臣药的毒性和峻烈性，或为其反佐。

（4）使药 引方中诸药直达病证所在，或调和方中诸药作用。

二、常用中成药的分类及使用

中成药按主要功效分类可分为：解表药、祛暑药、止咳平喘药、祛风湿药、开窍药、息风止痉药、清热药、温里药、消食药、利水渗湿药、理气药、理血药、补益药、安神药、收涩药、驱虫药、泻下药、外用药等。

常用中成药的分类及其代表药的功能主治介绍见表3-52。

表 3-52 常用中成药的分类及其代表药的功能主治介绍一览表

类别		品名	功能主治
解表药	辛温解表	桂枝合剂	用于外感风邪,头痛发热,鼻塞干呕,汗出恶风
		感冒清热颗粒	疏风散寒,解表清热。用于风寒感冒,头痛发热,恶寒身痛,鼻流清涕,咳嗽咽干
		九味羌活丸	用于外感风寒挟湿导致的恶寒发热无汗,头痛且重,肢体酸痛
		正柴胡饮	主治外感风寒初起,恶寒、发热、无汗、头痛、鼻塞
	辛凉解表	银翘解毒丸	辛凉解表,清热解毒。用于风热感冒,发热头痛,咳嗽,口干,咽喉疼痛
		桑菊感冒片	用于风热感冒初起,头痛,咳嗽,口干,咽痛
		复方感冒灵颗粒	用于风热感冒及温病之发热,微恶风寒,头身痛,口干而渴,鼻塞涕浊,咽喉红肿疼痛,咳嗽,痰黄黏稠
		维 C 银翘片	用于流行性感冒引起的发热头痛,咳嗽,口干,咽喉疼痛
	表里双解	荆防颗粒	用于感冒风寒,头痛身痛,恶寒无汗,鼻塞流涕,咳嗽
		防风通圣丸	用于外寒内热,表里俱实,恶寒壮热,头痛咽干,小便短赤,大便秘结,风疹湿疮
	扶正解表	参苏丸	疏风散寒,祛痰止咳。用于体弱感受风寒。恶寒发热,头痛鼻塞,咳嗽痰多,胸闷呕逆
		玉屏风颗粒	用于表虚不固,自汗恶风,面色白,或体虚易感风邪者
泻下药	泻下	舒秘胶囊	用于功能性便秘属热秘者
		麻仁润肠丸	润肠通便。用于肠燥便秘
		通便灵胶囊	用于心肝火盛,大便秘结,腹胀腹痛,烦躁失眠
清热药	清热泻火	黄连上清丸	用于上焦风热,头晕脑涨,牙龈肿痛,口舌生疮,咽喉红肿,耳痛耳鸣,暴发火眼,大便干燥,小便黄赤
		上清丸	用于头晕耳鸣,目赤,鼻窦炎,口舌生疮,牙龈肿痛,大便秘结
		牛黄解毒片	用于火热内盛,咽喉肿痛,牙龈肿痛,口舌生疮,目赤肿痛
	清热解毒	穿心莲胶囊	用于邪毒内盛,感冒发热,咽喉肿痛,口舌生疮,顿咳劳嗽,泄泻痢疾,热淋涩痛,痈肿疮疡,毒蛇咬伤
		抗病毒口服液	用于风热感冒,流感
		蓝芩口服液	用于急性咽炎、肺胃实热证所致的咽痛、咽干、咽部灼热
		板蓝根颗粒	用于病毒性感冒,咽喉肿痛
	清热祛暑	藿香正气水	解表化湿,理气和中。用于暑湿感冒,头痛身重胸闷,或恶寒发热,脘腹胀痛,呕吐泄泻
		保济丸	用于暑湿感冒,症见发热头痛、腹痛腹泻、恶心呕吐、肠胃不适;亦可用于晕车、晕船
		十滴水	用于因中暑引起的头晕、恶心、腹痛、胃肠不适
温里药	温中散寒	理中丸(党参)	用于脾胃虚寒,呕吐泄泻,胸满腹痛,消化不良
		温胃舒颗粒	用于慢性胃炎,胃脘冷痛,饮食生冷,受寒痛甚
		附子理中丸	用于脘腹冷痛,肢冷便溏
	温中除湿	胃气止痛丸	温胃理气。用于寒凝气滞,脘痛吐酸,胸腹胀满
		香砂养胃丸	用于胃阳不足、湿阻气滞所致的胃痛、痞满,症见胃痛隐隐、脘闷不舒、呕吐酸水、嘈杂不适、不思饮食、四肢倦怠
止咳平喘药	散寒止咳	通宣理肺丸	用于风寒束表、肺气不宣所致的感冒咳嗽,症见发热、恶寒、咳嗽、鼻塞流涕、头痛、无汗、肢体酸痛
		杏苏止咳糖浆	用于感冒风寒,咳嗽气逆。宣肺气,散风寒,镇咳

续表

类别		品名	功能主治
止咳平喘药	清肺止咳	清肺抑火丸	清肺止咳,化痰通便。用于痰热阻肺所致的咳嗽、痰黄黏稠、口干咽痛、大便干燥
		鲜竹沥合剂	用于痰热咳嗽,咽痛,痰黄黏稠,口舌干燥,气促胸闷
		急支糖浆	用于外感风热所致的咳嗽,症见发热、恶寒、胸膈满闷、咳嗽咽痛;急性支气管炎、慢性支气管炎急性发作见上述症候者
	润肺化痰	养阴清肺丸	养阴润燥,清肺利咽。用于阴虚肺燥,咽喉干痛,干咳少痰或痰中带血
		蜜炼川贝枇杷膏	用于肺燥咳嗽,痰多,胸闷,咽喉痛痒,声音沙哑
		利肺片	驱痨补肺,镇咳化痰。用于肺痨咳嗽。咳痰,咯血,气虚哮喘,慢性气管炎等
	平喘	桂龙咳喘宁胶囊	用于外感风寒、痰湿阻肺引起的咳嗽、气喘、痰涎壅盛。急慢性支气管炎见上述症候者
		固本咳喘片	用于脾虚痰盛,肾气不固所致的咳嗽、痰多、喘息气促、动则喘剧;慢性支气管炎、肺气肿、支气管哮喘见上述症候者
开窍药	清热开窍	清开灵颗粒	用于外感风热所致发热,烦躁不安,咽喉肿痛;及上呼吸道感染、病毒性感冒、急性咽炎见上述症候者
		安宫牛黄丸	用于热病,邪入心包,高热惊厥,神昏谵语
		新雪丹	用于各种热性病的发热(如扁桃体发炎、咽炎等引起的高热)以及温热病之烦热不解
固涩药	固精止遗	缩泉丸	用于肾虚之小便频数、夜卧遗尿
		金锁固金丸	用于肾虚不固,遗精滑泄,神疲乏力,四肢酸软,腰痛耳鸣
	固涩止泻	固本益肠丸	用于脾虚或脾肾阳虚所致慢性泄泻,症见慢性腹痛腹泻、大便清稀、食少腹胀、腰酸乏力、形寒肢冷
理气药	疏肝解郁	逍遥丸	用于肝气不舒所致月经不调,胸胁胀痛,头晕目眩,食欲减退
		舒肝丸	用于肝气不舒的两胁疼痛,胸腹胀闷,月经不调,头痛目眩,心烦意乱,口苦咽干,以及肝郁气滞所致的面部黄褐斑等
	疏肝和胃	胃苏颗粒	主治气滞型胃脘痛。症见胃脘胀痛,窜及两肋,得嗳气或矢气则舒,情绪郁怒则发作加重,胸闷食少,排便不畅,舌苔薄白,脉弦等。用于慢性胃炎及消化性溃疡见上述症候者
		复方陈香胃片	用于气滞型胃脘疼痛,脘腹痞满,嗳气吞酸;胃及十二指肠溃疡,慢性胃炎属气滞者
消导药	消积导滞	保和丸	用于食积停滞,脘腹胀满,嗳腐吞酸,不欲饮食
		四磨汤口服液	用于婴幼儿乳食内滞证,症见腹胀、腹痛、啼哭不安,厌食纳差、腹泻或便秘;中老年气滞、食积证,症见脘腹胀满、腹痛、便秘;以及腹部手术后促进肠胃功能的恢复
祛湿药	祛湿	八正合剂	用于湿热下注之小便短赤、淋沥涩痛、口燥咽干。西医诊断为尿道炎、膀胱炎、肾盂肾炎、泌尿系结石等病有湿热内蕴者,均可应用
		三金片	用于下焦湿热,热淋,小便短赤,淋沥涩痛,急慢性肾盂肾炎,膀胱炎,尿路感染属肾虚湿热下注证者
扶正药	补气	补中益气丸	用于脾胃虚弱,中气下陷,体倦乏力,食少腹胀,久泻、脱肛,子宫脱垂
		四君子丸	用于脾胃气虚,胃纳不佳,食少便溏
	养血	归脾丸	用于心脾两虚,气短心悸,失眠多梦,头晕,肢倦乏力,食欲缺乏,崩漏便血
		复方阿胶浆	用于气血两虚,头晕目眩,心悸失眠,食欲缺乏及贫血

续表

类别		品名	功能主治
扶正药	滋阴	六味地黄丸	用于肾阴亏损,头晕耳鸣,腰膝酸软,骨蒸潮热,盗汗遗精,消渴
		左归丸	用于真阴不足,症见头目眩晕、腰膝酸软、遗精滑泄、自汗盗汗、口燥咽干、渴欲饮水、舌光少苔、脉细或数
安神药	安神助眠	舒眠胶囊	用于肝郁伤神所致的失眠证,症见失眠多梦、精神抑郁或急躁易怒、胸胁苦满或胸膈不畅、口苦目眩、舌边尖略红、苔白或微黄、脉弦
		柏子养心丸	用于心气虚寒,心悸易惊,失眠多梦,健忘
		乌灵胶囊	用于神经衰弱的心肾不交证,症见失眠、健忘、神疲乏力、腰膝酸软、脉细或沉无力等
风寒痹类	风寒湿痹	小活络丸	用于风寒湿痹,肢体疼痛,麻木拘挛
		华佗再造丸	用于瘀血或痰湿闭阻经络之中风瘫痪,拘挛麻木,口眼歪斜,言语不清

自测练习

一、单项选择题

1. 严重损害骨髓造血功能的药物是（   ）

A. 青霉素　　　　　　B. 庆大霉素　　　　　　C. 琥乙红霉素　　　D. 甲砜霉素

2. 对 β-内酰胺酶有抑制作用的药物是（   ）

A. 阿莫西林　　　　　B. 亚胺培南　　　　　　C. 氨曲南　　　　　D. 克拉维酸

3. 阿司匹林的不良反应不包括（   ）

A. 水杨酸反应　　　　B. 凝血障碍　　　　　　C. 瑞氏综合征　　　D. 水钠潴留

4. 下列属于成瘾性镇咳药的药物是（   ）

A. 右美沙芬　　　　　B. 可待因　　　　　　　C. 苯丙哌林　　　　D. 苯佐那酯

5. 下列属于能中和胃酸的抗消化性溃疡药物是（   ）

A. 氢氧化铝　　　　　B. 西咪替丁　　　　　　C. 哌仑西平　　　　D. 米索前列醇

6. 缬沙坦属于（   ）

A. 钠通道阻滞药　　　　　　　　　　　B. 钾通道阻滞药

C. 钙通道阻滞药　　　　　　　　　　　D. AT_1 受体阻断药

7. 下列不属于胰岛素不良反应的是（   ）

A. 低血糖反应　　　　B. 过敏反应　　　　　　C. 耐受性　　　　　D. 白细胞减少

8. 具有听力减退或耳聋不良反应的利尿药是（   ）

A. 螺内酯　　　　　　B. 呋塞米　　　　　　　C. 氢氯噻嗪　　　　D. 氨苯蝶啶

9. 下列不是氢氯噻嗪用途的是（   ）

A. 水肿　　　　　　　B. 轻中度高血压　　　　C. 尿崩症　　　　　D. 痛风

10. 地塞米松治疗严重感染时,必须与（   ）合用

A. 其他糖皮质激素　　B. 抗菌药　　　　　　　C. 抗消化性溃疡药　D. 利尿药

二、多项选择题

1. 青霉素可用于（   ）

A. 治疗草绿色链球菌所致的心内膜炎　　　　B. 治疗钩端螺旋体病

C. 治疗真菌感染　　　　　　　　　　　　　D. 治疗革兰阴性杆菌引起的感染

E. 治疗溶血性链球菌所致的扁桃体炎、大叶性肺炎

2.阿托品临床用于（   ）

A.感染中毒性休克   B.阿-斯综合征   C.内脏绞痛

D.有机磷农药中毒   E.麻醉前给药

3.下列属于抗消化性溃疡药物的是（   ）

A.硫酸镁   B.哌仑西平   C.丙谷胺

D.奥美拉唑   E.法莫替丁

三、简答题

1.可通过抑制细菌体内蛋白质合成发挥作用的药物有哪些？

2.简述利尿药的分类及代表药物。

第四章
保健食品与医疗器械

学习目标

本章学习内容包括保健食品和医疗器械。通过本章学习，达到以下要求：了解保健食品和医疗器械的内涵；熟悉保健食品和医疗器械国家有关管理规定；掌握保健食品和医疗器械批准文号格式并能区分保健食品、医疗器械与药品。

第一节　保健食品

保健食品是指声称具有特定保健功能或者以补充维生素、矿物质为目的的食品。即适用于特定人群食用，具有调节机体功能，不以治疗疾病为目的，并且对人体不产生任何急性、亚急性或者慢性危害的食品。

一、保健食品功能

保健食品声称保健功能，应当具有科学依据，不得对人体产生急性、亚急性或者慢性危害。保健食品功能目录由国家食品药品监督管理总局会同国家卫生健康委员会、国家中医药管理局制定、调整并公布。保健食品功能目录的制定、调整和公布，应当以保障食品安全和促进公众健康为宗旨，遵循依法、科学、公开、公正的原则。

纳入保健食品功能目录应当符合下列要求：

① 以补充膳食营养物质、维持改善机体健康状态或者降低疾病发生风险因素为目的。

② 具有明确的健康消费需求，能够被正确理解和认知。

③ 具有充足的科学依据，以及科学的评价方法和判定标准。

④ 以传统养生保健理论为指导的保健功能，符合传统中医养生保健理论。

⑤ 具有明确的适宜人群和不适宜人群。

不得列入保健功能目录的情形包括：

① 涉及疾病的预防、治疗、诊断作用。

② 庸俗或者带有封建迷信色彩。

③ 可能误导消费者等其他情形。

二、保健食品命名和标识

（一）保健食品命名

保健食品的名称一般由品牌名、通用名、属性名组成，也可直接使用通用名和属性名命名。

品牌名，是指保健食品使用依法注册的商标名称或者符合《中华人民共和国商标法》规定的未注册的商标名称，用以表明其产品是独有的、区别于其他同类产品。一个产品只能有一个品牌名。

通用名，是指表明产品主要原料等特性的名称。

属性名，是指表明产品剂型或者食品分类属性等的名称。

保健食品名称不得含有下列内容：

① 虚假、夸大或者绝对化的词语。

② 明示或者暗示预防、治疗功能的词语。

③ 人名、地名、汉语拼音。

④ 字母及数字，维生素及国家另有规定的含字母及数字的原料除外。

⑤ 除"®"之外的符号。

⑥ 消费者不易理解的词语及地方方言。

⑦ 庸俗或者带有封建迷信色彩的词语。

⑧ 人体组织器官等词语，批准的功能名称中涉及人体组织器官等词语的除外。

⑨ 其他误导消费者的词语。

 知识链接

保健食品通用名不得含有下列内容

①已经注册的药品通用名，但以原料名称命名或者保健食品注册批准在先的除外；②保健功能名称或者与表述产品保健功能相关的文字；③易产生误导的原料简写名称；④营养素补充剂产品配方中部分维生素或者矿物质；⑤法律法规规定禁止使用的其他词语。备案保健食品通用名应当以规范的原料名称命名。同一企业不得使用同一配方注册或者备案不同名称的保健食品；不得使用同一名称注册或者备案不同配方的保健食品。

（二）保健食品标识

保健食品标识，是指用于表达产品和企业基本信息的文字、符号、数字、图案等总称，如标签、说明书、标志等。

1.保健食品的标签、说明书

保健食品标签是指依附于产品销售包装上的用于识别保健食品特征、功能以及安全警示等信息的文字、图形、符号及一切说明物。保健食品说明书，是指由保健食品注册人或备案人制作的单独存在的、进一步解释说明产品信息的材料。

保健食品标签、说明书应包括产品名称、原料、辅料、功效成分或者标志性成分及含量、适宜人群、不适宜人群、保健功能、食用量及食用方法、规格、贮藏方法、保质期、注意事项等内容。

保健食品的标签、说明书中的主要内容不得涉及疾病预防、治疗功能，内容应当真实，与注册或者备案的内容相一致。未经人群食用评价的保健食品，其标签说明书载明的保健功能声称前增加"本品经动物实验评价"的字样。

为使消费者更易于区分保健食品与普通食品、药品，引导消费者理性消费，需在保健食品标签上设置警示用语区及警示用语。警示语包括"保健食品不是药物""不能代替药物治疗疾病"等。

2. 保健食品的标志

保健食品标志，是指统一的依附于产品并足以与其他食品相区分的符号。经过批准注册或备案，并取得批准文号的保健食品，必须在包装主要展示版面的左上角标注保健食品标志，即我们通常说的"蓝帽子"（图4-1）。只有标示"蓝帽子"及注册证号的才是保健食品，没有标示的均不是保健食品，进口保健食品也不例外。

图4-1　保健食品
的标志

保健食品的标志，应当按照国家市场监督管理总局规定的图案等比例标注在版面的左上方，清晰易识别。保健食品的批准文号和批准部门应当标注在保健食品标志下方，并与保健食品标志相连，清晰易识别。

（三）保健食品的批准文号

1. 批准文号形式

由于政府机构改革和职能的调整，目前保健食品批准文号存在卫生行政部门和药品监督管理部门批准的形式。

（1）卫生部批准的保健食品　1996～2003年7月，卫生行政部门颁发保健食品批准证书，批准文号在有效期内仍然有效。国产保健食品批准文号格式：卫食健字＋4位年代号第××××号。进口保健食品批准文号格式为卫食健进字＋4位年代号第××××号（2000年以前还包括，卫进食健字＋4位年代号第××××号）。

（2）食品药品监督管理部门批准的保健食品　2003年11月起，由食品药品监督管理部门颁发保健食品批准证书，发给批准文号。

（3）国产保健食品批准文号格式：国食健字G＋4位年代号＋4位顺序号。进口保健食品批准文号格式：国食健字J＋4位年代号＋4为顺序号。2005年以后批准的保健食品其批准证书有效期为5年。

2. 保健食品注册与备案管理

2016年2月4日经国家食品药品监督管理总局局务会议审议通过《保健食品注册与备案管理办法》。

（1）生产和进口下列产品应当申请保健食品注册

① 使用保健食品原料目录以外原料（以下简称目录外原料）的保健食品。

② 首次进口的保健食品（属于补充维生素、矿物质等营养物质的保健食品除外）。

国产保健食品注册号格式为：国食健注G＋4位年代号＋4位顺序号。进口保健食品注册号格式为：国食健注J＋4位年代号＋4位顺序号。

（2）生产和进口下列保健食品应当依法备案

① 使用的原料已经列入保健食品原料目录的保健食品。

② 首次进口的属于补充维生素、矿物质等营养物质的保健食品。

国产保健食品备案号格式为：食健备 G＋4 位年代号＋2 位省级行政区域代码＋6 位顺序编号。

进口保健食品备案号格式为：食健备 J＋4 位年代号＋00＋6 位顺序编号。

第二节　医疗器械

医疗器械是指直接或者间接用于人体的仪器、设备、器具、体外诊断试剂及校准物、材料以及其他类似相关的物品，包括所需要的计算机软件；其效用主要通过物理等方式获得，不是通过药理学、免疫学或者代谢的方式获得，或者虽然有这些方式参与但是只起辅助作用。

医疗器械是医药产品的重要组成部分，其质量安全直接关系到公众的生命健康。为了保证医疗器械的安全、有效，保障人体健康和生命安全，2000 年 1 月 4 日，国务院公布了《医疗器械监督管理条例》（国务院令第 276 号）。

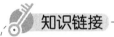 知识链接

医疗器械的目的

①疾病的诊断、预防、监护、治疗或者缓解；②损伤的诊断、监护、治疗、缓解或者功能补偿；③生理结构或者生理过程的检验、替代、调节或者支持；④生命的支持或者维持；⑤妊娠控制；⑥通过对来自人体的样本进行检查，为医疗或者诊断目的提供信息。

一、医疗器械注册分类及管理

（一）医疗器械注册分类

国家对医疗器械按照风险程度实行分类管理。评价医疗器械风险程度，主要考虑医疗器械的预期目的、结构特征、使用方法等因素。

1. 第一类

通过常规管理足以保证其安全性、有效性的医疗器械。如大部分手术器械、听诊器、医用 X 线胶片、医用 X 线防护装置、全自动电泳仪、医用离心机、切片机、牙科椅、煮沸消毒器、纱布绷带、弹力绷带、橡皮膏、创可贴、拔罐器、手术衣、手术帽、口罩、集尿袋等。

2. 第二类

对其安全性、有效性应当加以控制的医疗器械。如体温计、血压计、助听器、制氧机、避孕套、针灸针、心电诊断仪器、无创监护仪器、光学内镜、便携式超声诊断仪、全自动生化分析仪、恒温培养箱、牙科综合治疗仪、医用脱脂棉、医用脱脂纱布等。

3. 第三类

用于植入人体或支持维持生命，对人体具有潜在危险，对其安全性、有效性必须严格控制的医疗器械。如植入式心脏起搏器、体外震波碎石机、患者有创监护系统、人工晶体、有创内镜、超声手术刀、彩色超声成像设备、激光手术设备、高频电刀、微波治疗仪、医用磁共振成像设备、X 线治疗设备、医用高能设备、人工心肺机、内固定器材、人工心脏瓣膜、人工肾、呼吸麻醉设备、一次性使用无菌注射器、一次性使用输液器、输血器、CT 设备、隐形眼镜护理液等。

（二）产品注册与备案管理

1. 产品注册与备案管理要求

第一类医疗器械实行备案管理，第二类、第三类医疗器械实行注册管理。

（1）境内医疗器械 境内第一类医疗器械备案，备案人向设区的市级市场监督管理局提交备案资料。境内第二类医疗器械由省级市场监督管理局审查，批准后发给医疗器械注册证。境内第三类医疗器械由国家市场监督管理总局审查，批准后发给医疗器械注册证。医疗器械注册证有效期为 5 年。

（2）进口医疗器械 进口第一类医疗器械备案，备案人向国家市场监督管理总局提交备案资料。进口第二类、第三类医疗器械由国家市场监督管理总局审查，批准后发给医疗器械注册证。中国香港、澳门、台湾地区医疗器械的注册、备案，参照进口医疗器械办理。

2. 医疗器械注册证格式与备案凭证格式

（1）医疗器械注册证格式 医疗器械注册证格式由国家市场监督管理总局统一制定。注册证编号的编排方式为：$\times 1$ 械注 $\times 2 \times \times \times 3 \times 4 \times \times 5 \times \times \times \times 6$。例如：苏械注准 20152660662、国械注进 20163152061、国械注许 20162400010。

其中：$\times 1$ 为注册审批部门所在地的简称，境内第三类医疗器械、进口第二类、第三类医疗器械为"国"字；境内第二类医疗器械为注册审批部门所在地省、自治区、直辖市简称。$\times 2$ 为注册形式，"准"字适用于境内医疗器械；"进"字适用于进口医疗器械；"许"字适用于中国香港、澳门、台湾地区的医疗器械。$\times \times \times \times 3$ 为首次注册年份。$\times 4$ 为产品管理类别。$\times \times 5$ 为产品分类编码。$\times \times \times \times 6$ 为首次注册流水号。延续注册的，$\times \times \times \times 3$ 和 $\times \times \times \times 6$ 数字不变。产品管理类别调整的，应当重新编号。

（2）备案凭证格式 第一类医疗器械备案凭证编号的编排方式为：$\times 1$ 械备 $\times \times \times \times 2$ $\times \times \times \times 3$ 号。

其中：$\times 1$ 为备案部门所在地的简称，进口第一类医疗器械为"国"字；境内第一类医疗器械为备案部门所在地省、自治区、直辖市简称加所在地设区的市级行政区域的简称（无相应设区的市级行政区域时，仅为省、自治区、直辖市的简称）。$\times \times \times \times 2$ 为备案年份。$\times \times \times \times 3$ 为备案流水号。

（三）医疗器械经营管理

1. 医疗器械经营分类管理要求

按照医疗器械风险程度，医疗器械经营实施分类管理。

经营第一类医疗器械不需许可和备案，经营第二类医疗器械实行备案管理，《第二类医疗器械经营备案凭证》不设期限，经营第三类医疗器械实行许可管理，《医疗器械经营许可证》有效期 5 年。从事医疗器械经营，应当具备以下条件。

① 具有与经营范围和经营规模相适应的质量管理机构或者质量管理人员，质量管理人员应当具有国家认可的相关专业学历或者职称。

② 具有与经营范围和经营规模相适应的经营、储存场所。

③ 具有与经营范围和经营规模相适应的储存条件，全部委托其他医疗器械经营企业储存的可以不设立库房。

④ 具有与经营的医疗器械相适应的质量管理制度。

⑤ 具备与经营的医疗器械相适应的专业指导、技术培训和售后服务的能力，或者约定

由相关机构提供技术支持。

从事第三类医疗器械经营的企业还应当具有符合医疗器械经营质量管理要求的计算机信息管理系统，保证经营的产品可追溯。

从事第三类医疗器械经营的，经营企业应当向所在地设区市级人民政府市场监督管理部门申请经营许可；受理经营许可申请的市场监督管理部门应当自受理之日起 30 个工作日内进行审查，必要时组织核查。

2. 医疗器械经营许可证管理要求

《医疗器械经营许可证》载明许可证编号、企业名称、法定代表人、企业负责人、住所、经营场所、经营方式、经营范围、库房地址、发证部门、发证日期和有效期限等事项。《医疗器械经营许可证》有效期届满需要延续的，医疗器械经营企业应当在有效期届满 6 个月前，向原发证部门提出《医疗器械经营许可证》延续申请。

医疗器械经营备案凭证应当载明编号、企业名称、法定代表人、企业负责人、住所、经营场所、经营方式、经营范围、库房地址、备案部门、备案日期等事项。

《医疗器械经营许可证》编号的编排方式为：××食药监械经营许×××××××××号。其中：第一位×代表许可部门所在地省、自治区、直辖市的简称；第二位×代表所在地设区的市级行政区域的简称；第三到六位×代表许可年份；第七到十位×代表许可流水号。

第二类医疗器械经营备案凭证备案编号的编排方式为：××食药监械经营备××××××××号。其中：第一位×代表备案部门所在地省、自治区、直辖市的简称；第二位×代表所在地设区的市级行政区域的简称；第三到六位×代表备案年份；第七到十位×代表备案流水号。

（四）不良事件的处理与医疗器械的召回

1. 医疗器械不良事件监测

医疗器械不良事件，是指已上市的医疗器械，在正常使用情况下发生的，导致或者可能导致人体伤害的各种有害事件。群体医疗器械不良事件，是指同一医疗器械在使用过程中，在相对集中的时间、区域内发生，对一定数量人群的身体健康或者生命安全造成损害或者威胁的事件。国家市场监督管理总局建立国家医疗器械不良事件监测信息系统，加强医疗器械不良事件监测信息网络和数据库建设。

报告医疗器械不良事件应当遵循可疑即报的原则，即怀疑某事件为医疗器械不良事件时，均可以作为医疗器械不良事件进行报告。报告内容应当真实、完整、准确。持有人（即医疗器械上市许可持有人，是指医疗器械注册证书和医疗器械备案凭证的持有人，即医疗器械注册人和备案人）、经营企业和二级以上医疗机构应当注册为国家医疗器械不良事件监测信息系统用户，报告医疗器械不良事件。医疗器械经营企业、使用单位发现或者获知可疑医疗器械不良事件的，应当及时告知持有人，并通过国家医疗器械不良事件监测信息系统报告。暂不具备在线报告条件的，应当通过纸质报表向所在地县级以上监测机构报告，由监测机构代为在线报告。其中，导致死亡的还应当在 7 日内，导致严重伤害、可能导致严重伤害或者死亡的在 20 日内，通过国家医疗器械不良事件监测信息系统报告。

严重伤害是指有下列情况之一者：①危及生命；②导致机体功能的永久性伤害或者机体结构的永久性损伤；③必须采取医疗措施才能避免上述永久性伤害或者损伤。

持有人、经营企业、使用单位发现或者获知群体医疗器械不良事件后，应当在 12 小时内通过电话或者传真等方式报告不良事件发生地的省、自治区、直辖市市场监督管理部门和卫生行政部门，必要时可以越级报告，同时通过国家医疗器械不良事件监测信息系统报告群体医疗器械不良事件基本信息，对每一事件还应当在 24 小时内按个例事件报告。医疗器械经营企业、使用单位发现或者获知群体医疗器械不良事件的，应当在 12 小时内告知持有人，同时迅速开展自查，并配合持有人开展调查。

2.医疗器械召回管理

医疗器械召回，是指医疗器械生产企业按照规定的程序对其已上市销售的某一类别、型号或者批次的存在缺陷的医疗器械产品，采取警示、检查、修理、重新标签、修改并完善说明书、软件更新、替换、收回、销毁等方式进行处理的行为。

（1）存在缺陷的医疗器械产品包括：

① 正常使用情况下存在可能危及人体健康和生命安全的不合理风险的产品。

② 不符合强制性标准、经注册或者备案的产品技术要求的产品。

③ 不符合医疗器械生产、经营质量管理有关规定导致可能存在不合理风险的产品。

④ 其他需要召回的产品。

根据启动召回的途径不同，医疗器械召回分为主动召回和责令召回。医疗器械生产企业应当建立健全医疗器械质量管理体系和医疗器械不良事件监测系统。收集、记录医疗器械的质量问题与医疗器械不良事件信息，对收集的信息进行分析，对医疗器械可能存在的缺陷进行调查和评估，认为需要召回的，可以采取主动召回的措施。市场监督管理部门经过调查评估，认为医疗器械生产企业应当召回存在缺陷的医疗器械产品而未主动召回的，应当责令医疗器械生产企业召回医疗器械。

（2）根据医疗器械缺陷的严重程度，医疗器械召回分为：

① 一级召回，即使用该医疗器械可能或者已经引起严重健康危害的。

② 二级召回，即使用该医疗器械可能或者已经引起暂时的或者可逆的健康危害的。

③ 三级召回，即使用该医疗器械引起危害的可能性较小但仍需要召回的。

医疗器械生产企业做出医疗器械召回决定的，一级召回在 1 日内，二级召回在 3 日内，三级召回在 7 日内，通知到有关医疗器械经营企业、使用单位或者告知使用者。

二、体外诊断试剂及常见品种

《体外诊断试剂注册管理办法》中规定：体外诊断试剂，是指按医疗器械管理的体外诊断试剂，包括在疾病的预测、预防、诊断、治疗监测、预后观察和健康状态评价的过程中，用于人体样本体外检测的试剂、试剂盒、校准品、质控品等产品。可以单独使用，也可以与仪器、器具、设备或者系统组合使用。

根据产品风险程度由低到高，体外诊断试剂分为第一类、第二类、第三类产品。

1.第一类产品

① 微生物培养基（不用于微生物鉴别和药敏试验）。

② 样本处理用产品，如溶血剂、稀释液、染色液等。

2.第二类产品

除已明确为第一类、第三类的产品，其他为第二类产品，主要包括：

① 用于蛋白质检测的试剂。

② 用于糖类检测的试剂。

③ 用于激素检测的试剂。

④ 用于酶类检测的试剂。

⑤ 用于酯类检测的试剂。

⑥ 用于维生素检测的试剂。

⑦ 用于无机离子检测的试剂。

⑧ 用于药物及药物代谢物检测的试剂。

⑨ 用于自身抗体检测的试剂。

⑩ 用于微生物鉴别或者药敏试验的试剂。

⑪ 用于其他生理、生化或者免疫功能指标检测的试剂。

常见的第二类体外诊断试剂包括：血糖试纸、尿液分析试纸、血酮试纸、早孕检测试纸 [人绒毛膜促进腺激素（HCG）诊断试纸]、排卵试纸 [促黄体激素（LH）诊断试剂]、潜血检测试剂盒等。

3. 第三类产品

① 与致病性病原体抗原、抗体以及核酸等检测相关的试剂。

② 与血型、组织配型相关的试剂。

③ 与人类基因检测相关的试剂。

④ 与遗传性疾病相关的试剂。

⑤ 与麻醉药品、精神药品、医疗用毒性药品检测相关的试剂。

⑥ 与治疗药物作用靶点检测相关的试剂。

⑦ 与肿瘤标志物检测相关的试剂。

⑧ 与变态反应（过敏原）相关的试剂。

第一类体外诊断试剂实行备案管理，第二类、第三类体外诊断试剂实行注册管理。

境内第一类体外诊断试剂备案，备案人向设区的市级市场监督管理部门提交备案资料；境内第二类体外诊断试剂由省、自治区、直辖市市场监督管理部门审查，批准后发给医疗器械注册证；境内第三类体外诊断试剂由国家市场监督管理总局审查，批准后发给医疗器械注册证。

进口第一类体外诊断试剂备案，备案人向国家市场监督管理总局提交备案资料；进口第二类、第三类体外诊断试剂由国家市场监督管理总局审查，批准后发给医疗器械注册证。

中国香港、澳门、台湾地区体外诊断试剂的注册、备案，参照进口体外诊断试剂办理。

自测练习

一、单项选择题

1. 实施备案管理的有（　　　　）

A. 境内第三类医疗器械　　　　　　　B. 境内第二类医疗器械

C. 境内第一类医疗器械　　　　　　　D. 境内所有医疗器械

2. 香港、澳门、台湾地区的医疗器械的注册证格式为（　　　　）

A. ×械注准 ×××××××××××　　B. ×械注进 ×××××××××××

C. ×械注许 ×××××××××××　　D. ×械注备 ×××××××××××

3. 下列保健食品的批准文号，符合国家市场监督管理部门批准的进口保健食品批准文号格式的是（　　　　）

A. 国食健字 G2012××××　　　　　B. 国食健字（2000）第 ×××× 号

C. 国食健字 J2013××××　　　　　D. 国食健进字（2004）第 ×××× 号

4.医疗器械经营许可证有效期为（　　　）

A. 1 年　　　　　　　　B. 2 年　　　　　　　C. 3 年　　　　　　　D. 5 年

5.以下哪项属于第一类体外诊断试剂（　　　）

A. 与人类基因检测相关的试剂

B. 用于糖类检测的试剂

C. 用于激素检测的试剂

D. 微生物培养基（不用于微生物鉴别和药敏试验）

二、多项选择题

1. 实施注册管理的有（　　　）

A. 境内第一类医疗器械　　　　　　　　　B. 境内第二类医疗器械

C. 境内第三类医疗器械　　　　　　　　　D. 境内所有医疗器械

E. 首次进口的保健食品（属于补充维生素、矿物质等营养物质的保健食品除外）。

2. 医疗器械注册证格式为"国械注×××××××××××号"的有（　　　）

A. 境内第三类医疗器械　　　　　　　　　B. 境内第二类医疗器械

C. 进口第三类医疗器械　　　　　　　　　D. 进口第二类医疗器械

E. 境内第一类医疗器械

3. 实施备案管理的有（　　　）。

A. 境内第一类医疗器械　　　　　　　　　B. 第一类体外诊断试剂

C. 境内第二类医疗器械经营　　　　　　　D. 境内第一类医疗器械经营

E. 境内第二类医疗器械

三、简答题

1.保健食品名称不得含有的内容有哪些？

2.简述医疗器械召回分级。

3.按医疗器械管理的体外诊断试剂有哪些？

第五章
常见病药物治疗

学习目标

本章学习内容包括常见病的病因、临床症状、诊断标准、治疗药物、用药监护和健康指导等各个部分涉及的理论知识及操作技能。通过本章学习，应达到以下要求：了解各种常见疾病的病因、诊断标准；熟悉各种疾病的临床症状、用药注意事项；掌握各种疾病治疗药物的作用机制、适用范围及不良反应。能够根据患者的临床症状初步判断疾病种类，并能够对患者或患者家属进行正确的用药指导。

第一节　感冒与流行性感冒

一、疾病概述

感冒是由呼吸道病毒引起的上呼吸道（主要是鼻、咽部）感染性疾病。分为普通感冒（上感）和流行性感冒（流感）两种类型。

普通感冒俗称上感，又称伤风，是一种常见的急性上呼吸道病毒性感染性疾病，发病率高，影响人群面广，患者数量大，虽有自限性，但常常伴有并发症。大多散发，以冬春季节多发，但不会出现大流行。

流行性感冒，是由流感病毒引起的急性呼吸道传染病，发病有季节性，北方常在冬季，南方多在冬、春两季，主要通过飞沫及接触传播，传染性强，可引起大流行。

二、临床症状

上感起病较急，一般潜伏期为1~3天，主要表现为鼻部症状，如喷嚏、鼻塞、流清水样鼻涕，也可表现为咳嗽、咽干、咽痒、咽痛或灼热感。2~3天后鼻涕变稠，常伴咽痛、流泪、味觉减退、呼吸不畅、声嘶等。一般无发热及全身症状，或仅有低热、不适、轻度畏寒、头痛。

流感潜伏期一般为1~7天，多数为2~4天。临床表现有以下几种情况。

（1）单纯型流感　常突然起病，畏寒、高热，体温可达 39～40℃，多伴头痛、全身肌肉关节酸痛、食欲减退等症状，常有咽喉痛、干咳，可有鼻塞、流涕、胸骨后不适等。颜面潮红，眼结膜外眦轻度充血。如无并发症呈自限性过程，多于发病 3～4 天后体温逐渐消退，全身症状好转，但咳嗽、体力恢复常需 1～2 周。轻症流感与普通感冒相似，症状轻，2～3 天可恢复。

（2）肺炎型流感　实质上就是并发了流感病毒性肺炎，多见于老年人、儿童、原有心肺疾病的人群。主要表现为高热持续不退、剧烈咳嗽、咳血痰或脓性痰、呼吸急促、发绀、肺部可闻及湿啰音。胸部 X 线片提示两肺有散在的絮状阴影。痰培养无致病细菌生长，可分离出流感病毒。可因呼吸、循环衰竭而死亡。

（3）中毒型流感　表现为高热、休克、呼吸衰竭、中枢神经系统损害及弥散性血管内凝血（DIC）等严重症状，病死率高。

（4）胃肠型流感　除发热外，以呕吐、腹痛、腹泻为显著特点，儿童多于成人。2～3 天即可恢复。

三、诊断标准

主要结合流行病学史、临床表现和病原学检查。

（1）临床表现　出现咽干、咽痒、打喷嚏、鼻塞、咳嗽、流泪、头痛等症状。

（2）血常规检查　血常规显示白细胞总数正常或降低，淋巴细胞比例升高。

（3）病原学检查　病毒核酸检测阳性，病毒抗原检测阳性，病毒特异性抗体 IgG 恢复期比急性期升高≥4 倍，病毒分离培养阳性等。

四、药物治疗

由于感冒症状复杂多样，采用单一用药不可能缓解所有症状，一般多采用复方制剂，主要包括解热镇痛药、减轻鼻黏膜充血药、镇咳药和抗组胺药这四种成分。此外，有些复方制剂还含有中枢兴奋药、人工牛黄或葡萄糖酸锌。

（一）非处方药治疗

《国家非处方药目录》中收录的感冒对症治疗西药主要有对乙酰氨基酚、布洛芬、酚麻美敏、美扑伪麻、双扑伪麻、氨酚伪麻、布洛伪麻等。

① 感冒伴有发热、头痛、关节痛、肌肉痛或全身酸痛可选用对乙酰氨基酚、阿司匹林、布洛芬等制剂。

② 以鼻腔黏膜血管充血、打喷嚏、流泪、流涕等卡他症状为主的感冒患者可选服含有盐酸伪麻黄碱或氯苯那敏的制剂，如酚麻美敏、美扑伪麻、双扑伪麻、氨酚伪麻、伪麻那敏、氨酚曲麻等制剂。

③ 对伴有咳嗽者可选服含有右美沙芬的制剂，如酚麻美敏、美酚伪麻、美息伪麻、双酚伪麻、伪麻美沙芬等。

④ 为缓解鼻塞，可局部应用使鼻黏膜血管收缩、减少鼻黏膜充血的制剂，如呋喃西林麻黄碱、羟甲唑啉、萘甲唑啉和赛洛唑啉等滴鼻液。

⑤ 为了对抗病毒，可选服含有金刚烷胺的制剂，如复方氨酚烷胺咖敏、复方氨酚烷胺等。

（二）处方药治疗

临床确诊或高度怀疑流感且有发生并发症高危因素的患者，应及时就医，在医师的指导下合理使用抗流感病毒药物。主要药物如下。

（1）M_2 离子通道阻滞药 如金刚烷胺、金刚乙胺。该类药物可阻滞流感病毒 M_2 蛋白的离子通道，从而抑制病毒复制，减轻临床症状，并防止病毒向下呼吸道蔓延导致肺炎等并发症。对亚洲 A 型流感病毒有抑制活性，但目前全球流行的 H_1N_1 甲型流感病毒对其有耐药性。

（2）神经氨酸酶抑制药 为一类新型的抗流感药，如扎那米韦、奥司他韦。该类药物主要阻止病毒由被感染细胞释放和入侵邻近细胞，减少病毒在体内的复制，对甲型、乙型流感均具有作用，可用于流感的预防和治疗。神经氨酸酶抑制药宜及早用药，在流感症状初始 48h 内使用较为有效。哮喘和慢性阻塞性肺病患者禁用扎那米韦。

五、用药监护

1. 明确抗生素对导致感冒和流感的病毒无作用

在没有合并细菌感染迹象的情况下不得使用抗生素，否则易引起二重感染或耐药菌的产生。联合应用抗生素的指征应当严格控制，必须凭执业医师处方，在医师的指导下使用。

2. 注意各种药物成分的影响

如服用含有抗过敏药制剂者，不宜从事驾驶、高空作业或操作精密仪器等工作；含有鼻黏膜血管收缩药（盐酸伪麻黄碱）的制剂，对伴有心脏病、高血压、甲状腺功能亢进症、肺气肿、青光眼患者需慎用；含有右美沙芬的制剂对妊娠初期及哺乳期妇女禁用；服用含有解热镇痛药时应禁酒，同时注意对老年人、肝肾功能不全者、血小板减少者、有出血倾向者、上消化道出血和（或）穿孔病史者，应慎用或禁用。

3. 无严重症状者尽可能不用药或少用药

① 抗感冒药连续服用一般不得超过 1 周，服用剂量不能超过推荐剂量，在连续服用 1 周后症状仍未缓解者，应向医师或药师咨询。

② 服药期间多喝水，以利于药物的排泄，减少药物对身体的损害。

③ 退热药不应和碱性药同时服用，如碳酸氢钠、氨茶碱等，否则会降低退热效果。

④ 流感时，尽早应用抗病毒治疗。在发病 36～48h 内尽早开始抗流感病毒药物治疗。

⑤ 加强预防接种，流感疫苗是其他方法不可替代的有效预防流感及其并发症的手段。

六、健康指导

（1）感冒发热时不要急于使用退热药 如果体温不超 38.5℃，患者多休息、多饮水、适当补充维生素即可。退热的最好办法是物理降温，如冷敷、温水擦浴等。高热时应在医师的指导下使用退热药。

（2）感冒期间应注意保证休息时间，确保休息质量 感冒的主因是机体免疫力低下，所以应注意休息，每天至少保证 8h 左右的睡眠时间，减少外出活动，防止交叉感染。

（3）多饮温开水 多饮温开水是治疗感冒的一种最好的辅助手段。多饮水可以补充体内水分，加速体内毒素及药物代谢成分的排出，只要身体未出现不适，宜多饮水。当然，有肾病的患者应注意遵从医嘱，适量饮水。

（4）养成良好的生活习惯，避免过度疲劳和受凉 平时要积极参加体育锻炼，增强身体的御寒能力。依据气候变化增减衣服。常开窗户，保持室内通风和清洁，加强空气湿度（可以使用加湿器）。为了有效预防流感，应勤洗手。流感流行期间，应减少出入公共场所。

（5）感冒患者宜清淡饮食 进食易消化、富含维生素的食物，特别是多进食富含维生素

C 的水果，如橙子、猕猴桃、橘子、柚子等，能起到缓解感冒症状的作用。少吃过咸、过甜及油腻食物等，禁食辛辣食物，忌烟酒。

知识链接

特殊人群流感临床表现

1.儿童流感　在流感流行季节，一般健康儿童感染流感病毒可能表现为轻型流感。婴幼儿流感的临床症状往往不典型，可出现高热惊厥。新生儿流感少见，但易合并肺炎，常有败血症表现，如嗜睡、拒奶、呼吸暂停等。

2.老年流感　65岁以上流感为老年流感。老年人感染流感病毒后病情多较重，病情进展快，肺炎发生率高于青壮年人，其他系统损伤主要包括流感病毒性心肌炎、心功能衰竭、急性心肌梗死等。

3.妊娠妇女流感　中晚期妊娠妇女感染流感病毒后除发热、咳嗽等表现外，易发生肺炎，迅速出现呼吸困难、低氧血症甚至急性呼吸窘迫综合征，可导致流产、早产、胎儿窘迫及胎死宫内。

4.免疫缺陷人群流感　免疫缺陷人群如器官移植人群、艾滋病患者、长期使用免疫抑制药者，感染流感病毒后发生重症流感的危险性明显增加，由于易出现流感病毒性肺炎，病死率高。

第二节　支气管炎

一、疾病概述

支气管炎（bronchitis）根据病程分急性气管-支气管炎和慢性支气管炎。

急性气管-支气管炎（acute tracheobronchitis）是由感染、物理、化学刺激或过敏因素引起的气管-支气管黏膜的急性炎症。感染多由病毒所致，细菌、肺炎支原体和肺炎衣原体少见。冷空气、粉尘、刺激性气体或烟雾的吸入，均可引起气管-支气管黏膜的急性炎症。花粉、粉尘、真菌孢子等过敏原均可引起气管和支气管的变态反应。临床主要症状为咳嗽和咳痰。常发生于寒冷季节或突然降温时。

慢性支气管炎（chronic bronchitis）简称慢支，是指气管、支气管黏膜及其周围组织的慢性非特异性炎症。临床上以咳嗽、咳痰或伴有喘息及反复发作的慢性过程为特征。病情若缓慢进展，常并发阻塞性肺气肿，甚至肺动脉高压、肺源性心脏病。慢支的发病原因至今不十分清楚，一般认为分为感染性和非感染性因素两类，前者包括细菌或病毒等感染，后者包括大气污染、吸烟、过敏、自主神经功能失调、呼吸道局部防御及免疫功能降低等，慢支往往是多种因素共同作用的结果。

二、临床症状及诊断标准

（一）急性气管-支气管炎

1.临床症状

起病较急，常先有上呼吸道感染症状，继之出现干咳或伴少量黏痰，痰量逐渐增多，咳

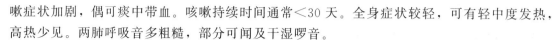

嗽症状加剧，偶可痰中带血。咳嗽持续时间通常＜30 天。全身症状较轻，可有轻中度发热，高热少见。两肺呼吸音多粗糙，部分可闻及干湿啰音。

2. 诊断

急性气管-支气管炎急性起病，主要症状为咳嗽，有至少一种其他呼吸道症状如咳痰、气喘、胸痛，并且对于上述症状无其他疾病原因可解释，即可对本病作出临床诊断。

（二）慢性支气管炎

1. 临床症状

慢性咳嗽，冬重夏轻，早晚重白天轻。咳痰则多为白色黏痰或泡沫痰，早晚痰量多，在合并细菌感染时痰量增多，为黄色脓性痰，并有畏寒、发热。合并感染时，可伴喘息症状，又称为喘息型支气管炎。听诊可正常，或在双肺下部听到鼾音、湿啰音或哮鸣音，伴有胸闷。

2. 诊断

慢性或反复性咳嗽、咳痰或伴喘息，每年发病至少 3 个月，连续 2 年或 2 年以上。如每年持续不足 3 个月，而有明确客观依据（如 X 线表现、肺功能异常等）并在排除其他心肺疾病（如肺结核、哮喘、支气管扩张症、肺癌、心力衰竭等）后即可做出诊断。

三、治疗药物

（一）对症治疗

1. 解痉平喘

伴有支气管痉挛的患者可以选用 β_2 受体激动药（沙丁胺醇）激活腺苷酸环化酶，减少肥大细胞和嗜酸粒细胞脱颗粒以及介质的释放，从而起到舒张支气管、缓解哮喘的症状。临床常使用氯苯那敏等抗组胺药物缓解刺激性咳嗽及气管痉挛症状。

2. 祛痰止咳

频繁咳嗽，可选用右美沙芬、喷托维林等镇咳药；对于慢性支气管炎患者应避免选择强镇咳药如可待因等。对痰多、不易咳出者要选用氨溴索、溴己新、标准桃金娘油、桉柠蒎、N-乙酰半胱氨酸等祛痰药。

3. 气雾疗法

气雾湿化吸入可稀释气管内分泌物，有利于排痰。目前采用抗生素加祛痰药，以加强局部抗炎及稀化痰液的作用。

（二）抗感染治疗

视感染的主要致病菌和严重程度来选择抗菌药物，常用的药物主要有青霉素类、头孢菌素类、大环内酯类、氨基糖苷类、喹诺酮类等。轻者可以口服，较重患者用肌注或静脉滴注。长期用药的慢性支气管炎患者可根据病原菌药物敏感试验来选择抗菌药物。

对于急性支气管炎患者，多数预后良好，症状在几周内消退，极少需要进行长期随访。而对于慢性支气管炎患者的缓解期治疗，以增加机体免疫力、防止急性发作及肺功能进一步恶化为主要治疗目的，临床可口服或肌注核酪。

四、用药监护

（1）控制感染　在治疗急性支气管炎患者时应避免滥用抗菌药物。但如果患者出现发热、脓性痰和重症咳嗽，则为应用抗菌药物的指征。慢性支气管炎首先控制感染，视感染的主要致病菌和严重程度或根据病原菌药敏试验结果选用抗菌药物。如果患者有脓性痰，为应用抗菌药物的指征。

（2）促进排痰　对年老体弱无力咳痰的患者或痰量较多的患者，应以祛痰为主，协助排痰，畅通呼吸道，不宜选用镇咳药，以免抑制中枢神经、加重呼吸道阻塞，产生并发症，导致病情恶化。帮助危重患者定时变换体位，轻轻按摩患者胸背，可以促使痰液排出。

五、健康指导

（1）预防感冒，适当休息　避免感冒，能有效地预防慢性支气管炎的发生或急性发作。严冬季节或气候突然变冷的时候，要注意及时增加衣服，避免由于受凉而引起感冒。寒冷季节时室内的温度应以 18～20℃ 为宜。

（2）饮食调摄　饮食宜清淡，忌辛辣荤腥。

（3）戒烟　吸烟会使慢性支气管炎进一步恶化。为了减少吸烟对呼吸道的刺激，患者一定要戒烟。

（4）注意环境卫生　室内空气流通，有一定湿度，改善环境卫生，做好防尘、防大气污染工作，加强个人保护，避免烟雾、粉尘、刺激性气体（如厨房的油烟）对呼吸道的影响。

（5）适当体育锻炼　增强体质，提高呼吸道的抵抗力，坚持呼吸功能训练。冬天坚持用冷水洗脸洗手。

第三节　支气管哮喘

一、疾病概述

支气管哮喘（bronchial asthma，简称哮喘）是由多种细胞（如嗜酸粒细胞、T 淋巴细胞、肥大细胞、气道上皮细胞、中性粒细胞等）和细胞组分参与的气道慢性炎症性疾病。临床表现为反复发作性的喘息、呼气性呼吸困难、胸闷或咳嗽等。支气管哮喘发病原因主要有以下几点。

1. 遗传因素

哮喘与基因遗传有关，主要影响因素是患者的过敏体质及外界环境因素。许多调查资料表明，哮喘患者亲属的患病率高于群体患病率，即亲缘关系越近，患病率越高；患者病情越严重，其亲属患病率亦越高。

2. 环境因素

（1）激发因素　常见如花粉、尘螨、动物毛屑、真菌、二氧化硫、氨气等各种特异性和非特异性吸入物；吸烟；呼吸道感染如细菌、病毒、原虫、寄生虫等；妊娠以及剧烈运动、气候转变；多种非特异性刺激，如吸入冷空气、蒸馏水雾滴等都可诱发哮喘发作。此外，精神因素亦可诱发哮喘。

（2）药物及食物　如普萘洛尔（心得安）、阿司匹林以及一些非皮质激素类抗炎药，鱼、虾、蟹、蛋类、牛奶等食物亦可诱发哮喘。

二、临床症状

支气管哮喘常见症状有反复发作性喘息、胸闷、呼吸困难及咳嗽等。哮喘症状可在数分钟内发作，经数小时至数天，用支气管扩张药或自行缓解。在夜间及凌晨发作和加重常是哮喘的特征之一。

三、诊断标准

① 反复发作喘息、气急、胸闷或咳嗽，常与接触变应原、物理或化学刺激、冷空气、病毒性上呼吸道感染及运动等有关。

② 发作时在双肺可闻及散在或弥漫性以呼气相为主的哮鸣音，呼气相延长。

③ 上述各症状和体征可经治疗缓解或自行缓解。

四、治疗药物

哮喘的治疗原则主要包括去除病因，控制发作，预防复发。常用药物如下。

1. 糖皮质激素

抑制气道炎症形成过程中的诸多环节，是目前控制哮喘最有效的药物，分为吸入、口服、静脉用药。吸入类糖皮质激素由于局部抗炎作用强、全身不良反应少，已成为目前哮喘长期治疗的首选。常用药物有倍氯米松、布地奈德、氟替卡松等。口服糖皮质激素常用于吸入激素无效或需要短期加强治疗的患者，常用泼尼松、泼尼松龙。重度或严重哮喘发作时应及早静脉给予激素，如甲泼尼龙、氢化可的松等。

2. 支气管扩张药

主要用于哮喘急性发作期，患者按自身需求使用。通过迅速解除支气管痉挛从而缓解哮喘症状，为急救药物。此类药物包括以下几种。

（1）β_2 受体激动药 分为短效 β_2 受体激动药（维持 $4\sim6h$）和长效 β_2 受体激动药（维持 $10\sim12h$）；其中长效 β_2 受体激动药又可以分为快速起效（数分钟起效）和缓慢起效（$30min$ 起效）两种。

短效 β_2 受体激动药是控制哮喘急性发作的首选药物，有吸入、口服、静脉三种制剂。首选吸入给药，常用的有沙丁胺醇、特布他林，采用按需间歇给药，不宜长期使用、单一使用。长效 β_2 受体激动药常用的有沙美特罗、福莫特罗等。与糖皮质激素联合应用是目前最常用的哮喘控制方案，联合制剂有氟替卡松-沙美特罗、布地奈德-福莫特罗等。

（2）磷酸二酯酶抑制药（茶碱类） 此类药物除具有支气管扩张作用，还有抗炎、免疫调节和支气管保护作用。常用药物有氨茶碱、多索茶碱、二羟丙茶碱等。对于常规剂量的吸入性糖皮质激素无法控制的慢性哮喘患者，以及无法服用或吸入药物治疗效果不佳的患者，茶碱类药物仍是一种有用且价格低廉的药物。

（3）抗胆碱药 扩张支气管作用较吸入性 β_2 受体激动药弱，起效较缓慢。此类药物包括短效抗胆碱药异丙托溴铵、长效抗胆碱药噻托溴铵。前者多与 β_2 受体激动药联合应用，尤其适用于夜间哮喘及痰多的患者，后者持续时间更久（$24h$），目前主要用于哮喘合并慢阻肺以及慢阻肺患者的长期治疗。

3. 白三烯调节药

通过阻断或抑制白三烯类炎症介质，减轻气道炎症和高反应性，是预防和治疗哮喘、减少使用激素的重要治疗药物，也是目前除糖皮质激素外唯一可单独使用的哮喘控制性药物。常用药物有孟鲁司特、扎鲁司特，尤其适用于阿司匹林哮喘、运动性哮喘和伴有过敏性鼻炎哮喘患者的治疗。

4. 过敏介质阻滞药

主要作用是稳定肥大细胞膜，抑制过敏介质释放。代表药物有色甘酸钠、酮替芬。

5. 抗 IgE 类药

奥马珠单抗是第一个被作为治疗哮喘的生物制剂，目前已皮下注射用于成年人及大于 6 岁的青少年变态反应和中重度持续性哮喘患者，能有效降低身体对激素类药物的依赖性，减少哮喘恶化的次数，但此药不能作为急救药品，也不能用于缓解急性支气管痉挛或哮喘持续状态。

 知识链接

慢性支气管哮喘的阶梯治疗原则

1. 一级治疗：哮喘偶尔发作，按病情需要吸入短效 β_2 受体激动药，如沙丁胺醇。
2. 二级治疗：在一级治疗基础上加用抗炎性平喘药。
3. 三级治疗：在二级治疗基础上加用倍氯米松或布地奈德，必要时剂量可加大。
4. 四级治疗：在三级治疗基础上加用长效受体激动药、缓释型茶碱、异丙托品或色甘酸钠。
5. 五级治疗：在四级治疗基础上加用日服糖皮质激素如泼尼松或泼尼松龙。

五、用药监护

1. 长期、规范治疗可有效控制哮喘

治疗必须个体化，采用最小量、最简单的联合，以不良反应最少、达到最佳哮喘控制为原则。

（1）轻度　吸入短效 β_2 受体激动药，如沙丁胺醇或特布他林，疗效不佳时加服小量茶碱控释片或氨茶碱；夜间哮喘可吸入长效制剂美沙特罗，必要时可定时吸入丙酸倍氯米松或溴化异丙托品。

（2）中度　吸入 β_2 受体激动药，加用氨茶碱静脉注射，仍不缓解加用溴化异丙托品气雾吸入，同时加大丙酸倍氯米松的吸入剂量或口服醋酸泼尼松片。

（3）重度　吸入 β_2 受体激动药、静脉滴注氨茶碱及肾上腺皮质激素，缓解后逐渐减量并改为口服，必要时加用雾化吸入抗胆碱药。合用祛痰药控制感染可选择有效抗菌药物，去除病因及诱因。

2. 掌握各类药物的作用机制、使用方法及不良反应、禁忌证

① 沙丁胺醇等 β_2 受体激动药能舒张子宫平滑肌，是否排入乳汁不明确，因此妊娠期和哺乳期妇女慎用。高血压、癫痫患者慎用；未经控制的甲状腺功能亢进症和糖尿病患者慎用。

② 抗胆碱药物在妊娠期早期及患有闭角型青光眼、前列腺增生症或膀胱颈部梗阻的患者应慎用。

③ 色甘酸钠起效慢，对已经发作的哮喘无效，主要用于预防。

④ 茶碱类药物的安全范围小，个体差异大，在使用时需要定期检查血浆中茶碱药物的浓度。儿童和老年人使用时一般都从低剂量开始。此外茶碱类易受到肝药酶代谢的影响，对于干扰或降低茶碱代谢的药物如大环内酯类（红霉素、罗红霉素、克拉霉素）、喹诺酮类（依诺沙星、环丙沙星、氧氟沙星、左氧氟沙星）、克林霉素、林可霉素等，当茶碱与上述药物合用时，会升高其血药浓度，应适当减量。

3. 正确使用吸入型糖皮质激素

知识链接

哮喘者应用吸入型糖皮质激素时的注意事项

①吸入型糖皮质激素仅能较低程度地起到支气管扩张作用，且给药后需要一定的潜伏期，在哮喘发作时不能立即奏效，不适宜用于急性哮喘患者，不应作为哮喘急性发作的首选药。对哮喘急性发作患者宜合并应用 β_2 受体激动药，以尽快松弛支气管平滑肌。②应当依据持续型哮喘的严重程度给予适当剂量，分为起始剂量和维持剂量。起始剂量需依据病情的严重程度给予，分为轻度、中度和重度持续，维持剂量应以能控制临床症状和气道炎症的最低剂量确定，分 2～4 次给予，一般连续应用 2 年。当严重哮喘或哮喘持续发作时，可考虑给予全身性激素治疗，待缓解后改为维持量或吸入给药。

六、健康指导

（1）了解疾病　使患者和家属了解哮喘的本质及发病机制，向他们解释哮喘的激发因素，结合每个人的具体情况，找出各自的促激发因素，引起高度重视，避免诱因。通过熟悉哮喘发作的先兆表现及相应的处理办法，使患者及家属相信通过长期、适当、充分的治疗，完全可以有效地控制哮喘发作。

（2）定期监测　提醒患者或家属在家中自行监测病情变化，并进行评定，重点掌握峰流速仪的使用方法，有条件的可记录哮喘日记。

（3）加强锻炼　通过锻炼增强体质，提高免疫功能。

（4）健康生活　注意保暖，防止呼吸道感染；戒烟；避免过度劳累或情绪激动等诱发因素。

第四节　慢性阻塞性肺疾病

一、疾病概述

慢性阻塞性肺疾病（chronie obstructive pulmonary disease，COPD）是一种以持续气流受限为特征的可以预防与治疗的疾病，简称慢阻肺。主要表现为反复咳嗽、咳痰、气短、活动耐力降低。COPD 为呼吸系统疾病中的常见病和多发病，其患者数量多、死亡率高，但其是可以预防和治疗的疾病。

COPD 的确切病因尚不清楚，其风险因素有：①吸烟；②感染；③空气污染、职业性粉尘和化学物质如烟雾、过敏原；④遗传因素；⑤其他，如自主神经功能失调、营养、气温的突变都可能参与发病。

二、临床症状

多起病缓慢，病程较长，反复急性发作而加重，主要症状如下。

（1）慢性咳嗽　咳嗽通常为首发症状，早晨较重，以后早、晚或整日均有咳嗽，但夜间咳嗽并不显著，少数病例咳嗽不伴有咳痰。

（2）呼吸困难　是 COPD 的标志性症状。早期仅于劳力时出现，呈进行性加重，后可致日常活动甚至休息时也感气短、气喘和呼吸费力等。

（3）咳痰　通常咳少量黏液性痰，清晨较多，合并感染时痰量增多，常有脓性痰。

（4）喘息和胸闷　部分患者特别是重度患者或急性加重期时出现喘息。这不是慢阻肺的特异性症状。

（5）其他症状　程度较重的患者可能会发生全身性症状，如体重下降、食欲减退、外周肌肉萎缩和功能障碍、精神抑郁和（或）焦虑等。

三、诊断标准

慢阻肺的诊断应根据临床表现、危险因素接触史、体征及实验室检查等资料，综合分析确定。典型慢阻肺的诊断：呼吸困难、慢性咳嗽或咳痰；危险因素暴露史；肺功能检查吸入支气管扩张药后 FEV_1（第 1 秒用力呼气容积）/FVC（用力肺活量）<0.7 提示气流受限，且除外其他疾病。

四、治疗药物

1.支气管扩张药

此类药物是 COPD 治疗核心药物，可两种或两种以上合用。

（1）β_2 受体激动药　短效剂可按需应用，暂时缓解症状，主要药物有沙丁胺醇、特布他林，雾化吸入，数分钟内起效，$15\sim30min$ 达到峰值，疗效持续 $4\sim6h$。福莫特罗为长效定量吸入剂，$1\sim3min$ 起效，作用持续 12h 以上。茚达特罗是一种新型的长效 β_2 受体激动药，起效快，支气管扩张作用长达 24h，每日 1 次可以明显改善肺功能和呼吸困难症状，提高生命质量，减少慢阻肺急性加重。

（2）抗胆碱能药　短效 M 受体阻断药异丙托溴铵，定量吸入，持续 $6\sim8h$。长效抗胆碱药有噻托溴铵，每日 1 次，长期使用可增加深吸气量，减低呼气末肺容积，改善呼吸困难，提高运动耐力和生命质量，也可减少急性加重频率。

（3）磷酸二酯酶抑制药　缓释型或控释型茶碱每日口服 $1\sim2$ 次可以达到稳定的血浆浓度，对治疗慢阻肺有一定效果。

2.抗炎药物

（1）糖皮质激素　吸入激素和 β_2 受体激动药联合应用对于 COPD 稳定期患者可改善症状，减少急性发作频率。常用药物有沙美特罗-替卡松、布地奈德-福莫特罗。COPD 急性期用糖皮质激素和抗菌药物治疗最有益。

（2）磷酸二酯酶-4（PDE-4）抑制药　PDE-4 抑制药的主要作用是通过抑制细胞内环腺苷酸降解来减轻炎症。罗氟司特无直接扩张支气管作用，主要用于治疗严重 COPD 患者支气管炎相关咳嗽和黏液过多的症状。

3.祛痰药

慢阻肺患者的气道内产生大量黏液分泌物，可促使其继发感染，并影响气道通畅，应用祛痰药有利于气道引流通畅，改善通气功能，但其效果并不确切，仅对少数有黏痰的患者有效。常用药物有氨溴索、乙酰半胱氨酸、福多司坦、桉柠蒎等。

4.抗感染药

只用于有感染的情况，不需要长期使用。

五、用药监护

1. 规范使用药物

（1）严格把握抗菌药物使用指征　COPD 患者出现呼吸困难加重、痰量增加、脓性痰时，或患者需要无创或有创机械通气时，可考虑应用抗菌药物。应尽早明确细菌学诊断，为合理应用抗菌药确立先决条件。

（2）规范使用糖皮质激素　吸入型糖皮质激素药物多用于预防，如长期、高剂量使用会引起全身反应。全身应用糖皮质激素多用于 COPD 急性加重。

（3）规范应用磷酸二酯酶抑制药　多索茶碱对急性心肌梗死者禁用，二羟丙茶碱对活动性消化性溃疡患者禁用，对茶碱类药物过敏者禁用。

（4）规范使用过敏介质阻释药　色甘酸钠在获得疗效后可以减少给药次数，但不能突然停药，以免哮喘复发。

2. 注意药物的不良反应

糖皮质激素吸入后应立即漱口，以降低口腔真菌感染。酮替芬对驾驶员慎用，妊娠期妇女禁用。

六、健康指导

① 帮助患者做好长期治疗的心理准备以及疾病管理依从性教育。

② 戒烟，改善环境卫生，室内通风换气，保持空气新鲜，避免暴露于危险因素中，避免接触有害气体。

③ 呼吸肌功能锻炼，学会自我控制疾病的技巧。如练习腹式呼吸、缩唇缓慢呼气或吹蜡烛样呼吸，避免快速浅表呼吸，增加膈肌活动能力。

④ 加强体育及耐寒锻炼，提高抗病能力，如太极拳、呼吸操、定量行走或登梯练习。

⑤ 秋冬季节要防寒保暖，及时增减衣物，积极防治呼吸道感染。

⑥ 营养支持以达到理想体重，同时避免摄入高糖和高热量饮食，以免产生过多二氧化碳。

⑦ 注射流感疫苗、肺炎链球菌疫苗。对高危人群，定期进行肺功能监测。

第五节　变应性鼻炎

一、疾病概述

变应性鼻炎（allergic rhinitis，AR）即过敏性鼻炎，是指特应性个体接触变应原后主要由 IgE 介导的介质（主要是组胺）释放，并有多种免疫活性细胞和细胞因子等参与的鼻黏膜非感染性炎性疾病。其发生的必要条件有 3 个：特异性抗原即引起机体免疫反应的物质；特应性个体即所谓个体差异、过敏体质；特异性抗原与特应性个体二者相遇。变应性鼻炎是一个全球性健康问题，可导致许多疾病和劳动力丧失。

变应性鼻炎是一种由基因与环境互相作用而诱发的多因素疾病。变应性鼻炎的危险因素可能存在于所有年龄段。其发病原因与遗传因素、变应原暴露等因素有关，变应原主要分为吸入性变应原和食物性变应原。吸入性变应原是变应性鼻炎的主要原因，如螨、花粉、动物皮屑、真菌变应原等。在变应性鼻炎不伴有其他系统症状时，食物变态反应少见；在患者多个器官受累的情况下，食物变态反应常见。对婴儿来说，食物性变应原多见牛奶和大豆；对成人来说，常见食物性变应原包括花生、坚果、鱼、鸡蛋、牛奶、大豆、苹果、梨等。

二、临床症状

过敏性鼻炎的主要典型症状是鼻塞、流涕、鼻痒、打喷嚏。

（1）鼻塞　间歇性或持续性，单侧或双侧，轻重程度不一。

（2）流涕　常有大量清水样鼻涕，有时可不自觉从鼻孔滴下，以急性发作期明显。

（3）鼻痒　多为阵发性鼻内痒，伴有嗅觉障碍、鼻塞，甚至有眼部、软腭、耳、咽喉痒感及头痛，因鼻黏膜肿胀或息肉形成可引起嗅觉障碍，嗅觉障碍可为暂时性或持久性。

（4）打喷嚏　每天数次阵发性发作，连续打喷嚏每次多于3个，多在晨起或夜晚或接触过敏原后立刻发作，并有流水样或稀薄黏液样涕。

三、诊断标准

① 临床表现打喷嚏、清水样涕、鼻塞、鼻痒等症状出现2项或以上，每天症状持续1h，可伴有眼痒、结膜充血等眼部症状。

② 体征常见鼻黏膜苍白、水肿、鼻腔水样分泌物。

③ 变应原皮肤点刺试验阳性、血清特异性IgE阳性等。

四、治疗药物

（1）抗组胺药　从1937年第一个抗组胺药开发至今已有三代药物应用于临床。过敏性鼻炎首选第二代抗组胺药如氯雷他定、西替利嗪，具有H_1受体选择性高、无镇静作用、抗胆碱作用与抗组胺作用相分离的特点。表现为中枢神经系统不良反应较少，称为非镇静抗组胺药（NSA）。但由于部分第二代抗组胺药长期使用时发现心脏毒性较多，现有第三代药物，它既具备第二代抗组胺药的特点，镇静作用少，同时心脏毒性的发生率低。第三代药物有左旋西替利嗪、去甲阿司咪唑等。

（2）白三烯受体拮抗药　如孟鲁司特钠片，对二氧化硫、运动和冷空气等刺激及各种变应原如花粉、毛屑等引起的速发相和迟发相变态反应均有抑制作用。对于过敏性鼻炎尤其是鼻塞严重的患者有效。15岁及15岁以上的患者口服孟鲁司特钠片，每日一次，每次10mg；2～14岁儿童患者要选用孟鲁司特钠咀嚼片。孟鲁司特钠联合抗组按药的疗效比两药单独使用的疗效好。

（3）糖皮质激素　对于任何类型的变态反应性疾病均有效，具有强大的抗炎作用与免疫抑制作用，被广泛用于治疗各种变态反应性疾病包括过敏性鼻炎。要使药物直接到达病灶可以选用糖皮质激素类鼻喷剂如丙酸倍氯米松喷鼻剂、布地奈德鼻喷雾剂等，此类药物直接到达病灶、疗效显著，迅速缓解症状，是治疗过敏性鼻炎的一线药物。

（4）缓解鼻塞症状用药　盐酸羟甲唑啉喷雾剂，该药连续使用3～7天后，可能会造成药物性鼻炎或停药后症状反弹。所以一般都是短期使用（儿童不超过3天，成人不超过1周）缓解症状。

（5）脱敏治疗　以小量、多次逐步增加过敏原（如花粉）注射剂量，直至患者体内产生抗体。脱敏疗法的不足之处在于：费用高；可能发生全身及局部不良反应；治疗时间长，疗程一般为3～5年。因此脱敏治疗主要针对疾病比较严重的或者常年持续性过敏性鼻炎且用其他治疗药物无效的患者。

五、用药监护

①糖皮质激素对全身性真菌感染者、糖皮质激素过敏者禁用。有严重精神病史、癫痫、活动性胃十二指肠溃疡者、新近胃肠吻合手术者、严重糖尿病、高血压、青光眼、骨质疏松者禁用。未能用药物控制的病毒、细菌、真菌感染者禁用。心脏病或急性心力衰竭、高血压、高脂蛋白血症、肾功能损害或肾结石、重症肌无力、甲状腺功能减退症患者慎用。妊娠期及哺乳期妇女慎用。

② 应用抗过敏药和糖皮质激素治疗可减轻对过敏原的反应并抑制炎性反应，但治疗时间一般不宜过长。同时，大剂量使用可能使儿童或青少年生长发育缓慢，应给予注意。

③ 对季节性过敏性鼻炎：应提前 2～3 周用药，季节过后不能立即停药，应继续使用 2 周左右。

④ 久用滴鼻剂可致药物性鼻炎，药液过浓或滴入次数过多可致反应性充血。故宜间断给药，每次间隔 4～6h。

⑤ 在服用或滴用抗过敏药后 4h 内不宜从事车辆驾驶、高空作业、精密仪器操作。不宜与中枢神经系统抑制药、抗精神病药氯丙嗪等合用；不宜同时饮酒。

⑥ 过敏性鼻炎的典型症状和感冒症状相似，应注意区别，如无法确定，不可乱用药物，应及时就医确诊并进行合理治疗。

六、健康指导

（1）避免接触变应原 过敏性鼻炎预防重于治疗，因此综合治疗管理的基础就是避免接触过敏原。保持室内环境及所有使用物品清洁，及时清除灰尘。定期清理日常衣物布料制品，做到常洗、常晒、常除螨；及时清除室内的积水，维持适宜湿度可以有效防止真菌、霉菌。花粉致敏季节，出门一定要戴口罩，注意选择密闭性好的口罩，预防致敏原。对动物皮毛过敏的患者应注意避开变应原。

（2）脱敏疗法。

（3）饮食指导 过敏还可能和吃的食物、药物相关，比如牛奶、面食中的麸质、花生等坚果、海鲜、芒果等热带水果、某些抗生素等药物；也可能和蚊虫叮咬相关。诱发症状加重的因素还可能是寒冷、辛辣食物、烟酒的刺激等。所以建议患者自己养成记日记的习惯，记录诱发自己过敏的各种可能过敏原并尽量避免接触。用药期间宜清淡饮食，禁忌辛辣荤腥，不宜饮酒。

（4）加强体质锻炼，增强身体抵抗力。

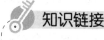 **知识链接**

> ### 鼻喷雾剂的使用方法
> （1）使用前清洁双手，核对药品名称、用法用量等信息。
> （2）将食指与中指放在喷头的两侧，拇指放在瓶底以握紧药瓶，轻轻摇动药瓶，使药液充分混匀。如果第一次使用或一段时间未用，请检查喷雾剂喷雾是否正常，可将喷嘴远离身体，向下按压几次，至喷雾器喷雾正常为止。

(3) 用药前患者应擤净鼻涕，轻轻用鼻呼吸，保持头部直立，身体向前微微倾斜，用手指轻轻压住一侧鼻孔，将鼻喷雾器的喷头慢慢放入另一侧鼻孔中，保持瓶子直立。用鼻吸气，同时用手指按压瓶子喷出药液。

(4) 压住喷雾器将喷头从鼻孔中移开，用口呼气，将头后仰，以便药物能够流至鼻腔后部，用纸巾擦去鼻腔自然流出的液体。

(5) 如果需要使用第二喷，重复以上步骤。另一侧鼻孔也是同样的步骤。用完药后用纱布或纸巾将喷头擦拭干净，盖严瓶盖。

(6) 将药品避光、干燥密闭保存，并放在儿童不易接触的地方。

第六节　慢性咽炎

一、疾病概述

慢性咽炎为咽黏膜、黏膜下及淋巴组织的慢性炎症，多由病毒引起。本病在临床中常见，多发生于成年人，病程长，症状容易反复发作，不易治愈。

慢性咽炎的发病原因主要有局部因素（急性病变迁延）；外界因素（气候、烟酒、辛辣刺激等）；身体因素；职业因素（教师、演员等）。

二、临床症状

慢性咽炎多见于成年人，儿童也可出现。全身症状均不明显，以局部症状为主。可有咽部不适感、异物感、咽部分泌物不易咳出、咽部痒感、烧灼感、干燥感或刺激感，还可有微痛感。常在晨起时出现刺激性咳嗽及恶心。常表现为习惯性的干咳及清嗓子咳痰动作，劳累后声嘶加重，但不发热。病程长，症状常反复，不易治愈。

三、诊断标准

根据患者的连续咽部不适感 3 个月以上的病史，结合患者咽部黏膜慢性充血，小血管曲张，呈暗红色，表面有少量黏稠分泌物等症状诊断。慢性变应性咽炎的诊断，除有相应的变应原接触史、相应的症状及体征外，还应做皮肤变应原试验，总 IgE 及血清特异 IgE 检测以明确其过敏原。

四、治疗药物

(1) 保持口腔、咽部的清洁　含漱甲硝唑（0.2%～0.5%）、复方硼砂、呋喃西林溶液、氯己定（0.19%～0.2%）含漱剂等。

(2) 服用含片缓解症状　西地碘片（华素片）、度米芬含片、溶菌菌含片、西瓜霜含片、复方草珊瑚含片等，症状严重时可使用肾上腺糖皮质激素；伴有严重感染者可建议服用抗菌药物，如青霉素类、头孢菌素类和磺胺类等药物。

五、用药监护

(1) 早发现、早预防、早治疗　慢性咽炎一般不用抗菌药物治疗，早治疗以防病情难以治愈。

（2）含片含服的方法要正确　将药物放在舌根处，尽量贴近喉部。含服时间越长越好，含服时不宜嚼碎或吞服，含服后 30min 内不宜进食或水，5 岁以下幼儿含片最好选用圈式中空的含片。

（3）孕妇注意事项　西瓜霜、草珊瑚、金嗓子等药物含有冰片、西瓜霜等成分，孕妇慎用。西地碘含片，孕妇及哺乳期妇女、甲状腺疾病患者慎用，对本品过敏者或对其他碘制剂过敏者禁用，长期含服可导致舌苔染色，停药后可消退，连续使用 5 日症状未见缓解应就医。

 知识链接

长期服用润喉片的不良后果

长期服用润喉片，除药物本身可能导致的如过敏、舌苔染色等不良反应，还会抑制口腔及咽喉内部的正常菌群生长，扰乱口腔内环境，造成菌群失调，从而导致口腔溃疡类疾病发生。

六、健康指导

① 避免急性咽炎反复发作。

② 进行适当体育锻炼，保持健康规律的作息、清淡饮食，保持口腔清洁，避免烟酒刺激，保持良好的心态，提高自身整体免疫力。

③ 避免接触导致慢性过敏性咽炎的致敏原，如粉尘、有害气体、刺激性食物、空气质量差的环境等。

④ 积极治疗可能引发慢性咽炎的局部和全身相关疾病：如鼻咽部的慢性炎症、腺样体肥大、胃食管反流、贫血、消化不良、慢性支气管炎。

⑤ 避免长期过度用声。

第七节　反流性食管炎

一、疾病概述

反流性食管炎（reflux esophagitis，RE）是胃食管反流病的一种类型，是指酸（碱）反流导致的食管黏膜破损。反流性食管炎是一种常见的消化系统疾病，随着年龄增长发病率增加，我国男性发病多于女性。反流性食管炎通常由抗反流屏障、食管清除能力、食管黏膜防御屏障作用减弱和反流物攻击以及其他一些因素（如婴儿、肥胖、妊娠、糖尿病、硬皮病、腹水等）所引起。

二、临床症状

1.典型症状

反流性食管炎的典型症状为反流和胃灼热。

（1）反流　是指胃内容物不费力地向咽部或口腔涌入，同时没有恶心、干呕和腹肌收缩等先兆。如果反流物是酸味，属于反酸，可伴有未消化的食物。

（2）胃灼热　指胸骨后或剑突下的灼热感觉，这是一种特征性表现。常在患者用餐后60min 出现，也易发生在平卧、弯腰或腹内压增高（咳嗽、用力排便、妊娠）时，部分患者夜间加重。这是由于反流物刺激食管神经所导致。

2. 食管外症状

可引起肺部、口咽炎症，出现声嘶、慢性咳嗽等。

3. 并发症

出血、食管溃疡、巴雷特食管。

三、诊断标准

1. 诊断条件

符合以下条件之一，临床上可考虑反流性食管炎诊断。

① 有典型的反流症状（反酸、胃灼热、胸痛）而无其他病因（幽门梗阻）。

② 诊断性抑酸治疗有效（治疗剂量 PPI 每日 2 次）1～2 周后反流症状消失或减轻。

2. 辅助检查

（1）胃镜检查　是最准确的诊断 RE 方法。对于 40 岁以上患者应首选胃镜检查，检查有无食管下段黏膜破损，除外食管癌、食管裂孔疝及其他疾病。

（2）食管 X 线检查　食管 X 线钡餐检查是发现消化部病变的主要方法之一。

四、治疗药物

（一）用药目的

反流性食管炎的药物治疗的目的是减轻反流症状、减少胃酸分泌物对身体的刺激和腐蚀。

（二）常用药物

1. 抑酸治疗

（1）质子泵抑制药（PPI）　具有理想的抑酸效果，能较快地缓解患者的症状，使得反流性食管炎具有较高的愈合率。如奥美拉唑、埃索美拉唑等。PPI 每日 2 次约 8 周，然后维持治疗 8～12 周。

（2）H_2 受体拮抗药　能较好地控制中度胃食管反流性疾病的症状和（或）减轻和治愈食管炎。如西咪替丁、雷尼替丁等，对于夜间基础胃酸分泌的控制效果好。

（3）抗酸药　仅用于轻症、间歇性发作的患者作为临时缓解症状用。

控制症状后根据有无反流间断持续治疗，反流性食管炎有并发症（如食管狭窄）及严重食管裂孔疝患者需要持续维持治疗。

2. 促动力药

通过拮抗多巴胺受体或使肠肌丛节后神经能释放乙酰胆碱而促进食管、胃的蠕动，增加食管下括约肌的压力，促进胃排空，减少反流。如西沙比利、莫沙比利。

3. 联合用药

促动力药和抗酸药联合应用有协同作用，能促进食管炎的愈合。亦可用多巴胺拮抗药或西沙必利与组胺 H_2 受体拮抗药或质子泵抑制药联合应用。

五、用药监护

① 警惕长期使用抑酸药带来的不良反应，如降低钙的吸收、引起骨质疏松、使维生素

B_{12} 和维生素 C 吸收障碍。

② 多潘立酮可引起心脏相关风险，应该限制使用。老年患者慎用，长期服用亦可致高催乳素血症，产生乳腺增生、泌乳和闭经等不良反应。

③ 甲氧氯普胺如剂量过大或长期服用，可导致锥体外系神经症状，故老年患者应慎用。

六、健康指导

（1）改变生活方式　控制体重，餐后散步，睡前 2～3h 不再进食；白天进餐后避免立即卧床。夜间反流严重时可于头侧、床头加高 10～20cm，不穿紧身衣，避免举重。

（2）改变饮食习惯　定时定量，少食多餐，缓慢进食，避免刺激性强的食物如高脂类、番茄类、巧克力、咖啡、辛辣食物、酸性食物、酒精类，宜选用低脂低糖食物。

（3）戒烟禁酒。

知识链接

小儿反流性食管炎的日常护理

1. 饮食注意少量多餐，吃低脂饮食可减少进食后反流症状发生的频率。相反，高脂肪饮食可促进小肠黏膜释放胆囊收缩素，易导致胃肠内容物反流。

2. 体重超重者宜减肥。因为过度肥胖者腹腔压力增高，可促进胃液反流，特别是平卧位尤甚，故应积极减轻体重以改善反流症状。

3. 卧位床头垫高 15～20cm，对减轻夜间胃液反流是一个行之有效的办法。

4. 改变不良睡姿　有人睡眠时喜欢将两上臂上举或枕于头下，这样可引起膈肌抬高，胃内压力随之增加，使胃液反流。

第八节　慢性胃炎

一、疾病概述

慢性胃炎（chronic gastritis）是指各种病因引起的胃黏膜慢性炎症或萎缩性病变。本病十分常见，其发病率在各种胃病中居首位，可占接受胃镜检查患者的 80%～90%。男性多于女性，中年以上好发病，随年龄增长发病率逐渐增高。根据病理组织学改变和病变在胃的分布部位，结合可能病因，将慢性胃炎分成非萎缩性胃炎（以往称浅表性胃炎）、萎缩性胃炎（又可分为多灶萎缩性胃炎、自身免疫性胃炎）、特殊类型胃炎。

目前慢性胃炎病因尚不十分明确，一般认为与幽门螺杆菌的长期感染、急性胃炎的迁延、环境因素、饮食因素、免疫因素以及其他因素有关。一般慢性浅表性胃炎并无大碍，但若不及时治疗会演变成慢性萎缩性胃炎。

二、临床症状

慢性胃炎缺乏特异性症状，体征不明显，症状的轻重与胃黏膜的病变程度并非一致。由幽门螺杆菌引起的慢性胃炎多数患者无症状，部分患者可有不同程度的餐后饱胀不适或隐痛、嗳气、反酸、恶心、食欲缺乏等症状。病程缓慢，可长期反复发作，在发作时疼痛能持续数日或数周之久，多在饭后发生，尤以午饭后明显，受凉和气温下降时加重。

三、诊断标准

慢性胃炎症状无特异性，体征很少，X线检查一般只有助于排除其他胃部疾病，故确诊要靠胃镜检查及胃黏膜活组织检查。在我国有50%～80%患者在胃黏膜中可找到幽门螺杆菌。

四、治疗药物

（一）用药原则

幽门螺杆菌感染的患者考虑根除幽门螺杆菌，对消化不良症状伴有慢性胃炎的患者可以对症进行药物治疗，以缓解症状和减轻胃黏膜炎症。

（二）常用的药物

（1）解痉药 缓解腹痛选择阿托品、溴丙胺太林等解痉止痛药。阿托品可以肌内注射，一次0.5mg。严重疼痛时可选可待因片。

（2）抗幽门螺杆菌药物 临床有以胶体铋剂为基础和PPI为基础的两大类加若干抗菌药物的治疗方案，根除细菌后胃黏膜炎症改善，症状缓解。

（3）助消化药和微生态制剂 可缓解消化不良的症状，改善与进餐相关的腹胀、食欲缺乏等症状，如1%稀盐酸液和胃蛋白酶合剂治疗胃酸分泌减少的消化不良。还有复方消化酶片、胰酶片、金双歧等。

（4）抑制胃酸药物 可以缓解胃酸过高的症状，可用质子泵抑制药，如雷贝拉唑、奥美拉唑等。症状较轻者可用H_2受体拮抗药和抗酸药。H_2受体拮抗药如西咪替丁、雷尼替丁等。抗酸药如碳酸氢钠、氢氧化铝等。

（5）促胃动力药 改善胃动力，减少胆汁反流症状。可用甲氧氯普胺、多潘立酮等；必要时可加用氢氧化铝凝胶来吸附。

五、用药监护

① 去除病因，停止服用对胃刺激的药物或食物。患者伴有恶心呕吐时可以采用注射给药，暂时禁食，必要时纠正酸碱平衡。

② 抗菌药物与活菌制剂同服时要间隔2～3h。

六、健康指导

（1）保持精神愉快 精神抑郁或过度紧张和疲劳，容易造成幽门括约肌功能紊乱。

（2）慎用、忌用对胃黏膜有损伤的药物 药物如解热镇痛抗炎药、肾上腺皮质激素等，此类药物长期滥用会使胃黏膜受损伤，从而引起慢性胃炎及胃溃疡。

（3）积极治疗口咽部感染灶，去除可能致病的因素。

（4）戒烟忌酒。

（5）合理饮食 避免服用过酸、过辣、生冷、不易消化的食物。饮食时要细嚼慢咽，使食物充分与唾液混合，有利于消化和减少胃部刺激。饮食宜按时定量、营养丰富，多食用富含维生素的食物。忌服浓茶、浓咖啡等刺激性饮料。

知识链接

慢性胃炎护理小贴士

1. 生活护理 注意休息与活动，慢性胃炎的患者应保证充足的睡眠，劳逸结合，避免过度劳累。合理安排工作、学习与休息的时间，急性发作或症状明显时应卧床休息。

2. 用药护理 告诉患者药物的正确使用方法。由于慢性胃炎病程长，缠绵不愈，时好时坏，用药一定要有规律。特别是幽门螺杆菌引起的慢性胃炎一定要按疗程服用抗菌药，应餐后服用；对症解痉止痛药应餐前1h服用；多潘立酮等胃动力药应餐前半小时服用；抗酸药、抑酸药宜餐后0.5～2h服用。

3. 心理护理 慢性胃炎患者由于因腹痛等症状加重或反复发作，往往表现出紧张、焦虑等情绪，甚至还担心自己会发展为胃癌而惶恐不安。应根据患者的心理状态，给予安慰、关心，鼓励患者树立战胜疾病的信心。应嘱咐其定期门诊随访，告之定期胃镜检查的必要性。

4. 饮食护理 常言道病要三分治，七分养。饮食应以软、烂、热及少食多餐为原则。宜食高热量、高蛋白、高维生素、富含营养、易消化饮食。对贫血和营养不良者，应在饮食中增加富含蛋白质和铁的食物，如瘦肉、鸡、鱼、肝等内脏及深色的新鲜蔬菜及水果，如绿叶蔬菜、胡萝卜、红枣等。

第九节 消化不良

一、疾病概述

消化不良（dyspepsia）是指由于胃肠蠕动减弱，食物在胃内停留时间过长等原因引起的胃部不适的总称。

（一）疾病类型

根据病因可分为功能性消化不良和器质性消化不良。

（1）功能性消化不良 有消化不良的症状，但经检查并没有发现明显的消化器官疾病或系统性疾病，此类消化不良发生率最高。

（2）器质性消化不良 经过检查可明确认定是由某器官病变引起消化不良症状，如肝病、胆道疾病、胰腺疾病、糖尿病等。对于这些患者来说，治疗的时候主要针对病因治疗，辅助补充消化酶或者改善胃动力来缓解消化不良症状。

（二）消化不良病因

① 慢性持续性消化不良，主要由慢性胃炎（萎缩性胃炎）、胃溃疡、十二指肠溃疡、慢性十二指肠炎、慢性胆囊炎、慢性胰腺炎等引起。

② 偶然性消化不良，与进食过饱、进食油腻食物、饮酒过量等有关。

③ 药物影响，如阿司匹林、红霉素等。

④ 精神因素，如疼痛、抑郁、紧张、失眠等。

⑤ 胃动力不足，多见于老年人。由于老年人胃肠动力降低，食物在胃内停留时间过长，

胃内容物排空的速度缓慢，易发生功能性消化不良。

⑥ 儿童因消化器官发育还不完善，消化液分泌不充足，胃内酶的功能还未完善，胃及肠道内黏膜柔嫩，消化功能还比较弱，加之父母的喂养方式不当、滥用抗生素、机体抵抗力变低等都会造成消化不良。

⑦ 全身性疾病，如感染、儿童缺乏锌元素、发热、食物中毒、恶性肿瘤、慢性肝炎等消耗性疾病及女性月经期。

二、临床症状

① 进食或餐后腹部不适、上腹发胀、早饱、恶心、呕吐、食欲不佳等，并常常伴有舌苔厚腻及上腹深压痛，上腹痛或不适，餐后加重。

② 进食、运动或平卧后上腹正中有烧灼感或反酸，并可延伸至咽喉部。

③ 食欲缺乏，对油腻食品尤为反感。

④ 常有饱胀感或胃肠胀气感，打嗝、排气增多，有时可出现轻度腹泻。

⑤ 儿童会出现肚胀、夜卧不宁、口臭、吐奶、大便稀并有酸臭味，便中有大量未消化的食物残渣等。

三、治疗药物

消化不良的治疗原则为对因治疗，根据病因个体化选药。

（1）助消化药　能促进胃肠消化过程，且大多是消化液中的主要成分。可用于消化道分泌功能不足，也可促使消化液分泌，还可增强消化酶活力，调整胃肠功能或制止肠道过度发酵，从而达到助消化的目的。

常用药物有：干酵母（酵母片）、乳酶生（表飞明）、胰酶（或多酶片）、胃蛋白酶、复方消化酶胶囊（达吉）、口服双歧杆菌胶囊等。

（2）促动力药　可以刺激肠道蠕动。胃肠道平滑肌具有内在运动活性，由自主神经、局部反射和胃肠道激素调控。这种活性产生蠕动波和分节运动，前者推动腔内容物从胃到肛门，后者促进消化。

常用药物有：多潘立酮、甲氧氯普胺、莫沙必利等。

（3）中成药　常用药物有：山楂丸、复方鸡内金片、沉香化滞丸、六味安消胶囊、舒肝片、枳实导滞丸、藿香正气水（丸、软胶囊）、健胃消食片等。

四、用药监护

① 根据病因合理选择药物，器质性消化不良应做进一步检查，明确诊断，积极治疗原发病。根据病情使用抑酸药和胃黏膜保护药，有幽门螺杆菌感染者应进行根除治疗。

② 助消化药多为消化酶或活菌制剂，不耐热或易于吸湿，置于冷暗干燥处储存，送服时不宜用热水；不宜与抗菌药物、吸附剂同时服用。胃蛋白酶在酸性环境（pH 1.5～2.5）中消化力最强。

③ 不宜过量服用干酵母和乳酶生，否则可发生腹泻。

④ 胰酶在酸性条件下易被破坏（与稀盐酸等酸性药物同服可致活性降低），必须用肠溶衣片，口服时不可嚼碎，应整片吞下。胰酶对急性胰腺炎早期患者禁用，对蛋白质及制剂过敏者禁用；与阿卡波糖、吡格列酮合用，可降低降血糖药的药效；与等量碳酸氢钠同服，可

增强疗效；也可与西咪替丁合用（后者能抑制胃酸的分泌，增加胃肠的 pH，增强其疗效），可防止胰酶失活；胰酶所导致的不良反应偶见腹泻、便秘、恶心及皮疹。

⑤ 服用多潘立酮应考虑适宜人群。注意服用期间排便次数可能增加，乳腺癌、嗜铬细胞瘤、机械性肠梗阻、胃肠道出血者禁用。心律失常、接受化疗的肿瘤患者、妊娠期妇女慎用。

⑥ 中成药的消导药与泻下药的功用有所不同，应予区别。泻下药多属攻逐之剂，适用于病势急之实证，而消导药则多属渐消缓散之剂，适用于病势较缓、病程较长者，其作用虽较缓和，但一般不宜久用，一旦消积即应停止用药。

⑦ 婴幼儿不可久用药物，症状缓解后及时停药。

五、健康指导

① 饮食习惯应少量多餐，细嚼慢咽，不暴饮暴食；避免食用油炸、腌制、生冷刺激、高脂等不易消化的食物及饮用碳酸饮料；食物温度要适中，太冷或太热的食物对胃肠黏膜都有损害；选择适宜的饮水时间，避免餐后立即饮水稀释胃液而降低消化功能。

② 戒烟酒。

③ 注意胃部保暖防寒。

④ 避免精神紧张、过度劳累，解除心理压力。

⑤ 可采用腹部轻柔按摩或饭后散步。餐后 1～2h 参加体育运动或体力劳动，可增加身体热量的消耗，尽快消除消化不良现象。

第十节 消化性溃疡

一、疾病描述

消化性溃疡主要指发生于胃肠道黏膜的慢性溃疡，因溃疡形成与胃酸/胃蛋白酶的消化作用有关而得名。溃疡多位于胃和十二指肠球部。胃溃疡（gastric ulcer，GU）多见于中老年，冬春季节好发。十二指肠溃疡（duodenal ulcer，DU）好发于青壮年。消化性溃疡发病率在我国南方高于北方，城市高于农村，男性多于女性。

消化性溃疡的发病机制较为复杂，其中幽门螺杆菌感染和非甾体抗炎药（NSAID）是已知的主要病因。遗传因素、生活因素、精神因素等其他因素也是常见的发病诱因。

二、临床症状

（1）疼痛　上腹痛是消化性溃疡的主要症状，胃溃疡和十二指肠溃疡的上腹痛特点不同，见表 5-1。

（2）其他症状　有上腹饱胀、嗳气、反酸、恶心、呕吐等胃肠道症状和多汗、失眠等自主神经紊乱的表现，部分患者有营养不良。

（3）并发症　出血、穿孔、幽门梗阻及癌变。

三、诊断标准

主要依据患者的病史、症状与体征，有赖于胃镜检查确诊。应与其他有上腹痛症状的疾病如慢性肝、胆、胰疾病及慢性胃炎、胃癌、功能性消化不良等鉴别。

表 5-1　胃溃疡和十二指肠溃疡的上腹痛特点比较

项目	鉴别点	胃溃疡	十二指肠溃疡
相同点	慢性病程	病程呈慢性,可达数年至数十年	
	周期性	呈发作-缓解交替出现的周期性发作,发作常有季节性,多在秋冬或冬春之交	
不同点	疼痛时间	进餐后 0.5～1h 发生,1～2h 缓解,夜间痛较少见	进餐后 2～3h 发生即两餐之间,又称空腹痛(饥饿痛),常有夜间痛
	疼痛部位	剑突下正中偏左	上腹正中偏右
	疼痛性质	烧灼或疼挛感	钝痛、灼痛或饥饿样不适感
	疼痛规律	进食—疼痛—缓解	疼痛—进食—缓解

四、药物治疗

1. 抗酸药

抗酸药包括碳酸氢钠、碳酸钙、氧化镁、氢氧化铝、三硅酸镁等,均为弱碱性无机盐。抗酸药口服后能中和过多的胃酸,升高胃内 pH,消除胃酸对胃黏膜的刺激性损害,缓解疼痛;同时抗酸药能抑制胃蛋白酶活性,利于溃疡愈合。餐后 1～2h 用药较好。临床多用复方制剂,如复方氢氧化铝片(胃舒平片)。

2. 抑制胃酸分泌药物

抑制胃酸分泌药物是目前消化性溃疡治疗的最主要药物,主要有 H_2 受体拮抗药、质子泵抑制药等。

(1) H_2 受体拮抗药　包括西咪替丁、雷尼替丁、法莫替丁、尼扎替丁和罗沙替丁等。该类药物能选择性地抑制组胺,降低空腹和进食后的胃酸分泌,对消化性溃疡起到缓解疼痛、促进溃疡愈合的作用。H_2 受体拮抗药餐后服用效果好,睡前服用效果更佳。长期用药可见氨基转移酶水平升高、血小板减少性紫癜、粒细胞缺少、男性性功能紊乱等,偶见幻觉、定向力障碍,司机等人员慎用。

(2) 质子泵抑制药(PPI)　主要有奥美拉唑、兰索拉唑、泮托拉唑、雷贝拉唑等。PPI 通过干扰胃壁细胞内的质子泵即 H^+-K^+-ATP 酶,抑制各种刺激引起的胃酸分泌,抑酸作用强而持久。此外,PPI 还有抗幽门螺杆菌、保护胃黏膜等作用。PPI 不耐酸,服药时不宜嚼碎。不良反应主要有口干、恶心、腹胀、便秘、失眠;长期持续抑制胃酸分泌,可致胃内细菌滋长。

3. 胃黏膜保护药

(1) 米索前列醇　能增加胃黏膜 HCO_3^- 的分泌,增加胃黏膜局部血流量,抑制基础胃酸及由组胺、促胃液素、食物刺激所引起的胃酸分泌和胃蛋白酶分泌,促进胃黏膜细胞的增殖和修复。不良反应可见腹泻,也会引起子宫收缩,孕妇禁用。

(2) 硫糖铝　在胃内酸性条件下能黏附于上皮细胞和溃疡面,增加黏膜保护层的厚度,减轻胃酸和消化酶的侵蚀。还能促进黏膜和血管增生,促进溃疡愈合。餐前 0.5～1h 给药较好。不宜与碱性药物、钙剂、牛奶合用,长期用药可致便秘,偶有恶心、胃部不适、腹泻、皮疹、痛痒及头晕。

(3) 枸橼酸铋钾　在胃内酸性条件下可在溃疡基底膜上形成蛋白质-铋复合物的保护层,并促进胃黏膜局部保护因子 PGE 释放,还能抗幽门螺杆菌。服药期间舌、粪黑染,偶见恶心。

(4) 蒙脱石　能覆盖于消化道黏膜上,增强黏膜的屏障作用,并通过促进胃黏膜上皮的修复而发挥抗溃疡作用。

4. 根除幽门螺杆菌 (Hp) 药

根除幽门螺杆菌药物可使多数幽门螺杆菌相关的消化性溃疡复发率大大降低。对 Hp 感染的治疗主要有下面几类药。

（1）质子泵抑制药（PPI） 奥美拉唑、兰索拉唑等。

（2）铋剂 枸橼酸铋钾。

（3）抗生素及其他抗菌药物 阿莫西林、克拉霉素、甲硝唑、呋喃唑酮、四环素等。

现在多采用三联或四联治疗方案。常用的是以 PPI 为基础的三联治疗方案（PPI＋阿莫西林＋克拉霉素），Hp 根除率可达 90％左右。也可根据既往用药情况，结合药敏试验结果，应用 PPI＋铋剂＋两种抗菌药物即四联治疗方案。

 知识链接

根除 Hp 的治疗方案

项目	一线方案	示例
四联疗法	PPI＋克拉霉素＋阿莫西林＋铋剂 PPI＋克拉霉素＋甲硝唑＋铋剂	埃索美拉唑＋克拉霉素＋阿莫西林＋枸橼酸铋钾 埃索美拉唑＋克拉霉素＋甲硝唑＋枸橼酸铋钾
三联疗法	上述方案除去铋剂	埃索美拉唑＋克拉霉素＋阿莫西林

5. 解除平滑肌痉挛药物

解除平滑肌痉挛药物主要有溴丙胺太林、阿托品、颠茄片、山莨菪碱等。

五、用药监护

① 根除 Hp 用药前权衡全身情况，避免不良反应。如他汀类药物和克拉霉素同服增加横纹肌溶解的风险；长期使用 PPI 和高剂量二甲双胍合用会导致维生素 B_{12} 缺乏；抗酸药和铋剂同服易引起便秘，老年人还会发生骨质疏松。

② 溃疡治疗前应停用胃黏膜损害药，如解热镇痛抗炎药。

③ 抗酸药、铋剂、氢氧化铝等药物不要在餐后使用。

六、健康指导

（1）了解疾病 吸烟、应激、长期精神紧张、饮食不规律等为常见的发病诱因。

（2）定期监测 用药期间，应注意药物的不良反应，出现不良反应应及时到医院就诊，同时应定期复查。胃镜是确诊消化性溃疡和随访复查判断消化性溃疡疗效的首选方法。一般应在根除幽门螺杆菌治疗后至少 4 周复查幽门螺杆菌。

（3）饮食治疗 对消化性溃疡患者要给予富有营养、易消化、低糖、低脂的饮食，定时定量、少食多餐、细嚼慢咽、有规律地进食。忌浓茶、咖啡、浓肉汤、过酸的水果及油炸食品，避免生、冷、硬、辛辣刺激性食物，忌烟酒。多人共同进餐时实行分食制。

（4）运动治疗 生活要有规律，工作宜劳逸结合。

（5）防治并发症。

第十一节　腹泻

一、疾病概述

1.腹泻的定义

腹泻（diarrhea）是一种常见症状，表现为排便在一日内超过 3 次，粪质稀薄，水分增加，或含未消化食物或脓血、黏液，并常伴有排便急迫感、肛门不适、失禁等症状，可由多种病因引起。

严重的腹泻会使人脱水，引起电解质紊乱，甚至危及生命，应及时就医。某些患者的排泄物具有传染性，应加以消毒与隔离。

2.腹泻的分型

（1）根据病因分　感染性腹泻，炎症性腹泻，消化性腹泻，激惹性（旅行者）腹泻，菌群失调性腹泻，功能性腹泻等。

（2）根据病程分　急性腹泻和慢性腹泻鉴别见表 5-2。

表 5-2　急性腹泻和慢性腹泻鉴别

项目	急性腹泻	慢性腹泻
病程	2～3 周,起病急	≥2 个月,起病缓慢
病因	肠道感染、食物中毒、出血性坏死性肠炎	阿米巴痢疾、结核、肿瘤
表现	痢疾样腹泻,可有黏膜破坏,频频排出脓血性粪便,并伴腹痛、里急后重 水泻,不含红细胞、脓细胞,不伴腹痛和里急后重	大便性状有改变,呈稀便、水样便、黏脓便或脓血便 小肠炎性腹泻,腹泻后腹痛多不缓解;结肠炎性腹泻于腹泻后腹痛多可缓解

二、临床症状

腹泻是疾病的症状，因分型不同临床表现也不同。

1.临床表现

（1）急性肠道感染者　伴有发热、腹痛、呕吐、欲泄而不爽、里急后重、大便腥臭等。伴水样便则需警惕霍乱弧菌感染。

（2）因食物在胃肠积滞引起的腹泻　消瘦、排泄物中有未消化的食物。

（3）肿瘤导致的腹泻　多为慢性腹泻，常伴有消瘦、不规则低热、大便带血等症状。伴大便带血、贫血、消瘦等需警惕肠癌；伴腹胀、食欲差等需警惕肝癌。

2.不同腹泻的粪便性状

不同腹泻的粪便性状见表 5-3。

三、诊断标准

根据排便的次数和粪便的性状诊断，结合化验指标、X 线及结肠镜检查辅助诊断。

四、治疗药物

临床治疗腹泻的药物有许多种，根据治疗目的去除病因缓解症状来选择药物。常用药物

表 5-3 不同腹泻粪便性状

腹泻类型	粪便性状
小肠炎性腹泻	粪便呈稀薄水样且量多
阿米巴痢疾	暗红色果酱样便
菌痢	脓血便或黏液便
嗜盐菌性食物中毒和急性出血性坏死性肠炎	血水或洗肉水样便
霍乱或副霍乱	米泔水样便
沙门菌属或金黄色葡萄球菌性食物中毒	黄水样便
激惹性腹泻	水便
婴儿消化不良	黄绿色混有奶瓣便
肠道阻塞、吸收不良综合征	脂肪泻和白陶土色便

如下。

1. 止泻药

这是治疗腹泻的对症治疗药。主要通过减少肠蠕动或保护肠道免受刺激而达到止泻效果。止泻药适用于剧烈腹泻或长期慢性腹泻，以防止机体过度脱水、水盐代谢失调、消化或营养障碍。按药理作用可分类如下。

（1）阿片及其衍生物 此类药物为改变肠道运动功能药，能提高胃肠张力，抑制肠蠕动，阻止推进性收缩，因而减缓食物的推进速度，使水分有充分的时间吸收而止泻。代表药物有复方樟脑酊、地芬诺酯、盐酸洛哌丁胺等。

（2）肠黏膜保护药 也称吸附剂，是通过药物表面的吸附作用，吸附肠道中水、气体、细菌、病毒、外毒素，阻止它们被肠黏膜吸收或损害肠黏膜而止泻。这类药口服后吸收不进入血液，孕妇、哺乳期妇女也可放心使用。代表药物有药用炭、蒙脱石散（思密达）等。

（3）收敛保护药 药物在肠黏膜上形成保护膜，使其免受刺激。代表药物有鞣酸蛋白，碱式碳酸铋等。

2. 抗菌药物

通过抑菌或杀菌而止泻，如盐酸小檗碱（黄连素）和肠道杀菌药（诺氟沙星）。

3. 微生态制剂

这类药物可调整肠道正常菌群的生长和组成，是通过补充肠道正常寄生菌竞争性对抗致病菌来治疗腹泻，常用药物如乳酸菌素片、双歧三联活菌制剂（培菲康、金双歧）、地衣芽孢杆菌活菌制剂（整肠生）、复方嗜酸乳杆菌片、复合乳酸菌胶囊、口服双歧杆菌活菌制剂等。

4. 口服补液盐（ORS）

防止腹泻引起的机体脱水、电解质紊乱，最符合人体脱水后的补液成分，比腹泻后单纯喝水更容易被人体吸收。临床口服补液盐常用第三代。

5. 解痉药

腹痛剧烈者可服用消旋山莨菪碱片，或口服颠茄浸膏片等。

6. 中成药

代表药物有附子理中丸、加味香连丸、参苓白术散、补中益气丸、健脾丸、四味脾胃舒颗粒等。

7. 其他

① 通过治疗肠消化不良而止泻，如乳酶生。

知识链接

口服补盐液Ⅲ（ORS）配方和组成

配方质量浓度/（g/L）		组成浓度/（mmol/L）	
氯化钠	2.6	钠	75
无水葡萄糖	13.5	氯	65
氯化钾	1.5	葡萄糖	75
枸橼酸钠	2.9	钾	20
		枸橼酸	10
		总渗透压	24

② 通过抑制肠道前列腺素合成，抑制细胞分泌而止泻，如阿司匹林。

③ 通过在肠内与胆酸络合而止泻，如考来烯胺。

五、健康指导

1. 重在预防

① 养成良好的饮食卫生习惯，饭前便后洗手；不吃腐败和不新鲜的食物；忌烟酒、辛辣食品、牛奶和乳制品；以富含维生素、微量元素的食物为主；避免环境应激引起的胃肠道症状，不暴饮暴食，进食清淡、易消化食物。

② 注意保暖，避免受凉。

③ 平时应加强户外活动，提高对自然环境的适应能力及自身应变能力。尤其儿童应加强体格锻炼，增强体质，提高机体抵抗力；日常生活中应避免不良刺激（如过度疲劳、惊吓或精神过度紧张等），以免导致儿童腹泻。

④ 预防腹泻应用肠道益生菌制剂，以双歧杆菌为主的益生菌具有抑制有害菌生长，调节免疫、抗菌、消炎、助消化等特殊功能，对维持肠道正常生理功能、减少复发具有重要意义。

2. 家庭护理

① 安排患者卧床休息以减少体力消耗和肠蠕动次数。

② 鼓励腹泻患者多饮水，最好是淡糖盐水。由于腹泻，体内迅速丢失大量水分及无机盐，如不及时补充，容易出现脱水，导致电解质紊乱。

③ 由于腹泻频繁，肛门处黏膜与皮肤因粪便的刺激可引发红肿、疼痛，应在每次便后，用软纸、湿巾擦拭干净，有条件时应用温水清洗。

④ 不要怕腹泻而禁食，要鼓励患者进食，饮食可以选择一些清淡、少油和易消化的食物，少食多餐。

⑤ 观察患者，如腹泻伴有发热、口唇干燥、眼窝凹陷、尿量减少时，应迅速送往医院进行治疗。

⑥ 养成良好生活习惯，保证睡眠质量，必要时药物干预。

⑦ 保持心理健康、情绪健康，解除心理负担，缓解焦虑。

知识链接

小儿腹泻的日常保健

1. 调整饮食 轻型腹泻的患儿若停止辅助食品、停止不易消化的食物或脂肪类食物,腹泻的症状会明显减轻直至消失。对于母乳喂养的孩子,要继续母乳喂养,可酌情减少哺乳次数和时间。对于重型的腹泻伴有呕吐的患儿要禁食 6～12h,可给予静脉输液,等症状减轻时,饮食逐渐从流质到半流质恢复正常喂养。

2. 纠正脱水 小儿腹泻时脾胃比较虚弱,会出现明显的上吐下泻、大便次数多等症状,很容易导致患儿脱水。要注意及时给宝宝补液,可口服补液,每次量要少,分次服用,严重脱水者要立即送医院进行静脉输液。

3. 加强护理 小儿腹泻要注意腹部的保暖,避免腹部着凉的情况。患儿大便后,要注意清洗患儿的臀部,保持肛门部位的清洁卫生。要注意及时给小儿换尿布,以避免粪便或尿液等刺激宝宝的臀部,发生湿疹等情况。对于宝宝用的便盆、玩具等要注意消毒。

第十二节 便秘

一、疾病概述

便秘(constipation)系指肠蠕动减少,大便过于干燥、量少、排便困难、费力等症状。便秘在人群中的患病率比较高,女性多于男性,老年多于青壮年。便秘可分为急性和慢性。便秘可以单独存在,也可以是其他疾病连带的并发症。长期便秘的危害很大,当伴有便血、贫血、消瘦、发热、黑粪、腹痛等报警征象或有肿瘤家族史时应马上到医院就诊,做进一步检查。

发生便秘常见原因有:①不良的饮食习惯,进食量不足或食物过于精细;②饮水不足及肠蠕动过缓,导致机体从粪便中持续再吸收水分;③缺乏锻炼使肠蠕动不够;④排入直肠便重量的压力小,达不到刺激神经末梢感受器兴奋的正常值,不能形成排便反射;⑤结肠低张力,肠运行不正常;⑥长期滥用泻药、抗酸药及胶体果胶铋;⑦生活不规律和不规律的排便习惯;⑧以便秘为主要症状的肠易激综合征。

二、临床症状

便秘是临床常见的复杂症状,而不是一种疾病。临床表现如下。

① 大便干结,排便费力、排出困难和排不干净。

② 可同时出现下腹部膨胀感、腹痛、恶心、食欲减退、口臭、口苦、全身无力、头晕、头痛等感觉。

③ 有时在小腹左侧可摸到包块及发生痉挛的肠管。

三、诊断标准

排便次数减少,每周少于2～3次,无规律,同时伴有粪便量减少、粪便干结、排便费力等。所述症状同时存在两种或以上时,可诊断为症状性便秘。同时还需结合粪便的性状、本人平时排便习惯和排便有无困难作出有无便秘的判断。通常以排便频率减少为主。一般每2～3 天或更长时间排便一次（或每周＜3 次）即为便秘。病程如超过 6 个月即为慢性便秘。

四、治疗药物

缓泻药是一类能促进排便反射或使排便顺利的药物。按作用机制分为容积性、刺激性、润滑性和膨胀性泻药。

1. 非处方药

《国家非处方药目录》收载的缓泻药的活性成分有乳果糖、比沙可啶、甘油、硫酸镁、大黄、山梨醇；制剂有开塞露、聚乙二醇散剂、羧甲基纤维素钠颗粒。

（1）功能性便秘　可选用乳果糖，该药在肠道内极少吸收，可被细菌分解成乳酸及乙酸，使水和电解质保留在肠腔内，提高肠腔的渗透压，产生容积性排便效应。

（2）急慢性或习惯性便秘　可选用比沙可啶，该药通过与肠黏膜接触，刺激肠壁的感受神经末梢，引起肠反射性蠕动增强，促进粪便的排出。

（3）低张力性便秘　可选用甘油栓，该药作用温和，能润滑并刺激肠壁，软化大便，使粪便易于排出。尤其适用于儿童及年老体弱者。

（4）痉挛性便秘　可选用聚乙二醇粉，服后易溶于水而形成黏性的胶浆，能润滑肠壁，软化大便和调节稠度，使粪便易于排出。同类药还有羧甲基纤维素钠，易分散于水中形成黏性的胶状液体，可润滑肠壁，并吸收大量水分，膨胀后刺激肠壁，引起便意，导致排便。

（5）急性便秘　可选用硫酸镁，该药为容积性泻药，作用强烈。口服不易吸收，使肠内容积的渗透压升高，阻止对肠腔内水分的吸收，同时将组织中的水分吸引到肠腔中来，使肠内容积增大，对肠壁产生刺激，反射性引起肠蠕动增强而产生导泻作用，排出大量水样便。应用该药时要大量饮水。

2. 处方药

（1）酚酞　主要作用于结肠，口服后在小肠碱性肠液的作用下慢慢分解，形成可溶性钠盐，从而刺激肠壁内神经丛，直接作用于肠道平滑肌，使肠蠕动增加，同时又能抑制肠道内水分的吸收，使水和电解质在结肠蓄积，产生缓泻作用。其作用缓和，很少引起肠道痉挛。本药应睡前服。

（2）莫沙必利　为选择性 5-羟色胺受体激动药，通过兴奋胃肠道胆碱能中间神经元及肌间神经丛的 $5-HT_4$ 受体，促进乙酰胆碱的释放，从而增强上消化道（胃和小肠）运动。本药应饭前或饭后口服。

（3）欧车前亲水胶　是一种无刺激性的、纯天然的水溶性纤维，为容积性泻药，可用于功能性便秘，其在肠道内可吸附液体，使粪便软化而容易排出。

五、用药监护

1. 合理选择药物

对长期慢性便秘者，不宜长期大量使用刺激性泻药，会严重削弱正常的肠道功能，造成对缓泻药的依赖或引起结肠痉挛性便秘；对结肠低张力所致的便秘，于睡前服用刺激性泻药，以达次日清晨排便；对结肠痉挛所致的便秘，可用膨胀性或润滑性泻药，服用后注意多饮水，并增加富含纤维食物的数量。

2. 正确使用药物

糖尿病、乳酸血症、妊娠期患者禁用乳果糖。比沙可啶应避免吸入或与眼睛、皮肤黏膜接触，口服时不得嚼碎，服药前后 2h 不要喝牛奶、口服抗酸药或刺激性药，妊娠期妇女慎用。酚酞可使尿色变成红色或橘红色，幼儿慎用，婴儿禁用。伴有阑尾炎、肠梗阻、不明原因的腹痛、腹胀者以及妊娠早期、哺乳期妇女禁用缓泻药。

多数泻药为口服药。硫酸镁宜在清晨空腹服用，并大量饮水，在排便反射减弱（如老年人）引起腹胀时禁用，以免粪便嵌塞。盐类和蓖麻油应于清晨空腹服用。大黄、酚酞应于临睡前服用。

口服缓泻药连续使用不宜超过 7 天，便秘缓解即应立即停药。儿童不宜应用缓泻药，以免造成缓泻药依赖性便秘。

六、健康指导

① 养成每天定时排便的习惯。每日定时排便，形成条件反射，逐步恢复或重新建立排便反射。

② 避免排便习惯受到干扰。特别是精神因素、生活规律的改变、长途旅行、过度疲劳等未能及时排便的影响。

③ 建议患者每天大量饮用白开水（至少 6～8 杯 250mL 的水），多吃富含 B 族维生素、纤维素的蔬菜、食物，多食香蕉、梨、西瓜等水果以增加大便的体积，尽量少用或不用缓泻药。忌酒、浓茶、辣椒、咖啡等食物。

④ 应避免进食过少或过精，进食少或食物过于精细、缺乏残渣均可减少对结肠运动的刺激。避免滥用泻药，滥用泻药会使肠道的敏感性减弱，形成对某些泻药的依赖性，造成便秘。

⑤ 合理安排生活和工作，做到劳逸结合。适当的文体活动，特别是腹肌的锻炼有利于胃肠功能的改善，对于久坐少动和精神高度集中的脑力劳动者更为重要。

⑥ 及时治疗肛裂、肛周感染、子宫附件炎等疾病，泻药应用需谨慎，不宜使用洗肠等强刺激方法。

 知识链接

防便秘医疗操

1. 仰卧摩腹　仰卧，背下垫一块软垫，将小腿反屈，双脚尽可能贴靠臀部，用左手在腹部做顺时针揉按，约 20 次。

2. 叉握屈体　双脚分开同肩宽站立，双手叉握上举，掌心向上，同时呼气。边呼气边向一侧屈体，充分牵拉对侧肌肉，反复做数次，左右交替练习。

3. 叉握后仰　双脚分开同肩宽站立，双手叉握上举，掌心向上，边呼气边后仰，充分伸展腹肌，反复做数次。

第十三节　胆囊炎与胆囊结石

一、疾病描述

胆囊炎（cholecystitis）是指由胆囊结石或其他原因（细菌毒素的感染、胆汁对胆囊黏膜的刺激、体内胆红素代谢失常等）引起的胆囊内急慢性炎症反应。根据患者的临床表现可分为急性胆囊炎和慢性胆囊炎两种类型。胆囊炎主要因胆道梗阻、胆汁淤积引起继发感染所致，导致梗阻的主要原因是胆道结石，而反复发生的感染可促进结石形成，从而进一步加重胆道梗阻，形成恶性循环。

胆囊结石主要见于成人，女性多于男性，40岁后发病率随年龄增长而增高。结石为胆固醇结石或以胆固醇为主的混合性结石和黑色胆色素结石。

胆囊炎和胆囊结石是较常见的消化系统疾病，一旦急性起病，上腹痛症状剧烈，病期发展迅速，需要急诊就医；慢性胆囊炎常与胆囊结石长期并存，虽症状不严重，却常影响生活质量。

二、临床症状

1. 胆囊炎

急性结石性胆囊炎常于夜间发作，开始时仅有上腹部胀痛不适，逐渐发展至阵发性绞痛；疼痛剧烈时，会放射到右肩、肩胛和背部；饱餐、进食油腻食物常诱发突然发作；如疼痛呈持续性、阵发性加剧，且出现寒战高热，则表明病情非常严重。

慢性胆囊炎症状一般不典型，多在饱餐、进食油腻食物后出现上腹胀痛不适，腹痛程度因人而异，可能会牵涉到右肩背部，很少出现畏寒、高热和黄疸，可能伴有恶心、呕吐等症状。

2. 胆囊结石

大多数患者没有明显临床症状，多由腹部B超检查发现。少数患者有结石脱落梗阻引起胆绞痛。胆绞痛呈痉挛性右上腹或上腹痛，可放射到右肩、肩胛和背部，常伴有出汗、恶心呕吐、腹泻等，如一次疼痛时间超过6h，会出现高热、寒战、黄疸等感染症状。

三、诊断标准

依据典型的临床症状和腹部B超检查。

四、治疗药物

（一）胆囊炎的药物治疗

1. 急性胆囊炎的药物治疗

（1）解痉、镇痛治疗　可用33％硫酸镁10～30mL口服，或阿托品0.5mg肌内注射，如疼痛剧烈可用哌替啶、可待因等。

（2）抗感染治疗　可以选用氨苄西林、林可霉素和氨基糖苷类联合应用，或选用头孢羟唑或头孢呋辛治疗。

（3）利胆药物　口服50％硫酸镁、口服熊去氧胆酸片等。

2. 慢性胆囊炎药物治疗

（1）利胆药物　口服50％硫酸镁、口服熊去氧胆酸片等。

（2）溶石疗法　由胆固醇结石引起的胆囊炎，可用熊去氧胆酸或鹅去氧胆酸进行溶石治疗。在疗程结束后，继续治疗一段时间可预防复发。

3. 中成药

消炎利胆片可清热、祛湿、利胆，用于急性胆囊炎恢复期。胆乐胶囊作用是清热利湿、利胆排石，主治湿热蕴结，肝胆管结石、胆囊炎引起的右上腹疼痛不适，特别适用于年老体弱不能耐受手术的患者。

（二）胆囊结石的药物治疗

（1）匹维溴铵　解除消化道平滑肌痉挛，无抗胆碱样作用和心血管不良反应，可用于排石后，仅可吞服不可咀嚼，应在非卧位服用。

（2）熊去氧胆酸　长期服用可增加胆汁酸分泌，改变胆汁成分，降低胆汁中胆固醇及胆固醇酯，利于胆固醇结石溶解。用于不宜手术治疗、胆囊有收缩功能、直径较小的胆固醇结石患者，但效果不太显著。胆管梗阻、肝功能异常及慢性腹泻者慎用。

五、用药监护

① 使用镇痛药时要排除胆囊穿孔等外科情况，以免掩盖病情。治疗时不单独使用吗啡，因其使胆总管括约肌痉挛，加重病情。

② 硫酸镁的应用要选择正确的浓度和给药途径。

③ 不针对胆石症或慢性胆囊炎长期服用中药或溶石药物。

④ 除非有明确的细菌感染指征，一般不用抗菌药物。

六、健康指导

（1）健康饮食　健康的饮食不仅有助于控制体重，也可直接预防胆石症的发生。患者要营养均衡，食不过饱，避免进食过于油腻的食物，少吃或忌吃鸡蛋，多吃水果、蔬菜、粗粮等。注意控制体重。对于接受了胆囊切除术的患者，易发生消化不良的症状，可考虑少量多餐、清淡饮食、营养均衡。养成健康的早餐习惯。

（2）定期监测　慢性胆囊炎患者一般预后良好。无症状患者推荐每年进行 1 次随访，随访内容包括体格检查、肝功能实验室检查和腹部超声检查。手术后患者，要定期去医院复查肝功能、B 超等。

（3）缓慢减重　注意不要让体重下降过快，否则将增加患胆石症的风险。将减重的目标定在每周减 0.5～1.0kg 比较适宜。超重会增加患胆石症的风险。

 知识链接

胆囊炎的预防

1.有规律的进食（一日三餐）是预防结石的最好方法。

2.适度营养并适当限制饮食中脂肪和胆固醇的含量。

3.保证摄入足够量的蛋白质。

4.讲究卫生，防止肠道蛔虫的感染：养成良好的卫生习惯，饭前便后要洗手，生吃瓜果必须洗净，搞好环境卫生等，是预防蛔虫病的有效措施，对预防胆色素结石也很有帮助。

5.积极治疗肠蛔虫症和胆道蛔虫症：发现肠蛔虫症后，应及时服用驱虫药，以免蛔虫钻入胆道。在发现胆道蛔虫症后，更应积极治疗，以防日久发生胆色素结石。

第十四节　抑郁症

一、疾病概述

抑郁症是情感性精神障碍的一种临床类型，以显著而持久的情绪低落为主要特征，是大脑 5-羟色胺和去甲肾上腺素等神经递质系统功能失调所致的心理障碍，以情感低落、思维迟缓和精神运动性抑制三大症状为基本特征。

抑郁症是严重精神疾病之一，有高患病率、高复发率、高疾病负担及高自杀死亡率等特点。我国目前抑郁症患者达 3000 万，未来可能成为我国继心血管病后的第二大疾病。全球处方量最多的 10 种药品中抗抑郁药占了 3 种。

抑郁症的发生与遗传、生物化学、心理、社会和环境等多种因素有关，其发病机制至今尚未完全清楚。目前认为主要有以下三方面。

① 单胺能神经通路信号异常。

② 下丘脑-垂体-肾上腺素轴功能亢进。

③ 海马体积减小和神经可塑性下降。

单胺假说认为中枢单胺类神经递质 5-羟色胺（5-HT）、去甲肾上腺素（NE.）和多巴胺（DA）在重要脑区的绝对或相对缺乏与抑郁症关系密切，尤其是 5-羟色胺系统功能的低下被公认为是抑郁症的生物学基础。20 世纪 70 年代提出的受体假说认为抑郁症与脑中 NE 和 5-HT 受体敏感性增高有关。

二、临床症状

（1）情绪症状 主要特点为情绪低落，失去对生活和工作的热忱和乐趣，对前途悲观失望。

（2）思维症状 主要特点为思维迟缓。

（3）行为症状 主要特点为活动减少，喜欢安静独处，严重者可不语不动，无法完成日常生活。

（4）躯体症状 多数患者伴有睡眠障碍、食欲减退、便秘、恶心、易疲劳、浑身疼痛等各种各样的躯体不适感。

三、诊断标准

1. 核心症状

① 心境低落。

② 兴趣减退或愉快感丧失。

③ 精力下降或疲劳感。

2. 附加症状

① 集中注意的能力降低。

② 自我评价低。

③ 自罪观念和无价值感（即使在轻度抑郁发作中也可出现）。

④ 认为前途暗淡悲观。

⑤ 自伤或自杀的观念或行为。

⑥ 睡眠障碍。

⑦ 食欲下降。

四、治疗药物

抑郁症的治疗目标：提高抑郁症的临床治愈率，最大限度减少病残率和自杀率，提高生存质量，恢复社会功能，预防复发。

药物治疗是抑郁症治疗指南中推荐的一线治疗，运用最广泛，使用方便，效果肯定，可以缓解症状、减少发作和降低复发风险。一般推荐选择性5-羟色胺再摄取抑制药（SSRI）、5-HT和NE再摄取抑制药（SNRI）及去甲肾上腺素和特异性5-羟色胺能抗抑郁药（NaSSA）作为一线药物。

1. 选择性5-羟色胺再摄取抑制药（SSRI）

SSRI具有抗抑郁和焦虑的双重作用，很少引起镇静作用，不损害精神运动功能，对心血管和自主神经系统功能影响很小。不良反应显著少于三环类抗抑郁药物，是全球公认的一线抗抑郁药物。目前临床应用的有氟西汀、帕罗西汀、舍曲林、氟伏沙明、西酞普兰及艾司西酞普兰等。一般每天给药1次即可。可用于各种抑郁症，包括轻至重度抑郁症、双相情感性精神障碍抑郁相等。常见的不良反应有恶心、呕吐、厌食、便秘、腹泻、口干、震颤、失眠、焦虑及性功能障碍，偶尔出现皮疹。少数患者能诱发躁狂，不能与单胺氧化酶抑制药（MAOI）合用。

2. 5-HT和NE再摄取抑制药（SNRI）

SNRI代表药物为文拉法辛和度洛西汀，不良反应较少，安全性和耐受性较好。此类药物特点是疗效与剂量相关，低剂量时作用谱、不良反应与SSRI类似；剂量增加后作用谱增宽，不良反应也相应增加，如引起血压增高。SNRI均可诱发躁狂，不能与MAOI合用。

3. 去甲肾上腺素和特异性5-羟色胺能抗抑郁药（NaSSA）

NaSSA是近年开发的具有对NE和5-HT双重作用机制的抗抑郁药，代表性药物为米氮平。米氮平起效比SSRI快，安全性、耐受性好，最常见的不良反应是体重增加，偶见直立性低血压。较少发生与5-HT相关的不良反应，如焦虑、失眠、恶心、呕吐、头痛和性功能障碍。

4. 三环类抗抑郁药（TCA）

第一代三环类抗抑郁药包括丙米嗪、阿米替林、多塞平等。该类药物属于非选择性单胺摄取抑制药，不良反应较多，常见的有口干、便秘、视力模糊、排尿困难、心动过速、直立性低血压、心率改变和嗜睡等。可诱发躁狂发作。老年体弱患者用药剂量必须减小，必要时应注意监护。原有心血管疾病的患者不宜使用。

5. 单胺氧化酶抑制药（MAOI）

如苯乙肼、环苯丙胺等，由于会引起肝实质损害，且与富含酪胺的食物（奶酪、酵母、鸡肝、酒类等）合用时可发生高血压危象，目前已极少使用。

五、用药监护

① 抗抑郁药必须个体化用药。

② 大部分抗抑郁药起效缓慢，通常在2~4周后见效，因此，忌频繁换药，至少使用4周以上再判定效果。

③ 剂量逐步递增，尽可能采用最小有效剂量，使不良反应减至最小，以提高服药依从性。小剂量疗效不佳时，根据不良反应和耐受情况，增至足量（药物有效剂量的上限）和足够长的疗程（>4~6周）；如仍无效，可考虑换药，改用同类其他药物或作用机制不同的另一类药物。应注意氟西汀需停药5周才能换用MAOI，其他SSRI需停药2周再换用MAOI，MAOI停药2周后才能换用SSRI。

④ 应尽可能单一用药，当换药治疗无效时，可考虑两种作用机制不同的抗抑郁药联合使用。一般不主张联用两种以上抗抑郁药。

⑤ 对抑郁症应实施全程治疗，急性期治疗至少3个月；其中症状完全消失者进入巩固

期治疗 4～9 个月，应尽量使用原有效药物和原有效剂量。

⑥ 长期使用 SSRI 需停药时，应采用逐步减量然后终止的方法。因在停药后受体无法立即适应这种变化而出现戒断症状。

⑦ 各种抗抑郁药均不宜与 MAOI 类药物联合使用。

⑧ SSRI 可通过乳汁分泌而影响婴儿，妊娠或准备妊娠的妇女及哺乳期妇女慎用；重度肾功能不全患者慎用；肝硬化者单次服用 SSRI 后，几乎所有 SSRI 的血浆半衰期均延长 1 倍，尤其在老年人血药浓度更高。因此肝病患者宜减少 SSRI 的应用剂量与使用频率。

六、健康指导

① 抗抑郁药物能引起嗜睡，在从事驾驶、仪器操作或其他需要集中精神才能完成的操作时应谨慎使用；避免与酒精或其他引起嗜睡作用的药物合用。

② 患者及家人要警惕患者出现行为异常、病情恶化或自杀倾向。一旦出现，应立即通知医生。

③ 由于存在症状反弹和戒断综合征的风险，这类药物不能突然停止使用。请在医生指导下调整用药。

④ 抑郁症患者除了接受抗抑郁治疗外，还可进行心理治疗，参加体育活动，可增加药物治疗的依从性，缓解患者心理焦虑和紧张程度。

 知识链接

抑郁症患者日常保健方法

1. 增加活动　抑郁症患者常常兴趣丧失，精神疲乏，造成活动减少，整天想一些不愉快的事情。患者可以有意识地增加活动，使自己从消极想法中分散注意力，同时在做事过程中增强自信心。比如做一些简单的家务劳动，做一些手工，看看电视和报纸，听听音乐等。

2. 体育锻炼　锻炼可减轻抑郁。一些研究发现，对有些抑郁症患者，体育锻炼比抗抑郁治疗和心理治疗更有效。体育锻炼可提高血液中某些激素（如 β-内啡肽）的水平，振奋精神。体育锻炼可转移抑郁想法，可提高自信心。

3. 培养社交能力　抑郁症患者增加愉快的活动是非常有益的，愉快的活动常常包含与其他人的交往。抑郁症患者应有意识培养自己的社交能力，学会在交往中有效地表达自己的需要和情感。

4. 音乐疗法　通过声波有规律的频率变化作用于大脑皮质，提高皮质神经的兴奋性，并对丘脑下部的边缘系统产生效应，改善情绪状态，消除外界造成的精神紧张。

第十五节 高血压

一、疾病概述

高血压（hypertension）是以体循环动脉压持续升高、周围小动脉阻力增高同时伴有不同程度的心排血量和血容量增加为主要表现的临床综合征。高血压是心脑血管病中最主要的危险，可导致脑卒中、心肌梗死、心绞痛、心力衰竭及慢性肾病，致残率、致死率高，严重危害人类健康。

高血压是指未使用抗高血压药物的情况下，诊室非同日 3 次测量，收缩压≥140mmHg和（或）舒张压≥90mmHg者，可诊断为高血压。临床上分为原发性及继发性两类。原发性高血压又称高血压病，与遗传、环境有关，约占高血压患者的 95％。另有 5％是继发性高血压，后者有明确的原发性疾病（如肾病、内分泌疾病、动脉炎症及原发性胆固醇增多症、嗜铬细胞瘤、肾动脉狭窄等）。血压水平定义和分类见表 5-4。

表 5-4 血压水平定义和分类

分类	收缩压/mmHg		舒张压/mmHg
正常血压	<120	和	<80
正常高值	120~139	和（或）	80~89
高血压	≥140	和（或）	≥90
1 级高血压（轻度）	140~159	和（或）	90~99
2 级高血压（中度）	160~179	和（或）	100~109
3 级高血压（重度）	≥180	和（或）	≥110
单纯收缩期高血压	≥140	和	<90

二、临床症状

1. 一般症状

高血压的不同类型和病情发展的不同阶段，其临床表现轻重不一。高血压早期一般无症状，起病隐匿，进展缓慢，病程常长达数年至数十年。初期较少出现症状，约半数患者因体检或因其他疾病测量血压后，才偶然发现血压升高。常见症状有头痛、头晕、心悸、健忘、乏力、眼底视网膜细小动脉痉挛等。

2. 主要并发症

高血压后期血压常持续在较高水平，除上述早期的一般症状外，还可出现脑、心、肾等一个或几个器官受损的临床表现。

（1）心脏 长期的高血压可导致高血压心脏病，甚至左心衰竭，出现胸闷、气急、咳嗽等症状。

（2）肾脏 持续高血压可致肾动脉硬化，从而引起高血压肾损害，出现多尿、夜尿，尿检时可有少量红细胞、管型、蛋白，尿比重减轻；严重时出现肾衰竭，表现为少尿、无尿、氮质血症或尿毒症。

（3）脑 因脑血管痉挛或硬化，可致患者头痛、头晕加重，出现一过性失明和肢体麻木等，严重者可致脑卒中（脑出血和脑梗死）。

（4）眼底 可见眼底出血、渗出，视盘水肿等情况。

三、治疗药物

（一）治疗目标

目前一般主张血压控制目标值应<140/90mmHg。对于老年高血压患者，建议控制在<150/90mmHg；老年收缩期高血压患者，收缩压控制在低于 150mmHg，如果能够耐受可降至 140mmHg以下。

（二）药物治疗

1. 抗高血压药物应用基本原则

（1）小剂量起始 初始治疗时通常应采用较小的有效治疗剂量，根据需要逐步增加剂量。

（2）优先选择长效制剂 尽可能使用每天给药1次而有持续24h降压作用的长效药物，从而有效控制夜间血压与晨峰血压，更有效预防心脑血管并发症。如使用中短效制剂，则需每天给药2～3次，以达到平稳血压、控制血压的目的。

（3）联合用药 可增加降压效果又不增加不良反应；在低剂量单药治疗效果不满意时，可以采用两种或两种以上抗高血压药物联合治疗。事实上，2级以上高血压为达到目标血压常需联合用药。

（4）个体化用药 根据患者具体情况、药物有效性和耐受性，兼顾患者经济条件及个人意愿，选择适合患者的抗高血压药物。

2. 抗高血压药物种类

一般推荐钙通道阻滞、血管紧张素转化酶抑制药（ACEI）、血管紧张素Ⅱ受体拮抗药（ARB）、利尿药以及β受体阻滞药等为常用抗高血压药，以上五类抗高血压药及低剂量固定复方制剂均可作为一线抗高血压药。

除上述五大类主要的抗高血压药物外，在抗高血压药发展历史中还有一些药物，包括外周交感神经递质再摄取抑制药，例如利血平；中枢α受体激动药，例如可乐定；α受体阻滞药，例如哌唑嗪、特拉唑嗪、多沙唑嗪，曾多年用于临床并有一定的降压疗效，但因不良反应较多，目前不主张单独使用，但用于复方制剂或联合治疗。

3. 抗高血压药物的选择

（1）钙通道阻滞药（CCB） 主要有硝苯地平、尼群地平、氨氯地平等。硝苯地平对正常血压无明显影响，对高血压患者降压作用显著，降压的同时不影响肾脏等重要器官，不影响脂代谢和糖代谢。常见不良反应包括反射性交感神经激活导致的心跳加快、面部潮红、足踝部水肿、牙龈增生等。

（2）肾素-血管紧张素-醛固酮系统（RAAS）抑制药

① 血管紧张素转化酶抑制药（ACEI）：如卡托普利、依那普利、赖诺普利等。这类药物对于高血压患者具有良好的靶器官保护和心血管终点事件预防作用。ACEI单用降压作用明确，对糖、脂代谢无不良影响。限盐或利尿药可增加ACEI的降压效应。尤其适于伴慢性心力衰竭、心肌梗死后伴心功能不全、糖尿病肾病、非糖尿病肾病、代谢综合征、蛋白尿或微量白蛋白尿患者。最常见不良反应为持续性干咳，多见于用药初期，症状较轻者可坚持服药，不能耐受者可改ARB。其他不良反应有低血压、皮疹，偶见血管神经性水肿及味觉障碍。ACEI及ARB类药物与留钾利尿药、补钾药、含钾替代盐合用及有肾功能损害者，可能出现高钾血症。长期应用有可能导致血钾升高。禁忌证为双侧肾动脉狭窄、高钾血症及妊娠期妇女。

② 血管紧张素Ⅱ受体拮抗药（ARB）：如氯沙坦、缬沙坦、厄贝沙坦等。此类药物对于高血压患者同样具有良好的靶器官保护和心血管终点事件预防作用。ARB的适应证同ACEI，也用于不能耐受ACEI的患者。不良反应少见，偶有腹泻，长期应用可升高血钾，应注意监测血钾及肌酐水平变化。禁忌证同ACEI。

（3）利尿药 常用于降压的利尿药有氢氯噻嗪、吲达帕胺等。该类药物降压作用温和、持久，常作为基础抗高血压药，单用治疗轻度、早期高血压，与其他抗高血压药合用治疗中重度高血压。尤适用于老年性高血压、单纯收缩期高血压伴心力衰竭患者，也是难治性高血

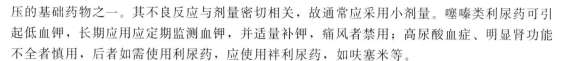

压的基础药物之一。其不良反应与剂量密切相关，故通常应采用小剂量。噻嗪类利尿药可引起低血钾，长期应用应定期监测血钾，并适量补钾，痛风者禁用；高尿酸血症、明显肾功能不全者慎用，后者如需使用利尿药，应使用袢利尿药，如呋塞米等。

（4）中枢性抗高血压药

① 可乐定：降压作用较强，静脉给药时先有短暂的血压升高，继而出现持久的血压下降，伴心率减慢和心排血量减少。同时抑制胃肠道分泌和运动，也有镇静作用，适用于伴有消化道溃疡的高血压患者，也可用于控制吗啡等阿片类麻醉药品戒断症状。

② 甲基多巴：降压作用与可乐定相似，降压的同时不明显减少肾血流量，适用于肾功能不全的高血压患者，不良反应有口干、嗜睡、水钠潴留等。

（5）去甲肾上腺能神经末梢抑制药　如利血平，降压时伴心率减慢、排血量减少，同时抑制中枢，有镇静和安定作用。常作为复方抗高血压药的成分之一，很少单独用。不良反应主要有鼻塞、乏力、体重增加、胃酸分泌过多、胃肠运动增加、腹泻等，还可引起镇静、嗜睡，严重时可引起抑郁症。有精神抑郁、消化性溃疡病史者禁用。

（6）肾上腺素受体拮抗药

① α受体阻滞药：如哌唑嗪等。不作为一般高血压治疗的首选药，适用于高血压伴前列腺增生症患者，也用于难治性高血压患者的治疗，开始用药应在入睡前，以防直立性低血压发生，使用中注意测量坐立位血压，最好使用控释制剂，直立性低血压者禁用。心力衰竭者慎用。

② β受体阻滞药：如普萘洛尔、美托洛尔、阿替洛尔等。主要通过抑制过度激活的交感神经活性、抑制心肌收缩力、减慢心率而发挥降压作用。普萘洛尔具有中等强度的降压作用，可使收缩压、舒张压都降低，同时减慢心率，减少肾素分泌，降低外周交感活性，不容易引起直立性低血压。用于轻中度高血压，与利尿药、扩血管药合用效果更明显。对伴有心排血量高、肾素活性偏高、心绞痛、快速型心律失常或脑血管病变者疗效较好。不良反应常见眩晕、心动过缓、焦虑、精神抑郁、反应迟钝等中枢神经系统反应。可见支气管哮喘、皮疹、粒细胞缺乏、血小板减少等。窦性心动过缓、重度房室传导阻滞、重度或急性心力衰竭、心源性休克、低血压、哮喘及过敏性鼻炎等患者禁用，妊娠期、哺乳期妇女慎用。

4. 抗高血压药的联合应用

抗高血压药的联合使用已成为降压治疗的基本方法。许多高血压者，为了达到目标血压水平，需要应用2种或2种以上抗高血压药物。

（1）联合用药的适应证　2级高血压和（或）伴有多种危险因素、靶器官损害或临床疾病的高危人群，往往初始治疗即需要应用2种小剂量抗高血压药物，如仍不能达到目标水平，可在原药基础上加量或可能需要3种甚至4种及以上抗高血压药物。

（2）联合用药的方法　联合用药一般分为临时组合或固定组合。我国临床主要推荐应用的优化联合治疗方案是：D-CCB＋ARB；D-CCB＋ACEI；ARB＋噻嗪类利尿药；ACEI＋噻嗪类利尿药；D-CCB＋噻嗪类利尿药；D-CCB＋β受体阻滞药。

目前上市的固定组合制剂有复方卡托普利（卡托普利＋氢氯噻嗪）、氯沙坦钾氢氯噻嗪、北京降压0号（复方利血平氨苯蝶啶）等。

（三）特殊人群的降压治疗

1. 老年人

老年高血压患者的血压应降至150/90mmHg以下，但过低会引起头晕、跌倒等问题。老年高血压降压治疗应强调收缩压达标，同时应避免过度降低血压，在能耐受降压治疗的前提下，逐步降压达标。CCB、ACEI、ARB、利尿药或β受体阻滞药都可以考虑选用。

2. 儿童及青少年

儿童及青少年原发性高血压表现为轻中度血压升高，通常没有明显的临床症状，绝大多数儿童与青少年高血压患者通过非药物治疗即可达到血压控制目标。但如果生活方式治疗无效，出现高血压临床症状、靶器官损害、合并糖尿病、继发性高血压等情况应考虑药物治疗。ACEI或ARB和CCB在标准剂量下较少发生不良反应，通常作为首选的儿科抗高血压药物，利尿药、β受体阻滞药和α受体阻滞药，因为不良反应的限制，多用于儿童及青少年严重高血压患者的联合用药。

3. 妊娠期高血压

非药物治疗措施（限盐、富钾饮食、适当活动、情绪放松）是妊娠合并高血压安全有效的治疗方法，应作为药物治疗的基础。在接受非药物治疗措施以后，收缩压≥150/100mmHg时应开始药物治疗，治疗目标是将血压控制在（130～140）/（80～90）mmHg。常用的抗高血压药物有硫酸镁、甲基多巴、拉贝洛尔、美托洛尔、氢氯噻嗪及硝苯地平等。妊娠期间禁用ACEI或ARB。

4. 高血压合并其他疾病

高血压可以合并脑血管病、冠心病、心力衰竭、慢性肾功能不全和糖尿病等。对于合并脑血管病者，降压治疗的目的是减少脑卒中的再发生。对于老年患者、颅内动脉严重狭窄者及严重直立性低血压患者应该慎重进行降压治疗，降压过程应该缓慢、平稳，最好不减少脑血流量。对于合并心肌梗死和心力衰竭者，首先考虑选择ACEI或ARB和β受体阻滞药。慢性肾功能不全伴高血压者，降压治疗的目的主要是延缓肾功能恶化，预防心脑血管疾病的发生，ACEI或ARB在肾功能不全的早中期能延缓肾功能恶化，病情晚期有可能反而使肾功能恶化。2型糖尿病往往较早就与高血压并存，往往同时还伴有肥胖和血脂代谢紊乱，ACEI或ARB能有效减轻和延缓糖尿病肾病的进展，可作为首选。

四、用药监护

① 向患者明示用药方法：多数长效类抗高血压药宜在上午7～8时服药，不宜睡前或夜间服药。

② 降压应逐步进行：轻中度高血压患者的初始治疗常用一种一线药物，从小剂量开始，尤其老年人。在用药过程中监测24h动态血压，在医师或药师的指导下及时调整用药剂量和药物种类；如果2周后血压未能满意控制，可增加原用药剂量或换药，必要时选用2种或2种以上的药物联合治疗，但联合用药种类不宜过多。当血压超过目标值20/10mmHg时，应使用两种药物进行初始治疗。

③ 高血压患者出现胸闷、气短、运动耐力下降者应及时到医院就诊。

④ 新加用抗高血压药物的患者若出现相应不良反应（如面部潮红、足踝部水肿、高钾血症、干咳等）且不能耐受时，应及时就医换药。

五、健康指导

（1）长期用药 药物治疗需长期坚持，治疗期间注意直立性低血压的危险，停药或更换药物要逐渐过渡，以免停药反跳。

（2）注意结合非药物治疗改善生活方式

① 控制体重。

② 合理、均衡饮食，减少钠盐、脂肪摄入，注意补充钾和钙。

③ 增强体育活动。

④ 减轻精神压力，保持心理平衡。

⑤ 戒烟限酒。

⑥ 补充叶酸、维生素 B_{12} 等。

（3）抗高血压药物可以控制但不能治愈高血压，必须坚持长期治疗以控制血压及预防其对身体多个系统的损害。

（4）在没有医生建议的情况下，不能随意开始或停止服药或改变剂量。

第十六节　高脂血症

一、疾病概述

（一）高脂血症的定义

血浆中的脂类物质统称为血脂，包括总胆固醇（TC）、三酰甘油（TG）、磷脂和游离脂肪酸等。它们在血液中与不同的蛋白质结合在一起，以脂蛋白的形式存在。

高脂血症指血清总胆固醇（TC）升高、三酰甘油（TG）升高、低密度脂蛋白（LDL）升高、高密度脂蛋白（HDL）降低，现代医学称之为血脂异常。高脂血症是动脉粥样硬化和心脑血管疾病的高危因素。

（二）病因

高脂血症是环境因素、基因缺陷相互作用所致的代谢异常。

（1）饮食因素　长期摄入过多的胆固醇、高饱和脂肪酸和过多的热量或大量饮酒均易导致高脂血症。

（2）年龄和体重　高脂血症的好发年龄为50～55岁，随着年龄的增加，胆酸合成减少，肝内的胆固醇含量增加，LDL（低密度脂蛋白）受体活性降低。女性绝经后体内的雌激素减少，LDL 受体的活性降低，胆固醇水平也高于同龄的正常男性。随体重增加，高脂血症时易发生。

（3）遗传异常　某些遗传基因的异常可导致 LDL 清除率降低、VLDL（极低密度脂蛋白）转变成 LDL、LDL 颗粒富含胆固醇酯、载脂蛋白 B（LDL-ApoB）代谢缺陷等。

（4）继发因素　某些代谢性疾病（糖尿病、甲状腺功能减退症、肾病综合征、系统性红斑狼疮、骨髓瘤、脂肪萎缩症、急性卟啉病等）和药物（利尿药、β受体阻滞药、肾上腺皮质激素）也可引起高脂血症。

 知识链接

高脂血症患者的脂肪摄入量控制

高脂血症治疗期间应严格控制脂肪的摄取量，患者每人每日油脂的摄入不应多于25g，并减少食用动物油（猪油、牛油等）及以动物油为原料制成的食品。饮食烹调用油宜选用富含不饱和脂肪酸的植物油（玉米油、葵花籽油、橄榄油等）。

二、临床症状

高脂血症的临床表现主要包括以下几种情况。

（1）黄色瘤　常见异常的局限性皮肤隆起，由于脂质在真皮内沉积所引起。

（2）冠心病、周围血管病　由于脂质在血管内皮沉积引起动脉粥样硬化，而动脉粥样硬化是心脑血管疾病的主要病理学基础。血清总胆固醇水平增高不仅增加冠心病发病危险，也增加缺血性脑卒中发病危险，低密度脂蛋白（LDL）升高是冠心病的主要原因。

（3）眼角膜弓（老年环）和眼底改变。

三、高脂血症分型和诊断标准

根据血清总胆固醇、三酰甘油和高密度脂蛋白胆固醇的测定结果，高脂血症分为以下四种类型。

（1）高胆固醇血症　血清总胆固醇含量增高，超过5.18mmol/L，而三酰甘油含量正常，即三酰甘油<1.76mmol/L。

（2）高三酰甘油血症　血清三酰甘油含量增高，超过1.76mmol/L，而总胆固醇含量正常，即总胆固醇<5.18mmol/L。

（3）混合性高脂血症　血清总胆固醇和三酰甘油含量均增高，即总胆固醇超过5.18mmol/L，三酰甘油超过1.76mmol/L。

（4）低高密度脂蛋白胆固醇血症　血清高密度脂蛋白胆固醇（HDL-C）含量降低，<1.04mmol/L。

目前，我国仍沿用《中国成人血脂异常防治指南（2007年）血脂水平分层标准》（表5-5）。

表5-5　中国血脂水平分层标准　　　　　　　　　　　mmol/L（mg/mL）

项目	TC	LDL-C	HDL-C	TG
合适范围	<5.18(200)	<3.37(130)	>1.04(40)	<1.76(150)
边缘升高	5.18~6.18(200~239)	增高		1.76~2.26(150~199)
升高	>6.19(240)	≥4.14(160)	≥1.55(60)	≥2.27(200)
降低			<1.04	

四、治疗药物

（一）治疗原则

1. 降脂达标

按照我国2016年修订发布的《中国成人血脂异常防治指南》，依据动脉粥样硬化性心血管疾病（ASCVD）发病的不同危险程度确定调脂治疗需要达到的基本目标。以降低低密度脂蛋白胆固醇（LDL-C）水平为治疗的首要目标，以降低非高密度脂蛋白胆固醇（非HDL-C）水平为次要目标。我国血脂异常治疗达标值见表5-6。

2. 非药物治疗

基础药物治疗的降脂效果有局限性，非药物性降脂治疗尤其重要，包括饮食控制、血浆净化、外科手术和基因治疗等。其中饮食治疗是高脂血症治疗的基础，血浆净化和外科手术治疗很少采用，基因治疗仅适用于极少数严重高脂血症。

表 5-6 不同 ASCVD 危险人群降 LDL-C/非 HDL-C 治疗的达标值

危险等级	LDL-C	非 HDL-C
低、中危	<3.4mmol/L(130mg/dL)	<4.1mmol/L(160mg/dL)
高危	<2.6mmol/L(100mg/dL)	<3.4mmol/L(130mg/dL)
极高危	<1.8mmol/L(70mg/dL)	<2.6mmol/L(100mg/dL)

注：ASCVD—动脉粥样硬化性心血管疾病；LDL-C—低密度脂蛋白胆固醇；HDL-C—高密度脂蛋白胆固醇。

3.联合用药

常采用 2～3 种作用机制不同的药物联合应用。

(二) 治疗药物

1.他汀类

他汀类是目前临床上应用最广泛的一类调脂药，自 1987 年洛伐他汀问世以来，又有普伐他汀、辛伐他汀以及人工合成的氟伐他汀、阿托伐他汀等药相继应用于临床。主要作用机制是通过抑制细胞内胆固醇合成早期阶段的限速酶——羟甲基戊二酰辅酶 A（HMG-CoA）还原酶，使细胞内的游离胆固醇减少，并通过反馈机制使细胞 LDL 受体数目增多、活性增强，加速血浆低密度脂蛋白（LDL）和极低密度脂蛋白（VLDL）的清除。主要用于以高胆固醇血症为主的高脂血症或以胆固醇升高为主的混合型高脂血症。

该类药物的不良反应少，可见腹痛、腹泻、便秘等消化道症状及头痛、肌肉痉挛、疲乏无力、皮疹和视力模糊等，少数患者肝功能异常，2%～3%的患者服药后出现横纹肌溶解症，可导致急性肾衰竭，危及生命。如患者用药后出现全身性肌肉酸痛、僵硬、乏力时，应警惕横纹肌溶解症的发生，检测肌酸激酶（CK）可帮助诊断。

2.贝特类

目前应用的药物有吉非罗齐、苯扎贝特、非诺贝特等。贝特类能增强脂蛋白酯酶的活性，加速血中的极低密度脂蛋白分解，并能抑制肝脏中极低密度脂蛋白的合成和分泌。明显降低血三酰甘油，并不同程度地升高高密度脂蛋白（HDL）。主要用于高三酰甘油血症或以三酰甘油升高为主的混合型高脂血症。不良反应主要为轻度腹胀等胃肠道反应，偶有皮疹、脱发、视物模糊，长期应用可能诱发类似于 I 型自身免疫性慢性肝炎，停药后可逐渐恢复。

3.烟酸类

烟酸类包括烟酸、阿昔莫司等。烟酸是 B 族维生素，大剂量给药时有明显的降脂作用，能降低血三酰甘油、极低密度脂蛋白，降低低密度脂蛋白的作用较慢、较弱，也能降低胆固醇，并使高密度脂蛋白轻至中度升高。适用范围广，可用于除纯合子型家族性高胆固醇血症及 I 型高脂蛋白血症以外的任何类型的高脂血症。与胆酸结合树脂、他汀类有协同作用。常见不良反应为面红、皮肤瘙痒，长期应用可致皮肤干燥、色素沉着；偶见肝功能异常、血尿酸增多、糖耐量降低等。为减少服药的不良反应，可从小剂量开始，以后酌情渐增至常用剂量。溃疡病、糖尿病及肝功能异常者禁用。阿昔莫司是烟酸衍生物，作用类似于烟酸而不良反应较轻。

4.胆酸螯合药

胆酸螯合药包括考来烯胺、考来替泊等，为碱性阴离子交换树脂，在肠道内能与胆酸不可逆性结合，从而阻碍胆酸经肠肝循环的重吸收，促进胆酸排出。同时促进肝内的胆酸合成增加，使肝内的游离胆固醇含量减少。能显著降低血浆总胆固醇和 LDL，适用于以高胆固醇血症为主的高脂血症。不良反应有胃肠症状，大剂量时可导致吸收不良综合征，偶可引起氨基转移酶升高。为减少副作用，可从小剂量开始用药，1～3 个月内达最大耐受量。

5. 胆固醇吸收抑制药

依折麦布为胆固醇吸收抑制药，作用于小肠细胞刷状缘，通过抑制胆固醇转运蛋白抑制胆固醇和植物固醇吸收，用于高胆固醇血症和以胆固醇升高为主的混合型高脂血症。可单用或与他汀类联合应用。不良反应少，偶有胃肠道反应、头痛、肌肉痛及氨基转移酶升高。

（三）药物选择

1. 药物选用

参见表 5-7。

表 5-7　降脂药选用

分型		首选药	次选药
高胆固醇血症		他汀类	依折麦布、胆酸螯合剂、烟酸、贝特类
高三酰甘油血症		贝特类	烟酸、鱼油、亚油酸
混合型	高胆固醇为主	他汀类	烟酸、贝特类
	高三酰甘油为主	贝特类	烟酸
	高胆固醇和三酰甘油	他汀类或贝特类	烟酸类、依折麦布、胆酸螯合药、鱼油
低高密度脂蛋白血症		烟酸类	他汀类、贝特类、鱼油、亚油酸

2. 联合用药

提倡 2～3 种不用作用机制的药联合应用，使单药剂量减少，减少不良反应。对严重高胆固醇血症，联合应用他汀类＋胆酸螯合剂、他汀类＋烟酸或他汀类＋贝特类；对重度高三酰甘油血症，联合应用鱼油＋贝特类；若血脂已降至正常或目标值，继续按同样剂量用药，除非血脂降至很低，一般不必减少药量。

五、用药监护

1. 定期检查血脂和安全指标

多数调节血脂药具有肝毒性和肌毒性，长期服用可发生肝损伤、横纹肌溶解和急性肾衰竭。长期服药者应 3～6 个月监测 1 次肝功能和肌酸激酶（CK），调整剂量者应 1～2 个月监测 1 次。

2. 联合用药应慎重

掌握好用药指征、剂量和服用方法，密切监测肝毒性和肌毒性。

3. 初始剂量应少

宜从小剂量起，告知患者肌病的危险性，关注并及时报告所发生的肌痛、触痛或肌无力。

4. 掌握适宜的服药时间

晚餐或晚餐后服药有助于提高疗效，原因如下。

① 肝脏合成脂肪高峰多在夜间。

② 使药物血浆峰浓度、达峰时间（2～3h）与脂肪合成峰时同步。

③ 他汀类药效有昼夜节律，夜间服用效果好。

六、健康指导

① 医学营养治疗是治疗血脂异常的基础，需长期坚持。营养治疗应根据血脂异常的程度、

分型以及性别、年龄和劳动强度等制订食谱。饮食中减少饱和脂肪酸摄入（＜总热量的 7%）和胆固醇摄入（＜200mg/d），补充可溶性膳食纤维（10～25g/d）。

② 增加有规律的体力活动，控制体重，保持合适的 BMI。

③ 戒烟、限盐、限制饮酒，禁烈性酒。

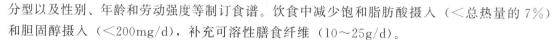

第十七节 糖尿病

一、疾病概述

糖尿病（diabetes mellitus，DM）是一种因胰岛素分泌缺陷或作用缺陷而引起的以慢性血糖增高为特征的代谢性疾病。

糖尿病的病因和发病机制尚不明确，可能与遗传、环境、肥胖等因素有关。临床上将糖尿病分为 1 型即胰岛素依赖型糖尿病（IDDM）、2 型即非胰岛素依赖型糖尿病（NIDDM）、其他特殊类型糖尿病和妊娠糖尿病（GDM）四型，以前两型多见。

二、临床表现及并发症症状

1 型糖尿病多发生于幼年或青少年时期，由于胰岛 B 细胞功能丧失、胰岛素绝对缺乏所致。该型患者起病急，血糖波动较大，症状明显，易发生酮症酸中毒，依赖胰岛素维持治疗。2 型糖尿病多发生于成年人，由于胰岛 B 细胞功能减弱、胰岛素相对缺乏，伴有一定程度的胰岛素抵抗引起。大多数患者体型肥胖，起病缓，血糖波动较小，症状较轻，但在一定诱因下也可发生酮症酸中毒或高渗性昏迷。

随着病情发展，脂肪、蛋白质代谢紊乱，有些患者常出现眼、肾、心脏、神经、血管等组织器官慢性进行性病变，常见的慢性并发症有：①动脉硬化、冠心病等；②视网膜病变、糖尿病性肾病等微血管病变；③缺血性脑卒中、周围神经炎、自主神经功能紊乱等神经系统病变；④糖尿病足（严重时足部缺血、溃疡坏死）及白内障、青光眼等其他眼部并发症；⑤各种感染，如结核病、体癣、肾盂肾炎等。急性并发症有糖尿病酮症酸中毒、糖尿病非酮症高血糖高渗性昏迷等。

三、诊断标准

① 有典型糖尿病症状（多饮、多尿和不明原因体重下降等）、任意时间血糖＞11.1mmol/L。

② 空腹血糖＞7.0mmol/L。

③ 口服 75g 葡萄糖后 2h 血糖≥11.1mmol/L。

四、治疗药物

（一）口服降血糖药

1. 磺酰脲类

属于胰岛素促泌剂，通过刺激胰岛 B 细胞分泌胰岛素，增加体内的胰岛素而降低血糖。常用的有格列本脲、格列吡嗪、格列齐特、格列喹酮、格列美脲等。磺酰脲类如使用不当可致低血糖，特别是老年患者和肝肾功能不全者，减量后可消失，还可导致体重增加。有肾功能轻度不全的患者，宜选择格列喹酮。对空腹血糖较高者宜选用长效的格列齐特和格列美脲，餐后血糖升高者宜选用短效的格列吡嗪、格列喹酮。餐前或餐中服用，服药后应按时进餐，防止低血糖。1型糖尿病者不可单独使用磺酰脲类药，对磺胺类过敏者禁用。

2. 格列奈类

属于非磺酰脲类的胰岛素促泌剂。常用药物有瑞格列奈、那格列奈等。与磺酰脲类相比，具有吸收快、起效快和作用时间短的特点。主要用于控制餐后血糖。需在餐前即刻服用，称为"餐时血糖调节剂"。可单独使用或与其他降血糖药（磺酰脲类除外）联合应用。常见不良反应是低血糖和体重增加，但程度和风险较磺酰脲类轻。

3. 双胍类

2型糖尿病的一线药物和联合用药中的基础用药。双胍类单独使用不易引起低血糖，尤其适用于偏胖的或者伴高脂血症的2型糖尿病患者，与胰岛素合用可以减少其用量、减少血糖波动。双胍类因可引起胃肠系统的不适感而减少食欲，降低体重，最严重的不良反应为乳酸性酸中毒，不宜用于慢性充血性心力衰竭的糖尿病患者，服药期间不宜饮酒。

4. α-葡萄糖苷酶抑制药（AGI）

AGI通过抑制多种葡萄糖苷酶，延缓食物中的淀粉、糊精、蔗糖等分解为可吸收的葡萄糖、果糖的过程，从而降低餐后高血糖。AGI宜在进餐时与第一口食物同时嚼服，单独使用不会引起低血糖，可作为2型糖尿病患者的一线用药。常见不良反应为胃胀、腹胀、排气增加、肠鸣音等，多在继续用药中消失。发生低血糖时使用葡萄糖纠正。常用药有阿卡波糖、伏格列波糖。

5. 胰岛素增敏药

能增加骨骼肌、脂肪组织对葡萄糖的摄取并提高组织细胞对胰岛素的敏感性而发挥降血糖的疗效。可明显降低空腹血糖，对餐后血糖亦有降低作用。罗格列酮起效缓慢，需要治疗8~12周后评价疗效和调整剂量。本类药物主要用于治疗其他降血糖药疗效不佳的2型糖尿病患者，尤其是存在明显胰岛素抵抗者，不宜用于1型糖尿病。常用药有罗格列酮、吡格列酮。

（二）胰岛素

按起效快慢和作用维持时间的长短，胰岛素制剂分为短效、中效、长效制剂；按来源，胰岛素制剂分为基因重组人胰岛素、猪胰岛素等。临床上适用于以下情况。

① 1型糖尿病。

② 经饮食控制和口服降血糖药治疗无效的2型糖尿病。

③ 糖尿病酮症酸中毒、高渗性昏迷和乳酸性酸中毒。

④ 糖尿病合并严重感染、急性心肌梗死、脑血管意外以及手术、妊娠、分娩时。

胰岛素的不良反应主要为低血糖反应，在过量用药、未按时进餐或运动过度时易发生。少数人有过敏反应，可更换制剂。长期应用有耐受性，可更换不同来源的制剂。制剂适宜冷藏，不宜冷冻。

 知识链接

胰岛素注射器

1.胰岛素丢弃式塑料空针 依注射剂量不同可选择30U、50U和100U。

2.胰岛素笔芯 是一种预先装好胰岛素的笔芯型注射器，只需转动按钮即可注射，携带方便，适用于学习困难或视力不佳者。

3.胰岛素泵 通过微电子程控模拟生理性胰岛素分泌模式，向患者体内24h不间断地输入短效胰岛素，可以输入0.1U（有些甚至可以精确到0.05U），使用者可以在任何时间、场合，只需按几下按钮，胰岛素就自动地输入体内，简单又不失体面，减少打针的繁杂和痛苦。

4.无针注射器 无针注射作为一项通用技术，适用于水剂微量（0.05～1.00mL）皮下注射。以压缩空气为动力，使药剂加速到每秒200～300m的速度，形成极微小的液体流，迅速穿透皮肤表层，在软组织中扩散。国内多用于胰岛素注射。适合个人居家使用，但价格较昂贵。

五、用药监护

① 药物治疗中应根据患者整体情况制定个体化治疗方案。需注意各药的禁忌证和不良反应，尤其是降血糖药可诱发低血糖和休克，严重者甚至致死。药师应提示患者注意，一旦出现低血糖，立即口服葡萄糖水或糖块、巧克力、甜点或静脉滴注葡萄糖注射液。

② 选择适宜的服用时间，就餐和食物对口服降血糖药的吸收、生物利用度和药效都有不同程度的影响，因此，应注意服用时间。

③ 注意保护肝肾功能，糖尿病合并肝病时，宜服用葡萄糖苷酶抑制药；对轻中度肾功能不全者，推荐使用格列喹酮。

④ 老年患者可选择温和降糖、服用方便的降血糖药，如瑞格列奈；不宜选用长效、强效降血糖药，避免低血糖时耐受性差而引起严重的不良反应。

⑤ 注射胰岛素时注意事项

a.注射时宜变换注射部位，两次注射点要间隔2cm，以确保胰岛素稳定吸收，同时防止发生皮下脂肪营养不良。

b.未开启的胰岛素应冷藏保存，冷冻后的胰岛素不可再应用。

c.使用中的胰岛素笔芯不宜冷藏，可与胰岛素笔一起使用或随身携带，但在室温下最长可保存4周。

六、健康指导

① 建议中老年人每1～2年筛查血糖。

② 糖尿病治疗的"五驾马车"即糖尿病现代治疗的五个方面：饮食疗法、运动疗法、药物疗法、血糖监测及糖尿病教育。

③ 初期使用降血糖药或调整剂量时，应每3个月监测一次糖化血红蛋白，血糖稳定后可半年或1年监测一次。

④ 注意监测体重，保持体重在理想体重±10%以内。理想体重（kg）＝身高（cm）－105。

第十八节　高尿酸血症与痛风

一、疾病概述

尿酸（uric acid，UA）是嘌呤代谢的最终产物，在正常生理情况下，嘌呤合成与分解处于相对平衡状态，尿酸的生成与排泄也较恒定。正常人血浆中尿酸含量男性高于女性。

1. 高尿酸血症

高尿酸血症是指血液中尿酸浓度超出正常范围的一种机体状态，是嘌呤代谢障碍或尿酸排泄障碍所致的慢性代谢性疾病。血尿酸正常值：男性 $150\sim350\mu mol/L$，女性 $100\sim300\mu mol/L$。当嘌呤的代谢异常、体内核酸大量分解或食入高嘌呤食物时，血尿酸水平升高，形成暂无症状、无痛风石形成的高尿酸血症。高尿酸血症诊断是在正常嘌呤饮食状况下，非同日 2 次空腹尿酸水平：男性$>420\mu mol/L$（$7.0mg/dL$），女性$>360\mu mol/L$（$6.0mg/dL$）。

引起高尿酸血症的原因有：①尿酸生成过多，如高嘌呤饮食、饮酒、药物、溶血、骨髓增生性疾病（白血病、多发性骨髓瘤）、横纹肌溶解（药物、创伤）等均可引起血尿酸生成增加；②尿酸排出减少，如遗传、肥胖、某些药物（噻嗪类利尿药、胰岛素、青霉素、环孢素、阿司匹林等）、肾功能不全、酸中毒；③混合性因素即尿酸生成过多和排出减少同时存在。

高尿酸血症与高血压、高血脂、动脉硬化、冠心病、糖尿病、肥胖症等慢性疾病常形成共病。但是血浆尿酸水平过低与免疫功能低下有关。

2. 痛风

部分高尿酸血症患者随着血尿酸水平的升高，过饱和状态的尿酸钠微小结晶析出，沉积于关节、滑膜、肌腱、肾及结缔组织等组织或器官（中枢神经系统除外），形成痛风结石，引发急慢性炎症和组织损伤，出现关节炎、尿路结石及肾疾病等多系统损害。5％～12％的高尿酸血症最终发展为痛风。

引起痛风发作的诱因有关节损伤、暴饮暴食、过度疲劳、受湿冷、药物、感染、创伤及手术等。

二、临床症状

急性痛风性关节炎发病前没有任何征兆，通常以夜间发作的急性下肢关节疼痛为首发症状。疼痛进行性加重，呈剧痛。发病关节有明显的红、肿、热、痛症状。骨关节损害最常见于手足小关节，以第一跖趾关节损害最为常见（足痛风），足弓、踝关节、膝关节、腕关节和肘关节等也是常见发病部位。

开始几次发作通常只累及一个关节，一般只持续数日，逐渐可同时或相继侵犯多个关节。若不治疗可持续数周。最后局部症状和体征消退，关节功能恢复，进入无症状间歇期。间歇期长短的个体差异很大，但都会随着病情进展越来越短。如果不进行防治，每年会发作数次，直至出现慢性关节炎症状，并发生永久性破坏性关节畸形，手、足关节活动受限。

如果病情反复发作，十年左右可形成慢性痛风性关节畸形，关节周围与身体其他部位皮下可见到结节状突出的痛风石，并可溃破。

尿酸盐沉积在肾脏时可产生肾结石，表现为血尿、尿频、尿急、尿痛，可引起肾功能不全。

三、治疗药物

（一）治疗原则

痛风的治疗原则是合理的饮食控制，充足的水分摄入，有效的药物治疗。药物治疗的目的有以下几个。

① 终止急性关节炎发作。

② 纠正高尿酸血症，防止关节炎复发。

③ 纠正高尿酸血症，防止并发症。

④ 防止尿酸结石形成和肾功能损害。

痛风治疗要坚持长期用药，关键是将血液中的尿酸浓度控制在正常水平。

（二）治疗药物

在《高尿酸血症和痛风治疗中国专家共识2013》中指出，对于无症状高尿酸血症也应积极地分层治疗。如果合并心血管或代谢性疾病危险因素者，男性＞420μmol/L、女性＞360μmol/L 即应开始降尿酸药物治疗；如果无心血管或代谢性疾病的危险因素者，建议生活方式指导（低嘌呤饮食等），若血尿酸水平超过540μmol/L（9.0mg/dL）即应开始降尿酸药物治疗。

1. 痛风急性发作期

以控制关节炎症（红肿、疼痛）为目的，尽早使用抗炎药和抑制粒细胞浸润药，此阶段不能使用降尿酸药物。

 知识链接

急性痛风性关节炎发作期患者注意事项

应忌食高嘌呤食物，如酵母、动物胰脏、浓缩肉汁、肉脯、沙丁鱼、凤尾鱼、动物心脏等。可吃葡萄、橘子、山楂、番茄、苹果、咖啡、茶、奶、蛋、海藻类等低嘌呤食物。切忌喝啤酒。

秋水仙碱能够抑制粒细胞浸润，是治疗急性痛风的首选药物。迅速给予秋水仙碱控制疼痛，应用数天后停药，可同时应用非甾体抗炎药，若治疗无效或有严重不良反应可使用糖皮质激素进行短程治疗。NSAID首选对乙酰氨基酚、吲哚美辛或双氯芬酸，次选布洛芬或尼美舒利。

2. 发作间歇期及慢性痛风和痛风性肾病期

此期以生活方式调整为主，并使用促进尿酸排出药或抑制尿酸生成药，使血尿酸维持在正常范围，预防急性期的发作及防止痛风结石的形成。急性症状缓解（≥2周）后方可开始降尿酸治疗。

（1）促进尿酸排泄药物 该类代表药物有苯溴马隆、丙磺舒等，作用机制是阻止肾小管对尿酸盐的重吸收，增加尿酸排出。

（2）抑制尿酸生成药物 该类代表药物有别嘌醇、非布司他等，作用机制是通过抑制黄嘌呤氧化酶（XO）使尿酸的生成减少，适用于尿酸生成过多或不适合使用排尿酸药物者。非布司他是一种新型非嘌呤类黄嘌呤氧化酶（XO）选择性抑制药，不良反应小，口服吸收完全，生物利用度高，食物、抗酸药对其吸收没有明显影响。主要应用于有痛风症状的高尿酸血症的长期治疗。

四、用药监护

① 用药前及用药期间应定期检查血尿酸及 24h 尿酸水平，以此作为调整药物剂量的依据。并应定期检查血常规及肝肾功能。

② 秋水仙碱不宜长期应用，若长期应用可引起骨髓抑制、血尿、少尿、肾衰竭、胃肠道反应等不良反应。严重肾功能不全者、妊娠期妇女禁用；年老、体弱者、骨髓造血功能不全、严重心功能不全和胃肠疾病者慎用。

③ 别嘌醇痛风急性期禁用，因其不仅无抗炎镇痛作用，而且会使组织中的尿酸结晶减少和血尿酸下降过快，促使关节内痛风石表面溶解，形成不溶性结晶而加重炎症反应，引起痛风性关节炎急性发作。应用初期可发生尿酸转移性痛风发作，故于初始 4～8 周内宜与小剂量秋水仙碱联合服用。嗜酒、饮茶或喝咖啡均可降低别嘌醇的疗效。

④ 丙磺舒禁用于痛风急性发作期，此药无镇痛和抗炎作用。治疗初期，由于尿酸盐从关节析出，可能会加重痛风发作，可继续服用原剂量，同时给予秋水仙碱和 NSAID。在用药期间应摄入充足的水分（2500mL/d），并维持尿液呈微碱性，以减少尿酸结晶和痛风结石及肾内尿酸沉积的危险。

⑤ 丙磺舒与别嘌醇联合应用时需酌情增加别嘌醇的剂量，因丙磺舒可加速别嘌醇的排泄，而别嘌醇则可延长丙磺舒的血浆半衰期。不宜与阿司匹林等水杨酸盐联合服用，阿司匹林可抑制丙磺舒的尿酸排出作用，丙磺舒也可抑制阿司匹林由肾小管的排泄，使阿司匹林的毒性增加。

⑥ 痛风急性期不宜用阿司匹林镇痛。阿司匹林可抑制肾小管的分泌转运而致尿酸在肾脏潴留；并可使血浆糖皮质激素浓度受到抑制、血浆胰岛素增高和血尿酸排泄减少，使尿酸在体内潴留，引起血尿酸水平升高。小剂量阿司匹林尽管升高血尿酸，但作为心血管疾病的防治手段不建议停用。

五、健康指导

① 痛风治疗重要的是调整生活方式、坚持长期治疗，减少痛风反复发作，提高患者治疗的依从性。

② 痛风首选非药物治疗，坚持健康生活方式可避免或减少药物的不良反应，降低服用药物的剂量。健康生活方式包括避免摄入高嘌呤食物（如动物内脏、海鲜、肉汤、豌豆等）；每日饮水 2000～3000mL；戒烟限酒（啤酒、白酒）；加强锻炼，控制体重；增加碱性食物（香蕉、桃、番茄、黄瓜、梨、苹果、花菜、萝卜、马铃薯、茄子、海带）的摄取。

③ 预防相关慢性疾病如高血脂、高血压、肥胖、高血糖等；对于合并高血压的患者，必须在降压治疗的同时注意血尿酸水平，特别是联合使用利尿药时，必要时可选择兼具降压和降尿酸作用的血管紧张素Ⅱ受体拮抗药（如氯沙坦）。

④ 别嘌醇服用后可出现眩晕，用药期间不宜驾驶车船、飞机和操作机械。在用药期间不宜过度限制蛋白质的摄入。

⑤ 避免同时应用引起血尿酸升高的药物。

⑥ 高尿酸血症的高危人群包括高龄、男性、肥胖、一级亲属中有痛风史、静坐缺乏运动等不良生活方式、合并代谢性疾病者；对于高危人群，应进行筛查，及早发现。

⑦ 所有痛风患者都需要摄入大量液体，尤其是以前患有慢性尿酸结石患者更应如此。可适量服用碳酸氢钠使尿液碱化，但同时注意避免尿液过碱化。

第十九节 甲状腺功能亢进症

一、疾病概述

甲状腺功能亢进症（hyperthyroidism，简称甲亢），是由于甲状腺合成释放过多的甲状腺激素，造成机体代谢亢进和交感神经兴奋，引起心悸、出汗、进食和便次增多、体重减少的病症。多数患者还常常同时有突眼、眼睑水肿、视力减退等症状。甲亢与自身免疫有关。临床上以弥漫性毒性甲状腺肿伴甲亢最多见，男女均可发病，但以中青年女性最多见，男女比例为 1:（4~6）。

甲状腺疾病有一定的遗传倾向，女性、有家族史、受到精神创伤和感染者发病率较高。甲亢的诱因包括：①感染，如感冒、扁桃体炎、肺炎等；②外伤、创伤；③精神刺激，如精神紧张、焦虑等；④过度疲劳；⑤妊娠早期可能诱发或加重甲亢；⑥碘摄入过多，如过多食用海带等海产品，或由胺碘酮等药物所诱发。

二、临床症状

① 多食、消瘦、畏热、多汗、心悸、激动等高代谢症候群。

② 神经和血管兴奋性增强，如手颤、心动过速、心脏杂音，严重者可有心脏扩大、心房纤颤、心力衰竭等严重表现。

③ 不同程度的甲状腺肿大和突眼等特征性体征。

④ 严重者可出现甲状腺危象、昏迷甚至危及生命。

⑤ 少数老年患者高代谢症状不典型，而仅表现为乏力、心悸、厌食、抑郁、嗜睡、体重明显减轻，称为"淡漠型甲亢"。

三、诊断标准

① 血清游离甲状腺激素（FT_3、FT_4）水平增加，血清促甲状腺素（TSH）水平降低，血清促甲状腺素受体抗体（TRAb）阳性。

② 放射性核素检查，甲状腺摄 ^{131}I 率升高。

四、治疗药物

（一）药物治疗原则

药物治疗的主要目的是抑制甲状腺合成甲状腺激素，以减轻或消除甲亢症状。药物治疗疗效肯定，但疗程长，一般为 1~2 年，需定期随诊，停药后复发率较高。

（二）治疗药物选用

1. 硫脲类

硫脲类是临床最常用的抗甲状腺药，它可分为两大类：①硫氧嘧啶类，包括甲硫氧嘧啶和丙硫氧嘧啶；②咪唑类，包括甲巯咪唑（他巴唑）和卡马唑（甲亢平）。

硫脲类能抑制甲状腺过氧化物酶活性，使进入甲状腺的碘化物不能氧化成活性碘；并阻止碘化酪氨酸缩合成 T_3 和 T_4，从而抑制甲状腺激素的合成。硫脲类因不影响碘的摄取，也不能直接对抗已合成的甲状腺激素，故需待储存的甲状腺激素耗尽后才能显示作用。一般在用药 2~3 周后甲亢症状开始减轻，1~2 个月基础代谢率才可恢复正常。丙硫氧嘧啶与其他硫脲类药物相比，较少通过胎盘，对胎儿的影响小，哺乳期妇女需停止哺乳。

硫脲类的主要不良反应有：①粒细胞减少，是最严重的不良反应，常在用药后几周发生，故应定期检查血象，若出现白细胞总数明显降低或患者有咽痛、发热等症状，必须立即停药；②过敏反应，多为瘙痒、药疹等轻症反应，少数伴发热，停药后可自行消退。

2. 碘和碘化物

临床常用的药物有碘化钾、碘化钠和复方碘溶液（又称卢戈液）。主要用于以下两种情况。

（1）甲状腺危象　必须同时配合应用硫脲类药物。

（2）甲亢术前准备　碘剂能使甲状腺组织变硬，血供减少，有利于部分切除手术的进行。甲亢患者于术前多先服用一段时间的硫脲类药，使症状和基础代谢率基本控制后，术前 2 周再加用碘剂。

服用时注意事项：大量饮水和增加食盐摄入，均能加速碘的排泄；碘主要由肾脏排泄，肾功能不全者慎用。

3. β受体阻滞药

甲亢患者的交感神经活动增强，对心率加快者可用β受体阻滞药，如普萘洛尔。

五、用药监护

（一）易患人群

本病有明显的家族性，多见于女性，以青年女性常见，提醒相关人群注意定期进行甲状腺检查。

（二）抗甲亢药物的选择

1. 硫脲类药物

适用于：①症状轻，甲状腺轻中度肿大者；②年龄在 20 岁以下的青少年及儿童；③妊娠期妇女、高龄或由于其他严重疾病不适宜手术者；④手术前或放射碘治疗前的准备；⑤手术后复发且不适宜放射碘治疗者。大剂量碘剂用于甲状腺危象及甲亢手术前准备等危急和（或）短期使用的患者。

2. 放射性碘

适用于：①年龄在 35 岁以上的患者；②对抗甲亢药过敏或无效或停药后复发者；③甲状腺次全切除术后复发者；④合并有心脏病、糖尿病等严重疾病不宜手术者；⑤甲亢伴明显突眼者。

（三）坚持用药，定期查血象

硫脲类起效较慢，一般在用药 2~3 周后甲亢症状开始减轻，1~2 个月基础代谢率才可恢复正常。在治疗初期患者每 4 周复查血清甲状腺激素水平 1 次，临床症状缓解后开始减量。服药期间患者应定期检查血象，如用药后出现咽痛、发热、乏力等现象应立即停药。

六、健康指导

（1）避免碘摄入过多　世界卫生组织推荐 12 岁以下儿童每日碘摄入量为 50~120μg，

12 岁以上儿童为 $150\mu g$，妊娠及哺乳期妇女为 $200\mu g$。碘摄入不足可以引起地方性甲状腺肿；碘摄入过量可引起甲亢、甲状腺肿和甲状腺炎等。应避免服用含碘的药物（如胺碘酮、西地碘等），并禁食富碘食物（如海带、紫菜、虾皮等海产品、碘盐等）。

（2）保证均衡膳食 给予充足热量、蛋白质、维生素（尤其是 B 族维生素和维生素 C）及钙和铁。适当控制膳食纤维的摄入，因甲亢患者常有腹泻现象，过多摄入膳食纤维会加重腹泻。

（3）保持良好生活习惯 按时作息，睡眠充足，劳逸结合，避免情绪波动。患者出汗多，应保证足量饮水；戒烟戒酒，禁用浓茶、咖啡等兴奋性饮料。

（4）预防感染。

（5）其他 计划妊娠或围生期女性需专科就诊评估病情，调整药物。

第二十节 甲状腺功能减退症

一、疾病概述

甲状腺功能减退症（hypothyroidism，简称甲减）是由各种原因导致的低甲状腺激素血症或甲状腺激素抵抗而引起的全身性低代谢综合征。

根据病变发生部位甲状腺功能减退症可分为以下三种。

（1）原发性甲减 由于甲状腺腺体本身病变引起的甲减，占全部甲减的 95% 以上，其中 90% 以上原发性甲减是由自身免疫、甲状腺手术和甲亢[131]I 治疗所致。

（2）中枢性甲减 由下丘脑和垂体病变引起的促甲状腺激素释放激素（TRH）或者促甲状腺激素（TSH）产生和分泌减少所致的甲减。

（3）甲状腺激素抵抗综合征 由于甲状腺激素在外周组织实现生物效应障碍引起的综合征。

二、临床症状

（1）一般表现 易疲劳、怕冷、体重增加、记忆力减退、反应迟钝、嗜睡、情绪低落、厌食、腹胀、便秘、月经不调、贫血等。

（2）肌肉与关节 肌肉乏力，暂时性肌强直、痉挛、疼痛，咀嚼肌、胸锁乳突肌、股四头肌和手部肌肉可有进行性肌萎缩。

（3）心血管系统 心动过缓、心包积液和心脏增大。

（4）组织表现 皮肤干燥无光泽、粗厚、发凉；毛发干枯、稀少、易脱落。

三、诊断标准

（1）轻中度正细胞正色素性贫血 血清三酰甘油、总胆固醇、LDL-C 增高，HDL-C 降低，同型半胱氨酸增高，血清肌酸激酶（CK）、乳酸脱氢酶（LDH）增高。

（2）血清甲状腺激素和 TSH 血清 TSH 增高，TT_4（血清总甲状腺素）、FT_4 降低是诊断本病的必备指标。

（3）甲状腺自身抗体 血清甲状腺过氧化物酶抗体（TPOAb）和甲状腺球蛋白抗体（TgAB）阳性提示甲减是由于自身免疫性甲状腺炎所致。

（4）X 线检查 晚期病例可见心脏向两侧增大，可伴心包积液和胸腔积液。部分患者有蝶鞍增大。

四、治疗药物

采用左甲状腺素（L-T$_4$）治疗，治疗目标是将血清 TSH 和甲状腺激素水平恢复到正常范围内，需要终生服药。

1.治疗剂量

取决于患者的病情、年龄、体重和个体差异。成年患者 L-T$_4$ 替代剂量 50～200$\mu g/d$，平均 125$\mu g/d$，按照体重计算的剂量是 1.6～1.8$\mu g/(kg \cdot d)$；儿童需要较高的剂量，约 2.0$\mu g/(kg \cdot d)$；老年患者则需要较低的量，约 1.0$\mu g/(kg \cdot d)$；妊娠时的替代剂量需要增加 30%～50%；甲状腺癌术后的患者需要剂量大约 2.2$\mu g/(kg \cdot d)$。L-T$_4$ 的半衰期是 7 天，所以可以每天早晨服药 1 次。

2.服药方法

起始的剂量和达到完全替代剂量的需要时间应根据年龄、体重和心脏状态确定。小于 50 岁，既往无心脏病史患者可以尽快达到完全替代剂量；50 岁以上患者服用 L-T$_4$ 前要常规检查心脏状态。一般从 25～50$\mu g/d$ 开始，每 1～2 周增加 25μg，直到达到治疗目标。治疗初期，每 4～6 周测定激素指标，然后根据检查结果调整 L-T$_4$ 剂量，直到达到治疗的目标。治疗达标后，需要每 6～12 个月复查 1 次激素指标。

五、用药监护

（1）L-T$_4$ 片应于早餐前半小时、空腹、将全日剂量一次性用水送服。

（2）对老年患者、冠心病患者以及重度或长期甲状腺功能减退的患者，应特别注意在使用甲状腺素治疗的开始阶段选择较低的初始剂量，剂量增加的间隔要长，缓慢增加用量，定期监测血甲状腺素水平。

（3）个别病例由于对剂量不耐受或者服用过量，特别是由于治疗开始时剂量增加过快，可能出现甲状腺功能亢进症状，包括手抖、心悸、心律失常、多汗、腹泻、体重下降、失眠和烦躁，必要时需停药，直至不良反应消失后再从更小的剂量开始。

（4）药物相互作用　①L-T$_4$ 的使用可能会增强抗凝血药的作用以及降低降血糖药的效果；②同时使用考来烯胺和 L-T$_4$ 治疗，考来烯胺会抑制 L-T$_4$ 的吸收，两药联用应间隔 4～5h；③快速静脉注射苯妥英可能导致游离的 L-T$_4$ 和三碘甲状腺原氨酸血浆浓度增加，个别情况可导致心律失常；④水杨酸盐、双香豆素、大剂量呋塞米（250mg）、氯贝丁酯等可促进 L-T$_4$ 从其血浆蛋白结合位点上转换出来。

六、健康指导

① 长期甲状腺素替代治疗患者建议每 2～3 个月监测 1 次 TSH 水平，根据患者年龄及心脏状况，TSH 目标应个体化。

② 由于甲状腺功能减退症的症状较隐匿、不典型，建议老年人体检时要注意进行 TSH 检查，避免漏诊。

③ 某些表现为抑郁、认知功能下降的患者，应常规筛查甲状腺功能，排除甲状腺功能减退引起的上述表现。

④ 甲状腺素替代治疗患者如出现感染、腹泻、手术等应激情况时，需咨询专科医师是否需要调整甲状腺素的剂量。

第二十一节 缺铁性贫血

一、疾病概述

缺铁性贫血（iron deficiency anemia，IDA）是指机体对铁的需求与供给失衡，导致体内储存铁耗尽，继之红细胞内铁缺乏从而引起的贫血。缺铁性贫血是最常见的贫血。

人体内铁可分为功能状态铁和储存铁两部分。前者包括血红蛋白铁、肌红蛋白铁以及乳铁蛋白。

铁参与人体内血红蛋白的组成，是一些能量转移所需的酶类的必需组分。缺铁的原因有：①慢性失血，如钩虫病、痔疮、溃疡病、多次流产、月经量过多等；②长期营养摄入不足、偏食或吸收障碍，如营养不良、萎缩性胃炎、胃功能紊乱、胃大部切除术后、胃酸缺乏、慢性腹泻等；③需铁量增加，如妇女妊娠期或哺乳期、小儿生长发育期等。

 知识链接

妊娠合并缺铁性贫血

贫血是常见的妊娠并发症，由于胎儿生长发育，铁的需要量增加，仅靠一般食物供铁和动用孕妇体内贮备铁不能满足需要，故25%的孕妇发生缺铁性贫血。妊娠期间由于血容量增加，其中血浆增加较红细胞增加相对多，血液被稀释，故对孕妇贫血的诊断标准亦相对降低。当红细胞计数$< 3.5 \times 10^{12}/L$或血红蛋白$<100g/L$或血细胞比容<0.3时，才诊断妊娠期贫血。妊娠期间，母体的骨髓和胎儿竞争摄取母体血清中的铁，一般情况下胎儿总是在竞争中占优势，而且铁通过胎盘的转运是单向性的，不论母体是否缺铁，胎儿都是按其需要摄铁，即使母体极度缺铁，也不可能逆向转运，故胎儿一般不会发生严重缺铁。但若母体过度缺铁，骨髓的造血功能降低致严重贫血，红细胞计数$<1.5 \times 10^{12}/L$、血红蛋白$<50g/L$、血细胞比容<0.13时，则胎儿发育迟缓，可发生早产、死胎。孕妇重度贫血时心肌缺氧，发生贫血性心脏病，甚至充血性心力衰竭，另外，贫血使孕妇的抵抗力降低，易发生感染，故孕产期并发症及死亡率升高。

二、临床症状

（1）贫血的症状 常见倦怠、乏力、头昏、头痛、眼花、耳鸣、心悸、气促、面色萎黄或苍白、食欲缺乏等。

（2）组织缺铁的表现 精神行为异常，如烦躁、易怒、注意力不集中、异食癖；体力耐力下降；易感染；小儿生长发育迟缓、智力低下；口腔炎、萎缩性舌炎、吞咽困难、咽部异物感、口角炎；毛发干枯、脱落；皮肤干燥、皱缩、指（趾）甲缺乏光泽、脆薄易裂，重者指甲变平，甚至凹下呈勺状（反甲）。

（3）缺铁的原发病表现 如消化性溃疡、肿瘤或痔疮导致的出血；肠内寄生虫感染导致的腹痛；月经过多、恶性肿瘤疾病导致的消瘦；以及血管内溶血导致的血红蛋白尿。

三、诊断标准

（1）贫血诊断 正常成人血红蛋白量男性为120～160g/L，女性为110～150g/L；红细胞计数男性为（4.0~5.5）×10^{12}/L，女性为（3.5~5.0）×10^{12}/L。凡低于以上指标的即为贫血。

（2）贫血程度 血红蛋白在 90~120g/L 为轻度贫血，60~90g/L 为中度贫血，小于 60g/L 为重度贫血。

（3）缺铁性贫血 急性失血时为正色素性贫血；慢性缺铁性贫血表现为小细胞低色素性贫血，可以从血常规报告单上快速判断，通常血红蛋白与红细胞计数之比约为 3:1（如 Hb120g/L，RBC4.0×10^{12}/L）；血涂片检查可见红细胞大小不等、中心浅染；血清铁、血清铁蛋白含量下降，总铁结合力升高。铁剂治疗有效（在补铁后第5~10天复查，网织红细胞升高至 4%~10%）。

四、治疗药物

查明病因、对因治疗是最基本和重要的治疗原则。对于中重度贫血同时需要补铁治疗。急性重度贫血需要输血治疗。

1. 口服铁剂

口服铁剂是治疗缺铁性贫血的首选方法，应根据血红蛋白水平估计补铁治疗剂量。治疗的目的不仅要纠正缺铁性贫血，还应补足已经耗竭的储存铁。

口服铁剂品种较多，《国家非处方药物目录》收载的铁剂药物有硫酸亚铁、富马酸亚铁、乳酸亚铁、葡萄糖酸亚铁、右旋糖酐铁和琥珀酸亚铁等。常用硫酸亚铁和富马酸亚铁，两者口服吸收良好，胃肠道刺激性小，铁利用率高。口服右旋糖酐铁、琥珀酸亚铁和多糖铁复合物的含铁量高，不良反应较硫酸亚铁轻，而疗效相当。

2. 静脉铁剂治疗

胃肠反应重或经胃肠不能吸收或需要快速补铁的情况下，可以选择静脉或肌注补铁。静脉注射铁剂有右旋糖酐铁和蔗糖铁，注意首次用药前应先给予试验剂量，并且应具备治疗过敏反应的应急措施，1h 内无过敏反应者再给予足量治疗。

五、用药监护

① 治疗应从小剂量开始，逐渐达到足量。

② 口服铁剂首选二价铁，其溶解度大，易于被人体吸收。对胃酸缺乏者，宜与稀盐酸并用，以利于铁的吸收。

③ 注意铁剂与药物食物的配伍禁忌。四环素类、考来烯胺等可在肠道与铁结合，影响铁的吸收；抗酸药可使二价铁转变成三价铁，减少铁的吸收；牛奶、蛋类、钙剂、磷酸盐、草酸盐等可抑制铁剂的吸收；茶和咖啡中的鞣质等易与铁形成不被吸收的盐，影响铁的吸收。肉类、果糖、氨基酸、脂肪可促进铁剂的吸收；维生素 C 作为还原剂可促进三价铁转变为二价铁，从而促进铁的吸收，故口服铁剂应同时应用维生素 C。

④ 口服铁剂对胃肠道有刺激，表现为恶心、腹痛和上腹部不适等，饭后服用可减轻。但受食物中的磷酸盐、草酸盐等影响，使铁吸收减少。铁剂与食物同时服用，其生物利用度为空腹时的 1/2 或 1/3。

⑤ 血红蛋白病或含铁血黄素沉着症及不伴缺铁的其他贫血（地中海贫血）、肝肾功能不全，尤其伴有未经治疗的尿路感染者不宜应用铁剂。对乙醇中毒、肝炎、急性感染、肠炎、结肠炎、溃疡性结肠炎、胰腺炎、消化性溃疡者应慎用铁剂。

⑥ 铁剂均具有收敛性，服后常有恶心、腹痛、腹泻、便秘等不良反应，反应强度多与剂量和品种有关。其中以硫酸亚铁的不良反应最为明显，可选择其缓释制剂。

⑦ 预防铁负荷过重，铁剂在胃肠道的吸收有黏膜自限现象，即铁的吸收与体内储存量有关，体内铁储存量过多时铁吸收减少。正常人的吸收率为 10%，贫血者为 30%。但一次摄入量过大，会腐蚀胃黏膜和使血液循环中的游离铁过量，出现细胞缺氧、酸中毒、高铁血红蛋白血症、休克和心功能不全等中毒症状，应及时清洗胃肠和对症治疗。

⑧ 铁剂治疗量不宜长期使用，且治疗期间应定期检查血常规和血清铁水平。

六、健康指导

（1）铁剂应放在小儿难以拿到的地方，避免小儿误服，引起意外发生。

（2）除补铁外，合理膳食同样重要　①多进食动物肝、瘦肉类、蛋奶及豆制品等优质蛋白质食物；②进食含铁丰富的食物，如动物肝肾、舌、乌贼、海蜇、虾米、蛋黄等动物性食品，以及芝麻、海带、黑木耳、黄豆、黑豆、芹菜、苋菜、大枣等植物性食品；③提倡使用铁锅烹饪。

 知识链接

不适宜缺铁性贫血患者的饮食

1.忌饮茶，尤其是忌饮浓茶，因茶中鞣酸可阻止铁的吸收。

2.纠正不良的饮食习惯，如偏食、素食等。

3.适量脂肪摄入，每日以 50g 左右为宜。脂肪不可摄入过多，否则会使消化吸收功能降低及抑制造血功能。

第二十二节　骨关节炎

一、疾病概述

骨性关节炎（OA）为以关节软骨退行性病变及继发性骨质增生为主要改变的慢性关节疾病。好发于膝、髋、手、足、脊柱等负重或活动较多的关节。病理可见滑膜增生、关节积液、软骨破坏以及软骨-骨交界面骨质增生。影响日常活动功能，也影响多种慢性疾病的管控。

骨关节炎可分为原发性骨关节炎和继发性骨关节炎，前者确切病因不明，可能与年龄、性别、职业、种族、肥胖、遗传和运动过度等因素有关；后者可继发于任何关节损伤或疾病。近年来，对骨关节炎的研究表明该病的病因很多，现已证实关节软骨的退变是骨关节炎的最直接原因。

二、临床症状

① 反复发作的关节疼痛、肿大、僵硬和进行性的关节活动受限，伴有韧带稳定性下降以及肌肉萎缩。

② 负重关节的骨性关节炎会引起步态异常，增加跌倒风险，影响外出活动，严重降低

患者生活质量。

③ X线早期检查正常，逐渐出现关节间隙狭窄、软骨下骨质硬化及囊性变、关节边缘骨赘形成、关节内游离骨片。严重者可以出现关节变形和半脱位。

三、治疗药物

（一）局部药物治疗

对于手和膝关节 OA，在采用口服药前，建议首先选择局部药物治疗。可使用 NSAID 的乳胶剂、膏剂、贴剂和非 NSAID 擦剂（辣椒碱等）。局部外用药可以有效缓解关节轻中度疼痛，且不良反应轻微。对于中重度疼痛可联合使用局部药物与口服 NSAID。

（二）全身镇痛药物

1. 给药途径

分为口服药物、针剂以及栓剂。

2. 用药选择

① OA 伴轻中度疼痛患者通常首选对乙酰氨基酚，每日最大剂量不超过 4g，如果有肝肾疾病、摄入危险剂量酒精、老年人，应减至半量。

② 对乙酰氨基酚治疗效果不佳的 OA 患者，可个体化使用其他种类 NSAID。

③ 其他镇痛药物：NSAID 治疗无效或不耐受的 OA 患者，可选用曲马多等阿片类镇痛药，或对乙酰氨基酚与阿片类的复方制剂。

（三）关节腔注射

（1）透明质酸钠　如口服药物治疗效果不显著，可联合关节腔注射透明质酸钠，注射前应抽吸关节液。

（2）糖皮质激素　对 NSAID 治疗 4～6 周无效的严重 OA 或不能耐受 NSAID 治疗、持续疼痛、炎症明显者，可关节腔内注射糖皮质激素。值得注意的是，长期使用可加剧关节软骨损害，不主张随意选用关节腔内注射糖皮质激素及多次反复使用，每年最多不超过 3～4 次。

（四）改善病情类药物及软骨保护药

包括双醋瑞因、氨基葡萄糖等。此类药物在一定程度上可延缓病程、改善患者症状。

四、用药监护

（1）由于 NSAID 减少前列腺素的合成，可出现以下不良反应。

① 胃肠道：恶心、呕吐、腹痛、腹泻、腹胀、食欲不佳，严重者可致消化道溃疡、出血、穿孔等。

② 肾脏：肾灌注量减少，出现水钠潴留、高血钾、血尿、蛋白尿、间质性肾炎，严重者发生肾坏死致肾功能不全。

③ 血液系统：外周血细胞减少、凝血障碍、再生障碍性贫血。

④ 少数患者发生过敏反应（皮疹、哮喘）、肝功能损害以及耳鸣、听力下降和无菌性脑膜炎等。

（2）选择性 COX-2 抑制药与非选择性的传统 NSAID 相比，能明显减少严重胃肠道不良反应。无论选择何种 NSAID，剂量都应个体化。只有在一种 NSAID 足量使用 1～2 周后确诊无效才可更改为另一种；避免同时服用≥2 种 NSAID。

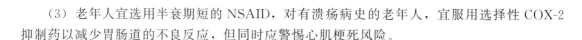

（3）老年人宜选用半衰期短的 NSAID，对有溃疡病史的老年人，宜服用选择性 COX-2 抑制药以减少胃肠道的不良反应，但同时应警惕心肌梗死风险。

五、健康指导

（1）重在预防　注意关节保暖。避免关节过度劳累，避免不良姿势，减少不合理的运动，避免长时间跑、跳、蹲，减少或避免爬楼梯。减少负重。肥胖者应适当减轻体重，适量体育锻炼。

（2）及早就诊　出现关节弹响、关节酸痛、关节僵硬症状应重视，早期就诊是治疗的关键。

（3）休息与运动　急性期减少运动，注意休息，适当活动，防止关节挛缩；慢性期制定适宜的运动计划，改善或防止关节功能不全和残障。

（4）遵医嘱　遵医嘱治疗，注意药物不良反应。

第二十三节　骨质疏松症

一、疾病概述

骨质疏松症（OP）是一种以骨量低下、骨微结构破坏导致骨脆性增加，易发生骨折为特征的全身性骨病。其发病缓慢，可发生于不同性别和年龄，但多见于绝经后女性和老年男性。OP 的严重后果是发生骨质疏松性骨折（脆性骨折），大大增加了老年人的病残率和死亡率。骨质疏松症分类如下。

（1）原发性骨质疏松症　占 90% 以上，包括绝经后骨质疏松症（Ⅰ型），一般发生在妇女绝经后的 5～10 年内；老年性骨质疏松症（Ⅱ型），一般指老年人 70 岁后发生的骨质疏松。

（2）继发性骨质疏松症　许多内分泌疾病如甲状腺功能亢进症、甲状旁腺功能亢进症、慢性肾衰竭、白血病等均可造成继发性骨质疏松症。药物如肝素、免疫抑制药、甲氨蝶呤、苯妥英钠、糖皮质激素的长期应用等也是继发性骨质疏松症的原因之一。

（3）特发性骨质疏松症　主要发生在青少年，病因尚不明。

二、临床症状

疼痛、脊柱变形和发生脆性骨折是骨质疏松症最典型的临床表现，但部分骨质疏松症患者早期常无明显的自觉症状。

（1）疼痛　是骨质疏松症最常见、最主要的症状。患者常感觉腰背痛或周身酸痛，在晚上和清晨醒来时、运动或者用力稍大时疼痛加剧或活动受限；严重时，翻身、起坐及行走有困难。

（2）脊柱变形　骨质疏松严重者可有身高缩短和驼背。椎体压缩性骨折会导致胸廓畸形、腹部受压、影响心脏功能等。

（3）骨折　轻度外伤或日常活动后发生骨折为脆性骨折。发生脆性骨折的常见部位为胸腰椎、髋部、桡骨及尺骨远端和肱骨近端。其他部位亦可发生骨折。发生过一次脆性骨折后，再次发生骨折的风险明显增加。

三、诊断标准

病史和体检是临床诊断的基本依据，确诊依赖于 X 线检查或骨密度测定。发生过脆性骨折者常表现为骨密度低下。双能 X 线吸收测定法（DXA）是目前公认的骨密度检查方法，与正常年轻人相比，骨密度值（T 值）下降 2.5 个标准差，即 T 值≤－2.5 诊断为骨质疏松；T 值≥－1.0 为正常，－2.5＜T 值＜－1.0 为骨量减少。

四、治疗药物

（一）抑制骨吸收药

1. 双膦酸盐

第一代药物有依替膦酸二钠（羟乙膦酸钠），小剂量抑制骨吸收，大剂量抑制骨形成。对体内磷酸钙有较强的亲和力，能抑制人体异常钙化和过量骨吸收，减轻骨痛。不良反应可见恶心、呕吐、腹泻、咽喉灼热感等胃肠道反应和肾损害等，妊娠期和哺乳期妇女慎用。

第二代药物有替鲁膦酸和帕米膦酸二钠，抗骨吸收作用较第一代强 10 倍左右，其最大特点是作用更为持久和抑制新骨形成的作用极低。肠道反应仍较明显。

第三代药物有阿仑膦酸钠、利塞膦酸、唑来膦酸等，抗骨吸收作用较第二代强 50～100 倍，无骨矿化抑制作用，胃肠道反应明显减轻。

2. 降钙素

降钙素是甲状旁腺分泌的、参与钙和骨质代谢的多肽激素。降钙素能迅速抑制破骨细胞，明显降低血钙浓度，适应骨骼发育的需要，对骨代谢疾病引起的骨痛效果显著。主要用于老年性骨质疏松。主要不良反应有胃肠道反应，中枢症状明显，偶见过敏现象。

3. 雌激素制剂和雌激素受体调节药

雌激素缺乏是绝经后妇女骨质疏松症的首要病因，故补充雌激素的替代治疗曾长期被认为是预防女性骨质疏松症的一线治疗。由于单用雌激素替代会引起不规律阴道出血，增加子宫内膜癌和乳腺癌的发病率，故目前倾向于雌、孕激素联合治疗，加用孕激素的目的是为了防止子宫内膜增生。

雌激素制剂主要包括替勃龙和依普黄酮。

（1）替勃龙 能促进绝经期妇女分泌雌激素，抑制破骨细胞的骨吸收作用，使骨基质形成增加。雌激素的不良反应主要有体重增加、多毛、水肿等，大剂量可引起阴道出血，应定期补充孕激素。

（2）依普黄酮 能促进骨形成，同时抑制骨吸收。具有增敏雌激素抗骨质疏松作用的特点，无生殖系统影响。用于改善原发性骨质疏松的症状，提高骨量，减少患者的骨密度。但可引起胃肠道反应，诱发、加重溃疡，严重消化系统疾病患者慎用。用药期间必须补钙。不宜用于妊娠期、哺乳期妇女。

（二）促进骨形成药

氟制剂能够抑制骨吸收，促进成骨细胞有丝分裂。包括氟化钠、氟磷酸二钠、氟磷酸谷氨酰胺等。氟制剂用于骨质疏松症的治疗，要注意同时补钙，必要时加服 1,25-二羟维生素 D_3。不良反应主要有胃肠道反应、胃出血、肢体疼痛综合征等。肾功能不全者慎用。

（三）钙剂和维生素 D

1. 钙剂

包括碳酸钙、葡萄糖酸钙、枸橼酸钙、乳酸钙等，以碳酸钙和葡萄糖酸钙较常用。碳酸钙复方制剂以碳酸钙为主，含维生素、氨基酸、微量元素，是一种骨代谢调节剂，有助于钙的吸收。用于防治骨质疏松，一日 1 片，餐后服用。用药期间宜多吃一些青菜和水果，多饮水，以防止尿路结石、便秘。

2. 维生素 D

包括维生素 D（骨化醇）、维生素 D_3（胆骨化醇）、骨化三醇、阿法骨化醇。可促进人体对钙的吸收，促进骨细胞分化而增加骨量，用于绝经后和老年性骨质疏松症，可单独服用，也可以与碳酸钙、枸橼酸钙、葡萄糖酸钙、乳酸钙等钙剂联合服用。

五、用药监护

（1）不可擅自用药 骨质疏松症的病因复杂，药物治疗应在医师的指导下进行。有些患者可在药师的指导下使用非处方药。对于用药后症状没有明显改善者，建议去医院就诊。

（2）治疗药物选择

① 老年性骨质疏松：钙制剂＋维生素 D＋骨吸收抑制剂（双膦酸盐）。

② 妇女绝经后骨质疏松：钙制剂＋维生素 D＋雌激素或雌激素受体调节药。

③ 继发性骨质疏松：首先治疗原发病，同时使用降钙素。若为抗癫痫药所致的骨质疏松，则应长期口服维生素 D。

（3）服药注意事项 双膦酸盐的主要不良反应为食管炎、粪便潜血，凡有食管孔疝、消化性溃疡、皮疹者不宜应用。为避免与食管的刺激，应以早晨空腹给药，用 200mL 水送服，保持坐位或立位，服后 30min 内不宜进食或卧位，不宜喝牛奶、咖啡、茶、矿泉水、果汁和含钙饮料。

（4）禁用患者 雌激素受体调节药可能增加静脉血栓栓塞事件的危险性，对正在或既往患有血栓、静脉血栓栓塞患者，包括深静脉血栓、肺栓塞、视网膜静脉血栓者禁用；对绝经期超过 2 年以上的妇女方可应用。

（5）非药物治疗是预防骨质疏松的关键。

六、健康指导

脆性骨折是可防治的。早期诊断，及时预测骨折风险，并采用规范的防治措施十分重要。

（1）保持健康生活习惯 摄入富含钙、蛋白质和低盐的均衡膳食，适度运动，戒烟限酒，少饮咖啡和碳酸饮料。日光照可以使皮肤维生素 D 合成增加，促进骨钙沉着。上臂暴露日光浴 15～20min，但需注意的是，紫外线受到玻璃、防晒霜阻隔，因而隔着玻璃晒太阳、涂防晒霜去户外对增高体内维生素 D 是没有效果的。

（2）预防跌倒和外伤，降低骨折风险 锻炼是骨质疏松治疗和预防的重要内容，少动或制动可引起骨质量下降及肌肉质量减少，建议缓慢开始，逐渐增加活动量，每天行走 30min，每周 2～3 次抗阻运动。

（3）定期骨密度检查 女性＞65 岁、男性＞70 岁（NOF 国家骨质疏松基金会）或有骨折史的 65 岁以上男性每年至少需要检查 1 次骨密度；骨密度的复查间隔尚无定论。

（4）坚持服药 在医生指导下合理选择、坚持规律服用抗骨质疏松药，注意服药方式及药物间相互作用。

（5）补钙宜补充维生素 D 钙剂＋维生素 D 是骨质疏松的基础治疗方案。补充钙剂以清晨和睡前各用 1 次为佳，如采取 3 次/日的用法，最好于餐后 1h 服用，以减少食物对钙吸收的影响。

第二十四节　尿路感染

一、疾病概述

尿路感染（UTI）是指各种病原微生物在尿路中生长、繁殖而引起的炎症性疾病，多见于育龄期和绝经后女性、老年男性、免疫力低下及尿路畸形者。女性尿路感染发病率明显高于男性，60 岁以上老年女性 UTI 发病率高达 10％～12％，有多项研究表明，雌激素水平降低是绝经后女性尿路感染的危险因素；除非存在易感因素，成年男性极少发生尿路感染，50 岁以上男性因前列腺增生，UTI 的发生率增高。

（一）分类

根据感染发生部位可分为上尿路感染（肾盂肾炎）和下尿路感染（膀胱炎和尿道炎）。临床又有急性和慢性之分。

（二）病因及发病机制

1. 致病菌

多为会阴部及肠内常见菌种，以大肠埃希菌为最多，其次为变形杆菌、葡萄球菌、粪链球菌、铜绿假单胞菌，偶见厌氧菌、真菌及原虫感染。

2. 细菌入侵途径

（1）上行感染　为最常见的感染途径，致病菌经尿道口沿膀胱、输尿管上行达肾盂，此种感染多为大肠埃希菌。

（2）血行感染　较上行感染少见。一般患者体内有感染病灶或败血症，细菌侵入血液，到达肾皮质引起多发性小脓肿，向下扩散至肾乳头、肾盏及肾盂，引起肾盂肾炎，多由金黄色葡萄球菌和大肠埃希菌引起。

（3）淋巴道感染及直接感染极其少见。

3. 机体易感因素

一般情况下，人体的泌尿系统黏膜有一定的抗感染能力，可以将入侵的细菌杀死，但在易感因素的影响下，机体的抵抗能力会下降甚至失去，从而发生细菌感染，而且易感因素的存在也是肾盂肾炎反复发作久治不愈的重要原因，常见的易感因素如下。

（1）尿路梗阻为最主要的易感因素。

（2）膀胱输尿管反流　健康人膀胱输尿管结合处具有单向瓣膜功能，膀胱充盈或排尿时能阻止尿液上行，若此瓣膜功能丧失，膀胱内压力升高或排尿时，尿液会反流并导致感染。

（3）肾发育不良　多囊肾、马蹄肾等。

（4）机体抵抗力下降　多见于一些慢性疾病，长期应用激素和免疫抑制药也容易发生尿路感染。

（5）其他易感因素　尿道内或尿道口附近有感染性病变、妊娠与分娩、前列腺炎及医源性因素等。

二、临床症状

（一）泌尿系统感染的常见体征

（1）尿液异常　尿路感染可引起尿液的异常改变，常见的有细菌尿、脓尿、血尿等。

（2）排尿异常 尿路感染常见的排尿异常是尿频、尿急、尿痛，也可见到尿失禁和尿潴留。慢性肾盂肾炎引起的慢性肾功能衰竭的早期可见多尿，后期可出现少尿或无尿。

（3）腰痛 腰痛是临床常见症状，肾脏及肾周围疾病是腰痛的常见原因之一。

（二）常见疾病的临床特征

1. 肾盂肾炎

如患者有突出的全身表现，体温>38℃，应考虑上尿路感染。分为急性、慢性。

（1）急性肾盂肾炎 ①全身表现：多数起病急骤，数小时至1～2天发展成本病。畏寒、发热，体温高达38～40℃，常伴有头痛、全身酸痛和疲乏无力，可有食欲缺乏、恶心呕吐，或有腹胀和腹泻。②泌尿系统症状：因伴发膀胱炎，多有尿急、尿频、尿痛等膀胱刺激症状，局部症状常有腰痛、肾区叩痛。③尿液变化：外观浑浊，呈脓尿、血尿表现。

某些患者虽无上述典型症状，但以高热等中毒症状或胃肠道功能紊乱为突出表现，尿路刺激的症状不明显；老年及体弱者机体反应差，常呈隐匿表现。

（2）慢性肾盂肾炎 大多由急性肾盂肾炎未彻底治疗反复发作所致。常有以下几种非典型性表现形式。①无症状性细菌尿：致病菌多为大肠埃希菌，一般无尿路刺激症状，或仅有低热、易疲劳和腰痛，有细菌尿，临床呈隐匿表现。②继发性高血压：主要表现为头痛、头昏、乏力、记忆力减退等高血压症状，尿检有多种异常，尿细菌（＋）。③发作性血尿：肉眼或镜下血尿为主，常伴有腰痛及尿路刺激征，血尿可自行缓解，但菌尿一直存在。④长期低热：肾实质有活动性感染病灶，长期低热、乏力、体重下降，有脓尿、细菌尿，而缺乏尿路刺激征。

2. 膀胱炎

约占尿路感染的60％以上，致病菌多为大肠埃希菌，约占75％以上。主要表现为尿频、尿急、尿痛和排尿不适、下腹部疼痛和排尿困难。尿液常浑浊、有异味，约30％可出现血尿。一般无全身感染症状。

三、诊断标准

① 典型的尿路感染有尿路刺激征、感染中毒症状、腰部不适等，结合尿液改变和尿液细菌学检查。尿路感染定位：上尿路感染常有发热、寒战，伴明显腰痛，输尿管点和（或）肋脊点压痛、肾区叩击痛等。而下尿路感染常以膀胱刺激征为突出表现，一般少有发热、腰痛等。

② 对于留置导尿管的患者出现典型的尿路感染症状、体征，且无其他原因可以解释，尿标本细菌培养菌落计数$\geq 10^3$/mL 时，应考虑导管相关性尿路感染的诊断。

③ 无症状菌尿（ASB）是指患者无尿路感染症状，但中段尿培养连续两次（同一菌株）尿细菌数$> 10^5$ 菌落形成单位/mL。多见于老年女性和妊娠期妇女，发病率随年龄增长而增加。

四、治疗药物

（一）总体原则

① 选用致病菌敏感的抗菌药物。无病原学结果前，一般首选对革兰阴性杆菌有效的抗菌药物，尤其是初发 UTI。治疗3天症状无改善则应按药敏试验结果调整用药。

② 抗菌药物在尿液和肾内的浓度要高。

③ 选用肾毒性小、不良反应少的抗菌药物。

④ 单一药物治疗失败、严重感染、混合感染、出现耐药菌株时，应联合用药。

⑤ 对不同类型的尿路感染给予不同的治疗疗程。

⑥ 综合考虑感染部位、菌种类型、基础疾病、中毒症状程度等因素。

（二）治疗药物

1. 急性膀胱炎

短疗程疗法可选用磺胺类、喹诺酮类、半合成青霉素类或头孢菌素类等抗菌药物，任选一种药物连用 3 天，约 90% 的患者可治愈。停服抗菌药物 7 天后，需进行尿细菌定量培养。如结果阴性表示急性细菌性膀胱炎已治愈；如仍有菌尿，应继续给予 2 周抗菌药物治疗。对于妊娠妇女、老年患者、糖尿病患者、机体免疫力低下及男性患者应采用较长疗程。

2. 肾盂肾炎

首次发生的急性肾盂肾炎的致病菌 80% 为大肠埃希菌，在留取尿细菌检查标本后应立即开始治疗，首选针对革兰阴性杆菌有效的药物。72h 显效者无需换药，否则应按药敏结果更改抗菌药物。

（1）病情较轻者 可在门诊口服药物治疗 10～14 日，通常 90% 可治愈。常用药物有喹诺酮类（如氧氟沙星、环丙沙星）、半合成青霉素类（如阿莫西林）、头孢菌素类（如头孢呋辛）等。如尿菌仍阳性，应参考药敏试验选用有效抗菌药物继续治疗 4～6 周。

（2）严重感染全身中毒症状明显者 需住院治疗静脉给药。常用药物有氨苄西林、头孢噻肟钠、头孢曲松钠、左氧氟沙星等。必要时可联合用药。氨基糖苷类抗菌药物肾毒性大，应慎用。治疗 72h 无好转，应按药敏结果更换抗菌药物，疗程不少于 2 周。

慢性肾盂肾炎治疗的关键是积极寻找并去除易感因素。急性发作时治疗同急性肾盂肾炎。

3. 妊娠期尿路感染

宜选用毒性小的抗菌药物（阿莫西林、呋喃妥因或头孢菌素类等）。孕妇的急性膀胱炎治疗时间为 3～7 日。孕妇急性肾盂肾炎应静脉滴注抗菌药物治疗，可用半合成广谱青霉素或第三代头孢菌素，疗程 2 周。反复发生尿路感染者，可用呋喃妥因进行长疗程低剂量抑菌治疗。

五、用药监护

① 根据尿培养结果选择对致病菌敏感、泌尿道浓度高、不良反应小的抗菌药物；经验性用药有头孢氨苄、阿莫西林、喹诺酮类、TMP/SMZ 等药物。

② 有尿路刺激症状，但尿液常规监测及尿培养阴性时，需考虑有无焦虑、抑郁等其他因素导致的下尿路症状。

③ 使用抗菌药物前询问过敏史；服用磺胺类药物时应多喝水；治疗中监测血常规的变化；服用呋喃妥因、磺胺类药物需根据肾功能调整剂量；喹诺酮类药物禁用于 18 岁以下儿童及青少年。

六、健康指导

① 急性期注意休息，多饮水，勤排尿，注意会阴部清洁。

② 膀胱刺激征和血尿明显者，可口服碳酸氢钠片 1.0g，一日 3 次，以碱化尿液、缓解症状、抑制细菌生长、避免形成血凝块，对应用磺胺类抗菌药物者还可增强药物的抗菌活性并避免尿路结晶形成。

③ 感染反复发作者应积极寻找并去除病因和诱因。

第二十五节 前列腺增生症

一、疾病概述

前列腺增生症（BPH）亦称前列腺肥大，是一种与年龄相关的病情进展缓慢的常见疾病，是导致老年男性排尿障碍的最常见的一种良性疾病。临床表现主要是因增生的前列腺组织阻塞尿路、压迫膀胱颈引起的。

BPH 常在 50 岁左右发病，51～60 岁的发病率约为 40%，61～70 岁约为 70%，71～80 岁约为 80%，81 岁以上约 90%。BPH 的病因尚未被阐明，目前认为与年龄增长及睾丸激素有关。

此外，尚有许多因素可能影响前列腺的增生，如遗传、吸烟、饮食、饮酒、肥胖、性生活、高血压、糖尿病等。多种激素和各种不同的生长因子均可通过各种途径作用于前列腺组织细胞，使其增生肥大。

二、临床症状

主要症状如下。

① 尿频，尤其是夜尿次数增多是发病的早期信号。

② 排尿无力，尿流变细，射程也不远。

③ 血尿，尿液检出红细胞。

④ 尿潴留，前列腺增生较重的晚期患者，梗阻严重时可因受凉、饮酒、憋尿时间过长或感染等原因导致尿液无法排出而发生急性尿滞留。

三、治疗药物

1. 治疗原则

药物只能缓解症状，不能根治 BPH。因此，原则上药物治疗只适用于无手术指征的患者。药物治疗的目的在于：①通过消除雄激素对前列腺的作用，减少膀胱出口梗阻的静力因素；②通过缓解交感神经递质对前列腺平滑肌的兴奋作用，使之松弛，减轻膀胱出口的动力因素。

2. 治疗药物选用

（1）α_1 受体阻滞药　α_1 受体阻滞药可使前列腺平滑肌松弛，尿道闭合压降低，尿道梗阻症状改善，尿流通畅。该类药物主要有特拉唑嗪、阿夫唑嗪、多沙唑嗪、坦索罗辛等。

（2）5α-还原酶抑制药　5α-还原酶抑制药可有效地缩小前列腺的体积，提高尿流率，改善排尿症状而不降低睾酮在血浆中的水平，很少影响性功能。特别适用于前列腺体积较大的患者。该类药物主要有非那雄胺、依立雄胺、度他雄胺等。

（3）雄激素受体拮抗药　氟他胺是一种非甾体抗雄激素制剂，用于前列腺癌的姑息治疗，也用于前列腺增生的治疗，有缩小前列腺体积、改善症状的作用。最常见的不良反应是腹泻、乳房增大和肝毒性。

四、用药监护

① 前列腺增生症是中老年男性的常见问题，可以应用药物缓解下尿路症状，提高生活

质量。

② 因为前列腺癌和前列腺增生症有许多相同的症状，且可合并存在，故在加用药物治疗前应排除前列腺癌。

③ α_1 受体阻滞药起效较快，有利于快速控制下尿路症状，主要不良反应是鼻塞、乏力、心慌、头痛、头晕和低血压等，用药过程中若出现明显的副作用，应停药并及时复诊；5α-还原酶抑制药需长时间使用以控制前列腺的体积；通常需服药 3 个月以上才起效。

④ 应用 α_1 受体阻滞药，尤其是与抗高血压药合用时，要注意监测血压，注意预防直立性低血压。当从卧位或坐位突然转为立位时可能会发生头晕、轻度头痛甚至晕厥，出现这些症状时应躺下，然后在站立前稍坐片刻以防症状再次发生。

五、健康指导

1. 治疗时机

由于前列腺增生症疾病进展比较缓慢，故对于症状轻微、不影响生活也没有并发症的患者可以暂时观察，不急于用药。患者要留意症状变化，每年复查 1 次。如症状加重，就要尽早就诊，选择合适的治疗方式。

2. 对 BPH 程度较轻患者的建议

① 注意行为治疗，戒烟忌酒，禁食辛辣、凉冷食物，避免劳累、感染；如有慢性前列腺炎、尿道炎、膀胱炎，应尽早彻底治愈。

② 保证营养充足，适量饮水，注意劳逸结合，避免久坐和过度疲劳，切勿憋尿，注意下半身保暖，避免受寒、受湿；并经常进行一些力所能及的户外活动与锻炼。

第二十六节 痛经

一、疾病概述

痛经是指妇女在经期前后或行经期间出现小腹疼痛、坠胀，甚至痛及腰骶部，并有全身不适，严重影响日常生活者。严重者可伴恶心、呕吐、冷汗淋漓、手足厥冷，甚至昏厥，给工作及生活带来影响。痛经可分为原发性和继发性两种。原发性痛经多指生殖器官无明显病变者，故又称功能性痛经，多见于青春期少女、未婚及已婚未育者，此种痛经在正常分娩后疼痛多可缓解或消失。继发性痛经则多因生殖器官有器质性病变所致。

 知识链接

痛经的中医药治疗概述

中医认为痛经是女子胞感寒湿热邪气或气血不调（致病因素）所致，根据致病因素的性质不同，中医痛经辨证分五种证型：气滞血瘀、寒湿凝滞、湿热瘀阻、气血虚弱、肝郁肾亏。治疗气滞血瘀型痛经的中成药，多以辛散的药物为主组成；治疗寒湿凝滞型痛经的中成药，多以温燥的药物为主组成；治疗气血虚弱型痛经的中成药，多以补益的药物为主组成。总之，要根据病因，对因治疗，辨证施治。

二、临床症状

① 疼痛多在下腹部，出现阵发性绞痛或下坠感，少数可放射到大腿内侧。疼痛多在经前 1～2 日开始或月经来潮后第 1 日疼痛剧烈，持续 2～3 日，逐渐缓解。

② 全身症状伴有腰酸、头痛、胃痛、头晕、乳胀、尿频、稀便、便秘、腹泻、失眠、易激动等，严重者可有面色苍白、出冷汗、四肢冰冷、恶心、呕吐，甚至发生晕厥。

③ 精神症状常伴有紧张、焦虑、恐惧和抑郁等。

三、治疗药物

1. 非处方药

《国家非处方药目录》收载的解热镇痛药的活性成分有对乙酰氨基酚、布洛芬、阿司匹林、贝诺酯、萘普生；解痉药的活性成分和制剂有氢溴酸山莨菪碱、颠茄浸膏片。

① 对乙酰氨基酚的镇痛作用较弱但缓和而持久，不良反应较少。

② 布洛芬的镇痛作用较强，作用持久，对胃肠道的副作用较轻。

③ 氢溴酸山莨菪碱或颠茄浸膏片具有松弛平滑肌的作用，可明显缓解子宫平滑肌痉挛而止痛。

④ 对伴有精神紧张者可口服谷维素。

2. 处方药

① 甾体激素避孕药如雌、孕激素复合避孕药可能通过减少前列腺素产生和抑制排卵而缓解痛经，而且避孕药可应用于对解热镇痛药治疗无效的病例，不同的避孕药治疗痛经的效果相当。

② 严重疼痛可选用可待因或氨酚待因片。

四、用药监护

① 对痛经伴有月经过多，或有盆腔炎、子宫肌瘤继发性痛经者，应在医师的指导下用药。

② 应用解痉药后可引起口干、皮肤潮红等不良反应。

③ 月经期间不宜服用利尿药，因为利尿药可将重要的电解质和水分排出体外，引起水、电解质紊乱。应禁酒和减少食盐摄入，促使水分不在体内滞留，以减轻肿胀感。

④ 解热镇痛药和解痉药仅对痛经症状有缓解作用，而不能解除痛经的病因。

⑤ 长期应用非甾体抗炎药会损伤胃肠黏膜，诱发胃、十二指肠溃疡或出血。为避免药物对胃肠道的刺激性，解热镇痛药治疗痛经连续服用不宜超过 5 日。

⑥ 若经血量过多或下腹疼痛，且伴有发热或其他症状，应及时去医院就诊。

五、健康指导

① 为预防和缓解痛经，患者可适当进行体育锻炼，以增强体质；注意生活规律、劳逸结合及充足睡眠；注意经期卫生，经血较多或痛经剧烈时避免剧烈运动和过度劳累，注意保暖。同时可通过月经生理知识的宣传教育，以消除患者的恐惧、焦虑及精神负担。

② 注意饮食均衡，多吃蔬菜、水果、鸡肉、鱼肉，并尽量少量多餐，经期忌食生冷瓜果及刺激性食物。适当补充钙、钾、镁等矿物质，也能帮助缓解痛经。

③ 保持外阴清洁，每日用温水洗 1～2 次，勤换护垫。

第二十七节 阴道炎

阴道炎即阴道炎症，是导致外阴阴道症状如瘙痒、灼痛、刺激和异常流液的一种病症。临床上常见有细菌性阴道炎、念珠菌性阴道炎、滴虫性阴道炎、老年性阴道炎、幼女性阴道炎。

一、细菌性阴道炎

（一）疾病概述

细菌性阴道炎（bacterial vaginosis，BV）是阴道内正常菌群失调所致的一种混合感染，正常阴道菌群包括需氧菌及厌氧菌，其中以乳杆菌最为常见和重要，约占 95%。乳杆菌通过产生过氧化氢及维持阴道酸性环境抵御感染。BV 是乳杆菌减少及病原菌增加所导致的一种微生态紊乱综合征。

（二）临床症状

大部分（>50%）的 BV 患者无明显的临床症状，有症状者可表现为白带增多，灰白色，稀薄，外阴瘙痒并有灼痛感，阴部鱼腥臭味（尤其性交时或性交后，经期时或经期后臭味加重，鱼腥臭味是因为厌氧菌繁殖同时产生胺类物质所致）。该病可引起子宫内膜炎、盆腔炎。

（三）合理用药

1. 全身用药

口服，首选甲硝唑 500mg，每日 2 次，连用 7 日；替硝唑 1g，每日一次，连用 5 日，或 2g，每日一次，连用 2 日；克林霉素 300mg，每日 2 次，连服 7 日。克林霉素适合于甲硝唑治疗失败者或甲硝唑过敏、不能耐受者，特别适用于妊娠妇女。

2. 局部用药

甲硝唑阴道泡腾片或替硝唑阴道泡腾片 200mg，阴道给药，每晚 1 次，连用 7 日；不耐受者选用克林霉素磷酸酯阴道凝胶 5g，阴道给药，每晚 1 次，连用 3 日。

如有复发症状，可继续使用甲硝唑或克林霉素口服及经阴道给药，用药 7 日。

妊娠期治疗方案可取用口服甲硝唑 500mg，每日 2 次，共 7 日；克林霉素 300mg，每日 2 次，共 7 日。哺乳期使用局部用药，尽量避免全身用药。替硝唑为妊娠 C 类药物，不可用于孕妇。

（四）用药监护

① 局部阴道用药时应避开月经期，使用 7 日后症状未缓解，应向医师咨询。

② 使用甲硝唑、替硝唑药物时，若对本类药物或吡咯类药物过敏患者以及有活动性中枢神经系统疾病和血液病患者禁用。发生中枢神经系统如头痛、眩晕、晕厥、感觉异常、肢体麻木、共济失调和精神错乱等症状时，应及时停药。由于硝基咪唑类药物有抑制乙醛脱氢酶的作用，在服用甲硝唑期间及停药 24h 内或在服用替硝唑期间及停药 72h 内应禁酒，避免出现双硫仑样反应。

③ 阴道冲洗可能增加 BV 复发风险，尚无证据表明冲洗可治疗或缓解症状，但用药部位如有烧灼感、红肿等情况应停药，洗净药物，向医师咨询。

（五）健康指导

① 用药期间注意个人卫生，防止重复感染，建议避免性接触或正确使用避孕套。

② 性伴侣治疗不是必需，但对反复发作（一年内反复发作 4 次或以上）或难治性 BV 患者的性伴侣应予以治疗。

二、霉菌性阴道炎

（一）疾病概述

外阴阴道念珠菌病也称为外阴阴道假丝酵母菌病（Vulvovaginal candidiasis，VVC），系由假丝酵母菌引起的外阴阴道炎症。念珠菌性阴道炎由白色念珠菌感染引起。孕妇、糖尿病妇女及长期应用广谱抗生素、糖皮质激素、雌激素的妇女易发生念珠菌感染，穿紧身化纤内裤及肥胖女性也属于易患人群。75％的妇女一生中至少患过一次念珠菌性阴道炎，45％的妇女则有 2 次以上。

（二）临床症状

主要是外阴瘙痒和白带增多。瘙痒程度可从轻微的瘙痒到难以忍受的奇痒。伴有烧灼感、尿频、尿急、尿痛及性交痛。典型的白带呈凝乳状或豆腐渣样，有细菌混合感染时可呈脓性白带。

（三）合理用药

（1）消除诱因　若有糖尿病，给予积极治疗，及时停用广谱抗生素、糖皮质激素及雌激素。勤换内裤，用过的内裤、盆及毛巾均应用开水烫洗。

（2）局部用药　咪康唑栓每晚 1 粒，连用 7 日，也可采用 3 日疗法，第 1 日晚 1 枚，随后 3 日早、晚各 1 枚；克霉唑栓每晚 1 粒，连用 7 日；制霉菌素阴道泡腾片 1 次 1 片，一日 1～2 次，疗程一般 14 天。

（3）口服药物　氟康唑 150mg，顿服；伊曲康唑 200mg，每日 2 次，疗程为 1 天，或每次 200mg，每日 1 次，疗程为 3 日。对于不愿采用局部用药者或顽固反复发作者，应予以全身用药，如伊曲康唑、氟康唑等。

对于复发性 VVC，无论局部用药或全身用药均应适当延长治疗时间以巩固治疗。

（四）用药监护

① 妊娠合并 VVC 者，以局部治疗为主，禁用口服药物。

② 局部治疗时，注意将药片送入阴道深处。用药部位如有烧灼感、红肿等情况应停药，并将局部药物洗净，必要时向医师咨询。

③ 即使症状迅速消失，也要完成疗程。局部应用克霉唑应避开月经期，而咪康唑、制霉菌素在月经期治疗不受影响。

④ 伊曲康唑应餐后立即给药，生物利用度最高。育龄妇女使用时应采取适当的避孕措施。

（五）健康指导

① 当性伴侣被感染时也应给予适当的治疗。

② 用药期间注意个人卫生，防止重复感染，使用避孕套或避免房事。

③ 对糖尿病患者合并 VVC 者应积极控制血糖；对应用抗生素后发生 VVC 者尽量避免局部和全身应用广谱抗生素，必须应用者可同时口服氟康唑；对复发性 VVC 患者避免口服

避孕药和使用宫内节育器。

三、滴虫性阴道炎

（一）疾病概述

滴虫性阴道炎（trichomonal vaginitis）由阴道毛滴虫引起，以性接触传播为主，是最常见的非病毒性性传播疾病。阴道毛滴虫的传播方式有两种：一是直接方式，通过性行为被性伴侣传染，男女可以互相传染。其次为间接方式，如共用浴池、浴盆、浴巾，或使用别人的内裤、坐便器等。

（二）临床症状

泡沫状白带是阴道滴虫病的特征，25％的患者常无自觉症状。判断滴虫性阴道炎的依据如下。

① 有外阴和阴道口瘙痒、灼痛和白带增多，宫颈和阴道壁红肿。

② 阴道有腥臭味。

③ 阴道能发现泡沫样白带，分泌物增多为黏液或脓性。

④ 阴道黏膜上有出血点或宫颈有点状红斑及触痛。

⑤ 阴道分泌物镜检时可发现毛滴虫。

（三）合理用药

（1）口服药物　首选甲硝唑 500mg，每日 2 次，连用 7 日；替硝唑 1g，每日一次，连用 5 日，或 2g，每日一次，连用 2 日；克林霉素 300mg，每日 2 次，连服 7 日。

（2）局部用药　甲硝唑阴道泡腾片或替硝唑阴道泡腾片 200mg，阴道给药，每晚 1 次，连用 7 日。

（四）用药监护

药物治疗不仅可缓解滴虫性阴道炎的症状，而且可减少传播。硝基咪唑类药物是目前已知的唯一有效的抗滴虫药物，其中最为常用的有甲硝唑及替硝唑。

由于滴虫性阴道炎常合并其他部位的滴虫感染，因此初次治疗首选口服用药，不推荐局部用药。

（五）健康指导

滴虫性阴道炎主要通过性接触直接传播，性伴侣的同时治疗是缓解症状、达到微生物学治愈以及减少传播和复发的关键。应告知患者及性伴侣在治愈（即已完成治疗且所有症状缓解）前应避免无保护性交。

第二十八节　痤疮

一、疾病概述

痤疮（acne）是一种毛囊皮脂腺单位的慢性炎症病变，以粉刺、丘疹、脓疱、结节、囊肿及瘢痕为特征。本病发病机制尚未完全阐明，遗传、雄激素诱导的皮脂分泌增加、毛囊皮脂腺导管的角化、堵塞的腺管内痤疮丙酸杆菌大量繁殖、免疫炎症反应的发生等因素都可能

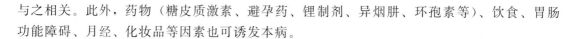

与之相关。此外，药物（糖皮质激素、避孕药、锂制剂、异烟肼、环孢素等）、饮食、胃肠功能障碍、月经、化妆品等因素也可诱发本病。

二、临床症状

皮损初起多为与毛囊一致的圆锥形丘疹，如白头粉刺（闭合性粉刺）及黑头粉刺（开放性粉刺），前者为黄色皮脂角栓，后者为脂栓被氧化所致；皮损加重后可形成炎症丘疹，顶端可有小脓疱；继续发展可形成大小不等的红色结节或囊肿，挤压时有波动感，甚至可化脓形成脓肿，破溃后常形成窦道和瘢痕。本病一般自觉症状轻微，炎症明显时可有疼痛。病程慢性，时轻时重，多数患者病情至中年期逐渐缓解，部分可遗留红色印记和色素沉着、肥厚性或萎缩性瘢痕。

三、诊断标准

患者多为15～30岁男女，皮损好发于颜面，其次是胸部、背部等皮脂腺丰富部位，多为对称性分布，各型皮损包括粉刺、丘疹、脓疱、结节及囊肿等。痤疮严重程度分类见表5-8，皮损严重程度分级有助于选择治疗方案。

表 5-8　痤疮严重程度分级

分级	皮损性质	皮损数量
Ⅰ级（轻度）	以粉刺为主	总病灶数少于30个
Ⅱ级（轻至中度）	除粉刺外,还有中等数量的炎性丘疹	总病灶数在31～50个
Ⅲ级（中度）	除粉刺外,还有大量丘疹和脓疱,偶见大的炎性皮损,分布广泛	总病灶数在51～100个,结节少于3个
Ⅳ级（重度）	结节性、囊肿性或聚合性痤疮,伴有疼痛	总病灶数多于100个,结节或囊肿多于3个

四、治疗药物

（一）局部治疗

（1）外用维 A 酸类药物　具有调节表皮角质形成、细胞分化、改善毛囊皮脂腺导管角化、溶解微粉刺和粉刺及抗炎的作用，还具有控制痤疮炎症后色素沉着和改善痤疮瘢痕等功效，与抗炎、抗菌药物联合使用可以增加相关药物的皮肤渗透性。外用维 A 酸类药物是轻度痤疮的单独一线用药，中度痤疮的联合用药以及痤疮维持治疗的首选药物。目前常用的外用维 A 酸类药物包括第一代维 A 酸类药物如 0.025%～0.1% 全反式维 A 酸霜（凝胶）和异维 A 酸凝胶，第三代维 A 酸类药物如 0.1% 阿达帕林凝胶。

（2）过氧化苯甲酰　为过氧化物，外用后可缓慢释放出新生态氧和苯甲酸，具有杀灭痤疮丙酸杆菌、溶解粉刺及收敛的作用。过氧化苯甲酰可以减少痤疮丙酸杆菌耐药的发生，如患者能耐受，可作为炎性痤疮的首选外用抗菌药物之一，本药可以单独使用，也可联合外用维 A 酸类药物或外用抗生素。

（3）外用抗生素　常用的外用抗生素包括红霉素、林可霉素及其衍生物克林霉素、氯霉素等，近年来发现外用夫西地酸乳膏对痤疮丙酸杆菌有较好的杀灭作用及抗炎活性，且与其他抗生素无交叉耐药性，也可作为外用抗生素用于痤疮的治疗。由于外用抗生素易诱导痤疮丙酸杆菌耐药，故不推荐单独使用，建议和过氧化苯甲酰或外用维 A 酸类药物联合应用。

（4）二硫化硒　2.5％二硫化硒洗剂具有抑制真菌、寄生虫及细菌的作用，可降低皮肤游离脂肪酸含量。洁净皮肤后，将药液略加稀释均匀地涂布于脂溢显著的部位，3～5min后用清水清洗。

（5）其他外用药物　5％～10％硫黄洗剂和5％～10％的水杨酸乳膏或凝胶具有抑制痤疮丙酸杆菌和轻微剥脱及抗菌作用，可用于痤疮治疗。

（二）口服用药

（1）维A酸类药物　口服异维A酸具有显著抑制皮脂腺脂质分泌、调节毛囊皮脂腺导管角化、改善毛囊厌氧环境并减少痤疮丙酸杆菌的繁殖、抗炎和预防瘢痕形成等作用，是目前最有效的抗痤疮药物，有明确适应证如重度痤疮、结节囊肿型痤疮的患者宜尽早服用。

（2）抗生素类药物　痤疮丙酸杆菌在痤疮炎症反应中发挥重要作用，抗菌治疗是治疗痤疮特别是中重度痤疮常用的方法之一。首选四环素类如多西环素、米诺环素等，不能使用时可考虑选择大环内酯类如红霉素、阿奇霉素、克拉霉素等。

（3）激素　由雌激素和孕激素构成的避孕药是抗雄激素治疗中最常用的药物。雌、孕激素可以对抗雄激素的作用，还可以直接作用在毛囊皮脂腺，减少皮脂的分泌和抑制粉刺的形成。目前常用的避孕药包括炔雌醇环丙孕酮和雌二醇屈螺酮等。服避孕药的起效时间需要2～3个月，通常疗程＞6个月，一般要求皮损完全控制后再巩固1～2个月再停药，停药过早会增加复发的概率。

生理性小剂量糖皮质激素具有抑制肾源性雄激素分泌的作用，可用于抗肾上腺源性雄激素治疗；较大剂量糖皮质激素具有抗炎及免疫抑制作用，因此疗程短、较高剂量的糖皮质激素如泼尼松等可控制重度痤疮患者的炎症。

五、用药监护

① 外用维A酸类药物常会出现轻度皮肤刺激反应，如局部红斑、脱屑，出现紧绷感和烧灼感，但随着使用时间延长可逐渐消失。建议低浓度或小范围使用，每晚1次且避光。

② 异维A酸为维生素A衍生物，口服能产生类似于维生素A过多症的不良反应，但停药后绝大多数可以恢复，最常见不良反应主要是皮肤黏膜干燥，特别是口唇干燥。较少见的可引起肌肉骨骼疼痛、血脂升高、肝酶异常及眼睛受累等，通常发生在治疗最初的2个月，因此肥胖、血脂异常和肝病患者应慎用。药物过量可发生骨结构改变如儿童骨骺过早闭合，故＜12岁儿童尽量不用。异维A酸具有明确的致畸作用，女性患者应在治疗前1个月、治疗期间及治疗后3个月内严格避孕，如果在治疗过程中意外妊娠，则必须采取流产处理。此外，异维A酸导致抑郁或自杀与药物使用关联性尚不明确，因痤疮本身也会导致患者产生自卑、抑郁，建议已经存在抑郁症状或有抑郁症的患者不宜使用。

③ 过氧化苯甲酰为过氧化物，可引起接触性皮炎、皮肤烧灼感、瘙痒、发红、肿胀、皮肤干燥、脱屑等，若皮肤有急性炎症及破溃者禁用。建议敏感性皮肤从低浓度及小范围开始试用，注意避免接触毛发和织物，以免脱色。

④ 克林霉素对于肠炎或溃疡性结肠病史者禁用，即使药品局部吸收也可能引起腹泻，此时应立即停药，并向医师咨询。

⑤ 使用抗生素治疗痤疮应规范用药的剂量和疗程以避免或减少耐药性的产生。对长期饮酒、乙型肝炎、光敏性皮炎等患者宜慎用或禁用。四环素类药物不宜用于孕妇、哺乳期妇女和＜12岁儿童，此时可考虑使用大环内酯类抗生素。

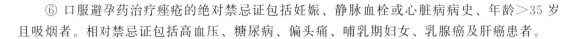

⑥ 口服避孕药治疗痤疮的绝对禁忌证包括妊娠、静脉血栓或心脏病病史、年龄＞35 岁且吸烟者。相对禁忌证包括高血压、糖尿病、偏头痛、哺乳期妇女、乳腺癌及肝癌患者。

六、健康指导

① 饮食方面应限制可能诱发或加重痤疮的辛辣甜腻等食物，多食蔬菜、水果，保持大便通畅。

② 在日常生活方面，需注意避免熬夜、长期接触电脑、阳光暴晒等。

③ 选择清水或合适的洁面产品，去除皮肤表面多余油脂、皮屑和细菌的混合物，但避免过分清洗。忌用手挤压、搔抓粉刺和炎性丘疹等皮损部分。痤疮患者皮肤屏障受损，可配合使用功效性护肤品来维持和修复皮肤屏障功能。如伴皮肤敏感，应外用舒敏控油保湿霜；如皮肤表现为油腻、毛孔粗大等症状，应主要选用控油保湿凝胶。但注意护肤品中的某些成分也可引起接触性皮炎，若使用中出现过敏反应需立即停用。

④ 对于痤疮患者，尤其是重度痤疮患者出现的焦虑、抑郁等心理问题，应给予必要的心理辅导。

 知识链接

维 A 酸与抗生素联合疗法

目前局部维 A 酸＋抗生素是轻至中度炎症性痤疮的一线治疗。传统上，抗生素单药治疗一直是痤疮治疗的主要方式，但维 A 酸与抗生素联合疗法具有如下优势：同时针对痤疮病理生理的多个层面发挥作用，可对包括异常脱屑、痤疮丙酸杆菌增殖和炎症在内多个方面产生抑制和治疗效果，如阿达帕林和其他局部维 A 酸药物可使皮肤脱屑恢复正常，同时减少炎症性病损；而抗生素可减少痤疮丙酸杆菌，缓解炎症。

第二十九节 荨麻疹

一、疾病概述

荨麻疹（urticaria）俗称风疹块，是由于皮肤、黏膜小血管扩张及渗透性增加出现的一种局限性水肿反应。根据发生频率及时间，分为急性和慢性。慢性荨麻疹是指风团每周至少发作 2 次，持续≥6 周者。

急性荨麻疹常可找到病因，但慢性荨麻疹的病因多难以明确。通常将病因分为外源性和内源性。外源性因素多为暂时性，包括物理刺激（摩擦、压力、冷、热、日光照射等）、食物（动物蛋白如鱼、虾、蟹、贝壳类、蛋类等，植物或水果类如芒果、杏子、胡桃等，腐败食物和食品添加剂）、药物（免疫介导的如青霉素、磺胺类药、血清制剂、各种疫苗等，或非免疫介导的肥大细胞释放药如吗啡、可待因、阿司匹林等）、植入物（人工关节、骨科钢板、钢钉及妇科的节育器等）以及运动等。内源性因素多为持续性，包括肥大细胞对 IgE 高敏感性、慢性隐匿性感染、劳累或精神紧张、炎症性肠病等。特别指出，慢性荨麻疹很少由变应原介导所致。

二、临床症状

荨麻疹主要临床特征为风团及不同程度的瘙痒，少数患者可合并血管性水肿。急性荨麻疹患者在皮损处会突然出现大小不一的、鲜红色或苍白色的"风团"，呈现圆形、椭圆形或不规则形，以孤立、散在或融合成一片状态出现，病情严重者还可出现心悸、恶心、呕吐，以至于呼吸困难、血压降低或过敏性休克。结合病史和体检，将荨麻疹分为自发性和诱导性。前者根据病程是否≥6周分为急性与慢性，后者根据发病是否与物理因素有关分为物理性和非物理性荨麻疹，不同类型荨麻疹其临床表现有一定的差异，见表5-9。

表 5-9　荨麻疹的分类及其定义

类别		类型	定义
自发性		急性自发性荨麻疹	自发性风团和(或)血管性水肿发作＜6周
		慢性自发性荨麻疹	自发性风团和(或)血管性水肿发作≥6周
诱导性	物理性	人工荨麻疹(皮肤划痕症)	机械性切力后1～5min内局部形成条状风团
		冷接触性荨麻疹	遇到冷的物体、风、液体、空气等在接触部位形成风团
		延迟压力性荨麻疹	垂直受压后30min至24h局部形成红斑样深部性水肿，可持续数天
		热接触性荨麻疹	皮肤局部受热后形成风团
		日光性荨麻疹	暴露于紫外线或可见光后诱发风团
		震动性荨麻疹或血管性水肿	皮肤被震动刺激后数分钟出现局部红斑和水肿
	非物理性	胆碱能性荨麻疹	皮肤受产热刺激如运动、进辛辣食物、情绪激动时诱发的直径为2～3mm的风团,周边有红晕
		水源性荨麻疹	接触水后诱发风团
		接触性荨麻疹	皮肤接触一定物质后诱发瘙痒、红斑或风团
		运动诱导性荨麻疹	运动后数分钟进食或4h内暴食,发生血管性水肿、风团,常伴有其他过敏症状,与某些特异食物有关

三、诊断标准

根据发生及消退迅速的风团、消退后不留痕迹等临床特点，本病不难诊断。但确定病因较为困难，应详细询问病史、生活史及生活环境的变化等。

四、治疗药物

(1) 一线治疗　首选第二代非镇静或低镇静抗组胺药，二代抗组胺药包括西替利嗪、左西替利嗪、氯雷他定、地氯雷他定、非索非那定、阿伐斯汀、依巴斯汀、依匹斯汀、咪唑斯汀、奥洛他定等。

(2) 二线治疗　常规剂量使用1～2周后不能有效控制症状，考虑到不同个体或荨麻疹类型对治疗反应的差异，可更换品种或在获得患者知情同意情况下增加2～4倍剂量；联合第一代抗组胺药，常用的一代抗组胺药包括异丙嗪、氯苯那敏、苯海拉明、赛庚啶、多塞平、酮替芬等。联合第二代抗组胺药，提倡同类结构的药物联合使用如氯雷他定与地氯雷他定联合，以提高抗炎作用；联合抗白三烯药物，特别是对非甾体抗炎药诱导的荨麻疹。

(3) 三线治疗　对上述治疗无效的患者，可以考虑选择环孢素，每日3～5mg/kg，分2～3次口服。因其不良反应发生率高，只用于严重的、对任何剂量抗组胺药均无效的患者。糖皮质激素适用于急性、重症或伴有喉头水肿的荨麻疹，如泼尼松30～40mg，口服4～5天后停药，不主张在慢性荨麻疹中常规使用。免疫球蛋白如静脉注射免疫球蛋白，每日 2g，连用 5 天，适合严重的自身免疫性荨麻疹。

（4）药物选择　急性者给予氯苯那敏、赛庚啶等抗组胺类药治疗，同时给予钙剂、维生素 C；慢性者可在抗组胺药物治疗的基础上加服磷酸氯喹，或给予普鲁卡因或组胺球蛋白注射剂；也可试用氟桂利嗪＋谷维素；由感染引起者可选用适当的抗生素；局部治疗常外涂炉甘石洗剂、氧化锌洗剂。

五、用药监护

① 为提高患者的生活质量，慢性荨麻疹疗程一般不少于 1 个月，必要时可延长至 3～6 个月或更长时间。第一代抗组胺药治疗荨麻疹的疗效确切，但因中枢镇静、抗胆碱能作用等不良反应限制其临床应用。在注意禁忌证、不良反应及药物间相互作用等前提下，可酌情选择。可以睡前服用，以降低不良反应。

② 原则上，妊娠期间尽量避免使用抗组胺药物。但如症状反复发作，严重影响患者的生活和工作，必须采用抗组胺药治疗时，应告知患者目前无绝对安全可靠的药物，可酌情选择相对安全可靠的药物如氯雷他定等。大多数抗组胺药可以分泌到乳汁中。比较而言，西替利嗪、氯雷他定在乳汁中分泌水平较低，对于哺乳期妇女可酌情推荐上述药物，并尽可能使用较低的剂量。氯苯那敏可经乳汁分泌，降低婴儿食欲和引起嗜睡等，应避免使用。非镇静作用的抗组胺药同样是儿童荨麻疹治疗的一线选择。

③ 此类药物可通过血脑屏障，引起镇静、困倦、嗜睡反应；多数抗过敏药具有抗胆碱作用，表现口干、闭角型青光眼者眼压增高、前列腺增生的老年男性尿潴留。

六、健康指导

① 正确认识疾病，荨麻疹虽大多病因不明，反复发作，病程迁延，但绝大多数呈良性经过，尝试减轻心理负担，缓解紧张、焦虑情绪。

② 保持室内适宜的温湿度，尽量恒温，避免冷热的突然转变。避免在冷水中游泳。

③ 指导患者在生活中寻找过敏原，注意观察和体会，尽量找出发病诱因，尽量避免可能的致病源，不养宠物，房间内不摆放鲜花。禁用可能诱发疾病的化学用品，积极防治肠道寄生虫病。

④ 注意饮食宜清淡、易消化，避免鱼腥、发物、辛辣油炸等刺激性食物，禁食致敏食物或药物。多吃新鲜蔬菜及水果，多饮水。

 知识链接

消除诱因或可疑病因有利于荨麻疹自然消退

对疑为与食物相关的荨麻疹患者，鼓励患者记录食物日记，寻找可能的食物并加以避免，特别是一些天然食物成分或某些食品添加剂可引起非变态反应性荨麻疹；当怀疑药物诱导的荨麻疹，特别是非甾体抗炎药和血管紧张素转化酶抑制药时，可考虑避免或用其他药物替代；当怀疑与各种感染和（或）慢性炎症相关的慢性荨麻疹，如抗幽门螺杆菌的治疗对与幽门螺杆菌相关性胃炎有关联的荨麻疹有一定的疗效。

第三十节 手足癣

一、疾病概述

手癣（tineamanus）和足癣（tineapedis）是指由皮肤癣菌引起的手足部浅表皮肤真菌感染，主要累及指（趾）间、手掌、足跖及侧缘，严重时可波及手、足背及腕、踝部。若皮肤癣菌仅感染足背和手背的皮肤，通常称为体癣。

足癣是最常见的浅表真菌感染，如混穿鞋袜，裸足在公共浴室、健身房、游泳池等场所行走，密切接触病原菌都可能被感染。浅表真菌感染在患者不同部位之间也会自身传播，如足癣可引起手癣、体股癣及甲癣，如约 1/3 足癣患者常伴有甲真菌病。环境因素在浅表真菌感染的发病中也起一定作用，湿热地区和高温季节是皮肤癣菌感染高发的促发因素。手足多汗、穿不透气的鞋子或免疫功能受损亦是重要的易感因素。足癣复发率高，约 84% 的患者每年发作 2 次以上。

二、临床症状

根据皮损形态，手癣和足癣临床上可分为水疱型、间擦糜烂型和鳞屑角化型，但临床上往往几种类型同时存在。

（1）水疱型 以小水疱为主，成群或散在分布，疱壁厚，内容物澄清，干燥吸收后出现脱屑，常伴瘙痒。

（2）间擦糜烂型 以 4~5 和 3~4 趾间最为常见，多见于足部多汗、经常浸水或长期穿不透气鞋的人，夏季多发。皮损表现为趾间糜烂、浸渍发白，除去浸渍发白的上皮可见其下红色糜烂面，可有少许渗液。患者瘙痒明显，局部容易继发细菌感染，可导致下肢丹毒或蜂窝织炎。

（3）鳞屑角化型 皮损多累及掌跖，呈弥漫性皮肤粗糙、增厚、脱屑、干燥。自觉症状轻微，冬季易发生皲裂、出血、疼痛。

手癣与足癣临床表现大致相同，但分型不如足癣明确。损害初起时常有散在小水疱发生，而后常以脱屑为主，病久者呈现角化增厚。损害多限于一侧，常始于右侧拇指、掌心、第二、第三或第四指掌处，渐累及整个手掌，自觉症状不明显，常伴有鳞屑角化型足癣，呈现特征性的"两足一手综合征"，致病菌常以红色毛癣菌为主。

三、诊断标准

结合典型手足癣病例，依据皮损特征和真菌学检查和培养，可明确诊断。手足癣注意与其他手足部位的皮炎、湿疹相鉴别，见表 5-10。

四、治疗药物

手癣和足癣治疗药物的选择、用药原则和方法基本相同。外用药、口服药或二者联合，均可用于手足癣的治疗。

1. 局部治疗

（1）抗真菌药 常用咪唑类抗真菌药物包括克霉唑、益康唑、咪康唑、酮康唑、联苯苄

表 5-10　手足癣与其他手足部位皮炎、湿疹的鉴别

项目	手足癣	手足湿疹	接触性皮炎
好发部位	掌跖或指（趾）间	手、足背	主要在手、足接触部位
皮损性质	深在性水疱，无红晕，领圈状脱屑，边界清楚，常单发	多形性，易渗出，境界不清，分布多对称	单一形态，可有大疱及坏死，边界不清楚，炎症较重，瘙痒、灼热、疼痛
甲损害	常伴有甲增厚、污秽、脱落	甲病变少见	甲病变少见
真菌检查	阳性	阴性	阴性

唑、异康唑、舍他康唑、奥昔康唑及卢立康唑等。该类药物一般每日外用 1～2 次，一般疗程需要 4 周。丙烯胺类抗真菌药物包括萘替芬、特比萘芬和布替萘芬，在体外对皮肤癣菌的抗菌活性较强，每日 1～2 次外用，一般疗程 2～4 周即可获得良好的疗效。此外还有其他抗真菌药物如阿莫罗芬、环吡酮胺、利拉萘酯等。

（2）角质剥脱剂　水杨酸等角质剥脱剂可联合抗真菌药物，主要用于鳞屑角化型手足癣患者。

2. 系统治疗

目前手足癣治疗常用的系统抗真菌药主要为特比萘芬和伊曲康唑。伊曲康唑一般建议成人 200mg/d，水疱型和间擦糜烂型 1～2 周，鳞屑角化型 2～3 周；特比萘芬 250mg/d，疗程同伊曲康唑。

五、用药监护

① 外用药物可根据皮损类型选择不同的剂型，如水疱型可选择无刺激性的溶液或乳膏剂型；间擦糜烂型可先用温和的糊剂或粉剂使局部收敛干燥后，再用乳膏等其他剂型，此型保持局部干燥非常重要。鳞屑角化型可选择乳膏、软膏等剂型。

② 因鳞屑角化型手足癣局部药物渗透性差，致使疗效不佳及复发率高，因此对于此类型患者，一般建议疗程 4 周以上或联合应用系统抗真菌药物。

③ 使用外用药物症状消失后，真菌仍生活在皮肤鳞屑或贴身衣物中，如遇潮暖适宜环境，又会大量繁殖导致癣病复发。因此在表面症状消失后，仍要仔细阅读说明书，坚持用够疗程，以防复发。

④ 药物外用后，个别患者可能出现局部刺激，偶见过敏反应，表现为皮肤灼热感、瘙痒、皮疹、针刺感、充血等，应停药，并将局部药物洗净，必要时向医师咨询。注意避免接触眼睛和其他黏膜（如口、鼻等）。足癣患者，浴后将皮肤揩干，特别是趾间。

⑤ 环吡酮胺为广谱抗真菌药，对皮肤癣菌、酵母菌、霉菌等具有较强的抗菌作用，渗透性强，尤其适用于角化增厚型足癣。

⑥ 口服伊曲康唑时，应餐后立即给药，且需整个吞服。与环孢素、阿司咪唑和特非那定有相互作用，合用时，应减少剂量。孕妇禁用。哺乳期妇女不宜使用，育龄妇女使用本品时应采取适当的避孕措施。肝功能异常患者慎用，对持续用药超过 1 个月的患者，以及治疗过程中如出现厌食、恶心、呕吐、疲劳、腹痛或尿色加深的患者，建议检查肝功能。如果出现异常，应停止用药。

六、健康指导

注意个人卫生：手足部洗浴后应及时擦干趾（指）间，穿透气性好的鞋袜，手足避免长

期浸水，掌跖出汗多时可局部使用抑汗剂或抗真菌散剂，保持鞋袜、足部清洁干燥。注意浴池、宿舍等场所公共卫生，不与他人共用日常生活物品，如指甲刀、鞋袜、浴盆和毛巾等。积极治疗自身其他部位的癣病（特别是甲真菌病），同时还需治疗家庭成员、宠物的癣病。

第三十一节　皮炎和湿疹

"皮炎"（dermatitis）和"湿疹"（eczema）常被认为是同义词，在临床上名称常可互用。有些学者认为"皮炎"是各种类型的皮肤炎症，因此湿疹属于皮炎，但并非所有湿疹都是皮炎。本节主要介绍特应性皮炎、接触性皮炎和湿疹。

一、特应性皮炎

（一）疾病概述

特应性皮炎（atopicdermatitis，AD）是一种与遗传过敏有关的慢性、复发性、炎症性皮肤病，患者往往有剧烈瘙痒、多形性皮损和渗出倾向，常伴发哮喘与过敏性鼻炎，严重影响生活质量。本病通常初发于婴儿期，1岁前发病者约占全部患者的50%，该病呈慢性经过，部分患者病情可以迁延到成年，但也有成年发病者。特应性皮炎的发病与遗传、环境等因素关系密切。父母亲等家族成员有过敏性疾病史者，患病概率显著增加，遗传因素主要影响皮肤屏障功能与免疫平衡。环境因素包括环境变化、生活方式改变、过度洗涤、感染原和变应原等。此外，心理因素（如精神紧张、焦虑、抑郁等）也在特应性皮炎的发病中发挥一定作用。特应性皮炎确切发病机制尚不清楚。一般认为是在遗传因素基础上，由于变应原进入和微生物定植（如金黄色葡萄球菌和马拉色菌），形成皮肤免疫异常反应和炎症，引发皮疹和瘙痒，而搔抓和过度洗涤等不良刺激又可进一步加重皮肤炎症。

（二）临床症状

特应性皮炎的临床表现多种多样，最基本的特征是皮肤干燥、慢性湿疹样皮炎和剧烈瘙痒。本病绝大多数初发于婴幼儿期，部分可发生于儿童和成人期。根据不同年龄段的表现，分为婴儿期、儿童期和青年与成人期三个阶段。

（1）婴儿期（出生至2岁）　表现为婴儿湿疹，多分布于两面颊、额部和头皮，皮疹可干燥或渗出。

（2）儿童期（2～12岁）　多由婴儿期演变而来，也可不经过婴儿期而发生。多发生于肘窝、腘窝和小腿伸侧，以亚急性和慢性皮炎为主要表现，皮疹往往干燥肥厚，有明显苔藓样变。

（3）青年与成人期（12岁以上）　皮损与儿童期类似，也以亚急性和慢性皮炎为主，主要发生在肘窝、腘窝、颈前等部位，也可发生于躯干、四肢、面部、手背，大部分呈干燥、肥厚性皮炎损害，部分患者也可表现为痒疹样皮疹。

（三）诊断标准

根据不同时期的临床表现，结合患者本人及其家族中有遗传过敏史（哮喘、过敏性鼻炎、特应性皮炎）、嗜酸粒细胞增高和血清IgE升高等特点，应考虑本病的可能。目前国际上常用的AD诊断标准为Williams标准，见表5-11。

表 5-11　Williams 诊断标准

主要标准
皮肤瘙痒(或父母诉患儿有搔抓或摩擦史)
次要标准
1. 2 岁前发病(适用于 4 岁以上患者)
2.屈侧皮炎湿疹史,包括肘窝、腘窝、踝前、颈部(10 岁以下儿童包括颊部皮疹)
3.近年来全身皮肤干燥史
4.哮喘或过敏性鼻炎史(或在 4 岁以下儿童的一级亲属中有特应性疾病史)
5.有屈侧湿疹(4 岁以下儿童面颊部/前额和四肢伸侧湿疹)

确定诊断为主要标准加 3 条或 3 条以上次要标准。特应性皮炎有典型表现者诊断并不困难，但临床上有部分患者表现不典型，勿轻易排除特应性皮炎的诊断，应当仔细检查和问诊，必要时进行长期随访。

（四）治疗药物

1. 局部治疗

（1）糖皮质激素　局部外用糖皮质激素是特应性皮炎的一线疗法。外用激素强度一般可分为四级，如氢化可的松乳膏为弱效激素，丁酸氢化可的松乳膏、曲安奈德乳膏为中效激素，糠酸莫米松乳膏为强效激素，卤米松和氯倍他索乳膏为超强效激素。一般初治时应选用强度足够的制剂（强效或超强效），以求在数天内迅速控制炎症，一般为每日 2 次用药，急性期病情控制后应逐渐过渡到中、弱效激素或钙调神经磷酸酶抑制药维持治疗，即每周使用 2～3 次，能有效减少复发。

（2）钙调神经磷酸酶抑制药　此类药物对 T 淋巴细胞有选择性抑制作用，有较强的抗炎作用，钙调神经磷酸酶抑制药包括他克莫司软膏和吡美莫司乳膏。吡美莫司乳膏多用于轻中度特应性皮炎，他克莫司软膏用于中重度特应性皮炎，其中儿童建议用 0.03% 浓度，成人建议用 0.1% 浓度。0.1% 他克莫司软膏疗效相当于中强效激素。钙调神经磷酸酶抑制药可与激素联合应用或序贯使用，这类药物也是维持治疗的较好选择，可每周使用 2～3 次，以减少病情的复发。

（3）抗微生物制剂　由于细菌、真菌定植或继发感染可诱发或加重病情，对于较重患者尤其有渗出的皮损，系统或外用抗生素有利于病情控制，用药以 1～2 周为宜，应避免长期使用。如疑似或确诊有病毒感染，则应使用抗病毒制剂。

（4）其他外用药　氧化锌油（糊）剂、黑豆馏油软膏等对特应性皮炎也有效，0.9% 氯化钠溶液、1%～3% 硼酸溶液及其他湿敷药物对于特应性皮炎急性期的渗出有较好疗效，多塞平乳膏和部分非甾体抗炎药物具有止痒作用。

2. 系统治疗

（1）抗组胺药和抗炎症介质药物　对于瘙痒明显或伴有睡眠障碍、荨麻疹、过敏性鼻炎等合并症的患者，可选用第一代或第二代抗组胺药，其中第一代抗组胺药如苯海拉明等由于可通过血脑屏障有助于患者改善瘙痒和睡眠。其他抗过敏和抗炎药物包括白三烯受体拮抗药（如孟鲁司特、扎鲁司特）、肥大细胞膜稳定药等。

（2）抗感染药物　对于病情严重（特别是有渗出者）或已证实有继发细菌感染的患者，可短期（1 周左右）给予系统抗感染药物，一般选用大环内酯类、四环素类或喹诺酮类抗菌药物，尽量少用易致过敏的抗菌药物如青霉素类、磺胺类等。合并疱疹病毒感染时，可加用相应抗病毒药物。

（3）糖皮质激素　原则上尽量不用或少用此类药物。对病情严重、其他药物难以控制的患者可短期应用，病情好转后应及时减量直至停药。对于较顽固病例，可将激素逐渐过渡到免疫抑制药或紫外线疗法。

（4）免疫抑制药　适用于病情严重且常规疗法不易控制的患者，以环孢素应用最多，也可使用甲氨蝶呤、硫唑嘌呤等免疫抑制药。

（五）用药监护

① 外用药品涂药部位如出现灼热感、瘙痒、红肿等应停止使用，洗净，必要时向医师咨询。

② 根据患者的年龄、皮损性质、部位及病情程度选择不同剂型和强度的激素制剂，面部、颈部及皱褶部位推荐使用中效或弱效激素，应避免长期使用强效激素。激素类洗剂或酊剂可用于头皮。儿童患者尽量选用中效或弱效激素，或用润肤剂来适当稀释激素乳膏。如果患者对外用糖皮质激素心存顾虑，甚至拒绝使用，应耐心解释正规使用药物的安全性、用药量、用药方法、用药频度、疗程、如何调整药物等，让患者了解外用药的皮肤吸收非常少（一般为 1%～2%），系统吸收则更少，消除患者顾虑，提高治疗的依从性。

③ 钙调神经磷酸酶抑制药适用于无免疫受损的 2 岁及 2 岁以上特应性皮炎（湿疹）患者，多用于面颈部和褶皱部位，但不能用于黏膜。不良反应主要为局部烧灼、刺激、瘙痒和红斑，可随着用药次数增多而逐步消失。目前未发现他克莫司具有光毒性和光致敏性，但使用该药物治疗期间仍注意避免暴露于阳光下，即使皮肤上没有药物。如果要用保湿剂，请在用他克莫司软膏后再用。

④ 黑豆馏油具有消炎、收敛和止痒作用。若皮肤有破溃、糜烂或化脓者不得使用黑豆馏油软膏。该药有特殊气味（烟油味）和颜色（灰黑色），易于污染衣、被，使用时应予注意。其偶有刺激或光照致敏反应，涂药部位应避免日光照射，也不宜长时间、大面积使用。若连续使用 1 周后皮损无变化，应向医师咨询。

（六）健康指导

① 沐浴有助于清除或减少表皮污垢和微生物，在适宜的水温（32～40℃）下沐浴，每日 1 次或每 2 日 1 次，每次 10～15min，不宜时间过长。推荐使用低敏、无刺激的洁肤用品，其 pH 值最好接近表皮正常生理（pH 约为 6）。皮肤明显干燥者应适当减少清洁用品的使用次数，尽量选择不含香料的清洁用品。

② 外用润肤剂是特应性皮炎的基础治疗，有助于恢复皮肤屏障功能。润肤剂不仅能阻止水分蒸发，还能修复受损的皮肤，减弱外源性不良因素的刺激，从而减少疾病的发作次数和严重程度。每日至少使用 2 次亲水性基质的润肤剂，沐浴后应该立即使用保湿剂、润肤剂，建议患者选用适合自己的润肤剂。

③ 患者内衣以纯棉、宽松为宜；应避免剧烈搔抓和摩擦；注意保持适宜的环境温度、湿度，尽量减少生活环境中的变应原，如应勤换衣物和床单、不养宠物、不铺地毯、少养花草等；避免饮酒和辛辣食物，避免食入致敏食物，观察进食蛋白性食物后有无皮炎和瘙痒加重。

二、接触性皮炎

（一）疾病概述

接触性皮炎（contactdermatitis）是皮肤或黏膜接触外界某些刺激物或致敏物后，在接触部位发生的急性或慢性炎症反应。能引起接触性皮炎的物质可分为：动物性如动物的皮、毛、昆虫毒素或毒毛等；植物性如某些植物的叶、茎、花、果或其产物；化学性物质为主要原因，如镍、铬等金属及其制品，肥皂、洗衣粉、皮革等日用品，化妆品、外用药物、杀虫剂及除臭剂、化工原料等。

按照发病机制，接触性皮炎多半由于变态反应引起，称为变态反应性（变应性）接触性皮炎，少数则由于化学物质对皮肤的直接刺激导致，称为刺激性接触性皮炎。刺激性接触性皮炎的共同特点是：①任何人接触后均可发病；②无潜伏期；③皮损多限于直接接触部位，边界清楚；④停止接触后皮疹可消退。变应性接触性皮炎为典型的Ⅳ型超敏反应，其共同特点是：①在一定潜伏期，首次接触后不发生反应，经过1～2周如再次接触同样致敏物才发病；②皮损往往呈广泛性、对称性分布；③皮肤斑贴试验阳性。

（二）临床症状

本病可根据病程分为急性、亚急性和慢性，此外还存在一些病因及临床表现方面具有一定特点的特殊类型。

1. 急性接触性皮炎

起病较急，轻症者在接触部位出现边界清楚的红斑，重症者红斑肿胀明显，并出现丘疹、水疱、大疱，疱壁紧张，内容清澈，水疱破后呈糜烂面，有渗液、结痂，亦可发生溃疡及表皮坏死脱落。皮损发生的部位及范围与接触物的接触部位一致，其边界清楚，皮损多发生于身体的暴露部位，从总体上讲，皮疹形态为单一性，以炎症性水肿较为突出，皮损中央重、边缘轻，自觉症状为瘙痒、灼烧感、胀痛感，但全身症状轻。接触性皮炎其病程具有自限性，当去除接触物并进行相应的处理，病变在1～2周即能痊愈，但愈后局部有暂时性色素沉着，若再次接触过敏物质时仍可复发，如果反复接触或处理不当，则可能转变为亚急性或慢性接触性皮炎。

2. 亚急性和慢性接触性皮炎

如接触物的刺激性较弱或浓度较低，皮损开始可呈现亚急性，表现为轻度红斑、丘疹，边界不清楚。长期反复接触可导致局部皮损慢性化，可表现为皮损轻度增生及苔藓样变。

3. 特殊类型接触性皮炎

（1）化妆品皮炎 接触化妆品或染发剂后所致，轻者接触部位出现红肿、丘疹、丘疱疹，重者可在红斑基础上出现水疱，甚至泛发全身。

（2）尿布皮炎 尿布更换不勤，产氨细菌分解尿液产生的氨刺激皮肤所致，部分可能与尿布材质有关。在尿布部位发生边界清楚的大片红斑、丘疹或糜烂渗液，甚至继发细菌或念珠菌感染。

（3）漆性皮炎 因接触漆树、漆液、漆器或仅吸入漆气而引起的皮肤致敏。多发生在头面、手臂等暴露部位，皮肤肿胀明显，潮红灼热及瘙痒、刺痛，或有水疱、糜烂。

（4）空气源性接触性皮炎 空气中的化学悬浮物如喷雾剂、香水、化学粉尘、植物花粉可能导致暴露部位特别是上眼睑、面部的急性和慢性皮炎。

（三）诊断标准

接触性皮炎的诊断依据如下。

① 常有明确的刺激物或致敏物接触史。

② 皮损大多局限或初发于接触部位，边界清楚，患者自觉瘙痒灼痛。

③ 皮损形态较为单一，急性期皮损为红斑、丘疹、水疱，慢性期为皮肤干燥、脱屑、苔藓样变、皲裂。

④ 去除接触物并做适当处理，皮损很快消退，再次接触可复发。

⑤ 斑贴试验可用于确定变应性接触性皮炎的变应原。

（四）治疗药物

1. 局部治疗

以干燥、收敛、消炎、止痒、预防感染为主。

（1）急性期　有红斑、水肿、小水疱、无糜烂渗出时，选用炉甘石洗剂或哈西奈德（氯氟舒松）溶液；有渗出时则选用 0.1% 乳酸依沙吖啶溶液或 3% 硼酸溶液、复方锌铜溶液湿敷。

（2）亚急性期　皮损红肿减轻，渗出减少，可选用氧化锌软膏、复方醋酸地塞米松乳膏（皮炎平）、醋酸氟轻松（肤轻松）乳膏等。

（3）慢性期　皮肤有浸润、肥厚时，选用醋酸曲安奈德（去炎松）尿素乳膏、布地奈德乳膏、丙酸倍氯米松乳膏、丙酸氯倍他索软膏（恩肤霜）、曲安奈德新霉素贴膏（肤疾宁）等。

2. 系统治疗

抗组胺药如赛庚啶每次 2～4mg，每日 3 次；特非那定每次 60mg，每日 2 次，或阿司咪唑、氯雷他定、地氯雷他定、西替利嗪、咪唑斯汀、依巴斯丁、地洛他定等，以上药物任选 1～2 种。维生素 C 每次 0.2g，每日 3 次。急性期可用钙剂如葡萄糖酸钙静注，也可应用甘草酸铵或甘草酸二铵肌注，重者静滴。皮损较重或广泛时可选用泼尼松，每日 10～30mg，或地塞米松 1.5～4.5mg。继发细菌感染者应加用抗生素。

（五）用药监护

① 使用糖皮质激素治疗时请注意治疗周期，不宜长期应用，且应避免全身大面积使用，以免出现激素局部副作用，如局部皮肤萎缩、毛细血管扩张、色素沉着及继发感染等。

② 炉甘石洗剂中所含炉甘石和氧化锌具有收敛、保护作用，也有较弱的防腐作用，混悬液放置后能沉淀，使用前摇匀。

③ 乳酸依沙吖啶为消毒防腐剂，该药品见光容易分解变色，应避光保存。

（六）健康指导

本病的治疗原则是寻找病因、避免接触刺激物或致敏原，并积极对症处理。超敏反应性接触性皮炎治愈后应尽量避免再次接触致敏原，以免复发。

三、湿疹

（一）疾病概述

湿疹（eczema）是由多种内外因素引起的一种具有明显渗出倾向的炎症性皮肤病，伴有明显瘙痒，易复发，严重影响患者的生活质量。

湿疹的病因尚不明确，机体内因包括免疫功能异常（如免疫失衡、免疫缺陷等）和系统性疾病（如内分泌疾病、营养障碍、慢性感染、肿瘤等）以及遗传性或获得性皮肤屏障功能障碍；外因如环境或食品中的过敏原、刺激原、微生物、环境温度或湿度变化、日晒等均可以引发或加重湿疹。社会-心理因素如紧张、焦虑也可诱发或加重本病。

（二）临床症状

根据湿疹的临床表现可以分为急性、亚急性及慢性三期。

（1）急性期 表现为红斑、水肿基础上粟粒大小的丘疹、丘疱疹、水疱、糜烂及渗出，病变中心往往较重，并逐渐向周围蔓延。外围有散在丘疹、丘疱疹，故境界不清。

（2）亚急性期 表现为红肿和渗出减轻，糜烂面结痂、脱屑。

（3）慢性期 主要表现为粗糙肥厚、苔藓样变，可伴有色素改变，手足部湿疹可伴发指（趾）甲改变。皮疹一般对称分布，常反复发作，自觉症状为瘙痒，甚至剧痒。

（三）诊断标准

湿疹的诊断主要根据临床表现，如瘙痒剧烈、多形性、对称性皮损，急性期有渗出倾向，慢性期有苔藓样变皮损等特征，同时结合必要的实验室检查或组织病理学检查。

湿疹应注意与接触性皮炎、光接触性皮炎及脂溢性皮炎等皮肤病相鉴别。鉴别要点见表5-12。

表5-12 湿疹与其他皮肤病的鉴别要点

疾病名称	病因	发病部位	临床症状
湿疹	病因复杂，常由多种内、外因素引起	可发生在身体任何部位	皮疹多样性，急性期表现为密集的粟粒大小丘疹、丘疱疹或小水疱等，基底潮红。慢性期为皮肤增厚、浸润、皲裂等
接触性皮炎	直接或间接接触具有刺激和（或）致敏作用的有害因素	初发于接触部位，变应性接触性皮炎可向周围和远隔部位扩散，严重时泛发全身	接触部位出现瘙痒和烧灼感，随后出现红斑、水肿、丘疹、水疱、糜烂、渗出、结痂等
光接触性皮炎	接触光敏物，并受到日光照射引起的皮肤炎症反应	局限于光照射部位或开始于接触部位，后向周围扩散，可蔓延至全身	光照射部位出现潮红、肿胀伴烧灼、刺痛及瘙痒感，严重者在以上基础上出现大疱、糜烂、结痂
脂溢性皮炎	在皮脂溢出基础上产生的一种慢性皮肤炎症	常分布在皮脂腺较多部位，如头皮、面部、胸部、背部、腋窝等处	皮损为略带黄色的轻度红斑，伴油腻性鳞屑和结痂

（四）治疗药物

湿疹病因复杂，临床形态和部位各有特点，用药因人而异。

1. 局部治疗

局部治疗是湿疹治疗的主要手段，建议根据皮损分期选择合适的药物剂型。

（1）急性期 无水疱、糜烂、渗出时，建议使用炉甘石洗剂、糖皮质激素乳膏或凝胶；大量渗出时应选择冷湿敷，如3％硼酸溶液、0.1％盐酸小檗碱溶液、0.1％依沙吖啶溶液等；有糜烂但渗出不多时可用氧化锌油剂。

（2）亚急性期 皮损建议外用氧化锌糊剂、糖皮质激素乳膏。

（3）慢性期 皮损建议外用糖皮质激素软膏、硬膏、乳剂或酊剂等，可合用保湿剂及角质松解剂，如20％～40％尿素软膏、5％～10％水杨酸软膏等。

钙调神经磷酸酶抑制药如他克莫司软膏、吡美莫司乳膏对湿疹有治疗作用，且无糖皮质激素的不良反应，尤其适合头面部及间擦部位湿疹的治疗。细菌定植和感染往往可诱发或加重湿疹，因此，抗菌药物也是外用治疗的重要方面。

2. 系统治疗

（1）抗组胺药　可根据患者情况适当选择，作用为止痒抗炎。

（2）抗生素　对于伴有广泛感染者建议系统应用抗生素7～10天。

（3）维生素C、葡萄糖酸钙等　有一定抗过敏作用，可以用于急性发作或瘙痒明显者。

（4）糖皮质激素　一般不主张常规使用，可用于病因明确、短期可以去除病因的患者，如接触因素、药物因素引起者或自身敏感性皮炎等；对于严重水肿、泛发性皮疹、红皮病等，为迅速控制症状也可以短期应用，但必须慎重，以免发生全身不良反应及病情反跳。

（5）免疫抑制药　应当慎用，严格掌握适应证。仅限于其他疗法无效、有糖皮质激素应用禁忌证的重症患者，或短期系统应用糖皮质激素病情得到明显缓解后、需减用或停用糖皮质激素时使用。

（五）用药监护

① 初始治疗应该根据皮损的性质选择合适强度的糖皮质激素。轻度湿疹建议选择弱效糖皮质激素，如氢化可的松、地塞米松乳膏；重度肥厚性皮损建议选择强效糖皮质激素，如哈西奈德、卤米松乳膏；中度湿疹建议选择中效激素，如曲安奈德、糠酸莫米松等。儿童患者、面部及皮肤皱褶部位皮损使用弱效或中效糖皮质激素即有效。强效糖皮质激素连续应用一般≤2周，以减少急性耐受及不良反应。

② 在专业医师或药师指导下用药，切忌乱用药。

（六）健康指导

① 避免自身可能的诱发因素，包括各种外界刺激，如热水烫洗，过多搔抓、清洗，接触可能致敏的物质如皮毛制剂等；尽量少接触化学成分用品，如肥皂、洗衣粉、洗洁精等；避免可能致敏和刺激性食物，如芥末、浓茶、咖啡、酒类等。

② 在湿疹、皮炎的治疗中，保护皮肤屏障很重要，一般都是在皮肤屏障功能被破坏时，才出现继发刺激性皮炎、感染及过敏而加重皮损。治疗则不要再去破坏皮肤屏障，应选用对患者皮肤无刺激的治疗，预防并适时处理继发感染，对皮肤干燥的亚急性及慢性湿疹加用保湿剂。

第三十二节　手足口病

一、疾病概述

手足口病（hand-foot-mouthdisease，HFMD）是由多种肠道病毒引起的常见传染病，5岁以下儿童高发。大多数患者症状轻微，以发热和手、足、口腔等部位的皮疹或疱疹为主要特征。少数患者可并发无菌性脑膜炎、脑炎、急性迟缓性麻痹、呼吸道感染和心肌炎等，个别重症患儿病情进展快，易发生死亡。少年儿童和成人感染后多不发病，但能够传播病毒。

引起手足口病的主要致病血清型包括柯萨奇病毒（CV）和埃可病毒的部分血清型和肠道病毒，其中以CV-A16和EV-A71最为常见。

二、临床症状

手足口病潜伏期多为 2～10 天，平均为 3～5 天，病程一般为 7～10 天。根据疾病的发生、发展过程，手足口病分期、分型及症状见表 5-13。

表 5-13　手足口病的分期、分型及症状

分期	分型	症状
1 期（出疹期）	普通型	主要表现为发热，手、足、口、臀等部位出疹，可伴有咳嗽、流涕、食欲缺乏等症状。部分病例仅表现为皮疹或疱疹性咽峡炎，个别病例可无皮疹
2 期（神经系统受累期）	重症病例重型	少数病例可出现中枢神经系统损害，多发生在病程 1～5 天内，表现为精神差、嗜睡、吸吮无力、易惊、头痛、呕吐、烦躁、肢体抖动、肌无力、颈项强直等
3 期（心肺功能衰竭前期）	重症病例危重型	多发生在病程 5 天内，表现为心率和呼吸增快、出冷汗、四肢末梢发凉、皮肤发花、血压升高
4 期（心肺功能衰竭期）	重症危重型	可在第 3 期的基础上迅速进入该期。表现为心动过速（个别患儿心动过缓）、呼吸急促、口唇发绀、咳粉红色泡沫痰或血性液体、血压降低或休克
5 期（恢复期）		体温逐渐恢复正常，对血管活性药物的依赖逐渐减少，神经系统受累症状和心肺功能逐渐恢复，少数可遗留神经系统后遗症。部分手足口病例（多见于 CV-A6、CV-A10 感染者）在病后 2～4 周有脱甲的症状，新甲于 1～2 个月长出

三、诊断标准

可结合流行病学史、临床症状和病原学检查，做出诊断。

（1）流行病学史　常见于学龄前儿童，婴幼儿多见。流行季节，当地托幼机构及周围人群有手足口病流行，发病前与手足口病患儿有直接或间接接触史。

（2）临床症状　符合上述临床症状。极少数病例皮疹不典型，部分病例仅表现为脑炎或脑膜炎等，诊断需结合病原学或血清学检查结果。

（3）确诊病例　在临床诊断病例基础上，具有下列之一者即可确诊：①肠道病毒（CV-A16、EV-A71 等）特异性核酸检查阳性；②分离出肠道病毒，并鉴定为 CV-A16、EV-A71 或其他可引起手足口病的肠道病毒；③急性期血清相关病毒 IgM 抗体阳性；④恢复期血清相关肠道病毒的中和抗体比急性期有≥4 倍升高。

四、治疗药物

治疗以对症、支持治疗为主。

1.病因治疗

目前尚无特效抗肠道病毒药物。研究显示，干扰素 α 喷雾或雾化、利巴韦林静脉滴注早期使用可有一定疗效。

2.对症治疗

治疗以对症治疗为主。

（1）解热镇痛药　积极控制高热，如体温＞38.5℃者，采用物理降温（温水擦浴、使用退热贴等）或应用退热药物治疗。常用药物有：布洛芬口服，5～10mg/（kg·次）；对乙酰氨基酚口服，10～15mg/（kg·次）；两次用药的最短间隔时间为6h。

（2）镇静催眠药　保持患儿安静，需要及时止惊，如使用咪达唑仑肌内注射或地西泮静脉滴注，还可使用水合氯醛灌肠等方式抗惊厥。

（3）局麻及消毒防腐药　对口腔疱疹和溃疡，可用口腔溃疡涂膜剂或利多卡因液漱口等以减轻疼痛，较大儿童可用醋酸氯己定溶液漱口，以保持口腔清洁。

（4）其他　皮肤疱疹尽量不要使其溃破，应让其自然吸收，干燥结痂，可外用炉甘石洗剂。重症病例应采用相应抢救措施。隔离患者，防止本病在人群中传播。

五、用药监护

① 药物治疗以对症为主，应密切关注患儿的病情变化，如发现神经系统、呼吸系统、循环系统等相关症状时，应立即送医院就诊。

② 抗病毒药利巴韦林应尽早使用，常见的不良反应有贫血、乏力等，停药后即消失。较少见的不良反应有疲倦、头痛、失眠、食欲减退、恶心、呕吐、轻度腹泻、便秘等，并可致红细胞、白细胞及血红蛋白下降。本品有较强的致畸作用，故禁用于孕妇和有可能妊娠的妇女。不建议使用阿昔洛韦、更昔洛韦、单磷酸阿糖腺苷等抗病毒药物。

六、健康指导

① 保持良好的个人卫生习惯是预防手足口病的关键。勤洗手，不要让儿童喝生水、吃生冷食物。儿童玩具和常接触到的物品应当定期进行清洁、消毒。避免儿童与患手足口病儿童密切接触。

② 患儿发热期间要多休息、多饮水，吃稀软、易消化的食物和含维生素多的水果和蔬菜。

③ 远离传染源，注意隔离，避免交叉传染，清淡饮食，做好口腔护理。

第三十三节　脂溢性皮炎

一、疾病概述

脂溢性皮炎（seborrheic dermatitis）亦称脂溢性湿疹，是一种常见的慢性、复发性、炎症性皮肤病，多见于成年人及新生儿。

二、临床症状

皮损发生于皮脂溢出部位，以头、面、胸、背、脐窝、腋窝及腹股沟等部位多见。开始在毛囊周围有红丘疹，渐发展融合成暗红或黄红色斑，被覆油腻鳞屑或痂皮。发生在面部常与痤疮伴发；发生在头部可见较多头屑；发生在躯干、腋窝、腹股沟皱襞处常可见糜烂面似湿疹。皮损可扩展至全身，由头部向下蔓延，甚至发展成红皮病。患者有程度不等的瘙痒。

脂溢性皮炎常发生在出生后1个月，头部局部或全部布满厚薄不等的油腻灰黄色痂皮，常累及眉、耳后，无全身症状，一般1个月内痊愈。若持续不愈，常与湿疹并发，亦可合并细菌、念珠菌感染。

三、诊断标准

根据典型临床特点本病不难诊断。本病需要与头皮银屑病、玫瑰糠疹、湿疹及体癣等鉴别。

四、治疗药物

1. 全身治疗

瘙痒剧烈时，可给予止痒镇静药；可补充维生素 B_2、维生素 B_6 等 B 族维生素及锌制剂；真菌感染或泛发性损害可用酮康唑、伊曲康唑等抗真菌药物治疗；细菌感染时可选择四环素、米诺环素或红霉素等抗生素；炎症显著或范围较大时可短期给予中小剂量糖皮质激素。

（1）B 族维生素　复合维生素 B 2 片，每日 3 次口服；维生素 B_6 10～20mg，每日 3 次口服；复合维生素 B 注射液 2mL，每日或隔日 1 次肌内注射。

（2）抗组胺类药物　可选择 1～2 种口服，以达到止痒目的。

（3）糖皮质激素　主要在炎症明显或皮疹广泛而其他治疗不能控制时短期应用，可予泼尼松 20～40mg，分 2～3 次口服。

（4）抗微生物药　倘若已经拟诊断卵圆形糠秕孢子菌感染甚至合并化脓菌感染时，可选用抗生素如米诺环素或四环素和抗真菌药物如酮康唑或伊曲康唑等进行治疗。

2. 局部治疗

局部治疗原则为去脂、消炎、杀菌、止痒。

（1）复方硫黄洗剂　每晚 1 次外用，5％硫黄软膏外用；硫化硒香波（希尔生）或硫黄软皂，每周 1～2 次洗头。

（2）抗真菌制剂　如 2％酮康唑洗剂或 1％联苯苄唑洗剂洗发、洗澡，3％克霉唑乳膏、2％咪康唑乳膏、联苯苄唑乳膏等均可选用，但应注意此类药物可能对皮肤有刺激性和致敏作用。

（3）维生素 B_6 乳膏、维生素 E 乳膏等，可轮换选用，每日 1～3 次。

（4）糖皮质激素制剂　在皮疹炎症重、瘙痒明显时，可酌情加用，如 1％氢化可的松乳膏或 0.1％丁酸氢化可的松软膏、曲安奈德氯霉素乳膏、0.05％地塞米松软膏等，选择一种，每日 1～2 次外用。

五、用药监护

① 一旦出现外用药物的皮肤刺激，如涂用部位有烧灼感、瘙痒、红肿等，应及时停药，必要时应向医师咨询。

② 二硫化硒偶可引起接触性皮炎、头发或头皮干燥、头发脱色，因此需注意头皮用药后应完全冲洗干净，在染发、烫发后 2 天内不得使用本品，以免头发脱色。

③ 近年来，具有抗炎作用的钙调神经磷酸酶抑制药如他克莫司、吡美莫司等已经用于中重度脂溢性皮炎或糖皮质激素治疗无效患者。

六、健康指导

① 生活规律，睡眠充足，避免过度清洁和摩擦，使用温和润肤乳，加强控油与保湿。

② 调节饮食，控制高脂肪及高糖食物，忌饮酒及辛辣刺激食物，多吃水果和蔬菜，必要时补充维生素 B_2、维生素 B_6 等 B 族维生素。

第三十四节 沙眼

一、疾病概述

沙眼（trachoma）是由病原体沙眼衣原体侵入结膜和角膜引起的慢性传染性眼病，因其感染后在眼睑结膜表面上出现乳头（类似舌头表面粗糙不平的外观）或滤泡（睑结膜上生长出一些隆起、浑浊和大小不一的小疱），造成粗糙或颗粒状的外观，其形与沙粒十分相似，因此称为沙眼。沙眼患者主要为青少年群体，属于接触性传染。

二、临床症状

沙眼一般起病缓慢，其潜伏期为 1～2 周，绝大多数患者为双眼发病。在急性期，患者出现畏光、流泪、眼红、眼痛、异物感或发生黏液脓性分泌物增多，伴有耳前淋巴结肿大。睑结膜乳头增生，上下穹窿部结膜布满滤泡。急性期经过 1～2 个月进入慢性期，慢性期患者无明显不适，仅有眼痒、异物感、干燥和灼烧感；病情严重时也可发生眼睑红肿、结膜充血、弥漫性角膜上皮炎，甚至致盲。

沙眼如不及时治疗，容易出现并发症，检查时可见睑内翻及倒睫、上睑下垂、睑球粘连、慢性泪囊炎、角膜结膜干燥症和角膜浑浊。

三、诊断标准

① 根据睑结膜乳头、滤泡、角膜血管翳和结膜瘢痕，可以做出诊断。

② 实验室检查有助于确立沙眼的诊断。结膜刮片后行 Giemsa 染色可见包涵体。也可用荧光抗体染色、酶联免疫测定、聚合酶链反应等方法检测沙眼衣原体抗原。

③ 我国沙眼分期法强调临床与病理结合，对治疗的选择有实际意义。

四、治疗药物

本病治疗以局部用药为主，采用抗感染药物控制炎症，预防后遗症和并发症。

（1）局部用药 轻度和中度的沙眼患者，眼部滴用抗菌药物滴眼液或眼膏即可，如对沙眼衣原体较敏感的利福平、氯霉素、磺胺醋酰钠、氧氟沙星、洛美沙星、酞丁安、硫酸锌等滴眼液，以及金霉素、四环素、红霉素等眼膏。疗程最少 10～12 周。

（2）全身治疗 针对重症沙眼患者，除采用局部用药，还需配合给予四环素、多西环素、米诺环素、阿奇霉素、复方磺胺甲噁唑等口服治疗，一般疗程不少于 12 周。

五、用药监护

① 滴眼用利福平使用后出现畏寒、呼吸困难、头昏、发热、头痛等不良反应，泪液呈橘红色或红棕色。严重肝功能不全患者及胆道阻塞患者禁用。此外，对诊断造成干扰，如血清叶酸浓度和维生素 B_{12} 浓度测定结果等。

② 长期（超过 3 个月）氯霉素滴眼，应事先做眼部检查，并密切注意患者的视功能和视神经炎的症状，一旦出现即停药。同时服用维生素 C 和 B 族维生素。虽局部用药，但氯霉素有严重的骨髓抑制作用，孕妇及哺乳期妇女使用后亦可能导致新生儿和哺乳婴儿产生严

重的不良反应，故孕妇及哺乳期妇女应慎用。

③ 硫酸锌滴眼液局部具有刺激性，急性结膜炎患者禁用。葡萄糖-6-磷酸脱氢酸酶缺乏（有溶血性贫血倾向）患者禁用。

④ 使用磺胺醋酰钠滴眼液偶见眼睛刺激或过敏反应，对磺胺类药过敏者禁用。

⑤ 酞丁安为抗病毒药，其作用机制是抑制病毒 DNA 和蛋白质的早期合成，对沙眼衣原体也有作用，孕妇禁用。

⑥ 金霉素眼膏使用后有轻微刺激感，偶有充血、眼痒、水肿等过敏反应，不宜长期连续使用，使用 5 日症状未缓解应停药就医。

⑦ 针对重症沙眼患者，如睑结膜损害面积广、角膜血管翳较多，除了局部治疗外，还需配合口服抗生素治疗，用药时间不得少于 12 周，需注意药物的毒副作用。必要时进行手术治疗。

⑧ 对于孕妇和 8 岁以下儿童，为免胎儿畸形和儿童牙齿发育不良等，必须禁止使用四环素类抗生素，改用阿奇霉素等大环内酯类抗生素进行治疗。

六、健康指导

① 预防为主，避免接触传染，改善环境卫生，提倡勤洗脸，培养良好的卫生习惯。此外，急性期禁食刺激性食物。

② 沙眼及眼部有感染者切勿佩戴隐形眼镜，否则会导致严重后果。

第三十五节 结膜炎

一、疾病概述

结膜在正常情况下具有一定防御能力，当防御能力减弱或外界致病因素增加时，将引起结膜组织炎症发生，这种炎症统称为结膜炎。按病程可分为急性和慢性结膜炎。急性结膜炎俗称红眼病，是由细菌、病毒、真菌、衣原体等病原微生物侵害和物理化学等因素刺激引起的结膜炎症。慢性结膜炎主要是因为急性结膜炎迁延不愈或毒力不强的病原体感染所致，其次是由于长时间使用眼睛、过度疲劳、屈光不正或睡眠不足引起的；结膜炎又可按病因分为感染性和非感染性结膜炎，前者主要是病原微生物所致的结膜炎症，后者以局部或全身的变态反应引起的过敏性眼部炎症最常见。根据过敏性结膜炎的发病机制及临床表现，可分为季节性过敏性结膜炎、常年性过敏性结膜炎、春季角结膜炎、巨乳头性结膜炎、特应性角结膜炎。在我国，常年性过敏性结膜炎和季节性过敏性结膜炎占所有过敏性结膜炎患者的 74%。

二、临床症状

结膜充血和分泌物增多是各类结膜炎的共同特点，炎症可为单眼或双眼同时或先后发病。

细菌性结膜炎常见的有急性卡他性结膜炎，发病急剧，常累及双眼（或间隔 1~2 日），伴有大量黏性分泌物（眼屎），夜间分泌多，晨起双眼常被分泌物糊住，轻者眼部瘙痒和异物感，重者眼睑坠重、灼热、畏光和流泪，结膜下充血。

病毒性结膜炎经 5~12 天潜伏期后出现症状，包括结膜充血、水样分泌物、眼部刺激和睡醒时上下眼睑粘住。常双眼出现症状，通常一眼先开始。眼睑结膜出现滤泡，耳前淋巴结肿大和疼痛。

过敏性结膜炎典型症状为眼痒、异物感及结膜囊分泌物增多。多数过敏性结膜炎患者主诉眼痒，少数患者主诉异物感。过敏性结膜炎结膜囊分泌物以白色黏液性分泌物为主。儿童患者可表现为揉眼或频繁眨眼。

三、诊断标准

结膜炎通过临床局部症状、分泌物涂片或结膜刮片培养等检查可明确诊断。结膜炎的鉴别诊断见表 5-14。

表 5-14　结膜炎鉴别诊断

病因学	分泌物及细胞类型	眼睑肿胀程度	是否累及淋巴结	有无瘙痒
细菌性	脓性；多形核白细胞	中度	否	无
病毒性	清；单核细胞	轻度	通常累及	无
变应性	清、黏液样、丝样；嗜酸粒细胞	中至重度	否	明显

四、治疗药物

结膜炎一般以局部治疗为主，原则上白天采用滴眼剂滴眼，应反复多次，睡前宜选用眼膏涂敷。

1. 按感染的病原体区分选用药物

① 对沙眼衣原体感染的结膜炎可选红霉素、利福平、酞丁安、磺胺醋酰钠等。

② 对病毒感染的结膜炎可选用碘苷、酞丁安、利巴韦林、阿昔洛韦或利福平等。

③ 对细菌感染的结膜炎可选用红霉素、四环素、金霉素、妥布霉素、诺氟沙星、氧氟沙星、杆菌肽等。其中以铜绿假单胞菌性结膜炎病情较为严重，病变发展迅速，短期内可致角膜溃破、穿孔和失明，常用多黏菌素 B、磺苄西林等。

④ 对真菌性结膜炎可选用两性霉素 B 和克霉唑滴眼剂。

2. 对于过敏性结膜炎选用药物

（1）抗组胺药　如奥洛他定、盐酸氮䓬斯汀等局部点眼仅可治疗轻中度过敏性结膜炎。严重或频发者可联合口服抗组胺药，但起效较慢，对于已经发作的过敏性结膜炎疗效欠佳。

（2）肥大细胞稳定药　如色甘酸钠局部点眼仅可有效减轻 I 型超敏反应中肥大细胞的脱颗粒反应，从而减缓后续嗜酸粒细胞、中性粒细胞和单核细胞的激活和聚集。

（3）糖皮质激素　局部点眼能有效抑制多种免疫细胞的活化和炎性反应介质的释放。适用于严重过敏性结膜炎和病情反复迁延的患者，目前常用的有醋酸可的松、醋酸氢化可的松、地塞米松、氯替泼诺、氟米龙等。

（4）免疫抑制药　如环孢素、他克莫司局部点眼，具有抑制多种炎症介质的作用，并可抑制由肥大细胞和 T 淋巴细胞介导的结膜过敏性炎性反应。对于重度过敏性结膜炎，尤其不耐受糖皮质激素药物的患者，可考虑使用该类药物的眼用制剂。

（5）其他药物　人工泪液可稀释结膜囊内的过敏原，润滑眼表，缓解患者症状。非甾体抗炎药（NSAID）如普拉洛芬局部点眼可抑制 I 型超敏反应中前列腺素的产生，适用于部分轻度的季节性过敏性结膜炎。硫酸锌滴眼液或黄降汞眼药膏，同时具有消炎、防腐和收敛的作用，使用此药有助于止痒和治疗眼睛干涩不适的症状。牛磺酸是成熟视网膜中的主要氨基酸，可促进视网膜生长发育，缓解睫状肌痉挛，尚有抗葡萄球菌、提高免疫功能的作用，用于牛磺酸代谢失调引起的白内障，也可用于急性结膜炎、疱疹性结膜炎、病毒性结膜炎的辅助治疗。

五、用药监护

① 一般眼用制剂连用 3～4 日，症状未缓解或使用中出现眼睛充血、发痒、红肿等较严重刺激症状时，应停止使用，咨询医师或药师。药品开启瓶封后，使用不可超过 4 周。单眼患病时，双眼均需用药，先滴健眼，后滴患眼。

② 感染性结膜炎治疗时需及时消除病因，局部点滴眼药，仅在个别病例才需要配合实施全身性用药治疗。本病在急性期要禁止用敷料包扎患眼，以免病情扩散。

③ 使用口服抗组胺药可能会加重干眼患者的症状，进一步加重眼部不适，需加以注意。闭角型青光眼患者慎用抗组胺药。此外，患者服药期间容易出现嗜睡和疲劳感，故应在驾驶车船飞机和操作机械作业人员中慎用。不适用于眼部病原微生物感染患者的治疗。

④ 色甘酸钠用于预防春季过敏性结膜炎，应在好发季节前 2～3 周开始使用。

⑤ 糖皮质激素使用时间不宜过长，应注意随访观察，以免引起白内障、青光眼、真菌感染及角膜上皮愈合延迟等并发症。

六、健康指导

① 急性结膜炎患者禁止热敷及包盖患眼，因包盖患眼不利于眼分泌物排出，并能使结膜囊温度升高，后者有利于细菌的生长繁殖，不利于痊愈；患者勿入公共场所，如游泳池或公共浴池沐浴、理发店理发，保护自己及其他人群；注意眼部卫生，做到勤洗手，接触患眼的手在未清洗之前勿接触其他物品。

② 做好预防为主的宣教及消毒隔离工作。不要用手揉眼，不用公共的毛巾、脸盆。患者用过的物品需及时清洗、彻底消毒，眼药水必须专人专用。

③ 过敏性结膜炎尽量避免或减少接触过敏原，改善生活环境有助于缓解和控制病情。尘螨过敏患者应做好室内清洁和除螨工作，花粉过敏症患者则需要在花粉季节尽量采取保护措施。空气污染严重时患者应适当减少户外活动时间。眼部清洁及冷敷能在一定程度上缓解眼痒等不适。

第三十六节 干眼症

一、疾病概述

干眼症（xerophthalmia）是指任何原因造成的泪液质或量异常或动力学异常，导致泪膜稳定性下降，并伴有眼部不适和（或）眼表组织病变特征的多种疾病的总称，又称角结膜干燥症。

造成干眼病变的原因有很多，如泪腺分泌减少或成分改变，角膜神经密度降低，睑板腺密度减少，睑板腺管道由于角质化而引起的闭塞使脂质分泌发生变化等，这些改变都会引起泪液量分泌不充分，从而诱发干眼症。而年龄、环境、手术和药物及各种系统疾病等均可间接影响眼睛表面的结构或功能，从而导致干眼症的发生。因此，本病的治疗重点在于控制内源性疾病，消除外源性刺激，重新建立眼表环境，抵制有可能出现的各种并发症。

二、临床症状

干眼常见症状有眼部干涩感、烧灼感、异物感、针刺感、眼痒、畏光、眼红、视物模糊、视力波动等，部分患者还出现头痛、烦躁、疲劳、注意力难以集中等症状。严重干眼者，可引起视力明显下降而影响工作和生活，甚至导致失明。

三、诊断标准

干眼的诊断目前尚无国际公认的统一标准，结合干眼的诊断应包括以下内容：
① 是否干眼。
② 干眼的病因和分类诊断。
③ 干眼的严重程度。

四、治疗药物

1. 人工泪液

人工泪液治疗是目前治疗中度水液缺乏型干眼症最主要的治疗方式，常用的有羟糖甘滴眼液、聚乙二醇滴眼液、右旋糖酐 70 滴眼液、羧甲基纤维素滴眼液、玻璃酸钠滴眼液、维生素 A 棕榈酸酯眼用凝胶、卡波姆眼用凝胶等。重症干眼可使用眼用凝胶制剂，出现暴露性角膜溃疡时可使用眼膏。复方氯化钠滴眼液中的氯化钠和氯化钾为电解质补充药，可维持眼组织内水分和电解质的新陈代谢，消除眼组织疲劳，羟乙纤维素为黏度增强剂，可提高泪膜的稳定性，缓解干眼症状。

2. 抗炎药物

干眼会引起眼表面上皮细胞的非感染性炎症反应。眼表面炎症反应与干眼患者症状的严重程度呈正相关。抗炎和免疫抑制治疗适用于有眼表面炎性反应的干眼患者。常用药物为糖皮质激素、非甾体抗炎药及免疫抑制药环孢素等。

（1）糖皮质激素　用于中重度干眼伴有眼部炎症反应的患者。常用的有地塞米松、氯替泼诺混悬滴眼液等。

（2）非甾体抗炎药　目前国内临床上常用的 NSAID 外用滴眼液成分包括双氯芬酸钠、普拉洛芬、溴芬酸钠等。

五、用药监护

① 使用人工泪液后如果感到眼部疼痛、视物模糊、持续充血及刺激感加重，或者滴眼后病情加重或持续 72h 以上，应停用并请医师诊治。此外，人工泪液的长期使用会对眼表造成一定的损伤，所以应尽量选用不含防腐剂的人工泪液，以避免药物的不良反应。

② 使用凝胶或眼膏等剂型的眼用制剂，黏度增高可延长人工泪液在眼表的滞留时间，但高黏度可引发视物模糊，患者在驾驶和操纵机器时需注意。如果有两种以上眼用制剂同时使用，应间隔 10min 以上。

③ 人工泪液主要起保湿、润滑作用，缺乏具有修复角膜上皮、杀菌、抑菌、促进黏蛋白分泌等作用的活性因子成分，并不能根治，所以在治疗过程中要尽快明确病因，积极针对病因进行治疗。比如，是维生素 A 缺乏所致的结膜上皮性干燥症，还要同时补充维生素 A。

④ 玻璃酸钠滴眼液不能作为治疗使用，青光眼或眼部有剧痛感者禁用。使用后若发生眼睑炎、眼睑皮肤炎等过敏症状或出现瘙痒感、刺激感、充血、弥漫性表层角膜炎等角膜障碍时应停药。

⑤ 普拉洛芬、溴芬酸钠、双氯芬酸钠等非甾体抗炎药禁用于服用阿司匹林或其他非甾体抗炎药后诱发哮喘、荨麻疹或过敏反应的患者。有角膜上皮障碍的患者应慎用溴芬酸钠，可能恶化为角膜糜烂，一旦出现角膜溃疡、角膜穿孔等症状，应立即停药就医。双氯芬酸钠滴眼可能诱导或加重老年人胃肠道出血、溃疡和穿孔，服用利尿药或有细胞外液丢失的老年患者慎用，同时还妨碍血小板凝聚，有增加眼组织术中或术后出血的倾向。

六、健康指导

观看电脑、电视时，屏幕的最上方应比视线稍低，既可以降低对屈光的要求，减轻眼球疲劳，又可减少眼球暴露的面积，避免水液过度蒸发。观看过程中要有意识地多眨眼（每分钟15～20次），促进泪液的分泌和分布，保持眼球表面的湿润，切忌"目不转睛"。每半小时或闭目或远眺。早晚用冷、热毛巾交替敷眼，可减轻眼部疲劳，促进泪液分泌。创造良好的办公环境，保持空气的流通和湿度，避免烟雾及刺激性气体，遇风沙天气应戴防护眼镜。不宜长期戴隐形眼镜。

第三十七节 口腔溃疡

一、疾病概述

口腔溃疡（oral ulcer）是一种常见的口腔黏膜疾病，通常由炎性坏死组织脱落所致，形成口腔黏膜上皮的局限性组织缺损或凹陷，可累及上皮全层及下方的结缔组织。临床上以复发性口腔溃疡、损伤性溃疡及疱疹性口炎最为常见。

口腔溃疡的发生是多种因素综合作用的结果，包括局部创伤、精神紧张、食物、药物、营养不良、激素水平改变及维生素或微量元素缺乏等。

二、临床症状

1. 复发性口腔溃疡

具有典型的周期性反复发作特点，有自限性（一般病程7～10天自愈）。患者有明显的灼痛感，一般消炎药治疗无效。口腔黏膜疼痛明显，影响进食及说话，特别是遇酸、咸、辣等食物时疼痛加剧。好发于角化程度较轻的区域，如唇、颊、舌黏膜，溃疡不大，直径一般为2～4mm，圆形或椭圆形，数目不多，边缘整齐。中心稍凹陷，表面有黄白色假膜覆盖，周围充血，触痛明显。

2. 创伤性溃疡

有明显的理化刺激因素或自伤、烫伤等病史，无周期性，无自限性，也无复发性。消炎药治疗可暂时控制、减轻症状。好发于唇、颊、舌及颊脂垫尖等处，溃疡深或浅，周围炎症不明显，边缘可隆起，形态与损伤因素相契合。溃疡底部平或有肉芽组织。

三、诊断标准

根据患者病史、临床症状即可诊断，如果口腔溃疡病程长或为其他疾病的伴随症状，还应检查原发疾病。

四、治疗药物

以局部治疗为主，防止继发感染、减轻疼痛、促进愈合、缩短疗程。

（1）糖皮质激素　本类药物可以减少溃疡组织的急性损伤，使炎症迅速缓解，缩短愈合时间，常用的如醋酸地塞米松口腔贴片。

（2）抗微生物药物　硝基咪唑类抗菌药如甲硝唑、替硝唑等对口腔内专性厌氧菌有良好杀灭作用，常用的如甲硝唑口颊片、浓替硝唑含漱液等；复方庆大霉素膜适用于复发性口疮、创伤性口腔溃疡。

（3）消毒防腐药　阳离子表面活性剂具有广谱杀菌作用，常用于口腔黏膜溃疡的如度米芬含片、地喹氯铵含片、西吡氯铵含片、复方氯己定含漱液等；氧化剂如西地碘含片，在唾液作用下迅速释放分子碘，直接卤化菌体蛋白质，杀灭各种微生物。

（4）局部麻醉药　溃疡局部涂布或饭前含漱使用止痛药如达克罗宁液、普鲁卡因液、利多卡因液等。

（5）维生素与矿物质　微量元素锌、铁及维生素C、B族维生素促进口腔黏膜修复，利于疮口愈合，减少复发。在溃疡发作时给予维生素C 0.1～0.2g，一日3次；复合维生素B每次1片，一日3次。锌为体内多种酶的重要组成成分，具有促进生长发育、改善味觉、加速伤口愈合等作用，常用的如甘草锌胶囊等。

（6）其他　溶菌酶是一种黏多糖溶解酶，通过水解革兰阳性菌细胞壁中的不溶性多糖而起杀菌作用，还能分解黏蛋白，使炎性分泌物和痰液液化易于排出。除用于口腔黏膜溃疡外，还可用于急慢性咽喉炎及咳痰困难。氨来呫诺具有抗过敏和抗炎活性，可抑制速发型和迟发型过敏反应。

五、用药监护

① 严重高血压、糖尿病、胃和十二指肠溃疡、骨质疏松症、神经病史、癫痫病史、青光眼等患者禁用地塞米松。口腔局部连用7日若症状未缓解，应停药就医。

② 孕妇、哺乳期妇女及活动性中枢神经疾病患者禁用甲硝唑。口腔局部用药时，偶见口干、黏膜刺激等过敏反应，长期使用可引起味觉改变，停药后可消失。使用本品时，为避免发生药物相互作用，不能同时使用其他口腔用药。

③ 常用的复方庆大霉素膜含庆大霉素、丁卡因、地塞米松，每次使用量不超过一片（10cm²），连续使用不超过10日。贴药前先漱口，宜于午睡前或晚睡前敷贴，贴后使口腔尽量处于静止状态，以免药膜移位或脱落而影响疗效。药膜敷贴后，舌尖或口腔黏膜有轻微麻木感觉是药物正常作用，作用过后即消失。

④ 阳离子型表面活性剂西吡氯铵含片勿咬碎，应慢慢使其溶解，使有效成分长时间保存于口腔中。若出现皮疹等过敏反应请停止用药。

⑤ 氨来呫诺具有抗过敏和抗炎活性，5%氨来呫诺可持续用药至溃疡愈合。如果用药10天后仍然无明显愈合或疼痛减轻，应该咨询医生。尽可能在口腔溃疡一出现就使用本品，每天4次，疗程3天。最好于三餐后、睡前做好口腔卫生清洁后用药，挤出少量糊剂于棉棒上，涂在溃疡表面，用药量以覆盖溃疡面为准。

⑥ 西地碘含片在唾液作用下迅速释放活性碘，直接卤化菌体蛋白质，杀灭各种微生物。

偶见皮疹、皮肤瘙痒等过敏反应。长期含服可导致舌苔染色，停药后可消退。碘制剂过敏者禁用，甲状腺疾病患者慎用。

⑦ 四维他胶囊含烟酰胺、维生素 B_6、维生素 B_2、叶酸四种主要的 B 族维生素。注意烟酰胺与异烟肼有拮抗作用；维生素 B_6 可逆转左旋多巴作用，因此禁止与左旋多巴合用；维生素 B_2 不宜与甲氧氯普胺合用；叶酸与苯妥英钠同用，可降低后者的抗癫痫作用；维生素 C 可能抑制叶酸在胃肠中的吸收，不宜与维生素 C 同服。

六、健康指导

① 管理好口腔卫生，养成坚持刷牙和漱口的良好生活习惯。

② 日常要多吃蔬菜，少吃或不吃烧烤或油炸食品，少吃油腻的肥肉及动物内脏，少吃辛辣及热性食物，如生姜、生葱、辣椒、大蒜及海鲜。不吸烟、不喝酒、不吃羊肉和发物。

③ 避免过度疲劳和精神紧张，一切放宽心、遇事不着急，保持心情舒畅、乐观开朗。保持充足的睡眠时间。生活起居要有规律，养成按时排便的习惯，多喝水，防止便秘。

④ 中青年女性患者其口腔溃疡较为固定，发生在月经前后，主要是因为体内雌激素减少。因此这一时期必须注意多吃豆制品及圆葱，帮助体内雌激素正常分泌。

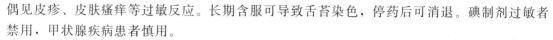

第三十八节 牙龈炎

一、疾病概述

牙龈炎（gingivitis）作为最常见的牙周疾病，在我国儿童和青少年中的患病率为 $70\% \sim 90\%$，成人患病率达 70% 以上。其中以菌斑性龈炎最常见。牙龈慢性炎症可以长期单独存在，其中一部分牙龈炎可能发展为牙周炎，进而引起牙齿缺失。

牙龈炎一般由于日常口腔清洁不到位，造成牙颈部菌斑以及牙石的堆积而引起。

二、临床症状

牙龈炎一般表现为牙龈色泽、外形、质地的改变并伴有出血倾向。在色泽上，牙龈颜色鲜红或暗红色；在外形上，由于组织水肿，龈缘变厚，不再紧贴牙面，龈乳头变得圆钝肥大，形成假性牙周袋；在质地上，牙龈组织松软、水肿、缺乏弹性，施压时易引起压痕。此外，患者牙龈轻触即出血（探诊出血），探诊出血是诊断牙龈有无炎症的重要客观指标。慢性龈缘炎患者常因刷牙或咬硬物时出血，或者在咬过的食物上有血渍。有些患者偶尔感到牙龈局部痒、胀等不适，并有口臭等。

三、诊断标准

诊断根据上述主要临床症状，结合局部有刺激因素存在即可诊断。

四、治疗药物

通过洁治术彻底清除菌斑和牙石，去除局部刺激因素（如食物嵌塞、不良修复体等），1 周左右后炎症即可消退，结缔组织中胶原纤维新生，牙龈的色、形、质即可恢复正常。炎症较重时可配合局部药物治疗。

（1）局部治疗 对发炎的牙龈可选 2% 碘甘油、0.5% 聚维酮碘（碘伏）溶液涂敷，一般 2～3 次；或用甲硝唑口颊片尽量贴近牙龈含服，于餐后含服，一日 3 次，临睡前加含 1 片，连续 4～12 天。餐后或睡前宜漱口，可选消毒防腐药如 0.1% 氯己定溶液、1%～3% 过氧化氢溶液、西吡氯铵含漱液，或是硝基咪唑类抗菌药如 0.5% 甲硝唑含漱剂（或复方甲硝唑含漱剂）、0.2% 浓替硝唑含漱液，一日 4～6 次。丁硼乳膏涂抹于患处，一次 1 克，一日 3～4 次。

（2）全身治疗 若仅局部治疗不佳者，可配合口服甲硝唑芬布芬胶囊或人工牛黄甲硝唑胶囊等抗菌药物，一次 2 粒，一日 3 次。

此外，牙龈出血者可补充维生素 C。糠甾醇能防氧化及抑制牙周细菌生长，从而起到改善牙齿病理性松动、抗牙龈出血作用。

五、用药监护

① 丁硼乳膏在患处停留 3～5min 后用清水漱口洗去。也可将乳膏挤于牙刷上刷牙。睡前使用效果较好。

② 使用含漱剂时注意含漱后吐出，不得咽下。为保证口腔药物有效浓度，含漱时至少在口腔内停留 3～5min。用时应避免接触眼睛。

③ 过氧化氢溶液属于氧化剂，连续应用漱口可产生可逆性舌乳头肥厚。浓度过高对皮肤和黏膜产生刺激性灼伤，形成疼痛白痂。

④ 氯己定使用 5～10 日为一疗程，连续使用不宜超过 3 个疗程。偶见过敏反应或口腔黏膜浅表脱屑。长期使用能使口腔黏膜表面与牙齿着色，舌苔发黄，味觉改变。

⑤ 聚维酮碘液用棉签蘸取少量，由中心向外周局部涂搽。个别用药时创面黏膜局部有轻微短暂刺激，片刻后即自行消失，无需特别处理。但过敏者及孕妇、哺乳期妇女禁用。

六、健康指导

① 饭后及睡前漱口，保持口腔清洁。掌握正确的刷牙方法，每日至少刷牙 2 次（早、晚各一次），每次 2～3min，宜选用软毛、小头牙刷，能简单有效地清除菌斑，并保护牙龈；可选用电动牙刷、声波震动牙刷等，提高清洁效率；也可辅助使用牙间隙刷、牙线、冲牙器等，这对避免食物嵌塞引起的牙龈炎有较好的预防效果。可选择具有抑制牙菌斑和抗菌作用的功效型牙膏刷牙，还可使用含抗菌剂的漱口液控制菌斑。

② 去除引起牙龈炎的不良因素。最好戒烟，无法戒烟者，应将吸烟量降至 10 支/日以下。多吃富含纤维的耐嚼食物，这样会增加唾液分泌，有利于清洁牙面。多吃肉、蛋、蔬菜、瓜果等有益于牙齿健康的食物，增加牙齿及口腔的抗病能力。

③ 一般人群，推荐每 6 个月至 1 年进行一次口腔洁治，吸烟者则建议每 3～6 个月进行一次口腔洁治。戴活动义齿者，每天坚持饭后漱口、刷牙、清洁义齿，防止义齿性口炎。

④ 女性因妊娠期激素水平改变可使原有的牙龈炎症加重，因此妊娠前应进行口腔健康检查；在妊娠前或妊娠早期治疗牙龈和牙周炎症，是预防妊娠期牙龈炎的有效措施。

知识链接

保护牙龈健康提醒

1. 长期服用苯妥英钠、环孢素、钙通道阻滞药（硝苯地平等）的患者易发生药物性牙龈增生，最好在开始长期用药前，治疗原有的菌斑性龈炎。已发生药物性牙龈增生的患者，可通过掌握菌斑控制的方法，洁治、刮治去除菌斑、牙石等，获得有效治疗。对于牙龈炎症明显者，可局部使用抗菌消炎药。经上述治疗效果不佳者，可行牙龈切除术或翻瓣＋龈切术。

2. 有些老百姓认为，"上火"是造成牙龈问题的"元凶"。实际上，造成牙龈问题的根源是口腔内的细菌。如果不能坚持正确的刷牙方法，这些牙菌斑长期存在并"繁衍壮大"，就有可能引发系列牙齿与牙龈问题。现在很多人喜欢使用含抗菌剂的漱口水代替刷牙来清洁口腔，但长期使用含抗菌剂的漱口水很容易导致口腔菌群失调，不提倡每天使用。

自测练习

一、单项选择题

1. 具有使鼻黏膜血管收缩、解除鼻塞症状作用的抗感冒药成分是（　　　）

A. 天麻素　　　　　　B. 伪麻黄碱　　　　　　C. 对乙酰氨基酚　　　D. 金刚烷胺

2. 可致容积性排便，降低老年人粪块嵌塞发生率的是（　　　）

A. 乳果糖　　　　　　B. 比沙可啶　　　　　　C. 开塞露/甘油栓　　　D. 欧车前亲水胶

3. 关于消化性溃疡抗 Hp 的四联疗法正确的是（　　　）

A. 西咪替丁＋胶体次碳酸铋＋哌仑西平＋替硝唑

B. 奥美拉唑＋甲硝唑＋阿奇霉素＋胶体次碳酸铋

C. 雷尼替丁＋阿莫西林＋胶体次碳酸铋＋甲硝唑

D. 兰索拉唑＋阿莫西林＋克拉霉素＋胶体次碳酸铋

E. 兰索拉唑＋克拉霉素＋甲硝唑＋硫糖铝

4. 常引起刺激性咳嗽的药物是（　　　）

A. 氢氯噻嗪　　　　　B. 氯沙坦　　　　　　C. 硝苯地平　　　　　D. 卡托普利

5. HMG-CoA 还原酶抑制剂可能出现的严重不良反应是（　　　）

A. 腹泻　　　　　　　B. 肌病　　　　　　　C. 腹痛　　　　　　　D. 皮疹

6. 下列磺酰脲类降血糖药中，推荐轻中度肾功能不全糖尿病患者应用的是（　　　）

A. 格列喹酮　　　　　B. 格列美脲　　　　　C. 格列齐特　　　　　D. 格列吡嗪

7. 患者女 58 岁，有 2 型糖尿病史，因头痛、头晕就诊，体征和实验室检查：餐前血糖 7.8mmoL/L，餐后血糖 11.2mmoL/L，糖化血红蛋白 8.8%，血压 166/96mmHg，蛋白尿＞1g/24h，推荐在降血糖的基础上，合并选用（　　　）

A. 美托洛尔　　　　　B. 氢氯噻嗪　　　　　C. 卡维地洛　　　　　D. 赖诺普利

8. 下列胃肠道不良反应发生率较低的 NSAID 是（　　　）

A. 布洛芬　　　　　　B. 双氯芬酸　　　　　C. 塞来昔布　　　　　D. 吲哚美辛

9. 手足口病常见于（　　　）

A. 学龄前儿童　　　　B. 男童　　　　　　C. 育龄妇女　　　　D. 老人

10. 牙龈出血者可补充（　　）

A. 维生素 D　　　　　B. 维生素 E　　　　C. 维生素 C　　　　D. 维生素 K

二、多项选择题

1. 下列关于咽炎的药物治疗叙述正确的是（　　）

A. 含服口含片时，宜把药片置于舌根部　　B. 含服的时间越长，疗效越好

C. 西地碘有轻度刺激感，对碘过敏者禁用　D. 含药后 30min 内不宜进食或饮水

E. 度米芬、氯己定含漱剂勿与阴离子表面活性剂同时使用

2. 对老年性骨质疏松患者宜选用（　　）

A. 钙制剂　　　　　　B. 维生素 D　　　　C. 雌激素

D. 双膦酸盐　　　　　E. 降钙素

3. 以下属于治疗荨麻疹的一线药物的是（　　）

A. 西替利嗪　　　　　B. 氯雷他定　　　　C. 赛庚啶

D. 泼尼松　　　　　　E. 氯苯那敏

三、简答题

1. 简述慢性阻塞性肺病的临床表现和治疗药物。

2. 简述临床上用于调节血脂的药物。

实训练习

1. 患者，女，19 岁，大学生。家人陪同药店购药。患者主诉每次经期皆不适疼痛，此次尤为严重，同时伴有恶心呕吐、面色苍白及手足冰凉症状，请根据此病案给出合理的用药及健康指导。

2. 患者，女，48 岁，近三年来经常出现口腔内局部溃疡，反复难愈，且多于月经前后发作，劳累时加重。严重时疼痛剧烈，影响进食。请根据此病案给出合理的用药及健康指导。

下篇
药品购销技能

第六章
药品采购

学习目标

本章学习内容包括药品采购环节涉及的理论知识及操作技能。通过本章学习，达到以下要求：了解采购品种结构、药品采购原则要求、影响药品采购因素；熟悉质量保证协议书签订内容、药品购进的程序、签订采购合同的原则和要求；掌握首营审核内容和审核程序；能够根据首营审核内容索取首营资料，学会制定采购计划、签订采购合同、建立采购记录。

药品经营企业的采购是指取得合法资格的药品经营企业从药品生产企业、药品经营企业获取相应的药品，以保证药品经营活动的正常开展。药品采购是药品经营企业经营活动的起点，是药品经营企业质量管理过程控制的第一关，是确保企业经营行为合法性、规范性、保证药品经营质量的关键环节。药品经营企业必须制定切实有效的采购管理制度、操作规程来管理和监督药品采购活动，把好药品购进质量关。

第一节　首营企业审核

首营企业是指采购药品时，与本企业首次发生供需关系的药品生产或经营企业。取得合法资质的供应商称为合法的供货单位。

一、质量审核的作用

药品经营企业采购前应对供货单位进行质量审核。通过质量审核，一方面可以准确地收集首营企业的相关资料，全面了解首营企业，确认供货企业的合法资质和质量保证能力；另一方面，是确保药品在流通环节能够有效降低药品质量风险的有效手段。

二、首营企业审核内容

（一）企业资料的核实

审核供货企业的资质，是确保药品在流通环节能够有效降低药品质量风险的控制手段。

供货单位为药品生产企业，合法资质包括《药品生产许可证》、《药品生产质量管理规范认证证书》（简称《GMP 证书》）、《营业执照》及其年检证明；供货单位为药品经营企业，合法资质包括《药品经营许可证》、《药品经营质量管理规范认证证书》（简称《GSP 证书》）、《营业执照》及其年检证明，此外还包括供货企业的相关印章、随货同行单（票）的样式及企业的开户银行信息。

 知识链接

药品经营质量管理规范（2016 年修订）

第六十二条　对首营企业的审核，应当查验加盖其公章原印章的以下资料，确认真实、有效：

（一）《药品生产许可证》或者《药品经营许可证》复印件；

（二）营业执照、税务登记、组织机构代码的证件复印件，及上一年度企业年度报告公示情况；

（三）《药品生产质量管理规范》认证证书或者《药品经营质量管理规范》认证证书复印件；

（四）相关印章、随货同行单（票）样式；

（五）开户户名、开户银行及账号。

1. 许可证和认证证书的核实

对供货单位合法资格进行审查时，需要核对《药品生产企业许可证》《GMP 证书》《药品经营许可证》《GSP 证书》的真实性和有效性。真实性核对时可以到国家药品监督管理局网站以及各省食品药品监督管理局网站进行查询核实，核对许可证上的单位名称、法定代表人、注册地址、仓库地址、生产范围或经营范围等是否与网站公布的内容相符，如有不符，是否有变更证明。有效性核对是指核查许可证、认证证书是否在批准的有效期内。此外还要核查拟供药品是否在生产或经营许可范围内。

 知识链接

中华人民共和国药品管理法（2019 年修订）

第一百二十九条　违反本法规定，药品上市许可持有人、药品生产企业、药品经营企业或者医疗机构未从药品上市许可持有人或者具有药品生产、经营资格的企业购进药品的，责令改正，没收违法购进的药品和违法所得，并处违法购进药品货值金额二倍以上十倍以下的罚款；情节严重的，并处货值金额十倍以上三十倍以下的罚款，吊销药品批准证明文件、药品生产许可证、药品经营许可证或者医疗机构执业许可证；货值金额不足五万元的，按五万元计算。

2. 营业执照的核实

需要核对《营业执照》的名称、法定代表人、住所等与许可证相关信息的一致性，以及营业执照是否在有效期内，是否加盖公章原印章等。对《营业执照》真实性查询可以登录该企业所在地的市场监督管理局网站进行企业信息查询。核查企业是否存续，执照是否有效，是否按时填报年度报告。

3. 相关印章、随货同行单（票）样式

印章式样至少包括企业公章、财务专用章、发票专用章、质量管理专用章、合同专用章、出库专用章、法人印章（或签字）等，上述印章应为原尺寸、原规格的原印章。随货同行单（票）样式须为加盖企业公章及出库专用章的原式件，不得使用复印件加盖公章样式。

4. 开户户名、开户银行及账号

供货单位需要提供本单位开设基本账户的《开户许可证》复印件和回款账户的相关信息进行备案，包括企业名称、统一社会信用代码（纳税人识别号）、联系方式、开户银行名称及账号等。

供货单位变更账户的需要重新经过审核备案，否则不能发生业务关系。

（二）供货单位销售人员的合法资格审核

 知识链接

药品经营质量管理规范（2016 年修订）

第六十四条　企业应当核实、留存供货单位销售人员以下资料：

（一）加盖供货单位公章原印章的销售人员身份证复印件；

（二）加盖供货单位公章原印章和法定代表人印章或者签名的授权书，授权书应当载明被授权人姓名、身份证号码，以及授权销售的品种、地域、期限；

（三）供货单位及供货品种相关资料。

为保证供货单位销售人员身份的真实可靠，企业应当确认、核实供货单位销售人员身份的真实性，防止假冒身份、挂靠经营、超委托权限从事销售活动现象发生。法人委托授权书有效期要有时限要求，一般不超过 12 个月。

1. 销售人员身份证复印件

销售人员身份证复印件须加盖供货单位公章原印章。必须与本人身份证原件进行核对，确认其真实性。

2. 销售人员的授权书

授权书必须是原件，必须载明被授权人姓名、身份证号，以及授权销售的品种、地域和期限，并加盖供货单位公章原印章和法定代表人印章或者签名。法人授权书授权销售的品种如为企业生产经营的全部品种，可表述为"授权销售我公司合法生产/经营的所有品种"；如不是全部品种委托，需在委托书中详细列明委托授权销售的品种明细。

3. 销售人员资料核实内容

① 授权书和身份证复印件是否加盖企业公章。

② 授权书内容是否全面。

③ 授权书被授权人姓名、身份证号与身份证原件内容是否一致。

④ 授权书法人盖章（或签字）是否与备案的样式一致。

⑤ 授权书是否在授权期限内。

⑥ 销售人员所销售的药品应当在授权品种范围内，本企业应该在授权书的授权区域内。

⑦ 供货单位企业名称变更、企业法定代表人变更等，应重新提交销售人员授权书。

⑧ 实行药品销售人员网上备案登记的区域，登录供货单位所在地药品监督管理局网站，核实企业销售员备案情况。

⑨ 对销售人员的资料有疑问或者其他不能确定的情况时，应当向供货单位进行核实并有记录。

审核通过的销售人员资料应归档管理；供货方变更销售人员时，需要按照规范要求重新提交销售人员相关资料，并经过审核、批准、归档留存，否则需停止采购等业务活动。

三、首营企业审核程序

根据《药品经营质量管理规范》要求，药品经营企业应建立首营企业审核的工作程序，规范对供货单位的审核工作。首营企业审核流程如图 6-1 所示。

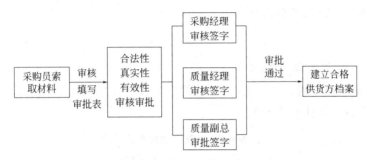

图 6-1 首营企业审批流程

（一）采购员索取材料

药品采购人员根据市场需要从首营企业购进药品时，应向供货单位索取以下材料。

（1）索取企业资质 首营企业属于药品生产企业的。应向首营企业了解公司规模、历史、生产状况、产品种类、质量信誉、质量管理部门设置情况、是否通过企业或车间 GMP 认证等，并索取加盖公司原印章的《药品生产许可证》复印件、《GMP 证书》复印件、《营业执照》复印件及其年检证明。

首营企业属于药品经营企业的，应向首营企业了解公司规模、历史、经营状况、经营种类、质量信誉、质量管理部门设置情况、是否通过 GSP 认证等，并索取加盖有公司原印章的《药品经营许可证》复印件、《GSP 证书》复印件、《营业执照》复印件及其年检证明。

（2）索取首营企业药品销售人员的证明材料 验明首营企业药品销售人员的合法身份，并索取加盖企业原印章和有法定代表人印章或签字的委托授权书原件及销售人员的身份证复印件。

（3）首营企业的相关印章、随货同行单（票）样式。

（4）首营企业的开户户名、开户银行及账号。

（5）签订质量保证协议书 质量保证协议是为了明确供货方与购货方交易双方的质量责任，是药品供货方对药品购货方的质量承诺，具有与合同相同的法律效力。企业与供货方签订了质量保证协议，则不必在每份合同上都写明质量条款，但需说明按双方另行签订的质量保证协议执行。质量保证协议应当至少按年度签订，约定有效期限，注明签约日期。

质量保证协议应从药品的合法性、药品质量情况、药品有效期、合法票据、药品包装情况、运输方式、运输条件等按照药品特性做出明确规定，并明确协议的有效期、双方质量责任，加盖供货单位公章或合同章原印章。

知识链接 --

药品经营质量管理规范（2016 年修订）

第六十五条 企业与供货单位签订的质量保证协议至少包括以下内容：

（一）明确双方质量责任；

（二）供货单位应当提供符合规定的资料且对其真实性、有效性负责；

（三）供货单位应当按照国家规定开具发票；

（四）药品质量符合药品标准等有关要求；

（五）药品包装、标签、说明书符合有关规定；

（六）药品运输的质量保证及责任；

（七）质量保证协议的有效期限。

（二）填写"首营企业审批表"

采购员将资料收集齐后，填写表 6-1"首营企业审批表"（企业一般在计算机系统中完成审批表填报），进行合法性审核审批。

表 6-1 首营企业审批表

编号：　　　　　　　　　　　　　　　　　　　填表日期：

供货企业名称			详细地址	
企业类型		药品生产企业□ 药品经营企业□	E-mail	
供方销售人员			联系电话	
许可证	许可证号		有效期至	
	负责人		生产(经营)范围	
营业执照	注册号		有效期至	
	法定代表人		注册资金	
	生产(经营)范围			
质量认证证书编号			有效期至	
供方销售人员资质		1.身份证复印件□　　2.法人委托书原件□　　3.其他资料：		
采购员意见		采购员：		年　　月　　日
采购部门意见		部门负责人：		年　　月　　日
质量管理部门审核意见		审核人：	部门负责人：	年　　月　　日
经理审批意见		企业质量负责人：		年　　月　　日

（三）合法性审核审批

采购员填写完"首营企业审批表"后，经本部门采购负责人签署意见后，连同上述有关资料，依次送质量管理部审核、质量管理部负责人和企业质量负责人审批。质量管理部进行资料审查，审查主要从资料的完整性、合法性、真实性、一致性、有效性等方面进行，查资料是否完备，内容是否符合要求，是否在有效期内，是否加盖有规定的原印章或签章、所购进药品是否在供货单位的生产或经营范围内等。如果需要对供货单位的质量保证能力做进一步确认时，质量管理部会同采购部门进行实地考察，详细了解首营企业职工素质、生产经营状况，重点审查企业质量管理体系、质量控制的能力和有效性。

资料审查合格后，审核人在"首营企业审批表"上签署意见，注明"审核合格"。质量管理部负责人和企业质量负责人根据质量管理部门的具体意见进行最后审核把关，并在"首营企业审批表"上签署明确的意见。

（四）建立合格供货方档案

对审核合格的首营企业，采购部或质量部在计算机管理系统中录入合格供货方信息，列入"合格供应商列表"，建立合格供货方档案。质量管理部门将"首营企业审批表"、首营企业资料、药品销售人员资料及质量保证协议等有关资料存档。

采购部门采购药品，只能选择"合格供应商列表"上的供应商进行采购，计算机系统具有预警机制，在供应商相应资质到期前，提示采购部门，避免采购行为发生时供货方资质已经过期无效，影响企业正常经营活动。

示例

药品质量保证协议书

甲方：（供货方）

乙方：（购货方）

为了确保药品质量，保障人民用药安全有效，按照《药品管理法》及 GSP 要求，明确责任，推进甲、乙双方合作关系，经双方协商一致，特签订如下条款，供双方信守和执行。

一、甲方承诺及义务

1.甲方向乙方提供："两证一照"复印件，并加盖公章原印章。

2.甲方向乙方提供的药品应：①符合国家药品质量标准和有关质量要求；②附产品合格证；③包装应符合有关规定和运输要求；④进口药品应提供《进口药品注册证》或《药品产品注册证》、《进口药品批件》和《进口药品检验报告书》或《进口药品通关单》复印件盖质量管理机构红章；⑤中药饮片应有包装和合格证，中药材应注明产地。

3.甲方及时送货上门，一般情况在 2 天内送到，特殊情况例外。

4.甲方供应乙方药品时必须开具合法的票据。

5.甲方对所销药品质量在有效期内负全部责任。

6.供货单位应当提供符合规定的资料且对其真实性、有效性负责。

7.药品包装、标签、说明书符合有关规定。

二、乙方承诺及义务

1.乙方向甲方提供"两证一照"复印件，并加盖公章原印章。

2.乙方按照甲方的规定退货。普通品种除因质量问题外，原则上不予退货，但确因故而滞销的，乙方必须在收到货后壹个月内，经甲方同意后，依原发票（或复印件）予以退货，新药退货则必须在收到货后壹个月内完成，手续类同普通品种。

3.乙方应严格按照药品包装上注明的储藏方法和要求储藏保管，由于保管不当，引起药品包装污染，如褪色、贴上价格标签、灰尘擦拭不净、涂写、发霉污损、打湿受潮等，甲方一律谢绝退货。

4.乙方收货时如发现甲方所供应的药品出现差错或运输过程中造成的破损问题，必须 24 小时内通知甲方，甲、乙双方及时处理，避免不必要的纠纷和损失。

三、双方共同责任及约定

1.本协议适用于书面的购货合同或电话、传真等形式确立的购货合同。

2.本协议一式两份，甲、乙双方各执一份，自签字之日起生效，有效期至××年×月×日止。

3.如遇上述事项未尽事宜，按双方友好协商一致的原则另行约定。

甲方：××××　　　　　　　　　　　乙方：××××

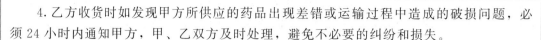

第二节　首营品种审核

首营品种是指本企业首次采购的药品。首次从药品生产企业、药品批发企业采购的药品均为首营品种。

一、质量审核的作用

药品经营企业采购首营品种前应全面审核该药品的资质证明文件。通过质量审核，可以全面地收集首营品种的相关资料，掌握首营品种信息，确保所经营药品的合法性和质量可靠性，保证药品进货质量，防止假药、劣药流入药品流通领域。

二、首营品种审核内容

 知识链接

药品经营质量管理规范（2016 年修订）

第六十三条　采购首营品种应当审核药品的合法性，索取加盖供货单位公章原印章的药品生产或者进口批准证明文件复印件并予以审核，审核无误的方可采购。

以上资料应当归入药品质量档案。

（一）查验的证明文件材料

1.首营品种属于国产药品

①《药品注册批件》或者是《再注册批件》《药品补充申请批件》复印件。

②药品质量标准复印件。

③供货单位为药品生产企业，需要提供药品的包装、标签、说明书实样；供货单位为药品经营企业，需提供药品的包装、标签、说明书实样或者是药品的包装、标签、说明书复印件。

④法定检验机构或本生产企业的检验报告书。

⑤药品所属剂型的 GMP 认证证书复印件。

⑥该药品的生产企业证明性文件，包括《药品生产企业许可证》复印件、《营业执照》复印件。

2.首营品种属于进口药品（进口中药材除外）

①《进口药品注册证》《医药产品注册证》或者《进口药品批件》复印件，以及药品的

包装、标签、说明书实样等资料。

② 进口麻醉药品、精神药品除提供上述资料外，还应提供《进口准许证》。

3. 首营品种属于进口分装药品

药品采购人员应向供货单位索取加盖供货单位原印章的以下材料。

① 进口分装的《药品补充申请批件》及原注册证号的《药品注册批件》《进口药品注册证》或《医药产品注册证》复印件、进口药品注册标准复印件、检验报告书，以及药品的包装、标签、说明书实样等资料。

② 进口分装的麻醉药品、精神药品除提供上述资料外，还需提供《进口准许证》。

4. 首营品种属于进口中药材

要有《进口药材批件》复印件、进口药材质量标准、进口药品检验报告书及药材的包装、标签、说明书实样等资料。

（二）产品资料的审核

① 首营品种应在供货企业《药品生产许可证》或《药品经营许可证的》经营范围内，并在本公司《药品经营许可证》的经营范围内。

② 国产药品需核对药品包装、标签、说明书的品名、规格、生产企业、批准文号、药品标准、有效期等信息与《药品注册批件》或《再注册批件》上载明的相关信息是否一致，如不一致的需提供相应的《药品补充申请批件》或其他证明文件。药品标准变更需提供《药品标准颁布件》及新的标准。《药品注册批件》及《药品再注册批件》有效期为 5 年，超过有效期的，需要提供新的《药品再注册批件》或《再注册受理通知书》。

③ 进口药品及进口分装药品，需核对药品包装、标签、说明书的药品名称、商品名、规格、包装规格、生产企业、注册证号、药品标准、有效期等信息与《药品注册批件》《药品补充申请批件》《进口药品注册证》《医药产品注册证》《进口准许证》上载明的相关信息是否一致，如不一致应重新提供正确的资料。

④ 进口中药材还需核对产地是否与《进口药材批件》一致。

⑤ 药品包装、标签、说明书应符合国家药品监督管理局关于药品标签说明书的相关规定，项目齐全。

⑥ 标签、说明书上的成分、性状、功能主治、用法用量、规格、贮藏等应与质量标准相符。

⑦ OTC 药品说明书应与国家药品监督管理局网站公布的 OTC 药品说明书范本相符。

（三）数据查询核实

国家食品药品监督管理总局网站信息核实、电话核实等。

企业可以登录国家药品监督管理局网站对药品批准文号进行查询，确认所提供资质的真实性。

三、首营品种审核程序

根据 GSP 要求，药品经营企业应对合格供货方拟供的首营品种建立审核程序。首营品种审核流程见图 6-2。

1. 采购员索取材料

药品采购人员根据拟购的首营品种情况，向供货单位索取加盖供货单位原印章的首营品种证明文件材料，并对材料进行初步审核。

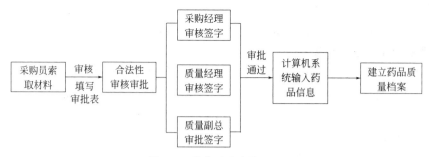

图 6-2 首营品种审核流程

2. 填写"首营品种审批表"

采购员将资料收集齐后，填写表 6-2"首营品种审批表"，进行合法性审核审批。

表 6-2 首营品种审批表

编号： 填表日期：

药品通用名称				商品名	
剂型		规格		单位	
包装规格				储存条件	
生产企业				营业执照号	
主要成分与功能主治					
批准文号				有效期	
GMP 证书号				证书有效期至	
GMP 认证范围					
价格	购进价：		含税批发价：	最高零售价：	
采购员申请理由	申请人签字：				日期：
采购部门意见	负责人签字：				日期：
质量管理部门意见	审核人：		部门负责人签字：		日期：
经理审批意见	企业质量负责人签字：				日期：

3. 合法性审核审批

采购员填写完"首营品种审批表"后，经本部门采购主管签署意见后，连同上述有关资料，依次送质量管理部审核、质量管理部负责人和企业质量负责人审批。质量管理部主要进行资质审核、质量信誉审核，所购进药品是否超出供货单位的生产或经营范围，是否超出本企业的经营范围。如果需要对该品种生产企业进行实地考察，质量管理部会同采购部门共同进行。

资料审查合格后，审核人在"首营品种审批表"上签署意见，注明"资料齐全，符合要求"。质量管理部负责人、企业质量负责人根据质量管理部门的具体意见进行最后审核把关，并在"首营品种审批表"上签署"同意购进"意见，资料转质量管理部门。

4. 计算机系统输入药品信息

审核审批通过后的首营品种，采购部或质量管理部在计算机系统内输入药品信息，并待续更新维护有关内容。

5. 建立药品质量档案

质量管理部门将"首营品种审批表"、首营品种资料等存档，建立药品质量档案。药品质量档案包括初次提供的材料和所有变更的材料。质量档案中的合法资质和证明文件应保证持续有效。

第三节　药品购进管理

药品购进过程的管理控制，是整个药品经营活动合法、规范、保障人民用药安全的至关重要环节。药品购进的质量管理直接关系到企业的长久健康持续发展，影响到企业的社会效益和经济效益。

一、药品购进原则

知识链接

药品经营质量管理规范（2016 年修订）

第六十一条　企业的采购活动应当符合以下要求：

（一）确定供货单位的合法资格；

（二）确定所购入药品的合法性；

（三）核实供货单位销售人员的合法资格；

（四）与供货单位签订质量保证协议。

采购中涉及的首营企业、首营品种，采购部门应当填写相关申请表格，经过质量管理部门和企业质量负责人的审核批准。必要时应当组织实地考察，对供货单位质量管理体系进行评价。

药品经营企业应把质量放在选择经营品种和供货单位的首位，必须确定供货单位的合法资格及质量信誉，保证所购入的药品是国家批准的合法药品。所以对首营企业和首营品种必须进行审核，必要时进行实地考察。

1. 确定供货单位的合法资格

经过相关部门批准取得合法资质的供应商称为合法的供货单位。合法的供货单位经过首营企业审核合格，将审核合格的供货单位基础信息录入计算机系统，建立合格供应商档案，采购部门采购药品时，只能从"合格供应商列表"上的供应商进行采购。计算机系统对合格供应商资质的有效期进行监控，资质过期将无法采购。

2. 确定采购药品的合法性

我国药品实行批准文号管理，未经批准的药品不得上市（没有实施批准文号管理的中药材、中药饮片除外）。首次采购的药品必须经过质量管理部门和企业质量负责人的审核批准。计算机系统对经营药品的批准证明文件的有效期进行监控，批件过期将无法采购。

3. 审核供货单位销售人员的合法资格

为保证供货单位销售人员身份的真实可靠，企业质量管理部门应对供货单位销售人员的合法资格进行审核，防止从非法销售人员处采购药品。计算机系统对经营销售人员授权书的有效期进行监控，授权书过期将无法采购。

4. 与供货单位签订质量保证协议

采购药品应对供货单位提出明确质量要求，签订质量保证协议。协议应经双方协商一致，明确责任，供双方共同信守和执行。

5. 严格履行首营审核审批程序

企业应当按照药品采购管理制度制定"首营企业、首营品种"审核程序，经过审核合格的，方可购进药品。

6. 对供货单位实地考察

对确有需要的，可以进行实地考察。

二、药品购进品种类型

根据 GSP 和相关法律法规要求，以及药品在流通过程中的流转规律，药品经营企业购进药品品种一般分普药、新药、基本药物、首营品种、进口药品、特殊管理药品、中药材及中药饮片等类型。

1. 普药

普药是指临床上长期广泛使用、安全有效的常规药品。普药在市场上一般有多家企业生产，产品进入市场比较容易。普药的价格比较透明，利润较低，已经形成固定的用药习惯。

2. 新药

新药是指未曾在中国境内上市销售的药品，国内已上市药品改变剂型、改变给药途径、增加新适应证的药品，亦属于新药范畴。药品流通中的新药是广义上的新药，是指新开发上市或者未广泛使用或者还处于临床推广阶段的药品。

3. 基本药物

国家基本药物是指由国家政府制定的《国家基本药物目录》中的药品。基本药物是公认的医疗中的基本的药物，也是对公众健康产生最大影响的药物。国家基本药物的遴选原则为：临床必需、安全有效、价格合理、使用方便、中西药并重。包括预防、诊断、治疗各种疾病的药物。

4. 首营品种

企业首次采购的药品。采购首营品种前应索取资料，通过审核审批。

5. 进口药品

进口药品需经国务院药品监督管理部门组织审查，以审查确认符合质量标准、安全有效的，方可批准进口，并发给进口药品注册证书。

6. 特殊管理药品

特殊管理药品包括麻醉药品、放射性药品、精神药品、医疗用毒性药品；国家有特殊管理要求的药品还包括戒毒药品、药品类易制毒化学品、兴奋剂、终止妊娠药品、蛋白同化制剂、肽类激素（胰岛素除外）、含特殊药品复方制剂等。

采购特殊管理（终止妊娠药品和含特殊药品复方制剂、兴奋剂除外）的药品时，供货单位必须具有特殊管理药品的经营范围。

采购麻醉药品、放射性药品、精神药品、医疗用毒性药品时，在采购合同、质量保证协议中应当明确对方在运输等环节应按照国家相关规定执行的要求。

在企业计算机系统中，应当实现对麻醉药品、放射性药品、精神药品、医疗用毒性药品的单独管理，对特殊管理要求的药品也应做管理限制，建立专门的特殊管理的药品的采购记录。

7. 中药饮片

中药饮片必须从取得 GMP 或 GSP 证书的合法饮片生产企业或经营企业购进，严禁从其他任何渠道购进中药饮片。

三、药品采购类型

1. 直接采购

直接采购是指采购人员根据过去和供应商打交道的经验，从合格供应商名单中选择供货企业，并直接重新订购过去采购过的产品。

2. 新购

指本企业首次采购的药品，即首营药品；或者购进药品时，与本企业首次发生供需关系的企业，即首营企业。

3. 集中招标采购

指数家医疗机构联合组织和共同委托招标代理机构组织的药品采购。基本药物、医疗机构临床使用量比较大的药品，原则上实行集中招标采购。

4. 代销

以合同形式取得生产企业的产品销售权，形成工商企业间的长期稳定的产销合作关系。

四、影响药品采购的因素

知识链接

药品经营质量管理规范（2016 年修订）

第七十一条　企业应当定期对药品采购的整体情况进行综合质量评审，建立药品质量评审和供货单位质量档案，并进行动态跟踪管理。

按照药品经营质量管理规范要求，药品经营企业应当对药品采购情况进行定期的综合质量评审，分析影响药品采购的因素，降低药品经营环节可能引入的药品质量风险，保证供货渠道的优质、高效。

1. 药品质量

药品是一种不同于普通商品的特殊消费品，药品质量的高低影响到千百万人民的健康。因此药品质量是影响药品采购决策的一个重要因素，药品采购首先要注重供货品种的合法性和质量可靠性。

2. 供货企业的质量保证能力

包括供货企业质量体系认证和运行情况，以及合同和质量保证协议的完善性和承诺性。

3. 供货企业的信誉

供货企业的信誉包括与企业签订的合同、质量保证协议的执行情况，以及供货能力（准确到货率）、运输能力（准时到货率）和售后服务质量、质量查询等方面。

4. 供需关系

与供应企业建立融洽、合作的供需关系，是提高采购工作质量的重要因素。只有协调双方的利益，实现双赢，药品经营企业才能完成药品采购目标。

5. 价格因素

同种药品因生产厂家不同价格各异，同一厂家生产的药品也会因市场的变化而变化。因此，药品采购在注重质量的情况下，以"质优价廉"为原则，寻找一个合理的价格，把质量高、价格低的商品采购进来，增加企业的经济利益。

6.资金

资金充足，可以实行集中采购、批量采购、招标采购等方式，降低采购成本。在资金充足的情况下，可以与规模大、名优供应商保持长期稳定的战略合作伙伴关系，既可以降低采购成本，又可以购买到优质产品。

7.国家法律法规和方针政策

国家法律法规和方针政策是影响采购的重要宏观环境因素，如"两票制"在国家医改试点省份的落地执行，医疗机构零差价的试点推行等，都会影响采购工作。

五、药品采购流程

药品经营企业在药品购进活动过程中，需要根据 GSP 要求，制定能够确保购进的药品符合质量要求的药品购进程序，流程见图 6-3。药品零售连锁企业实行统一进货、统一配送，连锁门店的采购是连锁门店根据销售情况向其总部提要货申请，其采购记录即为向总部要货申请记录。连锁门店不得自行采购药品。

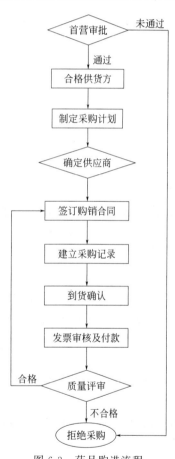

图 6-3　药品购进流程

（一）制定采购计划

药品采购计划是采购环节中重要工作之一，科学合理地制定采购计划，有助于杜绝假冒伪劣药品进入药品流通领域，有助于加速药品资金周转，保证市场供给和适应市场的不断变化。采购计划按照企业经营管理需要，一般按年度、季度、月份编制，分为年度采购计划、季度采购计划、月份采购计划和临时采购计划。

1.药品采购计划的制定依据

（1）国家政策方针、药品法律法规、各级政府有关市场政策方针。

（2）前期计划执行情况　前期计划执行情况是对进、销、存业务活动的真实反映，这对指导本期采购计划的制定具有重要作用。

（3）市场供应情况和需求情况　市场供应情况包括货源品种、数量、货源畅销程度、供货方的销售计划和付款条件、国家产业政策对药品生产的影响；市场需求情况主要包括销售客户购买力、消费结构变化情况等。这是制定药品采购计划最直接的依据。

2.制定采购计划的程序

采购部门在制定年度和季度计划时，可以粗略制定，通常以纸质版形式编制，作为编制月份采购计划的参考；月份采购计划和临时采购计划需要精准制定，在计算机管理系统中编制，采购计划中供应商信息、商品信息以及采购药品数量等，要与供货方开具的单据完全一致。下面是制定月份采购计划和临时采购计划的程序。

（1）采购人员根据计算机管理系统提供的前三个月药品的购进和销售数量、当月销售量以及药品库存数量，从计算机管理系统药品目录中确定拟采购的药品品种和采购数量。

（2）通过对供货商质量保证能力、供货能力、价格竞争能力、售后服务能力等方面综合评价分析，从合格供货方档案列表中确定合理的供货商，确定采购药品的价格。

（3）采购人员对采购的药品信息审核无误后，在采购计划单上签字，采购计划单将通过计算机管理系统自动生成采购订单。药品采购计划表见表6-3。

表6-3　药品采购计划表

制表人：　　　　　　　　　　　　　　　　　　　　　　制表日期：

序号	药品名称	规格	单位	生产厂家	供应商	采购价格	采购数量	合计金额

（二）签订采购合同

采购合同是供货方与需求方之间，就货物的采购数量、价格、质量要求、交货时间、地点和交货方式、结算方式等事项，经过谈判协商一致同意而签订的"供需关系"的法律性文件，合同双方都应遵守和履行。采购合同是经济合同，双方受"经济合同法"保护和承担责任。药品采购合同是药品经营过程中明确供销双方责权的重要形式之一。

1. 采购合同的形式

药品经营企业在药品采购过程中，根据采购业务的不同情况，会出现不同的合同形式，采购合同的形式可分为书面形式和口头形式。

书面形式合同包括企业与药品供应商共同协商并签订的《年度购销协议》和标准书面合同，以及书信、传真、电子邮件等形式。企业会与存在常年购销关系的供应商签订《年度购销协议》，执行年度购销协议的日常采购业务，发生之前根据业务需要，也会签订标准书面合同。

口头形式是指当事人面对面地谈话或者以电话交谈等方式达成的协议。口头订立合同的特点是直接、简便、快速、数额较小。

2. 合同签订过程中的职责分工

（1）采购部　采购部是负责药品采购合同谈判、合同起草与预审、合同条款修订、合同签订与执行和合同保管的主办部门。采购部根据业务运营的要求，结合市场实际，在与供应商反复沟通的情况下签订合同。合同签订后，采购部应根据合同内容认真履约，对因不可抗力和市场变化等原因导致合同无法按时履约的，应及时通知供应商变更或终止合同履行。

（2）质量管理部　质量管理部是合同质量条款的主审部门。负责审查合同中涉及产品质量的相关条款，并对合同可能涉及的违反相关法律法规的操作方式及内容提出审核意见。

（3）财务部　财务部是合同贸易与结算条款的主审部门。根据企业的经营战略对合同进行审核，对采购价格（综合毛利率）、付款方式与付款账期、收款方式与收款账期、返利方式和返利结算等条款提出审核意见。

3. 签订采购合同的原则和要求

（1）合同签订人的法定资格　合同签订人应该是法定代表人，或者具有法定代表人的授权书，授权书应明确规定授权范围，否则签订的合同在法律上是无效的。

（2）合法的原则　签订合同必须遵守国家的法律和行政法规，包括一切与订立经济合同有关的法律、规范性文件及地方性法规，这是签订合同时最基本的要求。合同双方只有遵循这一原则，签订的合同才能得到国家的认可和具有法律效力，供需双方的利益才能受到保护。

（3）公平原则　签订合同时，合同双方之间要根据公平原则确定双方的权利和义务、风险的合理分配、违约责任。

（4）诚实信用的原则 合同双方在签订合同的全过程中，都要诚实、讲信用，不得有欺诈或其他违背诚实信用的行为。

4. 标准书面合同内容

标准书面合同包括以下几方面的内容。

（1）合同双方的名称 合同必须写出供货单位和购货单位，即供需双方的名称。单位名称要与所盖合同章名称一致。

（2）药品信息 药品信息包括药品的品名、规格、单位、剂型。药品的品名指的是通用名称；规格指的是制剂规格，复方制剂要写明主药含量；单位有瓶、盒、袋等；剂型要详细具体写明。

（3）药品数量 药品数量表达要明确其计量单位。

（4）药品价格 药品价格指的是与计量单位一致的单位价格，由合同双方协商议定。

（5）质量条款 企业与供货方签订了质量保证协议，不必在每份合同上都写明质量条款，但需说明按双方另行签订的质量保证协议执行。

（6）交货日期、方式、地点 合同要标明交货日期，同时还要标明药品到站地点、交货方式。交货日期要写明"某年某月某日前交货"具体日期；交货方式如果委托第三方配送，应当提供与承运方签订的运输协议；交货地点应具体，避免不确定地点。

（7）结算方式 结算方式条款应根据实际情况，明确规定采用何种结算方式，如常用结算方式有一次付款、分期付款、委托收款、承兑汇票、支票、电汇等。

（8）违约责任 在洽谈违约责任时，要阐明供方延期交货或交货不足数量者，以及供方所发药品有质量不合格等情况时供方应承担的违约责任；需方不按时支付货款，以及拒收或者退回合格药品，使对方造成损失时需方应承担的违约责任。

5. 合同的管理

药品经营企业要加强合同管理，建立合同档案，合同档案管理的主要内容如下。

① 采购人员及时移交合同文件给合同管理员。

② 对年度购销协议、标准书面合同，进行编号、登记，设立管理台账，对合同的借阅做好记录。

③ 与合同有关的履行、变更、解除的电话、传真等登记记录，并归入档案保存。

（三）建立药品采购记录

 **知识链接**

药品经营质量管理规范（2016 年修订）

第六十八条 采购药品应当建立采购记录。采购记录应当有药品的通用名称、剂型、规格、生产厂商、供货单位、数量、价格、购货日期等内容，采购中药材、中药饮片的还应当标明产地。

采购记录真实、准确地反映了药品经营企业采购活动过程中的实际情况。采购记录为企业自身和食品药品监督管理部门对采购药品的追踪溯源提供了重要证据，也是企业仓储部门收货的主要依据。因此，按照 GSP 要求，药品经营企业必须对所有采购药品建立完整的记录。

① 采购记录是采购合同或者采购订单提交后，计算机系统自动生成的。采购记录应当包括药品的通用名称、剂型、规格、生产厂商、供货单位、数量、价格、购货日期等内容，采购中药饮片的还应当标明产地。

② 采购记录生成后任何人不得随意修改，以保证数据的真实性和可追溯性。如确实需要修改，应按有关规定执行。

③ 采购记录应按日备份，至少保存 5 年。

（四）索取发票

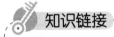

药品经营质量管理规范（2016 年修订）

第七十三条　药品到货时，收货人员应当核实运输方式是否符合要求，并对照随货同行单（票）和采购记录核对药品，做到票、账、货相符。

索取发票是为了强化药品生产、流通过程的管理，防止"挂靠经营"等违法行为和经销假劣药品违法活动，保障药品质量安全。药品生产、批发企业销售药品，必须开具合法票据，合法票据是指《增值税专用发票》或者《增值税普通发票》。

1. 发票的要求

（1）票、货一致性　发票及《销售货物或者提供应税劳务清单》上列明药品的通用名称、规格、单位、数量、单价、金额等信息，应与采购记录、供货单位提供的随货同行单内容保持一致。

（2）票、账一致性　企业付款流向及金额、品名、规格应与采购发票上的购、销单位名称及金额、品名、规格一致，付款流向与供货单位首营企业审核时档案中留存的开户行和账号一致，并与财务账目内容相对应。

2. 发票的管理

① 发票的开具时间必须符合国家税法有关规定。

② 按照《中华人民共和国发票管理办法》要求，开具发票的单位和个人应当按照税务机关的规定存放和保管发票，不得擅自损毁。已经开具的发票存根联和发票登记簿，应当保存 5 年。保存期满，报经税务机关查验后销毁。

（五）药品采购的质量评审

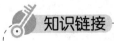

药品经营质量管理规范（2016 年修订）

第七十一条　企业应当定期对药品采购的整体情况进行综合质量评审，建立药品质量评审和供货单位质量档案，并进行动态跟踪管理。

药品经营企业原则上每年年末由质量部组织采购部、储运部、销售部等相关部门，进行一次全面评审，完整记录评审全过程，建立药品质量评审档案和供货企业质量档案。评审合格可列入下年度合格供货方名单，以供企业采购药品择优选购；评审不合格不能作为下年合格供货方名单，质量管理部在计算机系统内进行锁定。企业通过定期的药品采购情况综合质量评审，确保购进药品合法和质量安全有效。药品采购质量评审内容如下。

1. 供货企业的法定资格和质量保证能力

① 供货企业生产（经营）许可证、营业执照及变更情况。

② 质量体系认证和运行情况。

③ 合同及质量保证协议的完善性和承诺性。

④ 变更信息资料提供的及时性。

⑤ 药品不良反应监测情况。

⑥《药品经营质量管理规范》标准要求的其他材料。

2. 供货品种的合法性和质量可靠性

① 提供品种的法定批准文号和质量标准。

② 供货品种批次、药品入库的验收合格率（外观、包装、标签说明书等方面）。

③ 在库储存养护期间药品质量的稳定性。

④ 销后退回、顾客投诉情况。

⑤ 监督检查及监督抽样不合格药品情况等。

3. 供货企业配送能力和质量信誉

① 供货合同、质量保证协议的执行情况。

② 供货能力（到货品种的准确率）及配送能力（到货的及时性）。

4. 服务质量

① 沟通的及时性，售后服务质量的完善性。

② 投诉处理的快捷和妥善性，质量查询等方面的配合性。

③ 价格的合理性及其他相关情况。

5. 供货单位销售人员的合法资格

① 验证明确授权时间和授权范围的法人签署的授权委托书原件的真实性。

② 本人的身份证复印件情况。

③ 到期及时变更及其他情况。

自测练习

一、单项选择题

1. 首营品种是指（　　）的药品。

A. 中国境内首次上市销售　　　　　　　　B. 本企业首次从药品生产企业采购

C. 本企业首次从药品经营企业采购　　　　D. 本企业首次采购

2. 企业与供货单位签订的质量保证协议需加盖（　　）

A. 质管部门原印章　　　　　　　　　　　B. 加盖公司公章或合同章原印章

C. 法人印章　　　　　　　　　　　　　　D. 协议专用章

3. 质量保证协议应当至少按（　　）签订，约定有效期限。

A. 年度　　　　　　　B. 半年　　　　　　　C. 季度　　　　　　　D. 月

4. 采购记录应按（　　）备份，至少保存 5 年。

A. 日　　　　　　　　B. 周　　　　　　　　C. 月　　　　　　　　D. 季度

5. 药品经营企业采购部门采购药品，只能从（　　）采购。

A. 取得《药品生产许可证》和《GMP 证书》的企业

B. 取得《药品经营许可证》和《GSP 证书》的企业

C. 企业合格供应商列表上的供应商

D. 具有药品质量保证能力和供应能力的企业

二、多项选择题

1. 首营企业的审核，应检查的资料包括（　　　）

A. 加盖企业公章的三证一照复印件　　　B. 相关印章、随货同行单（票）样式

C. 开户户名、开户银行及账号　　　　　D. 供应商的年销售额

E. 供应商的组织机构与职能框图

2. 企业应当核实、留存供货单位销售人员以下资料（　　　）

A. 加盖供货单位公章原印章的销售人员身份证复印件

B. 加盖供货单位公章原印章和法定代表人印章或者签名的授权书

C. 销售业绩证明材料

D. 负责供货品种相关资料

E. 销售人员学历复印件

三、简答题

1. 简述药品购进的工作流程。

2. 简述影响药品采购的因素。

实训练习

　　药品生产企业业务员第一次到医药公司 X 销售药品 G，药品生产企业 A 业务员与医药公司 X 采购员经过多次洽谈，双方达成合作意向。药品生产企业 A 是医药公司 X 的首营企业，药品 G 是医药公司 X 的首营品种。模拟准备药品生产企业 A 资质和药品 G 资料 1 套，按照首营审核内容要求和审核程序，进行质量审核。

第七章
药品收货与验收

学习目标

本章学习内容包括药品收货与验收环节涉及的理论知识及操作技能。通过本章学习，达到以下基本要求：了解药品收货与验收的类型；熟悉药品收货与验收的工作流程；掌握药品收货与验收的工作内容、药品验收的抽样方法；能够按照药品收货与验收流程，学会一般药品、冷链药品、特殊管理药品和销后退货药品的收货与验收，能够规范填写或录入药品收货与验收的记录，并能准确判断药品收货与验收过程中的异常情况并做出相应的处理。

药品是预防、治疗和诊断疾病的特殊商品，药品质量直接关系到人体健康和生命安全。药品收货与验收是药品经营企业保证药品质量的重要环节，是保证入库药品数量准确、质量完好的重要措施，从而有效防止不合格药品和不符合包装规定的药品入库。由于药品品种繁多、剂型多样、规格不同、产地各异，且性质复杂、影响因素较多，药品经营企业必须遵守《中华人民共和国药品管理法》和《药品经营质量管理规范》（以下简称 GSP）的相关规定，按照规定的程序和要求对到货药品进行收货与验收，确保入库药品质量。

第一节 药品收货

药品收货是指药品到货时，收货人员根据供应商提供的随货同行单（票），对照采购记录，检查运输工具、核对药品实物、接收药品的过程。收货的目的是核实采购渠道，确定所收的药品票、账、货相符，防止非本企业采购药品进入，确定所到药品是供应商从合法渠道供应，避免非法渠道药品流入。

 知识链接

药品经营质量管理规范（2016 年修订）

第七十三条　药品到货时，收货人员应当核实运输方式是否符合要求，并对照随货同行单（票）和采购记录核对药品，做到票、账、货相符。

随货同行单（票）应当包括供货单位、生产厂商、药品的通用名称、剂型、规格、批号、数量、收货单位、收货地址、发货日期等内容，并加盖供货单位药品出库单原印章。

一、药品收货类型

根据收货药品的来源，可以分为采购到货收货和销后退回收货两种。根据药品管理要求的不同，分为一般药品收货、冷链药品收货、特殊管理药品收货。

1. 采购到货收货

一般是指药品经营企业基于销售而采购的药品，由供货单位或委托物流企业送货至指定地点时的收货。

2. 销后退回收货

是指已销售出去的药品因某种原因（如采购失误、滞销、产品召回、质量问题等）退货至供货单位的收货。药品零售连锁门店将药品退回连锁总部仓库的收货也属销后退回收货。

二、药品收货流程

根据 GSP 的要求，药品收货的一般流程包括运输工具检查、票据核对、到货检查、通知验收等环节，见图 7-1。

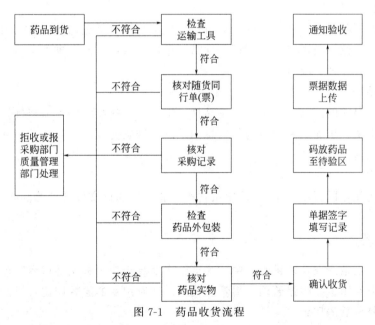

图 7-1　药品收货流程

（一）一般药品收货

药品到货后，收货人员应按以下步骤进行操作（参见数字资源 1 采购到货一般药品收货流程）。

数字资源 1

1. 运输工具和运输状况检查

（1）检查运输工具　药品到货时，收货人员检查运输工具是否密闭，运输工具内有否雨淋、腐蚀、污染等可能影响药品质量的现象。

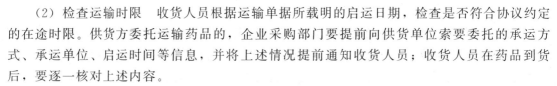

（2）检查运输时限　收货人员根据运输单据所载明的启运日期，检查是否符合协议约定的在途时限。供货方委托运输药品的，企业采购部门要提前向供货单位索要委托的承运方式、承运单位、启运时间等信息，并将上述情况提前通知收货人员；收货人员在药品到货后，要逐一核对上述内容。

2. 核对随货同行单（票）

（1）核对随货同行单样式、印章印模　检查到货票据是否加盖供货单位药品出库专用章原印章，与备案的票据、印章（系统中的扫描件或纸制留存）进行对比是否一致。

（2）核对采购记录　查询计算机系统中的采购记录（见表 7-6），与随货同行单（票）（见表 7-5）进行对比，核对内容包括供货单位、生产厂商、药品的通用名称、剂型、规格、数量、收货单位。

3. 检查药品外包装与核对药品实物

（1）检查药品外包装　收货人员拆除药品的运输防护包装，检查药品外包装是否完好，有否破损、污染、标识不清等情况。

（2）核对药品实物　收货人员依据随货同行单（票）逐批核对药品实物，核对内容包括药品的通用名称、剂型、规格、批号、数量、生产厂商等。

4. 单据签字

确认收货后，收货人员在随货同行单（票）上或客户确认单上签字，并盖"收货专用章"，交给供货单位或委托运输单位送货人员。

5. 填写收货记录

收货人员根据收货检查情况，在计算机系统中填写《收货记录》（见表 7-1）。内容包括：收货日期、供货单位、通用名称、剂型、规格、单位、生产厂商、批准文号、收货数量、批号、生产日期、有效期、收货员等。

6. 码放药品

对符合收货要求的药品，收货人员按品种、批号进行托盘堆码，需将标签全部朝外，便于验收、入库上架、出库下架时对药品信息的识别。堆码完成后，将托盘转移至符合药品储存条件的待验区内。

7. 交接单据

收货人员将随货同行单（票）、检验报告单等相关证明性文件转交给验收人员。

 知识链接

　　原印章　是指企业在购销活动中，为证明企业身份在相关文件或者凭证上加盖的企业公章、发票专用章、质量管理专用章、药品出库专用章的原始印记，不能是印刷、影印、复印等复制后的印记。

　　随货同行单（票）　是指跟随货物一起的销售出库单据，单据上一般有"随货同行"字样标注。

数字资源 2

（二）冷链药品收货

　　冷链药品收货除应满足以上一般药品收货的流程和要求外，还应增加符合其特性要求的以下收货内容（参见数字资源 2 冷链药品收货流程）。

知识链接 -

药品经营质量管理规范（2016 年修订）

第七十四条 冷藏、冷冻药品到货，应当对其运输方式及运输过程的温度记录、运输时间等质量控制状态进行重点检查并记录。不符合温度要求的应当拒收。

第七十五条 收货人员对符合要求的药品，应当按品种特性要求放于相应待验区域，或者设置状态标志，通知验收。冷藏、冷冻药品应当在冷库中待验。

1. 检查运输方式、工具和温度

冷藏、冷冻药品到货时，应当查验冷藏车、车载冷藏箱或保湿箱的温度状况，检查并留存运输过程和到货时的温度记录。

（1）查运输工具 是否为冷藏车、冷藏箱或保温箱送货。

（2）查验到货温度 查看冷藏车或冷藏箱、保温箱到货时温度数据并记录。如果使用保温箱或冷藏箱运输的，要查看蓄冷剂是否直接接触药品，温度监测记录系统的温度探头是否在药品附近等；冷藏车运输的，要多点测量货物外表温度、车厢温度，还要抽样开箱测量货物内部温度，防止出现药品外冷内热现象。

（3）查验运输过程温度 采用冷藏车配送的，应向运输人员索取在途温度，当场打印温度记录；采用冷藏箱或保温箱配送的，收货人员应立即将其转移到冷库待验区，打开冷藏箱或保温箱，取出温度记录仪，关闭开关，导出温度记录仪中的在途温度记录，并打印保存，确认运输全过程温度状况是否符合规定。

2. 核对随货同行单（票）

冷链药品收货除随货同行单（票）外，还应提供《冷链药品运输交接单》，见表7-7。收货人员检查《冷链药品运输交接单》，重点检查启运时间、启运温度。

3. 核对实物、检查药品外包装

均应在冷库待验区进行。核对无误后，将冷链药品转移至冷库待验区，将空冷藏箱移出冷库，交还给送货人员。

4. 单据签字

确认收货后，收货人员在《冷链药品运输交接单》上填写收货日期、收货时间（具体到分钟）、到货温度，然后在随货同行单（票）上签字，并盖"收货专用章"，交给送货人员。

5. 填写收货记录

收货人员根据收货检查情况，在计算机系统中填写《冷链药品收货记录》，见表7-2。内容包括：收货日期、发货单位、运输单位、发运地点、启运时间、运输工具、到货时间、到货温度、通用名称、剂型、规格、单位、生产厂商、供货单位、批准文号、收货数量、批号、生产日期、有效期、检查结论、收货人员等。

6. 码放药品

对符合收货要求的药品，收货员应将其码放在冷库的待验区，通知验收员进行验收。如为冷冻药品，在冷库收货后应立即通知验收员进行验收，之后迅速存入冷冻库。

（三）特殊管理药品收货

特殊管理药品包括医疗用毒性药品、麻醉药品、精神药品和放射性药品。特殊管理药品

知识链接

冷链药品是指对贮藏、运输有冷藏、冷冻等温度要求的药品。绝大多数冷链药品对贮藏和运输过程都需要在严格限制的指标与保证药品有效期和药效不受损失的情况下进行，其中重要的就是不间断的保持低温、恒温状态，使冷链药品在出厂、转运、交接期间的物流过程及在使用单位符合规定的温度要求而不"断链"。

冷链药品主要包括冷藏药品和冷冻药品。冷藏药品是指对贮藏、运输条件有冷处等温度要求的药品，冷处是指 2～10℃。如疫苗、血液制品、抗毒素、干扰素及体外诊断试剂等生物制品。冷冻药品是指对贮藏、运输条件有冷冻等温度要求的药品，温度要求为 -10～-25℃。如脊髓灰质炎减毒活疫苗糖丸在 -20℃ 以下储存有效期为 2 年，注射用牛肺表面活性剂应在 -10℃ 以下保存。

收货除按照一般药品收货流程"检查运输工具和运输情况、核对随货同行单（票）、检查药品外包装与核对药品实物、单据签字、填写收货记录（见表 7-3）、码放药品、交接单据"操作外，还应做到如下要求。

① 特殊管理药品应在特殊药品规定的区域内双人完成收货工作。

委托运输麻醉药品和第一类精神药品的，到货时，收货人员应向承运单位索取其所在省、自治区、直辖市药品监督管理部门发放的《麻醉药品、第一类精神药品运输证明》副本，检查运输证明的有效期（麻醉药品和第一类精神药品运输证明有效期为 1 年，不跨年度）。并在收货后 1 个月内将运输证明副本交还发货单位。

② 麻醉药品和第一类精神药品到货时，承运单位与收货单位双方应共同对货物进行现场检查，现场交接药品及资料。

③ 收货人员在检查运输工具和运输情况时，应符合"道路运输麻醉药品和第一类精神药品必须采用封闭式车辆，有专人押运，中途不应停车过夜"的规定。

④ 对符合收货要求的特殊管理药品，收货人员应将药品转移至特殊管理药品专库待验区。

（四）销后退回药品收货

销后退回的药品，由于经过流通环节的周转，其质量已经脱离本企业质量体系的监控，在外部运输储存环节面临巨大的质量风险，因此在退回过程中，应该严格按照销后退回程序进行申请和审批，并在退回收货环节严格按照收货流程操作。收货人员除按照一般药品收货流程"检查运输工具和运输情况、核对随货同行单（票）、检查药品外包装与核对药品实物、单据签字、填写退货药品收货记录（见表 7-4）、码放药品、交接单据"操作外，还应做到如下要求。

（1）退回药品来源的核实 收货人员应依据销售部门确认的"销后退回药品通知单"对销后退回药品进行核对，确认为本企业销售的药品。

（2）冷链药品销后退回的收货要求 收货人员应先检查运输方式和到货温度，核实退货方提供的温度控制说明文件和售出期间温度控制的相关数据，确认是否符合规定的条件，然后再按销后退回药品和冷链药品收货的相关规定进行收货。

（3）销后退回特殊管理药品的收货要求 销后退回的是特殊管理药品，除应符合销售退货药品收货操作要求，还应遵守特殊管理药品的收货规定。

（4）退回药品收货后的存放 符合收货要求的销后退回药品，收货人员应将其暂存于符合药品储存条件的待验区，并做标示，待验收合格后再入库。

三、收货异常情况及处理

数字资源3

参见数字资源3收货异常情况与处理措施。

1. 货单不符

随货同行单（票）或到货药品与采购记录的有关内容不相符的，通知采购部门，由采购部门负责与供货单位核实情况，做如下处理。

① 对于随货同行单（票）内容中，除数量以外的其他内容与采购记录、药品实物不符的，经供货单位确认并提供正确的随货同行单（票）后，方可收货。

② 对于随货同行单（票）与采购记录、药品实物数量不符的，经供货单位确认后，应当由采购部门确定并调整采购数量后，方可收货。

③ 供货单位对随货同行单（票）与采购记录、药品实物不相符的内容，不予确认的，应当拒收，存在异常情况的，报质量管理部门处理。

2. 资料不全

① 对于到货药品无随货同行单（票）的，或在计算机系统中无与随货同行单（票）相关的采购记录的，应当拒收。

② 随货同行单（票）中供货单位、生产厂商、药品的通用名称、剂型、规格、批号、数量、收货单位、收货地址、发货日期等内容不齐全，或未加盖供货单位药品出库专用章原印章，收货人员应通知采购部门处理，资料补齐无误后方可收货。

③ 随货同行单（票）以及单（票）上的"出库专用章"与企业备案的票样不一致，报质量管理部门处理，更换备案资料后方可收货。

3. 运输条件不符

① 发现运输工具内有雨淋、腐蚀、污染等可能影响药品质量的现象，及时通知采购部门并报质量管理部门处理。

② 根据运输单据所载明的启运日期，在途时限不符合协议约定的，报质量管理部门处理。

③ 供货方委托运输药品的承运方式、承运单位、启运时间等信息，与企业采购部门事先通知的内容不一致，收货人员应通知采购部门并报质量管理部门处理。

④ 运输冷藏、冷冻药品未采用规定的冷藏设备运输或温度不符合要求的，应当拒收，同时对药品进行控制管理，将药品隔离存放于符合温度要求的环境中，做好记录并报质量管理部门处理。

⑤ 对销后退回的冷藏、冷冻药品，退货方不能提供温度控制说明文件和售出期间温度控制的相关数据，或温度控制不符合规定的，应当拒收，做好记录并报质量管理部门处理。

4. 外包装异常

① 对外包装出现破损、污染、标识不清等情况的药品，应当拒收。

② 在发现上述异常情况时，收货人员应填写《到货异常记录》，见表7-8。

③ 对拒收药品应及时填写《药品拒收通知单》，见表7-9。

四、药品收货相关记录表

1. 一般药品收货记录表

见表7-1。

表 7-1　一般药品收货记录表

××××公司　一般药品收货记录

收货记录编号＿＿＿＿＿＿＿＿

序号	收货日期	供货单位	通用名称	商品名称	剂型	规格	单位	生产厂商	批准文号	到货数量	收货数量	生产批号	生产日期	有效期至	收货员	备注

2. 冷链药品收货记录表

见表 7-2。

表 7-2　冷链药品收货记录表

××××公司　冷链药品收货记录

收货记录编号＿＿＿＿＿＿＿＿

序号	收货日期	供货单位	通用名称	商品名称	剂型	规格	单位	生产厂商	批准文号	到货数量	收货数量	生产批号	生产日期	有效期至	收货员

备注	是否冷链：　　□是　　　□否	在途温度记录：　　□有　　□无
	运输单位：	发运地点：
	启运温度：	到达温度：
	启运时间：	到达时间：
	运输工具：	

3. 特殊管理药品收货记录表

见表 7-3。

表 7-3　特殊管理药品收货记录表

××××公司　特殊管理药品收货记录

收货记录编号＿＿＿＿＿＿＿＿

序号	收货日期	供货单位	通用名称	商品名称	剂型	规格	单位	生产厂商	批准文号	到货数量	收货数量	生产批号	生产日期	有效期	收货员1	收货员2

备注	麻醉药品、第一类精神药品：　　□是　　□否	专人押运：　　□有　　□无
	《麻醉药品、第一类精神药品运输证明》：□有　□无	启运时间：
	承运公司：	到达时间：

4. 销后退回药品收货记录表

见表 7-4。

表 7-4 销后退回药品收货记录表

××××公司 销后退回药品收货记录

收货记录编号＿＿＿＿＿＿＿＿＿＿＿

序号	到货日期	通用名称	商品名称	生产厂商	退货单位	批准文号	生产批号	剂型	规格	到货数量	单位	生产日期	有效期至	退货原因	收货数量	拒收数量	收货员

备注	退货凭证：□有 □无	售出期间温度控制数据：□有 □无
	是否冷链：□是 □否	在途温度记录：□有 □无
	启运温度：	到达温度：
	启运时间：	到达时间：

5. 收货环节相关材料样表

（1）随货同行单（票） 见表 7-5。

表 7-5 随货同行单（票）

××××公司 随货同行单（销售清单）

收货单位： 发货日期： 编号 No：

收货地址：

商品编码	商品名称	剂型	规格	生产厂商	单位	数量	含税批价	扣率	销售价	金额	零售价	提货仓库		
												每件内装	批号	
													有效期至	
												件数	批准文号	
												每件内装	批号	
													有效期至	
												件数	批准文号	
												每件内装	批号	
													有效期至	
												件数	批准文号	
合计人民币(大写)： Ｙ：								收款方式				备注		

开票员： 收款员： 业务员： 发货员： 复核员：

（2）采购记录 见表 7-6。

表 7-6 药品采购记录表

××××公司 药品采购记录

记录编号＿＿＿＿＿＿＿＿＿＿

序号	购货日期	供货单位	通用名称	商品名称	剂型	规格	生产厂家	批准文号	数量	单位	单价	金额	采购人	采购审核	备注

（3）冷链药品运输交接单 见表7-7。

表 7-7 冷链药品运输交接单

××××公司 冷链药品运输交接单

记录编号 日期：

供货单位（接收单位）					
购货单位（接收单位）					
药品简要信息 （应与随货同行联相对应）	药品名称	规格	生产企业	批号	数量
温度控制要求			温度控制设备		
运输方式			运输工具		
启运时间			启运温度		
保温期限			随货同行联编号		
发货人签字			运货员签字		
备 注			送货人		

以上信息发运时填写
以下信息收货时填写

到达时间			在途温度		
到达时温度			接收人签字		
备 注					

（4）到货异常记录 见表7-8。

表 7-8 到货异常记录

×××公司 到货异常记录

记录编号_____

到货时间		来货单位	
品名规格		生产企业	
储存要求		到货温度	
运输方式		温控方式	

异常情况：1.无采购记录（ ）

2.无随货同行联（ ）

3.无药检单（ ）

4.随货同行联不符合要求（ ）

5.随货同行联与实物不符（ ）

6.随货同行联与物流凭证不一致或异常（ ）

7.其他（ ）

批 号	装箱规格	单位数量	生产日期	有效期

收货员：

（5）拒收通知单　见表 7-9。

表 7-9　药品拒收通知单

××××公司　药品拒收通知单

单据编号：　　　　　　　　　　　　　　　　　　退货单位：

记录编号：　　　　　　　　　　　　　　　　　　打印时间：

序号	拒收日期	通用名称	商品名称	生产厂家	供货单位	批准文号	生产批号	剂型	规格	拒收数量	单位	生产日期	有效期至	拒收原因	收货员	验收员

质管审批意见：　　　　　　　审批人：　　　　　　　审批日期：

第二节　药品验收

药品验收是指验收人员依据国家药典标准、相关法律法规和有关规定以及企业验收标准对采购药品的质量状况进行检查的过程。包括查验检验报告书、抽样、查验药品质量状况、记录等。

《药品经营质量管理规范》规定企业应当按照规定的程序和要求对到货药品逐批进行验收，验收人员应在符合药品储存要求的场所和规定的时限内完成验收工作。依据随货同行单（票）逐批查验药品的合格证明文件，按照验收制度和操作规程对每次到货药品进行逐批抽样验收。验收的目的是检查到货药品的质量，确保购进药品质量符合相关药品标准，有效防止假劣药入库。

一、药品验收类型

根据药品购销方式不同，药品验收分为普通购销验收和直调药品验收；根据药品来源渠道不同，药品验收分为采购到货验收和销后退货验收；根据采购药品的性质和管理要求不同，分为一般药品验收、冷链药品验收、特殊管理药品验收。

《药品经营质量管理规范》附录 4 药品收货与验收中规定：药品验收的场所应符合药品品种特性的要求；企业应按照不同类别和特性的药品，明确待验药品的验收时间。一般药品验收场所温度通常保持在 10～20℃，冷链药品验收在冷库待验区进行，特殊管理药品验收在特殊管理药品的专库待验区进行。企业大多在 1～2 个工作日内完成一般药品验收，冷链药品验收应快速及时，销后退回药品验收在 3 个工作日内完成，特殊管理药品验收一般随到随验。

二、药品验收流程

药品验收由质量管理部专职验收人员负责，药品验收的一般流程包括单据和货物核对查验、检验报告书的检查、验收抽样、验收检查、填写验收记录和入库交接等环节，见图 7-2。

（一）一般药品验收

参见数字资源 4 采购到货一般药品验收流程。

1. 核对药品

数字资源 4

验收人员按照随货同行单再次核对药品实物。核对内容包括：品名、规格、批号、有效期至、数量、生产企业等，并检查随货同行单是否加盖供货单位"出库专用章"原印章。

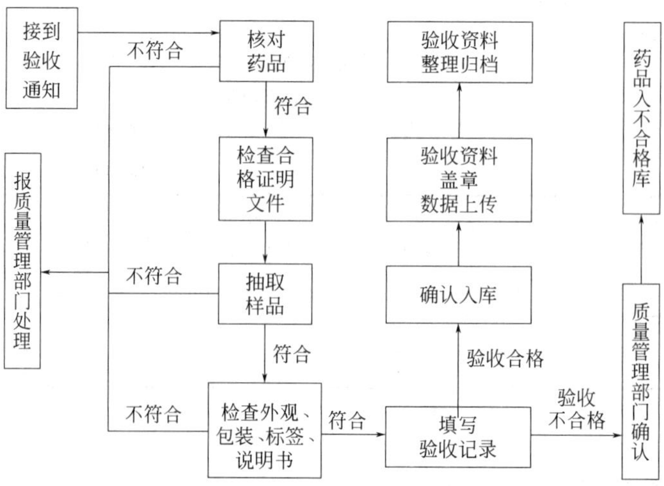

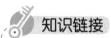

图 7-2 药品验收流程

知识链接

药品经营质量管理规范（2016 年修订）

第七十六条 验收药品应当按照药品批号查验同批号的检验报告书。供货单位为批发企业的，检验报告书应当加盖其质量管理专用章原印章。检验报告书的传递和保存可以采用电子数据形式，但应当保证其合法性和有效性。

第七十七条 企业应当按验收规定，对每次到货药品进行逐批抽样验收，抽取的样品应当具有代表性：

（一）同一批号的药品应当至少检查一个最小包装，但生产企业有特殊质量控制要求或者打开最小包装可能影响药品质量的，可不打开最小包装；

（二）破损、污染、渗液、封条损坏等包装异常以及零货、拼箱的，应当开箱检查至最小包装；

（三）外包装及封签完整的原料药、实施批签发管理的生物制品、可不开箱检查。

第七十八条 验收人员应当对抽样药品的外观、包装、标签、说明书以及相关的证明文件等逐一进行检查、核对；验收结束后，应当将抽取的完好样品放回原包装箱，加封并标示。

---

2. 查验合格证明文件

药品验收人员应按照批号逐批查验药品合格证明文件是否齐全，是否符合规定的要求。

（1）**查验检验报告书** 检验报告书上的批号应与实货药品一致。从生产企业购进的药品，查验药品检验报告书是否有加盖供货生产企业质量检验专用章原印章的检验报告书原件或复印件；如果从批发企业购进的，查验药品检验报告书是否有加盖供货批发企业质量管理专用章原印章的检验报告书复印件。印章应与备案样章一致。

从批发企业采购药品的，检验报告书的传递和保存可以采用电子数据形式，但应当保证其合法性和有效性。参见数字资源 5 检验报告书的检查内容。

数字资源5 （2）**查验《生物制品批签发合格证》** 对实施批签发管理的生物制品进行验

收时，需查验是否有加盖供货单位药品检验专用章或质量管理专用章原印章的《生物制品批签发合格证》复印件。

（3）查验进口药品相关证明文件　对进口药品进行验收时，需查验是否有加盖供货单位质量管理专用章原印章的相关证明文件：①《进口药品注册证》或《医药产品注册证》；②进口蛋白同化制剂、肽类激素需有《进口准许证》；③进口药材需有《进口药材批件》；④《进口药品检验报告书》或注明"已抽样"字样的《进口药品通关单》；⑤进口国家规定的实行批签发管理的生物制品，需有批签发证明文件和《进口药品检验报告书》。

3. 抽取样品

数字资源 6

药品验收人员应按照验收规定的方法，对每次到货药品进行逐批抽取样品，抽取的样品应该具有代表性，能准确地反映被验收药品的总体质量情况。验收抽样原则（参见数字资源 6 验收抽样原则）与方法如下。

① 对同一批号的整件药品，按照堆码情况随机抽取样品，抽样数量见表 7-10。整件数量在 2 件及以下的，要全部抽样检查；整件数量在 2 件以上至 50 件以下的，至少抽样检查 3 件；整件数量在 50 件以上的，每增加 50 件，至少增加抽样检查 1 件，不足 50 件的，按 50 件计。

表 7-10　整件药品的抽样件数

整件数量（N）	抽取的整件数量
$N \leqslant 2$	全部抽样检查
$50 \geqslant N > 2$	至少抽样检查 3 件
$N > 50$，每增加 50 件	在 3 件的基础上每增加 50 件，至少增加抽样检查 1 件，不足 50 件的，按 50 件计

② 对抽取的整件药品需开箱抽样检查，从每整件的上、中、下不同位置随机抽取 3 个最小包装进行检查，对存在封口不牢、标签污损、有明显重量差异或外观异常等情况的，应当加倍抽样检查。

③ 对整件药品存在破损、污染、渗液、封条损坏等包装异常的，要开箱检查至最小包装。

④ 对到货的非整件零货、拼箱的药品要逐箱检查，对同一批号的药品，至少随机抽取一个最小包装进行检查。

⑤ 外包装及封签完整的原料药、实施批签发管理的生物制品，可不开箱检查。

4. 检查样品

药品验收人员应对抽样药品的外观、包装、标签、说明书等逐一进行检查、核对，确认是否符合规定的验收标准。

（1）检查药品运输储存包装和最小包装

① 药品验收人员应检查运输储存包装的封条有无损坏，包装上是否清晰注明药品通用名称、规格、生产厂商、生产批号、生产日期、有效期、批准文号、贮藏、包装规格及储运图示标志，以及外用药品、非处方药的标识等标记。外用药品和非处方药的专有标识，见图 7-3，外用药品的标识是红白相间的"外"字样，甲类非处方药的标识是红底白字的"OTC"字

图 7-3　外用药品和非处方药标识

样；乙类非处方药的标识是绿底白字的"OTC"字样。

② 药品验收人员应检查最小包装的封口是否严密、牢固，有无破损、污染或渗液，包装及标签印字是否清晰，标签粘贴是否牢固。

③ 检查运输储存包装上标识的药品信息与最小包装上标识的药品信息是否一致。

④ 整件药品的每件包装中，应有产品合格证。合格证的内容一般包括药品的通用名称、规格、生产企业、生产批号、检验单号、出厂日期、包装人、检验部门和检验人员签章。

（2）检查药品标签和说明书　药品验收人员应检查每一最小包装的标签、说明书是否符合以下规定。

① 标签有药品通用名称、成分、性状、适应证或者功能主治、规格、用法用量、不良反应、禁忌、注意事项、贮藏、生产日期、产品批号、有效期、批准文号、生产企业等内容；对注射剂瓶、滴眼剂瓶等因标签尺寸限制无法全部注明上述内容的，至少标明药品通用名称、规格、产品批号、有效期等内容；中药蜜丸蜡壳至少注明药品通用名称。

② 化学药品与生物制品说明书列有以下内容：药品名称（通用名称、商品名称、英文名称、汉语拼音）、成分［活性成分的化学名称、分子式、分子量、化学结构式（复方制剂可列出其组分名称）］、性状、适应证、规格、用法用量、不良反应、禁忌、注意事项、孕妇及哺乳期妇女用药、儿童用药、老年用药、药物相互作用、药物过量、临床试验、药理毒理、药代动力学、贮藏、包装、有效期、执行标准、批准文号、生产企业（企业名称、生产地址、邮政编码、电话和传真）。

③ 中药说明书列有以下内容：药品名称（通用名称、汉语拼音）、成分、性状、功能主治、规格、用法用量、不良反应、禁忌、注意事项、药物相互作用、贮藏、包装、有效期、执行标准、批准文号、说明书修订日期、生产企业（企业名称、生产地址、邮政编码、电话和传真）。

④ 处方药和非处方药的标签和说明书上有相应的警示语，非处方药的警示语是"请仔细阅读药品使用说明书并按说明使用或请在药师指导下购买和使用"，处方药的警示语是"请仔细阅读说明书并在医师指导下使用"，非处方药的包装有国家规定的专有标识；外用药品的包装、标签及说明书上均有规定的标识和警示说明；特殊管理药品的包装、标签及说明书上应有规定的标识和警示说明；蛋白同化制剂和肽类激素及含兴奋剂成分的药品应标明"运动员慎用"警示标识。

⑤ 进口药品的包装、标签以中文注明药品通用名称、主要成分以及注册证号，并有中文说明书。

⑥ 中药饮片的包装或容器与药品性质相适应及符合药品质量要求。中药饮片的标签需注明品名、包装规格、产地、生产企业、产品批号、生产日期；整件包装上有品名、产地、生产日期、生产企业等，并附有质量合格的标志。实施批准文号管理的中药饮片，还需注明批准文号。

⑦ 中药材有包装，并标明品名、规格、产地、供货单位、收购日期、发货日期等；实施批准文号管理的中药材，还需注明批准文号。

（3）检查药品外观性状　药品验收人员应按有关标准与规定进行非破坏性的外观检查，通过药品外观有无变色、沉淀、分层、吸潮、结块、熔化、挥发、风化、生霉、虫蛀、异臭、污染等情况，判断药品质量是否符合规定。常见药品剂型外观改装性状检查标准如下。

① 片剂：色泽均匀，大小一致，无斑点、异物、麻面、裂片、松片，不得有粘连、熔化、发霉、变色现象。

② 胶囊剂：色泽均匀，大小均匀一致，硬胶囊药物应干燥疏松，无吸潮结块、溶化、变色、生霉等现象，软胶囊不得有粘连、变形、破裂等现象。

③ 颗粒剂、干糖浆：干燥，粒径应均一，色泽一致，大小符合要求；无吸潮、软化、结块、潮解等现象。

④ 散剂：色泽均匀、干燥疏松，无吸潮结块、溶化等现象，无异臭和生霉。

⑤ 丸剂：色泽均匀，大小一致，不得有吸潮、粘连、熔化、发霉、变色现象。

⑥ 注射剂和滴眼剂：粉针剂外观疏松、均一，不得有变色、溶化、粘瓶、结块等异常现象，不得有纤维、玻屑等异物；冻干粉可呈块状，不得有变色、熔化现象；水针剂溶液不得有可见异物、混浊、结晶、沉淀、变色、长霉等现象。滴眼剂不得有可见异物、混浊、结晶、沉淀、变色、长霉等现象。

⑦ 糖浆剂：一般应澄清，无混浊、沉淀或结晶析出（中成药允许有少量沉淀），不得有霉变、酸败、产气、异臭现象。

⑧ 软膏剂：均匀细腻，色泽一致，具适当的黏稠性，不得有熔化、发硬、泛油、分层、霉变等现象。

⑨ 栓剂：外形光滑完整并有适宜的硬度，无软化、变形、干裂等现象，不得有酸败和霉变。

⑩ 水剂类药品和含乙醇药剂：水剂类药品药液内无杂质、异物，无变色，无异味、异臭、霉变现象，溶液型制剂应无浑浊、沉淀；含乙醇药剂澄清、色泽一致，无明显变色、无挥发、无浑浊（流浸膏剂允许有轻微浑浊），不得有异臭、结晶、异物。

对生产企业有特殊质量控制要求或打开最小包装可能影响药品质量的，在保证质量的前提下，可不打开最小包装。

（4）抽样药品封箱复原　验收结束后，药品验收人员将抽样检查后的完好样品放回原包装，用专用封箱带和封签进行封箱，并在抽验的整件包装上标明抽验标志。

5. 填写验收记录

药品验收人员对照药品实物在计算机系统中录入药品的批号、生产日期、有效期、到货数量、验收合格数量、验收结果等内容，确认后系统自动形成验收记录（见表7-11）。验收记录包括药品的通用名称、剂型、规格、批准文号、批号、生产日期、有效期、生产厂商、供货单位、到货数量、到货日期、验收合格数量、验收结果、验收人员姓名和验收日期等内容。

6. 验收药品处置

① 对已经验收完毕的药品，验收人员应当及时调整药品质量状态标识。

② 在计算机系统中输入药品验收信息后确认，计算机系统按照药品的管理类别，自动分配库位，仓库保管员根据计算机系统的提示，经复核确认后将验收合格药品入库至指定位置。

7. 扫描上传

药品验收人员在检验报告书等合格证明文件上加盖本企业"质量管理章"并扫描，扫描后的文件上传到计算机系统。

8. 资料整理

药品验收人员将每日收到的随货同行单（票）和检验报告书等合格证明文件分别进行整理，按月装订，存档。

（二）冷链药品验收

冷链药品验收除按照一般药品验收流程"核对药品、查验合格证明文件、抽取样品、检查样品、填写验收记录、验收合格药品处置、扫描上传、资料整理"操作外，还需注意以下几个方面（参见数字资源 7 冷链药品验收流程）。

① 药品经营企业的冷链药品待验区必须设置在冷库内，药品验收人员应在冷库内完成冷链药品的验收。

② 冷链药品验收应快速及时，一般随到随验，在 60min 内完成验收。在规定时间内，因各种原因不能进行验收的，冷链药品必须放置在冷库待验区待验。

（三）特殊管理药品验收

知识链接

药品经营质量管理规范（2016 年修订）

第七十九条　特殊管理的药品应当按照相关规定在专库或者专区内验收。

特殊管理药品的验收除按照一般药品验收流程"核对药品、查验合格证明文件、抽取样品、检查样品、填写验收记录（见表 7-12）、验收合格药品处置、扫描上传、资料整理"操作外，还需注意以下几个方面。

① 特殊管理药品应在特殊管理药品的待验区内双人完成验收工作，验收应快速及时，货到即验。

② 药品经营企业的特殊管理药品待验区必须设置在特殊管理药品的专库或者专区内，药品验收人员应在特殊管理药品的专库或者专区内完成特殊管理药品的验收。

③ 对进口麻醉药品和精神药品进行验收时，药品验收人员应查验是否有加盖供货单位质量管理专用章原印章的《进口许可证》。

④ 药品验收人员应查验特殊管理药品的包装、标签及说明书上是否有规定的标识。

特殊管理药品的标识见图 7-4，麻醉药品的标识是蓝白相间的"麻"字样，精神药品的标识是绿白相间的"精神药品"字样，医疗用毒性药品的标识是黑白相间的"毒"字样，放射性药品的标识是红黄相间圆形图案。

麻醉药品　　　　　精神药品　　　　　毒性药品　　　　放射性药品

图 7-4　特殊管理药品标识

（四）销后退回药品验收

销后退回药品的验收除按照一般药品验收流程"核对药品、查验合格证明文件、抽取样品、检查样品、填写验收记录、药品处置"操作外，还需注意以下几个方面。

（1）销后退回药品验收的抽样原则与方法　药品验收人员应逐批检查验收销后退回药品，并开箱抽样检查。

① 整件包装完好的，应按照常规药品验收原则加倍抽样检查，即：整件数量在 2 件及以下的，要全部抽样检查；整件数量在 2 件以上至 50 件以下的，至少抽样检查 6 件；整件数量在 50 件以上的，每增加 50 件，至少增加抽样检查 2 件，不足 50 件的，按 50 件计。

② 抽样检查应当从每整件的上、中、下不同位置随机抽取 6 个最小包装进行检查，对存在封口不牢、标签污损、有明显重量差异或外观异常等情况的，至少再加一倍抽样数量进行检查。

③ 对无完好外包装的销后退回药品，每件应当抽样检查至最小包装，零货药品应逐个包装检查，必要时应抽样送检验部门检验。

（2）核实退货原因　药品验收人员应根据销售部门确认的销后退回药品通知单进行验收，对于质量原因的退货，应查看药品实货是否与审批的退货原因相符。

（3）冷链药品销后退回的验收　药品验收人员应按销后退回药品和冷链药品验收的相关规定进行药品验收。

（4）特殊管理药品销后退回验收　除应符合销后退回药品验收操作要求外，还应遵守特殊管理药品的验收规定。

（5）销后退回药品验收记录内容　药品验收人员应按规定建立专门的销后退回药品验收记录（见表 7-13），记录包括退货单位、退货日期、通用名称、规格、批准文号、批号、生产厂商（或产地）、有效期、数量、验收日期、退货原因、验收结果和验收人员等内容。

（五）直调药品验收

药品经营企业在发生灾情、疫情、突发事件或者临床紧急救治等特殊情况，以及其他符合国家有关规定的情形，可以采用直调方式购销药品。直调药品是指将已采购的药品不入本企业仓库，直接从供货单位发送到购货单位的购销方式。直调药品分为"厂商直调"和"商商直调"两种。厂商直调即药品经营企业将本企业经营范围内的药品从药品生产企业直接发运至药品购货单位的经营形式；商商直调即药品经营企业将本企业经营范围内的药品从其他药品经营企业直接发运至药品购货单位的经营方式。直调药品的供货企业，必须是列入本企业合格供货方名单的药品生产企业或药品批发企业。收货单位应是具备合法资格的药品经营、使用单位。直调药品出库时，由供货单位开具两份随货同行单（票），分别发往直调企业和购货单位，随货同行单（票）的内容还应当标明直调企业名称。

直调药品验收，可委托购货单位进行药品验收。直调企业应当与购货单位签订委托验收协议，明确质量责任；购货单位应当严格按照 GSP 要求验收药品，并建立专门的直调药品验收记录，见表 7-14。验收当日应当将验收记录相关信息传递给直调企业。

三、验收异常情况处理

药品验收中通常存在异常情况，应做如下处理（参见数字资源 8 验收异常情况与处理措施）。

数字资源 8

1. 药品合格证明文件不全或与到货药品不符

① 药品合格证明文件不全包括以下情况：合格证明文件上未加盖供货单位药品检验专用章或质量质量管理专用章原印章，或印章与备案不符；有注册证、准许证不在有效期内的；有缺少部分批号药品检验报告书或批号与检验报告书不符的；有检验报告没有合格结论的。

② 对于上述合格证明文件不符合要求、缺失或不规范的情况，药品验收人员不得确认入库，需报告质量管理部门处理。由质量管理部门通知供货企业，补全补对相关资料后方可验收入库。如确认无法提供正确、完整资料的，按拒收处理，由验收人员填写药品拒收通知单，经质量管理部门审核确认后，通知供货单位，将拒收药品退给供货单位。未退货前，拒收药品可暂存于待处理区。

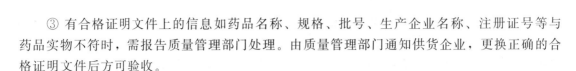

③ 有合格证明文件上的信息如药品名称、规格、批号、生产企业名称、注册证号等与药品实物不符时，需报告质量管理部门处理。由质量管理部门通知供货企业，更换正确的合格证明文件后方可验收。

2. 包装、标签和说明书异常

① 对药品包装、标签、说明书等内容不符合药品监督管理部门批准的，将药品移入不合格药品区，不能退货，需上报药品监督管理部门进行处理。

② 包装封条损坏、最小包装封口不严、有破损、污染或渗液，包装及标签印字不清晰、标签粘贴不牢固等情况，属于供货方质量违约责任，将药品移入退货区，办理拒收退货手续。

③ 无包装、标签、说明书的药品，视同不合格药品，应直接拒收。

3. 药品质量状况有异常

根据药品各类剂型外观性状检查标准，药品验收人员在验收过程中发现药品外观性状不符合规定的，或其他质量可疑的情况，药品验收人员应报告质量管理部进行处理。如对内在质量有怀疑时，还可送县级以上药品检验机构检验确定。经质量管理部门复检确认为不合格药品的，按拒收或入不合格品库的处理。

四、药品验收相关记录表

药品验收人员应当根据药品验收质量实际情况，将验收药品的质量状况记录下来，并作出明确的结论，做到药品质量数据信息的真实性、完整性、准确性、可追溯性。

（1）药品验收记录　见表 7-11。

表 7-11　药品验收记录表

××××公司　药品验收记录

收货记录编号_____

序号	验收日期	到货日期	通用名称	商品名称	生产厂商	供货单位	剂型	规格	批准文号	批号	生产日期	有效期	到货数量	单位	验收合格数量	验收结果	验收不合格数量	不合格事项	处置措施	验收人	备注

（2）特殊管理药品验收记录　见表 7-12。

表 7-12　特殊管理药品验收记录表

××××公司　特殊管理药品验收记录

收货记录编号_____

序号	验收日期	到货日期	通用名称	商品名称	生产厂商	供货单位	剂型	规格	批准文号	批号	生产日期	有效期	到货数量	单位	验收合格数量	验收结果	验收不合格数量	不合格事项	处置措施	验收人1	验收人2	备注

（3）销后退回药品验收记录 见表7-13。

表7-13 销后退回药品验收记录表

××××公司 销后退回药品验收记录

收货记录编号＿＿＿＿＿＿＿＿

序号	验收日期	退货日期	通用名称	商品名称	生产厂商	退货单位	剂型	规格	批准文号	批号	生产日期	有效期	数量	单位	退货原因	验收结果	验收人
备注																	

（4）直调药品验收记录 见表7-14。

表7-14 直调药品验收记录表

××××公司 直调药品验收记录

验货记录编号＿＿＿＿＿＿＿＿

序号	验收日期	到货日期	通用名称	商品名称	生产厂商	供货单位	剂型	规格	批准文号	生产批号	生产日期	有效期至	到货数量	单位	验收合格数量	验收结果	购货单位	验收人
委托验收协议： □有 □无							直调单位：											
验收记录传递时间：							直调单位联系人：											

自测练习

一、单项选择题

1.对到货的同一批号的整件药品，整件数量为80，应抽样检查的件数是（ ）

A. 3   B. 4   C. 5   D. 6

2.符合收货要求的销后退回药品，药品收货人员中应其暂存于符合药品储存条件的（ ）

A. 待验区   B. 退货区   C.合格品区   D.不合格品区

3.下列情况中，除（ ）外，均应开箱检查至最小包装。

A.外包装及封签完整的原料药和实施批签发管理的生物制品

B.破损、污染、渗液、封条损坏等包装异常药品

C.零货、拼箱药品

D.无完好外包装的销后退回药品

4. 药品验收中常见的异常情况有（　　　）

A. 供货单位对随货同行单（票）与采购记录、药品实物不相符

B. 运输条件不符

C. 药品外包装出现破损、污染、标识不清等情况

D. 药品合格证明文件不全或与到货药品不符

5.《中华人民共和国药品管理法实施办法》规定，医疗用毒性药品的标签应为（　　　）

A. 白底绿字　　　　　B. 白底黑字　　　　　C. 黑底白字　　　　　D. 白底红字

二、多项选择题

1. 药品抽样验收应检查的内容是（　　　）

A. 药品合格证明文件　　　　　　　　　　B. 药品的外观

C. 药品的运输储存包装和最小包装　　　　D. 药品的标签

E. 药品的说明书

2. 验收检查药品最小包装时应检查的内容包括（　　　）

A. 标签粘贴是否牢固　　　　　　　　　　B. 标签内容是否符合规定

C. 有无破损、污染或渗液　　　　　　　　D. 封口是否严密、牢固

E. 包装及标签印字是否清晰

3. 药品收货检查中，应拒收的情况有（　　　）

A. 供货单位对随货同行单（票）与采购记录、药品实物不相符的内容，不予确认

B. 对于到货药品在计算机系统中无与随货同行单（票）相关的采购记录

C. 运输冷藏、冷冻药品未采用规定的冷藏设备运输或温度不符合要求

D. 到货药品无随货同行单（票）等相关证明性文件

E. 药品外包装出现破损、污染、标识不清等情况

三、简答题

1. 简述药品收货的一般流程。

2. 简述药品验收的一般流程。

3. 冷链药品到货时，如何进行运输工具和运输情况的检查？

实训练习

　　药品经营企业 A 从药品生产企业 B 采购一批药品，其中有常规药品两个 X 和 Y、冷链药品一个 Z，药品经营企业 A 的收货人员已完成收货检查，模拟药品生产企业 B 的药品 X、Y、Z 若干及其合格证明文件、验收记录等实物和资料，模拟设置验收区域，按照常规药品和冷链药品验收程序和要求进行质量验收。

第八章
药品储存与养护

学习目标

本章学习内容包括药品储存与养护环节涉及的理论知识及操作技能。通过本章学习，达到以下要求：了解药品报损、报溢处理流程，药品养护措施；熟悉药品储存管理要求、库存盘点方法、药品效期管理、质量疑问药品处理流程；掌握药品出入库流程、药品出库复核要求、药品养护工作内容与措施、异常情况的处理；能够完成药品的出入库操作，保证药品储存合理；学会对药品进行盘点，以及日常养护操作。

药品的储存与养护管理是药品质量管理的重要工作。药品经营企业应当根据药品的特性对药品进行分类储存管理，确保储存的各项条件符合要求，并根据药品质量变化规律，采取科学技术方法，防止药品变质，确保药品质量。

第一节 药品储存管理

药品经营企业应根据药品的质量特性对药品进行合理储存，通过采取有效的技术调控措施及管理手段，确保所经营药品的质量，防止储存过程中的不规范操作对药品质量造成影响。

一、药品入库

药品入库是指药品经过验收合格后，移入合格库区上架存放并完成交接与记录的过程。药品入库流程如下。

1. 核对入库药品信息

保管员接收到入库任务，按验收员签字的"药品验收入库通知单"或计算机系统中的入库任务信息，核对药品名称、规格、生产企业、数量、批号、有效期等内容，并检查药品是否有包装不牢或破损、标志模糊、质量异常等情况。当发现货与单不符、质量异常、包装破损或不牢、标志模糊等情况与验收结论不一致时，不能入库并报告质量管理部处理。质量管理部确认后，将药品移入不合格药品区。

2. 按验收结论及存储条件选择适宜的库区和货位

① 药品信息核对无误后，保管员按验收结论，将药品存放于合格库（区）或不合格库

（区）、退货库（区）。

② 按药品包装标示的温度要求，将药品存放于相应区域内，如常温库、阴凉库、冷库等。

③ 根据待入库药品的数量选择适宜的货位。实行计算机系统管理的现代化仓库，可根据待入库药品温度要求、上架数量自动选择分配库区和货位。

3. 入库上架

保管员通过扫码完成药品入库上架操作，在系统中确认后自动生成库存及入库记录。

二、药品在库储存

1. 库房温湿度要求

保管员应按包装标示的温度要求合理储存药品。包装无具体温度要求的，按《中国药典》规定的贮藏要求进行储存："阴凉处"指不超过 20℃；"凉暗处"指避光且不超过 20℃；"冷处"指 2～10℃；"常温"指 10～30℃；除另有规定外，储存项下未规定贮藏温度的系指常温。储存药品库房内的相对湿度应为 35%～75%。冷冻库一般为 -25～-10℃。

冷库需要验证，并按验证确认的条件合理使用。

2. 色标管理

在人工作业的库房储存药品，按质量状态实行色标管理。

（1）绿色标识　发货区、合格品储存区为绿色。

（2）红色标识　不合格区为红色。

（3）黄色标识　待验区、退货区为黄色，有质量疑问、质量不明确等状态待确定的药品，应当放置于黄色色标标识的区域。

3. 搬运和堆码要求

① 按外包装标示规范操作，如包装上标注的易碎、轻拿轻放、禁止倒置、堆垛高度要求等。无高度要求的堆垛一般不超过 2 米，要注意保证药品包装的完好。

② 药品按品种、批号堆码，便于先产先出、近期先出、按批号发货，近效期药品应有明显标志。不同批号的药品不得混垛。

③ 垛间距不小于 5cm，与库房内墙、顶、温度调控设备及管道等设施间距不小于 30cm，与地面间距不小于 10cm；主通道宽度不小于 2m，照明灯具下方不准堆放物品，其垂直下方与储存物品水平间距离不得小于 50cm。

④ 药品码放高度不应阻挡温度调控设备出风风道，避免影响温度调控效果。

⑤ 冷库内制冷机组出风口 100cm 范围内以及高于冷风机出风口的位置，不得码放药品。

⑥ 物料单独存放。

4. 分类存储

① 药品与非药品分开存放，药品与保健品、医疗器械等分开存放，严禁存放员工生活日用品、食品等。

② 外用药单独存放，与其他药品分库或分区储存。

③ 中药饮片应分库存放。对于易虫蛀、霉变、泛油、变色的品种，应设置密封、干燥、凉爽、洁净的库房；对于经营量较小且易变色、挥发及熔化的品种，应配备避光、避热的储存设备，如冰箱、冷柜。

④ 拆零药品由于在储存过程中容易遗漏、造成混乱，同品种、同批号的拆零药品需集中储放，放置于零货区，并有明显标识。

⑤ 容易串味、性质相互影响的药品应分开存放。品名、外包装相似容易混淆的药品需分开存放。

5.特殊管理药品的储存

① 麻醉药品和一类精神药品专库，双人双锁管理，安装自动报警系统，与公安部门报警系统联网。

② 二类精神药品应专柜或专库，加锁保管，专人管理，专账记录。

③ 医疗用毒性药品、放射性药品、危险品分别设立专库或专柜存放。

④ 放射性药品必须采取有效的安全、防护措施。

⑤ 蛋白同化制剂（胰岛素除外）、肽类激素应设立专区存放。

⑥ 特殊管理药品应专账记录，记录保存期限应当自药品有效期满之日起不少于5年。

6.防护措施

储存作业区实行人员进入控制管理，不得有危害药品安全的行为。货架和托盘应保持清洁，无破损和杂物堆放。

 知识链接 -

　　"企业应当具有与其药品经营范围、经营规模相适应的库房"，其中"经营规模"是指企业实际物流规模，包括入库量、在库量、出库量。衡量物流规模应当以12个月内经营范围中各类药品的最大量分别判断，不能以平均库容量来代替。

三、库房设施设备

（1）环境安全　库房内外环境整洁，无污染源，库区地面硬化或者绿化；库房内墙、顶光洁，地面平整，门窗结构严密；库房内应有供药品存放的货架、托盘。应有可靠的安全防护措施，如监视系统、报警装置、消火栓、灭火器等。

（2）防护措施　应有避光、遮光、通风、防潮、空调、换气扇、风帘、防虫鼠等措施。

（3）储存库区　库房内药品储存作业区、辅助作业区应与办公和生活区隔离。药品应按其特性要求存放在常温库、阴凉库、冷藏库、冷冻库（柜）内；中药材、中药饮片、特殊管理药品存放在专库或专区内。

（4）作业功能区　应有满足收货、验收、零货拣选、拼箱发货、复核、不合格药品存放、退货、物料存放等区域，并按规定实行色标管理并有明显标志。

（5）设施设备　应有保障药品储存质量的设施设备，如经过验证的冷库、冷藏箱、温湿度自动监测系统等。

四、药品出库

（一）药品出库原则

药品出库应遵循先产先出、近期先出、按批号发货的原则。

（二）药品出库流程

1.拣货

保管员接到发货任务，按发货清单或计算机系统提示，到指定货位上拣取相应数量的药品，核对药品的通用名、剂型、规格、生产厂家、批号、有效期、数量无误后，在拣货单上签字或计算机系统中确认，并将货物集中到复核区域。

2. 复核

复核员按照发货清单或出库指令，对药品逐品种、逐批号进行复核。核对药品的通用名、剂型、规格、生产厂家、批号、有效期、数量、质量状况。

复核时发现以下情况不得出库，并报告质量管理部门进行处理：药品包装出现破损、污染、封口不牢、衬垫不实、封条损坏等问题；包装内有异常响动或者液体渗漏；标签脱离、字迹模糊不清或者标识内容与实物不符；药品已经超过有效期；其他异常情况。

麻醉药品和第一类精神药品、毒性药品需要双人复核。

药品出库复核应当建立记录，包括购货单位、药品的通用名称、剂型、规格、数量、批号、有效期、生产厂商、出库日期、质量状况和复核人等内容。

3. 填写出库复核记录

复核完成后，复核员确认，由计算机管理系统自动生成出库复核记录。

4. 转移至发货区

复核完毕的药品转移至发货区，准备装车配送。

如果是无运输包装的零货，应选用洁净的代用包装进行拼箱发货。拼箱注意事项包括如下几项。

① 拼箱的代用包装箱上应有醒目的拼箱标志，注明拼箱状态，防止混淆。

② 应按照药品的质量特性、储存分类要求、运输温度要求进行拼箱，药品与非药品分开、特殊管理药品与普通药品分开、冷藏和冷冻药品与其他药品分开、外用药品与其他药品分开、药品液体与固体制剂分开。

③ 拼箱冷藏、冷冻药品的温度要求应一致。

④ 拼箱药品应防止在搬运和运输过程中因摆放松散出现晃动或挤压，可采用无污染的纸板或泡沫等进行填充。

5. 出库

药品出库时，要附有加盖企业出库专用章原印章的随货同行单（票），直调药品出库时，由供货单位开具两份随货同行单（票），分别发往直调企业和购货单位。随货同行单（票）上应当标明直调企业名称。

（三）冷链药品发货

冷藏、冷冻药品的装箱、装车等作业，应由专人负责，并符合以下要求：车载冷藏箱或者保温箱在使用前应当达到相应的温度要求；在冷藏环境下完成冷藏、冷冻药品的装箱、封箱工作；装车前应当检查冷藏车辆的运行状态，达到规定温度后方可装车；启运时应当做好运输记录，内容包括运输工具和启运时间等。

（1）使用冷藏箱、保温箱运输冷藏药品的，应当按照经过验证的标准操作规程，进行药品包装和装箱的操作。

① 装箱前将冷藏箱、保温箱预热或预冷至符合药品包装标示的温度范围内。

② 按照验证确定的条件，在保温箱内合理配备与温度控制及运输时限相适应的蓄冷剂。

③ 保温箱内使用隔热装置将药品与低温蓄冷剂进行隔离。

④ 药品装箱后，冷藏箱启动动力电源和温度监测设备，保温箱启动温度监测设备，检查设备运行正常后，将箱体密闭。

（2）使用冷藏车运输冷藏、冷冻药品的，启运前应当按照经过验证的标准操作规程进行操作。

① 提前打开温度调控和监测设备，将车厢内预热或预冷至规定温度。

② 开始装车时关闭温度调控设备，并尽快完成药品装车。

③ 药品装车完毕，及时关闭车厢厢门，检查厢门密闭情况，并上锁。

④ 启动温度调控设备，检查温度调控和监测设备运行状况，运行正常方可启运。

第二节 药品养护

药品经营企业应按照不同的储存条件、外部环境以及影响药品质量的因素（温湿度、避光要求等），采取相应的措施对药品进行养护。

一、药品养护的概念

药品养护是运用现代科学技术与方法，研究药品储存养护技术和储存药品质量变化规律，防止药品变质，保证药品质量，确保用药安全、有效的一门实用性技术科学。药品养护应贯彻"预防为主"的原则。

二、影响药品质量的因素

（一）内在因素

1. 水解

当药品的化学结构中含有酯、酰胺、酰肼、醚、苷键时，易发生水解反应。如青霉素的分子中含有 β-内酰胺环，在酸性、中性或碱性溶液中均易发生分解反应和分子重排反应，其分解产物与分子重排物均无抗菌作用。故青霉素只能制成粉末，严封于容器中贮藏。

2. 氧化

当药品的化学结构中含有酚羟基、巯基、香胺、不饱和碳键、醇、醚、醛、吡唑酮、吩噻嗪等基团时，易发生氧化反应。如氯丙嗪属于吩噻嗪类化合物，在日光、空气、湿气的作用下，易变质失效，故应遮光、密封保存。

3. 挥发性

挥发性是指药品能变为气态扩散到空气中的性质。具有挥发性的药品，如果包装不严或储存时的温度过高，可造成挥发减量，如乙醇、薄荷等在常温下有强烈的挥发性，还可以引起燃烧和爆炸。

4. 吸湿性

吸湿性是指药品自外界空气中不同程度地吸附水蒸气的性质。药品的吸湿性并不限于水溶性药品，某些高分子药品和水不溶性药品同样可以吸湿，当含有少量的氯化镁等杂质时，则表现出显著的吸湿性。

5. 吸附性

药品能够吸收空气中的有害气体或特殊臭气的性质被称为药品的吸附性。例如淀粉、药用炭、滑石粉等因表面积大而具有显著的吸附作用，从而使本身具有被吸附气体的气味，亦称"串味"。

6. 冻结

以水或乙醇作为溶剂的一些液体药品，遇冷可凝结成固体，这种固体会导致药品的体积膨胀而引起容器破裂。

7. 风化

有些含结晶水的药品，在干燥空气中易失去全部或部分结晶水，变成白色不透明的晶体或粉末，被称为"风化"。风化有的药品药效虽然未变，但影响使用的准确性，尤其是一些毒性较大的药品，可因此而超过剂量，造成医疗事故。

（二）外在因素

影响药品质量的外在因素很多，这些因素对药品的影响往往是几种因素同时进行或交叉进行，互相促进、互相作用而加速药品的变质和失效。

1. 空气

空气是不同气体的混合物，主要成分是氮、氧、二氧化碳以及氩、氖、氦、氙等稀有元素。此外，空气中还含有水蒸气、二氧化碳和尘埃等。在被污染的空气中还混杂有二氧化硫、硫化氢、氨、氯化氢等有害气体。

（1）氧 氧的化学性质较为活泼，许多具有还原性的药品，可被空气中的氧所氧化，发生分解、变色、变质，甚至产生毒性。

（2）二氧化碳 空气中的二氧化碳可与某些药品发生碳酸化，从而导致药品质量发生变化。比如，改变药物的酸度、促使药物分解、导致药物产生沉淀、引起固体药物变质等，如某些氢氧化物和氧化物易吸收二氧化碳而生成碳酸盐，磺胺类钠盐与二氧化碳作用后，可生产难溶于水的游离磺胺而析出结晶。

2. 温度

温度在药品的保管养护中是重要条件之一，它与湿度有密切的关系，干燥的固体药品受温度影响的程度远比吸潮或呈液体状态的药品小得多。

（1）温度升高 可加速药品的变质。如生物制品、血液制品在室温下保管容易失效，需要低温冷藏（2～10℃或2～8℃）；温度升高可加速药品的挥发与风化，如咖啡因可失去分子中的结晶水；温度升高会破坏药品的剂型，如可使栓剂、胶囊剂软化变形，使糖衣片粘连，使软膏剂熔化分层等。

（2）温度过低 可使一些生物制品、含蛋白制剂、乳剂及胶体制剂析出沉淀或变性分层。如甲醛溶液在9℃以下易聚合成为多聚甲醛而使溶液呈现混浊或析出白色沉淀；温度过低可使许多液体制剂析出结晶，其中一些药品因结晶而失效，如葡萄糖酸钙注射液等饱和溶液久置冷处易析出结晶不再溶解，而不能药用；温度过低可致容器因药液体积增加而破裂等。

3. 湿度

湿度是药品养护的重要条件之一。湿度过高能使药品潮解、稀释、水解或发生霉烂变质。湿度过低也可使一些药品风化干裂。

4. 光线

紫外线是药品发生分解、氧化、还原、水解等化学反应的催化剂之一。如肾上腺素受到光照的影响，可发生氧化反应逐渐变成红色至棕色，使疗效降低或失效。所以易受光线影响的药品应采用棕色瓶或用黑色纸包裹的玻璃容器包装，存储时门窗可悬挂遮光用的黑布帘。

5. 微生物与昆虫

微生物（细菌、霉菌、酵母菌）和昆虫很容易进入包装不严的药品内，它们的生长、繁殖是造成药品腐败、发酵、蛀蚀等变质现象的一个主要原因。尤其是一些含有营养物质（如淀粉、糖、蛋白质、脂肪等）的制剂，如糖浆剂、片剂及一些中草药制剂，更易发生霉变和虫蛀。

6. 时间

药品储存超过有效期后可能会变质或降低药品的药效。

三、养护人员工作内容

1. 日常工作

① 指导和督促储存人员对药品进行合理储存与作业。对保管员不规范的储存与作业行为给予纠正，并督促持续改进。如药品的分类储存、堆垛码放、垛位间距、药品是否倒置、色标管理、环境卫生等问题。

② 日常养护中对药品储存条件，包括库内温湿度条件、药品储存设施设备的适宜性和药品避光、遮光、防鼠等措施的有效性、安全消防设施的运行状态、库内的卫生环境等进行检查和调控。

③ 每天检查温湿度监测系统中各测点终端实时数据的采集、传送和记录是否正常，是否可以安全有效地进行数据备份。对温湿度超标应及时排查原因，采取相应调控措施，使库房温湿度保持在正常范围内。

2. 药品检查

参见数字资源 9 药品养护检查。

数字资源 9

① 按照计算机系统提示的在库药品养护计划，按规定对库存药品进行养护检查，重点检查药品的外观（见第七章第二节中的"检查药品外观性状"）、包装等质量状况。

② 对重点养护品种至少 1 个月检查一次，一般性养护品种至少 3 个月检查一次，按季节进行在库药品的循环检查。重点养护品种一般包括：重点经营品种、首营品种、质量不稳定品种、对温湿度和避光有特殊储存要求的品种、效期短的品种、储存时间长的品种、有效期不足 1 年的品种、有期内发生过质量问题的品种及药监部门重点监控的品种等。

③ 养护中发现有问题的药品应当及时在计算机系统中锁定和记录，暂停发货，并对问题药品做色标标识，并通知质量管理部门处理。发现设施、设备出现损坏、故障等，应当及时更换、报修并记录。

④ 养护应当做好记录。包括养护日期、养护药品基本信息（品名、规格、生产企业、批号、批准文号、有效期、数量）、质量状况、有关问题的处理措施、养护员等。计算机系统应自动生成养护记录。

⑤ 中药材、中药饮片所采取的养护方法不得对药品造成污染。

3. 汇总分析

养护情况应定期汇总分析，"定期"的时限不应超过 1 年，报告的内容包括库房内储存药品的结构、数量、批次等项目，养护过程中所发现的质量问题及产生的原因、比率、改进措施及目标等。

四、药品养护措施

温湿度管理是库房养护工作的重要内容。

（一）温湿度自动监测系统

（1）温湿度监测系统的组成及功能　温湿度监测系统有测点终端、管理主机、不间断电源以及相关软件等组成。各测点终端能够对周边环境温湿度进行数据的实时采集、传送和报警；管理主机能够对各测点终端监测数据进行收集、处理和记录，并具备发生异常情况时的报警功能。

（2）温湿度记录及报警 温湿度监测系统每隔 1min 更新一次测点温湿度数据，在药品储存过程中，至少每隔 30min 自动记录一次实时温湿度数据。当监测的温湿度值超出规定范围时，系统至少每隔 2min 记录一次实时温湿度数据。

当监测的温湿度值达到设定的临界值或者超出规定范围，监测系统能够实现就地和在指定地点进行声光报警，同时采用短信通知的方式，向至少 3 名指定人员发出报警信息。

（3）测点的安装

① 测点终端应当牢固安装在经过确认的合理位置，避免储运作业及人员活动对监测设备造成影响或损坏，其安装位置不得随意变动。

② 平面仓库面积在 300m² 以下的，至少安装 2 个测点终端；300m² 以上的，每增加 300m² 至少增加 1 个测点终端，不足 300m² 的按 300m² 计算。测点终端安装应均匀分布，位置不得低于药品货架或药品堆码垛高的 2/3 位置。

③ 高架仓库或全自动立体仓库的货架，层高在 4.5～8m 的，每 300m² 至少安装 4 个测点终端，每增加 300m² 至少增加 2 个测点终端，并均匀分布在货架上、下位置；货架层高在 8m 以上的，每 300m² 至少安装 6 个测点终端，每增加 300m² 至少增加 3 个测点终端，并均匀分布在货架的上、中、下位置；不足 300m² 的按 300m² 计算。

④ 冷库面积在 100m² 以下的，至少安装 2 个测点终端；100m² 以上的，每增加 100m² 至少增加 1 个测点终端，不足 100m² 的按 100m² 计算。测点终端安装应均匀分布，位置不得低于药品货架或药品堆码垛高的 2/3 位置。

（4）温湿度监测系统应按要求进行使用前验证和定期验证，测点终端每年至少进行 1 次校准。

（5）温湿度监测系统应当自动生成温湿度监测记录，内容包括温度值、湿度值、日期、时间、测点位置、库区或运输工具类别等。

（二）温湿度的调控

收到系统报警时，养护员应通知保管员采取相应措施，进行温湿度调节。

1. 调节温度措施

当库房温度过高时，可采用以下措施。

（1）通风降温 利用库内外空气温度不同而形成的气压差，使库内外空气对流，达到调节库内外温湿度的目的。当库房内温度高于库房外时，可开启通风设备或门窗通风降温。应注意，通风要结合湿度一起考虑，因为药品往往既怕热又怕潮，只要库外温度和相对湿度低于库内就可通风，但此措施不宜用于危险品库。

（2）库房遮光降温 在库房外搭天棚或在库顶上 30～40cm 外搭席棚，并在日光暴晒的墙外也搭上席棚，减少日光的辐射，使库内温度下降。

（3）加冰降温 适用于密闭、隔热条件较好的库房，放置冰排或冰块吸收室内热量使温度降低。也可采用电风扇对准冰块冰排吹风以加速对流提高降温效果。但此种方法会使库房湿度增高，一般用于不易潮解药品的降温。

（4）设备降温 当采用自然方式仍然无法降温时，可通过空调、冷风机组等设备进行降温。

当库房温度过低时，可采用统一供暖、空调等方法，提高库内温度，保证药品安全过冬。统一供暖的暖气片应注意暖气管、暖气片离药品隔一定距离，并防止漏水情况。一些特别怕冻的药物在严寒季节也可存放在保温箱内。

2.调节湿度措施

当库房内湿度过高时，可采用以下措施。

（1）通风降潮法　利用空气自然流动的作用，促使库内外空气加快对流，以达到降潮的目的。通常是打开库房门窗，使室外较干燥的空气进入库内，而库内的潮湿空气被排到室外。自然通风必须是库外天气晴朗、空气干燥时才能采用。在梅雨季节或者阴雨连绵、室外空气含湿量较高时不宜采用。

（2）密封防潮法　密封是隔绝外界空气中潮气的侵入，避免或减少空气中水分对药品的影响，以达到防潮的目的。

（3）除湿机　开启除湿机或者空调的除湿功能，对库房内进行除湿。

（4）人工吸潮　吸潮是利用物理或化学方法，将库内潮湿空气中的部分水分除去，以降低空气湿度，如使用生石灰、硅胶等。

库房湿度过低时，一般采用加湿器和湿拖布擦地的方式，禁止向地面直接洒水。

（三）药品有效期管理

药品有效期是指药品在规定的储存条件下能保持其质量的期限，药品的有效期从生产日期开始算起。

企业应当对近效期药品建立有效的风险评估及防范机制，制定有效措施，防止近效期药品售出后可能导致的超期使用、错误使用、非法使用等。

企业在计算机系统中设置近效期预警及超过有效期自动锁定功能，对确定了预警期限的药品，计算机系统应当实现对药品的有效期进行自动跟踪和监控，对达到近效期的药品，系统能及时预警或自动锁定停止销售，超过有效期的药系统能自动锁定，停止销售。

每月在计算机系统中查询近效期药品，填报《近效期药品催销表》，报业务部门进行催销，以免药品过期给企业造成经济损失。

五、养护异常情况处理

1.养护异常情况处理

养护员在日常养护检查中发现药品质量异常的，应暂停发货，并在计算机系统中锁定，同时报告质量管理部处理。有疑问的药品应存放于标志明显的专用场所，并有效隔离，不得销售。对怀疑为假药的，应及时报告药品监督管理部门。

经确认为合格药品的，在计算机系统内解除锁定，恢复药品的销售。经确认为不合格药品的，应将不合格药品存放于不合格库（区），停止销售。如果是涉及整批不合格的，如外观性状、内在质量不合格的，应追回已销售的不合格药品。不合格药品的处理过程应当有完整的手续和记录，包括报损审批手续、销毁记录等。

2.不合格药品确认

出现以下问题的药品可以确认为不合格药品。

① 包装破损、残损、污染不能使用的。

② 销售包装内药品数量短少的。

③ 药品无标签、标签模糊或包装标签不符合规定的。

④ 外观性状发生改变的。

⑤ 过期失效的。

⑥ 药品检验机构检验不合格的。

⑦ 药品监督管理部门通知、质量公报为不合格药品的。

⑧ 冷链药品储存或运输过程温度超标时限超过厂家稳定性实验范围的。

⑨《药品管理法》定义为假药、劣药的药品。

 知识链接

假药、劣药定义（《中华人民共和国药品管理法》，2019 年 12 月 1 日施行）

1.假药　有下列情形之一的，为假药：①药品所含成分与国家药品标准规定的成分不符；②以非药品冒充药品或者以他种药品冒充此种药品；③变质的药品；④药品所标明的适应证或者功能主治超出规定范围。

2.劣药　有下列情形之一的，为劣药：①药品成分的含量不符合国家药品标准；②被污染的药品；③未标明或者更改有效期的药品；④未注明或者更改产品批号的药品；⑤超过有效期的药品；⑥擅自添加防腐剂、辅料的药品；⑦其他不符合药品标准的药品。

第三节 盘点管理

一、盘点内容

企业应当定期对全部库存药品进行盘点，以确保实货和计算机系统记录的一致性。库存盘点的范围应包括：合格品库（区）、不合格品库（区）、退货库（区）的全部库存。盘点时应当全面核对药品的名称、生产企业、规格、批号、数量等信息，检查账货符合情况，发现收货不一致时，应及时查找原因并做相应处理。

二、盘点方法

企业可根据实际情况制定盘点制度，对盘点方法、盘点频次、处理流程进行规定。常见的盘点方法有以下几种。

（1）定期盘点　是指每隔一定的时间间隔对库存药品进行一次清点的过程。重点是账物核实。各企业规定时限会有不同，一般每季度对库存药品进行一次全面盘点。

（2）动碰货盘点　在规定的时限内，对发生过购进、销售、退货的药品进行核对。优点是效率高、针对性强，缺点是不够全面。该方法适用于短期、高频率的盘点。

（3）对账式盘点　根据电脑系统内的账目逐一核对实物。优点是操作性强、相对全面，缺点是出现帐外商品则无法监控。该方法适用于周期性、时间要求短的盘点。

（4）地毯式盘点　根据货物的摆放位置逐一清点数量，再与电脑系统内的账目逐一核对。优点是盘点完全，无遗漏，缺点是耗时长、人工成本高。该方法适用于需彻底清点数量、核对账目的盘点。

三、报损报溢处理

盘点完毕，实际盘点数量与账目库存数量不一致称为盘点差异。出现盘点差异，应当查明原因，并按制度对盘点差异进行处理。报损、报溢是差异调整的一种方式。

实际库存小于账目库存，需做报损处理；实际库存大于账目库存，需做报溢处理。报损报溢时需填写报损、报溢单，列明报损、报溢产品明细表，注明报损、报溢原因。经库房、业务、质量管理、财务等部门批准后，在计算机系统里减、增库存。

自测练习

一、单项选择题

1. 药品养护的原则是（　　）

A. 保证药品安全　　　　B. 正确码放药品　　　　C. 预防为主　　　　D. 分类储存

2. 冷库内制冷机组出风口（　　）范围内不得码放药品。

A. 80cm　　　　B. 100cm　　　　C. 120cm　　　　D. 140cm

3. GSP 要求，药品仓库的相对湿度应保持在（　　）

A. 45%～75%　　　　B. 40%～80%　　　　C. 35%～85%　　　　D. 35%～75%

4. 应实行双人双锁验收入库，双人出库复核的是（　　）

A. 含特殊成分复方制剂　　　　B. 注射剂　　　　C. 第一类精神药品　　　　D. 中药饮片

5. 温湿度监测系统每隔（　　）min 更新一次测点温湿度数据，在药品储存过程中间，至少每隔（　　）min 自动记录一次实时温湿度数据。当监测的温湿度值超出规定范围时，系统至少每隔（　　）min 记录一次实时温湿度数据。

A. 1、30、2　　　　B. 1、60、5　　　　C. 2、30、2　　　　D. 2、60、5

6. 一个 280m² 的冷库，需安装（　　）个温湿度监测测点

A. 2　　　　B. 3　　　　C. 4　　　　D. 5

二、多项选择题

1. 库房应配备的设施设备包括（　　）

A. 有效调控温湿度及室内外空气交换的设备　　B. 自动监测、记录库房温湿度的设备

C. 用于零货拣选、拼箱发货操作及复核的设备　　D. 药品与地面之间有效隔离的设备

E. 防火安全设施

2. 药品码放时需要分开存放的是（　　）

A. 化学药品和中成药　　B. 不同批号的药品　　C. 内服药与外用药

D. 药品与非药品　　　　E. 片剂与胶囊

3. 降温措施包括（　　）

A. 加冰　　　　B. 通风　　　　C. 遮光　　　　D. 安装保温层　　　　E. 空调

4. 库房需要进行验证的设施设备包括（　　）

A. 冷库　　　　　　　　　　　　B. 温湿度监测系统　　　　C. 案秤

D. 用于冷链药品运输的保温箱　　E. 温湿度计

三、简答题

1. 简述养护的主要工作内容。

2. 简述出库复核时不得出库的几种情况。

3. 简述哪些药品属于重点养护品种。

实训练习

养护员在做药品养护时，发现 5 瓶维生素 C 片（生产厂家为 A，规格 100mg×100 片，批号 20180101）颜色发黄，请按照养护员对发现质量异常情况的要求进行处理，并填写养护记录。

第九章
药品陈列

学习目标

本章学习内容包括药品陈列知识及操作技能。通过本章学习，达到以下要求：了解药店布局原则、药品陈列原则、药品陈列设备与方式；熟悉药店布局、药品陈列设施、药品陈列的具体要求；掌握药品陈列的分类具体要求、药品陈列操作技能；能够根据药品的属性和功能对药品分类，能够按照药品陈列原则及要求独立陈列药品。

第一节 药店布局

药店布局是指零售药店为了给顾客提供舒适的购物环境而进行的科学、合理、艺术的氛围设计。

一、药店布局原则

药店布局要充分体现出以消费者为中心的理念，体现人与空间环境的融洽关系，同时符合法规要求，保证药品质量和安全。店堂布局是顾客的消费通道，科学合理的布局要设立不同的功能区域，使消费者合理地流动，促进实现药品消费。

二、药店常设功能区

根据国家药品监督管理部门要求和企业经营实际情况，一般药店设置以下几个区域。

1. 营业区

（1）药品陈列区　药品陈列区的面积占店堂绝大部分，陈列区应保持宽敞、明亮、通畅、整洁，主要放置壁柜、柜台、自选货架、中药柜、阴凉柜、冷藏柜、促销车等设施，是员工最多、最忙碌的区域，也是消费者选购药品的区域。

（2）收银区　一般在靠近出口的一侧设置收银区，备置收银机、各类刷卡支付设备等，并有专人负责收款工作。

（3）服务区　服务区常设在门窗附近，放置服务用的桌、椅及工具书，由药师为顾客提供药学咨询与服务。

2.辅助区

（1）办公区　大中型药店一般设办公区，为经理、会计、采购人员提供办公场所。小型药店一般只隔开一个小的办公区域。

（2）员工休息区　在店堂后面隐蔽处设置员工物品柜，供员工更衣、存放个人物品。做到工作区与生活区分开。

（3）仓库　药店仓库应与药品销售区有效隔离，单独房间，存放少量储备药品。连锁门店一般不设仓库，但应设置有待验区、退货区、不合格品区。储存中药饮片应当设立专用库房。

三、药店公示内容与标牌

《药品经营质量管理规范》规定药品经营企业应当向顾客明示以下事项。

① 在显著位置悬挂《药品经营许可证》、营业执照、执业药师注册证等。

② 在营业场所公布药品监督管理部门的监督电话，设置意见簿。

③ 在岗执业的执业药师应当挂牌明示。向顾客明示"执业药师在岗"或"执业药师不在岗"。

④ 药店内应有处方药、非处方药专用标识，将处方药与非处方药进行分区。

⑤ 非药品专区与药品区域应有醒目的标志并进行隔离。

⑥ 区域及药品分类标牌。

 知识链接

药店常用分区与提示牌

处方药区；非处方药区；中药饮片专区；保健食品区；医疗器械区；化妆品区；拆零药品专柜（区）；含特殊药品复方制剂销售专柜；药学咨询台（区）；收银台（区）；阴凉药品区（专柜）；冷藏药品专柜；"执业药师不在岗，暂停销售处方药和甲类非处方药"；Rx处方药警示语"凭医师处方销售、购买和使用"；OTC非处方药忠告语"请仔细阅读药品使用说明书并按说明使用或在药师指导下购买和使用"等。

药店常见分类牌

呼吸系统用药；消化系统用药；神经系统用药；循环系统用药；内分泌及代谢系统用药；泌尿系统用药；神经系统用药；血液系统用药；抗感染药；感冒药；解热镇痛抗炎药；维生素与矿物质药；外用药；皮肤科用药；妇科用药；儿科用药；五官科用药；清热解毒药；补益类药；计生用品；消毒用品等。

第二节 药品陈列

一、药品陈列设施设备

药品陈列设施设备主要有货架、柜台、壁柜、堆头、平台或促销推车、橱窗、阴凉柜、冷藏柜等。陈列区及各设施要保持干净、整洁、避免阳光直射，设备要定期维护，保证正常运行。

1. 货架

货架材质可以是金属、塑钢、木质等，货架结构要牢固耐用、不易变形，边角平滑、不锋利。货架最好可拆卸组装，每层隔板可自由调节，方便放置不同形状、高度的药品。开架自选的非处方药的货架高度应控制在顾客伸手可取的位置。

店堂中央的货架高度一般在 1.6m 左右，这个高度一般不会遮挡顾客视线，顾客可以在任一位置环视四周。货架上层适合较轻、体积不大的药品，如片剂、胶囊剂、外用软膏等；中间层适合较轻、体积稍大的药品，如颗粒剂、大规格药品、口服液等；下层适合较重、体积大和易碎的商品，如糖浆剂、较大的礼盒、外用洗剂等。

2. 柜台

柜台材质要坚固，镶嵌硬度较高的透明玻璃。柜台高度一般为 80cm，全景玻璃柜台一般设置两至三个层次。柜台也有做成两层的，上面一层是玻璃展台，下层是橱柜形式。柜台上层是陈列处方药的黄金位置，常用来陈列药店毛利高的处方药。柜台上常摆放一些公示牌、药品广告牌，也是店员向顾客演示讲解药品用法的重要位置。

3. 壁柜

壁柜靠近墙壁摆放，壁柜上方贴有药品分类标牌，主要用来陈列处方药。壁柜的隔层有开放式的，也有带推拉玻璃门的，柜体高度一般在 1.6~2.2m，这个高度既能合理利用空间又便于店员伸手取药，还方便顾客浏览药品。柜台、靠墙的壁柜及中间构成的走道，组合成封闭工作区域，用来销售处方药。

4. 堆头

堆头是借助货架或其他造型工具在主通道附近堆叠多层药品，达到促销的目的。堆头堆放药品要求稳固美观，既能用堆放造型吸引顾客，又能方便顾客拿取药品，且取货时不会造成堆头垮塌。

5. 平台或促销推车

借助平台或促销推车在通道附近或店堂空旷位置陈列一些季节性药品或优惠价药品，用来吸引顾客关注，促成交易。展示平台或促销推车要求结构稳固、移动方便、四个方向都能向顾客展示药品。

6. 橱窗

橱窗是药店宣传药品的重要广告形式，也是装饰店面的重要手段，合理利用橱窗陈列药品，可以提升店面形象，使顾客对药店产生好感，增加客流量。橱窗玻璃材质要坚固，透明度要高，橱窗深度、高度、宽度与店面和外周环境相适应，要保证橱窗内有足够的光源，橱窗内可以放置一些陈列工具，由于温湿度和光照不符合药品储存条件，橱窗里应陈列药品的空包装或宣传替代品。橱窗布置要注意利用立体空间，一般药品多陈列于橱窗的中下部，上部空间可以张贴药品广告或悬挂药品宣传吊旗等形式来增加空间感。根据时间、事件需要布置季节性橱窗、节日橱窗、广告专题橱窗、促销活动橱窗等都是药店常用的宣传形式，效果很好。

7. 阴凉柜

阴凉保存的药品必须放置阴凉柜中，阴凉柜中的温度要保持在 20℃以下，湿度保持在 35%～75%，而且要有温湿度监测调控设备保证阴凉柜温湿度达到要求，确保柜中药品质量。

8. 冷藏柜

冷藏药品必须存放在冷藏柜中，冷藏柜中的温度根据药品储存要求，保持在 2～10℃，湿度保持在 35%～75%，要有温湿度监测调控设备保证冷藏柜正常运行，确保冷藏药品储存温湿度符合要求。冷藏柜必须定期维护保养，经营单位每年对冷藏设备实施校准验证，冷藏设备长期停用后也应重新校验，验证合格方可启用。

二、药品陈列原则

1. 分类陈列原则

药品陈列应符合以下要求。

① 按剂型、用途以及储存要求分类陈列，并设置醒目标志，类别标签字迹清晰、放置准确。

② 药品放置于货架（柜），摆放整齐有序，避免阳光直射。

③ 处方药、非处方药分区陈列，并有处方药、非处方药专用标识。

④ 处方药不得采用开架自选的方式陈列和销售。

⑤ 外用药与其他药品分开摆放。

⑥ 拆零销售的药品集中存放于拆零专柜或者专区。

⑦ 含麻醉药品、含特殊药品复方制剂、曲马多口服复方制剂陈列于含特药品专柜。

⑧ 第二类精神药品、毒性中药品种和罂粟壳不得陈列。

⑨ 冷藏药品放置在冷藏柜中（2～10℃）。阴凉药品陈列于阴凉柜中（不超过 20℃）。

⑩ 中药饮片存放于中药饮片专区。中药饮片柜斗谱的书写应当正名正字；装斗前应当复核，防止错斗、串斗；应当定期清斗，防止饮片生虫、发霉、变质；不同批号的饮片装斗前应当清斗并记录。

⑪ 药品与非药品分开，非药品应当设置专区，与药品区域明显隔离，并有醒目标志。

 **知识链接**

含麻醉药品和曲马多口服复方制剂产品名单

（食药监办药化监〔2014〕111 号）

1. 阿司待因片 2. 阿司可咖胶囊 3. 阿司匹林可待因片 4. 氨酚待因片 5. 氨酚待因片（Ⅱ）6. 氨酚氢可酮片 7. 氨酚双氢可待因片 8. 复方地酚诺酯片 9. 复方福尔可定口服溶液 10. 复方福尔可定糖浆 11. 复方甘草片 12. 复方甘草口服溶液 13. 复方磷酸可待因片 14. 复方磷酸可待因溶液 15. 复方磷酸可待因溶液（Ⅱ）16. 复方磷酸可待因口服溶液 17. 复方磷酸可待因口服溶液（Ⅲ）18. 复方磷酸可待因糖浆 19. 复方枇杷喷托维林颗粒 20. 可待因桔梗片 21. 可愈糖浆 22. 氯酚待因片 23. 洛芬待因缓释片 24. 洛芬待因片 25. 萘普待因片 26. 尿通卡克乃其片 27. 愈创罂粟待因片 28. 愈酚待因口服溶液 29. 愈酚伪麻待因口服溶液 30. 复方曲马多片 31. 氨酚曲马多片 32. 氨酚曲马多胶囊

2. 易取易见原则

陈列要让顾客和店员能很容易看到、找到、拿到药品。易取易见原则可以有效缩短顾客挑选药品和店员拿取药品的时间，加快交易完成，提高经营效率。在陈列过程中应保证每一个陈列的单品均能实现这一基本要求。

① 药品正面应正立或调整角度使正面朝向顾客。货架或柜台下层不易看到的药品应前进陈列或倾斜陈列，货架上层不易陈列过高药品。单品陈列时遵守"能立不躺"原则，尤其超过 50mL 的液体制剂应正立放置，不能躺倒放置。

② 同种药品陈列面朝向应一致，相邻两种药品之间的分界线应一目了然，严禁交叉混放。陈列药品的前端及左、右的分界处应成直线。

③ 包装相似的不同药品应分开陈列，避免混淆拿错药品。

④ 同类药品陈列时注意细分小类和剂型相对集中，作用机制相同的药品相对集中陈列，固体制剂与液体制剂相对集中陈列，这样容易查找和拿取。如消化系统用药里治疗胃病药与肠道疾病用药相对集中陈列，胃药里中和胃酸药、抑制胃酸药、胃黏膜保护药、促胃动力药等再相对集中陈列，这样陈列显得药店管理更专业，也便于店员掌握、介绍、找寻药品。

3. 满陈列原则

药品陈列的种类和数量要丰富、充足，所有陈列药品都前进陈列（靠前陈列），药品排列面整齐展开，大量药品井然有序，给消费者带来视觉美感和丰富、优质的感觉，从而刺激购买欲望。防止货架缺货、及时补上货是满陈列原则的保证。

4. 同一品牌垂直陈列原则

将同一品牌药品沿上下垂直方向陈列在货架不同层次上，这样可以使每个药品平等享有每层货架位置，避免底层药品因位置原因滞销。人类观察的视觉习惯总是先上下移动再左右移动，因此垂直陈列更方便顾客浏览药品，促进销售。品牌专柜多采用垂直陈列，可以通过垂直纵向陈列大量相同药品，产生垂直量感视觉效果，吸引顾客，刺激购买欲望。

5. 先近先出原则

药品按照有效期进行销售，近期先出、先产先出。同种药品陈列和补上货时要先查看在架药品和补架药品的有效期，有效期近的药品放前排，有效期远的放后排，保证药品先产先出，防止因陈列位置不能及时更新造成药品过期，产生损失。

6. 关联陈列原则

关联陈列是按药品功能、使用对象、用法等关联关系，将药品组合起来陈列，就像日用品超市把牙膏和牙刷、洗发水和护发素相邻摆放，达到互补或延伸的作用。如皮肤科内服药与皮肤科外用药相近陈列，感冒用药与清热解毒药、呼吸系统用药相近陈列，维生素类药与矿物质类药组合陈列，儿童用药、妇科内用药组合陈列。关联性药品相近陈列在通道的两侧或同一通道、同一方向的不同货架上，都可以方便店员介绍和顾客选购，起到促进销售的作用。

7. 主辅结合陈列原则

主辅结合陈列主要是高周转率的药品带动低周转率的药品销售。例如江中健胃消食片和其他品牌的健胃消食片陈列在一起，江中健胃消食片是大品牌，知名度高，顾客购买率高，属于高周转率药品，但这类药品推广费用高，价格透明，毛利非常低，购进一些毛利高的其他品牌健胃消食片，与江中健胃消食片相邻陈列，陈列面大于江中健胃消食片，可以使顾客选购药品有对比空间，也使店员推销有主力方向和说服力，同时也增加药店收入和毛利。

8.季节性陈列原则

季节性陈列是在不同季节把当季的商品或药品陈列在醒目的位置，用来吸引顾客，促进销售。季节性陈列可以利用橱窗、端架、堆头、促销推车等进行，陈列时注意陈列面、陈列量要大，并配挂 POP 广告，用花环、气球等装饰烘托季节气氛，吸引顾客注意，促进季节性商品销售。例如入冬季节在橱窗里放置暖色系花环配上保暖大手套图案，用来宣传护手霜、防冻膏系列产品。夏季在店堂入口利用促销推车陈列大量防暑药品、用品，摆出造型和悬挂 POP 海报，吸引顾客，促销防暑商品效果很好。

三、药品陈列操作示例

药品陈列操作示例见图 9-1 至图 9-9。

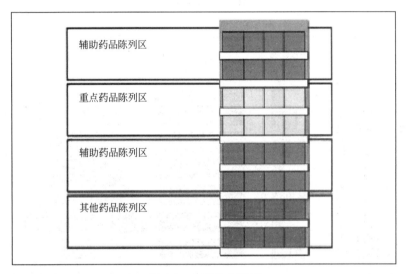

图 9-1　主辅结合陈列

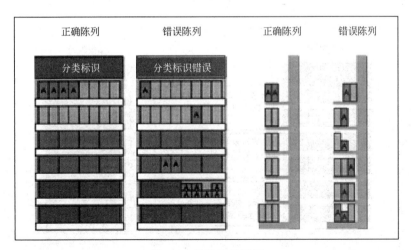

图 9-2　易取易见原则

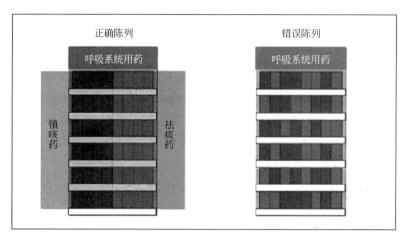

图 9-3 分类陈列

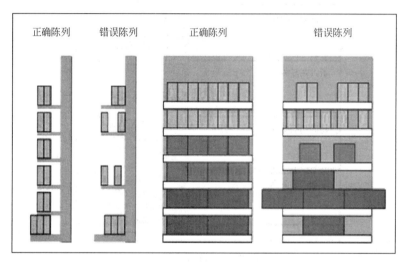

图 9-4 前置陈列、满陈列原则

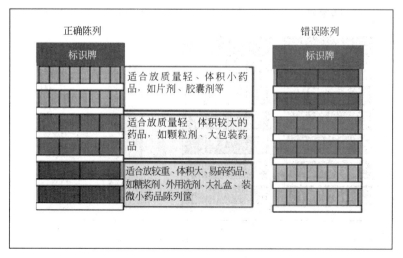

图 9-5 上轻下重原则

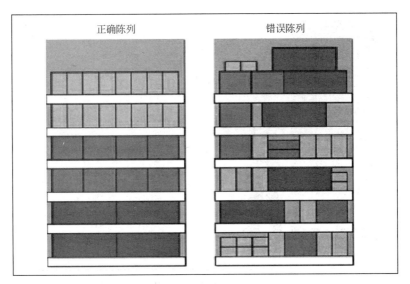

图 9-6 整齐摆放原则

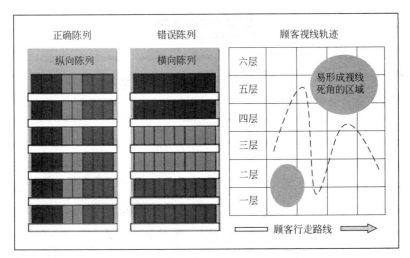

图 9-7 纵向分组陈列原则

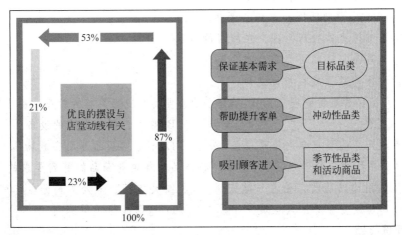

图 9-8 关联陈列原则

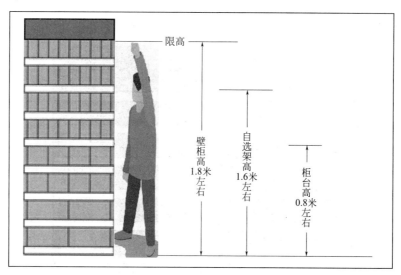

图 9-9 伸手可取原则

自测练习

一、单项选择题

1. 药品零售企业经营药品应符合 GSP 规定，下列与规定不符的是（ ）
A. 销售中药饮片应当设立中药饮片专区
B. 第二类精神药品与中药饮片应该分开陈列
C. 毒性中药品种和罂粟壳不得陈列
D. 处方药不可以开架自选

2. 药店阴凉柜中的温度应保持在（ ）℃。
A. 2～8　　　　　　B. 不超过 20　　　　C. 10～20　　　　　D. 0～8

3. 超过（ ）mL 的液体制剂应正立放置，不得躺倒放置。
A. 20　　　　　　　B. 25　　　　　　　C. 50　　　　　　　D. 100

4. 下列符合主辅结合陈列原则的是（ ）
A. 高周转率药品带动低周转率药品销售
B. 在不同季节把当季的药品陈列在醒目的位置
C. 维生素类药品与矿物质类药品组合陈列
D. 有效期近的药品摆放在货架前排

5. 根据《药品经营质量管理规范》，零售企业营业场所应当具有的营业设备不包括（ ）
A. 货架和柜台　　　　　　　　　　　B. 监测、调控温度的设备
C. 经营冷藏药品的要有专用冷藏设备　　D. 不合格药品专用存放场所

6. 根据《药品经营质量管理规范》，不符合药品零售企业药品的陈列要求的是（ ）
A. 按剂型、用途以及储存要求分类陈列　　B. 处方药、非处方药分区陈列
C. 云南白药粉放置在外用药区域　　　　　D. 地西泮片不得陈列

二、多项选择题

1. 药店公示内容应包括（ ）

A. 药品经营许可证　　　　　　　　　B. 营业执照

C. 执业药师注册证　　　　　　　　　D. 药品监督管理部门监督电话

E. 药品质量负责人联系电话

2. 下列说法正确的有（　　　）

A. 拆零药品应陈列于拆零专柜或专区　　　B. 零售药店不得销售麻醉药品、精神药品

C. 冷藏药品应陈列于冷藏柜中（2～10℃）　D. 外用药与内服药应分开存放

E. 含特殊药品复方制剂应陈列于含特药品专柜

3. 关于零售药店药品的管理正确的是（　　　）

A. 企业应当定期对陈列、存放的药品进行检查

B. 重点检查拆零药品和易变质、近效期、摆放时间较长的药品以及中药饮片

C. 发现有质量疑问的药品应当及时撤柜，停止销售，质量部门确认和处理，并保留相关记录

D. 中药饮片装斗前应当复核，防止错斗、串斗，不必清斗

E. 非药品专区与药品区域应有醒目的标志并进行隔离

三、简答题

1. 简述药品陈列原则。

2. 简述药店常见分区。

实训练习

按照药品陈列要求，在货架上 15min 内完成 30 种药品分类陈列摆放，药品名单如下：阿司匹林肠溶片、对乙酰氨基酚片剂、布洛芬颗粒、双氯芬酸钠肠溶片、吲哚美辛肠溶片、秋水仙碱片、吡罗昔康片、白加黑氨酚伪麻美芬片Ⅱ氨麻苯美片、氨麻美敏片（Ⅱ）、地西泮片、氯氮䓬片、苯巴比妥片、唑吡坦片、脑白金、苯妥英钠片、卡马西平片、左旋多巴片、美多芭片、丙戊酸钠片、氯丙嗪片、奋乃静片、盐酸马普替林片、多塞平片、文拉法辛胶囊、碳酸锂、芬太尼贴片、盐酸二氢埃托啡片、尼莫地平胶囊、安钠咖注射液、氟桂利嗪胶囊。

第十章
药品销售

学习目标

　　本章学习内容包括药品销售环节涉及的理论知识及操作技能。通过本章学习，达到以下要求：了解药品销售票据的管理、售后管理的工作内容和方法；熟悉药品销售流程和操作规程、商品品类管理；掌握购货单位审核流程和审核内容、处方调剂相关内容和操作要点；能够根据不同情况，运用恰当的方法和技巧，完成药品零售操作；能够根据给定处方，准确无误地完成处方解读和处方调剂操作；能够正确处理售后质量查询和填写药品不良反应报告。

第一节　药品批发销售管理

一、购货单位审核

　　药品批发企业在药品流通过程中起着承上启下的作用，药品批发企业需要将药品销售给合法的购货单位。同时，要为购货单位客户提供合法票据，做好销售记录，保证药品销售流向真实、合法。

　　药品批发企业销售药品，必须要按照 GSP 要求审核购货单位的资质，制定能够符合法规要求的资质审核程序，以确保药品销售流向的真实性和合法性，购货单位资质审核流程见图 10-1。

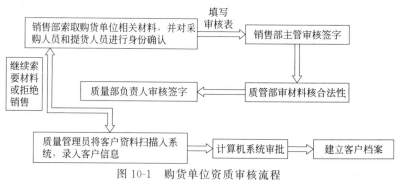

图 10-1　购货单位资质审核流程

1. 购货单位合法资格的审核

 **知识链接**

药品经营质量管理规范（2016 年修订）

第八十九条 企业应当将药品销售给合法的购货单位，并对购货单位的证明文件、采购人员及提货人员的身份证明进行核实，保证药品销售流向真实、合法。

第九十条 企业应当严格审核购货单位的生产范围、经营范围或者诊疗范围，并按照相应的范围销售药品。

销售部门负责索要并初步审核客户合法资质证明文件。药品批发企业可以将药品销售给药品生产企业、药品经营企业（含批发和零售）、医疗机构、科研机构等。不同类型的购货单位在审核其资质时所需资料有所不同。

（1）购货单位为药品生产企业时，应索要以下资质证明文件。

① 《药品生产许可证》复印件。

② 《营业执照》复印件。

③ 《药品生产质量管理规范》认证证书复印件。

④ 采购人员及提货人员的身份证复印件、签字样式、购货单位法定代表人授权书原件等。

（2）购货单位为药品批发企业和药品零售企业时，应索要以下资质证明文件。

① 《药品经营许可证》复印件。

② 《营业执照》复印件。

③ 《药品经营质量管理规范》认证证书复印件。

④ 采购人员及提货人员的身份证复印件、签字样式、购货单位法定代表人授权书原件等。

（3）购货单位为医疗机构时（包括公立医院、个体诊所、社区医疗服务机构、保健防疫站等），应索要以下资质证明文件。

① 《医疗机构执业许可证》复印件（非营利性医疗机构如公立医院还应提供业务联系人法人委托书原件、身份证复印件）。

② 军队所属医疗机构，应索要军队主管部门批准的对外服务证明复印件。

③ 对于营利性医疗机构，还应提供《营业执照》复印件。

④ 采购人员及提货人员的身份证复印件、签字样式、购货单位法定代表人授权书原件。

（4）大专院校、科研机构采购药品应有相关证明。

以上所有复印件均应加盖购货单位公章原印章，彩色印章复印无效，必要时可查看原件。

审核上述文件时，审核的内容主要包括证件的发放机构；证件的一致性，包括单位名称、地址、法定代表人是否一致；证件的有效期限；购货单位是否按照其生产范围、经营范围或诊疗范围购买药品，并是否按相应的范围销售药品；购货单位证照核准的经营项目是否与实际经营行为相符。

2. 购货单位采购人员和提货人员的审核

购货单位采购人员是指经购货单位法定代表人或企业负责人授权，负责与本企业洽谈采购业务及处理相关事宜的人员。购货单位提货人员是指经购货单位法定代表人或企业负责人授权、代表购货单位上门提取所采购药品并履行签收手续的人员。

① 购货单位上门自提药品的，应当核实购货单位采购人员和提货人员的身份证明、签字样式、购货单位法定代表人授权书原件等。

② 供货方直接将药品送达购货单位仓库的，不需要提供提货人员的相关材料。

③ 通过第三方物流配送，需购货单位到物流公司自行提取药品的，供货方应当提供经过审核的购货单位提货人员的相关资质证明复印件给物流公司配送企业备案，避免发生意外事件。

3. 建立购货单位档案

以上资质证明文件应当分类归入客户档案。建立购货单位档案信息，评审合格的购货单位列入合格药品购货单位档案目录内。评审不合格的购货单位不再进行药品交易。合格药品购货单位档案目录需要详细记录购货单位基本情况、证件情况、信誉度情况等。购货单位档案资料应注意有效性和连续性，如若超过有效期而不更新的，暂停合格购货单位资格。

二、销售流程

（一）药品销售程序

1. 传统模式下药品销售程序

药品批发企业在药品销售活动过程中，需要根据 GSP 要求，制定药品销售程序。传统模式下的药品销售程序见图 10-2。

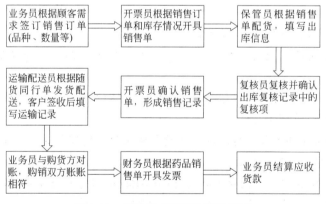

图 10-2　传统模式下药品销售程序

2. 药品 B2B 模式交易流程

随着医药电子商务的发展，医药电子商务将成为未来医药企业开展商务活动的重要手段，药品批发企业可结合自身情况选择不同的电子商务模式：B2B 模式、医药信息服务提供商、药品物流配送公司。药品 B2B 模式交易流程见图 10-3。图中供货方可为药品生产企业或药品批发企业；医药信息服务提供商为通过互联网向上网用户提供药品（含医疗器械）信息的企业或机构，客户方为药品批发企业或医疗机构。

（二）销售记录

按照 GSP 要求，药品批发企业在销售过程中应当做好药品销售记录。销售记录应保存至超过药品有效期后 1 年，不得少于 5 年。

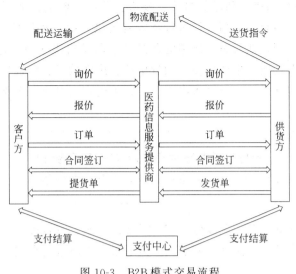

图 10-3 B2B 模式交易流程

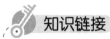

药品经营质量管理规范（2016 年修订）

第九十二条 企业应当做好药品销售记录。销售记录应当包括药品的通用名称、规格、剂型、批号、有效期、生产厂商、购货单位、销售数量、单价、金额、销售日期等内容。按照本规范第六十九条规定进行药品直调的，应当建立专门的销售记录。

中药材销售记录应当包括品名、规格、产地、购货单位、销售数量、单价、金额、销售日期等内容；中药饮片销售记录应当包括品名、规格、批号、产地、生产厂商、购货单位、销售数量、单价、金额、销售日期等内容。

（三）销后退回处理

销后退回的药品，由于经过流通环节的周转，其质量已经脱离本企业质量体系的监控，在外部运输储存环节中面临巨大的质量风险。因此此退回过程中，应当严格按照销售退回程序进行申请和审批，并在退回收货和验收环节严格按照收货验收流程操作。

① 开票员查"销售记录"，确认销售客户的品种、批号、销售时间。

② 销售员填写"销后退回药品申请单"。

③ "销后退回药品申请单"依次经过销售主管审核、销售经理批准，并签字，其中一联由销售经理留存。

④ 开票员凭批准的"销后退回药品申请单"开具"销后退货单"，将一联"销后退回药品申请单"留存。

⑤ 收货员凭销售部的退货凭证收货。并将退货药品存放于退货药品库（区），进行收货检查，无误后填写收货记录，通知验收员进行验收。并做出明确的质量结论，验收合格的入合格品库，验收不合格的应及时上报质量管理部进行确认。

三、票据管理

药品批发企业销售药品，必须开具《增值税专用发票》或者《增值税普通发票》（以下统称发票），发票上应列明销售药品的名称、规格、单位、数量、金额等，如果不能全部列明所购进药品上述详细内容，应附《销售货物或者提供应税劳务清单》，并加盖企业财务专用章或发票专用章和注明税票号码。所销售药品还应附销售出库单，包括药品的通用名称、剂型、规格、批号、有效期、生产厂商、购货单位、出库数量、销售日期、出库日期和销售金额等内容，税票（包括清单）与销售出库单的相关内容应对应，金额应相符。

知识链接

药品经营质量管理规范（2016 年修订）

第九十一条　企业销售药品，应当如实开具发票，做到票、账、货、款一致。

药品经营企业应建立明确的制度保证销售凭证的印刷、流转程序、交接手续规范化，以确保其经营行为的真实性、合法性，实现药品流通过程中质量的有效追溯和追踪，保证药品质量。

第二节　药品零售管理

一、品类管理

品类管理（category management）是把所经营的商品分为不同的类别，并把每一类商品作为企业的战略的基本活动单位进行管理的一系列相关的活动。它通过强调向消费者提供超值的产品和服务来提高企业的营运效果，是对商品品类中零售组合的价格、货架区商品战略、促销力量以及其他组成部分的同时管理。品类解析见图 10-4。

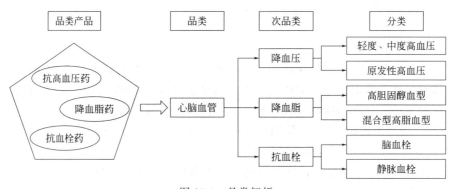

图 10-4　品类解析

（一）商品组合

1. 商品组合概念

商品组合是指医药企业生产、经营的全部商品的结构。一般由若干条商品线组成，而每条商品线又由多个商品项目构成。

高效的商品组合就是对现有品类进行优化，从零售商的角度看，就是零售商对商品结构进行更新维护的过程，主要包括对滞销商品进行淘汰和引进新品。高效商品组合的目标是增加商品的多样性，降低商品的重复性。

2. 商品组合的变化要素

医药企业商品组合的特点可用其长度、宽度、深度和关联度四个变化要素来表示。

（1）长度 是指医药企业各条商品线所包含的商品项目总数。

（2）宽度 是指医药企业商品组合中包含的商品线的数量，又称广度。

（3）深度 是指一条商品线上包含的商品项目的数量。一条商品线上包含的商品项目越多，说明该商品线的深度。

（4）关联度 是指每条商品线之间在最终用途、生产条件、销售渠道以及其他方面相互关联的程度。

 知识链接

什么是 SKU

SKU（Stock Keeping Unit）中文译为最小存货单位，在零售门店中有时称单品为一个 SKU，是保存库存控制的最小可用单位。一个 SKU 通常表示包装规格、剂量规格、剂型、生产企业相同的品种。单品与传统意义上"品种"的概念是不同的，用单品这一概念可以区分不同商品的不同属性的开发提供极大的便利。

3. 商品组合的原则

医药企业商品组合应遵循三个基本原则：有利于促进商品销售、有利于竞争和有利于增加企业的总利润。医药企业在进行商品组合时会从商品组合的四个变化要素来考虑，在确定四个变化要素时一般应考虑是否有以下表现。

（1）增加商品组合长度的表现 增加各条商品线的商品项目，可使商品线丰满充实，使企业成为有更完全商品线的公司。

（2）扩大商品组合宽度的表现 增加商品线，扩大业务范围，实行多元化经营，使企业更好地发挥潜在的技术资源优势，提高经济效益，分散投资风险。

（3）增加商品组合深度的表现 增加某条商品线的商品项目，可使企业占领同类商品的更多细分市场，满足更广泛的市场需求。

（4）增加商品组合关联度的表现 增加商品线间关联程度，可使企业在某一特定的市场领域内加强竞争力和赢得良好的声誉。

（二）价格管理

价格是企业进行市场竞争的重要手段，在日常的商品管理中，从狭义来说，价格是为了取得商品所需付出的金额；从广义来说，价格是取得商品的代价，这种代价可以包括金钱、精力和时间。

1. 价格组成

从经济学角度来看，医药商品价格通常由生产成本、流通费用、国家税金和企业利润四部分组成。

医药商品在流通领域经历批发、零售等不同环节，每经过一个环节，就会有一个价格，这样就形成了医药商品的出厂价、批发价、零售价、药品差价等价格形式。

2. 定价方法

一般来说，医药零售企业的定价目标包括：利润目标、竞争目标、销售目标以及企业形象目标。企业根据自身制定的零售定价目标、成本、需求以及不同的竞争环境，将定价方法分为：需求导向定价法、成本导向定价法、竞争导向定价法。定价方法选择适当与否，将直接关系到定价目标能否实现以及定价策略的成败。

（1）需求导向定价法　依据市场需求强度及消费者感受来定价的方法，通常被追求销售额或市场份额的零售商所采用。

（2）成本导向定价法　以成本为依据的定价方法，是零售定价中运用最广泛的定价法，也称加额法或标商定价法、成本基数法，包括成本加成定价、目标利润定价和盈亏平衡法。

（3）竞争导向定价法　是以竞争者的价格作为指定商店商品价格主要依据的一种方法。包括随行就市定价法、主动竞争定价法和投标定价法。

（三）新品管理

高效新品引进（Efficient new product introduction，EPI），旨在高效引进有市场潜力的新品，并利用新商品的推广及其促销活动来获取最大的利益。

由于新品替代该品类的某商品，所以销售模式可依据原销售方式执行。依据新品的品牌、价格带、毛利定位决定相应的陈列位置及陈列面积，建议在新品上架 3 个月内，给予较好的陈列位置及较大的陈列面积。通过 3 个月的销售考核后再视状况调整，给予必要的视觉标示，如新品推荐、功能说明、人员介绍等。新品上架第 2 个月后，执行 2 个月的促销计划，安排快讯、店内促销交互使用，除了让新品有高曝光率外，更重要的是使采购人员了解该商品除了正常价格的销售状况外，通过不同价格的促销，测试商品在各价位的销售状况，以利采购人员在该新品进入正常销售时安排该品类的销售计划。对 3 个月的销售数据、贡献度达成状况进行分析追踪，并适时调整营销手段。

（四）滞销品管理

滞销是指市场的产品因为一些原因不受消费者欢迎而导致销售速度极慢。对于药品来说，造成滞销的原因一般包括药品过季、盲目进货、计划失误、有其他新品替代和库存管理不当等。

1. 避免药品滞销的方法

① 药品采购计划的制订要科学合理，杜绝采购随意性。

② 坚持少量多次的采购原则，药品的采购是产生近期、滞销药品的根源，正确的药品采购能减少滞销药品的发生。

③ 严格药品出入库管理，药品出库时，库房应按药品先进先出、近期先出、易变先出的原则，由近及远、顺序发放给门店。

④ 要做好品类规划，避免同类竞品太多。

2. 处理滞销药品的方法

处理滞销药品时应及时分析滞销原因，合理分配到人，积极促销。充分发挥店内陈列优势，取长补短。

① 将滞销商品的真实数量填写统计，纳入销售重点。

② 由于过季产生的商品滞销，应减少门店的库存，给当季畅销商品让出陈列位。及时联系供应商进行货品清退。如果是不可清退的商品，可以向公司申请进行促销，让滞销商品在门店消化掉。

③ 由于商圈销售变化、顾客需求所产生的滞销，应主动执行门店与配送中心、门店与

门店之间的商品调剂功能，及时调整不适销的滞销商品，规范门店补货计划。

④ 由于商品陈列位置不合理造成的滞销，应及时调整滞销商品的陈列，可以根据商品陈列的相邻原则调整到较好的陈列位上。

⑤ 加大营业员对滞销品的销售意识，提高营业员的销售技巧。

二、销售流程

（一）售前准备

1. 环境卫生

药品零售营业环境必须整洁、明亮、舒适，让顾客一来就有一种温馨、清爽、健康的感受，为此应做好以下工作。

（1）清洁空气，调节温度 营业场所应做到空气清新流动、温度适宜，保持药品购在规定的温湿度环境下。为此，营业前需打开换气设备，让隔夜的空气散去，新的空气进来，同时检查温湿度计，如果超过规定范围可开启空调，把温湿度调至适宜的范围。

（2）打扫场地，整理台面 营业场所要保持干净卫生、整齐有序。因此售前清洁、拖洗地面，擦抹柜台、货架、商品及有关设施，清除杂物，确保无积尘、无污迹，物品放置有序，展柜美观漂亮，通道畅通无阻，显示清新整齐的面貌。

（3）调节灯光，亮度舒适 检查营业场所的亮度，调节灯光亮度，使整体环境显得舒适、明亮，以迎接顾客的光临。

2. 销售物料

营业前的物资准备是整个销售工作的一个重要环节，有序的物资准备能保证营业时忙而不乱，提高效率，减少顾客等待时间，避免差错。营业前，营业员可根据自己出售商品的操作需要，准备好或查验好售货工具和用品并按习惯放在固定适当的地方，以便售货时取用。

（1）计价收银用具 常用的计价收银用具有电子收银机、电子计算器、算盘以及珠笔、复写纸、发票等。对其必须常校检、检查。

（2）计量用具 常用的计量用具主要是指电子秤、戥称、尺、天平等度量衡器。对其不仅要正确使用，还必须注意依法使用。

（3）包扎用具 如纸、袋、盒、绳、夹、卫生药袋等。在进行包扎时，要注意大小适宜，包扎牢靠，符合卫生标准。同时，还要注意有利于环境保护。

（4）宣传材料 宣传材料在此是指与商品相关的广告、说明、介绍以及图片、声像、软件等。在营业之前，应将其认真备齐，以供赠送或索取。

（5）零钱款 在顾客付款时，不允许要求对方自备零钱，更不准以任何借口拒找零钱。为此，应提前根据实际需要，备好零钱的具体品种，并确保数量充足。

3. 商品清点

经过前一天的销售，货架、柜台陈列的商品会出现不丰满或缺档的现象，因此营业前的商品清点工作有助于帮助营业员掌握商品情况，在整个销售环节中起到十分重要的作用。

（1）整理补货 营业员可根据商品清点情况对缺货商品及时进行补货。如出现急缺或断货，要及时通知采购部门。同时在商品清点过程中，要认真检查商品质量，如发现破损、霉变、污染的商品，及时按 GSP 规定处理。

（2）整理标签 在商品清点的同时，可逐个检查标价签，做到货价相符，标签齐全，货签对位。对各种原因引起的商品变价要及时调整标价，标签要与商品的货号、品名、产地、规格、单位、单价相符。

（二）接待顾客

接待顾客操作流程见图 10-5。具体服务过程见第十四章第一节部分内容。

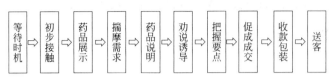

图 10-5 接待顾客操作流程

（三）销售结算

结算亦称货币结算，是在商品经济条件下，各经济单位间由于商品交易、劳务供应和资金调拨等经济活动而引起的货币收付行为。

1. 现金结算

对现金结算的客户应在当面清点，开具收款收据，并及时将货款存入本单位指定账户。

2. 转账结算

这是通过银行或网上支付平台将款项从付款单位账户划转到收款单位账户的货币收付行为。药品零售企业收业转账后，应及时查询客户到账情况，确认款项到账后作收款处理。

药品零售企业对每笔款项应及时跟踪其进账情况，每日盘点货款现金，核对账目，如有不符及时查找原因。

（四）销售记录

将药品销售情况以一定的形式记录下来，既可作为财务核算的依据，同时也是 GSP 所规定的内容。药品零售企业销售药品时，计算机系统应与结算系统、开票系统对接，自动生成销售记录，自动拒绝国家专门管理药品的超规定数量销售。

销售记录内容应完整、真实、准确、记录及时，可追溯。包括药品的通用名称、规格、剂型、批号、有效期、购货单位、销售数量、单价、金额、销售日期等内容。销售特殊管理的药品以及国家有专门管理要求的药品的销售记录还应有顾客的姓名、身份证号、联系电话等。

中药材销售记录应当包括品名、规格、产地、销售数量、单价、金额、销售日期等内容；中药饮片销售记录应当包括品名、规格、批号、产地、生产厂商、销售数量、单价、金额、销售日期等内容。

销售记录应保存至超过药品有效期 1 年，但不得少于 5 年。

三、销售操作规程

（一）处方药的销售

处方药的销售应经执业药师审核处方合格后方可调配，其他岗位人员不得代行审方。如有药品名称书写不清或已被涂改、药品重复、有可能引起不良的相互作用及超剂量等情况时，应向顾客说明情况，并拒绝调配、销售，必要时经处方医师更正重新签章后方可调配和销售。处方所列药品不得擅自更改或代用。

处方调配后，应经核对复查后方可发药，发药时应认真核对患者姓名、性别等，并同时向顾客介绍用法用量、注意事项及可能引起的不良反应，对于其中特殊的用法特别要仔细解释。

处方审方、调配、核对人员均应在处方上进行签字或盖章，并按照有关规定做好处方记录并保存处方或其复印件。

（二）非处方药的销售

销售非处方药，可由顾客按说明书内容自行判断购买和使用，如果顾客提出咨询要求，执业药师或药师应负责对药品的购买和使用进行指导。不得采用有奖销售，附赠药品或礼品销售等方式销售药，不得销售国家规定不得零售的药品。

（三）拆零药品的销售

拆零药品是指将最小包装拆分销售的药品。所销售药品最小单元包装上无药品说明书，不能明确注明药品名称、规格、服法、用量、有效期等内容。

药品零售企业负责拆零销售的人员应经过专门培训。

1. 拆零操作要求

必须设立拆零药品专柜，并配备必要的拆零工具，拆零的工作台及工具保持清洁、卫生，防止交叉污染，拆零人员不得用手直接接触药品。拆零销售应当使用洁净、卫生的包装，包装上注明药品名称、规格、数量、用法、用量、批号、有效期以及药店名称等内容。

2. 拆零注意事项

① 拆零前，对拆零药品必须检查外观质量，凡发现质量可疑或外观不合格的药品不可拆零。

② 在拆零或销售过程中如怀疑或发现拆零的药品有质量问题（如被污染），应立即对该药品进行暂停销售，并通知质量负责人员。质量负责人员确认为质量不合格的，按不合格药品处理；质量负责人员判定为合格的恢复销售。

③ 拆零后的药品应集中存放于拆零专柜，不能与其他药品混放，并保持原包装及标签。

④ 做好拆零销售记录，内容包括拆零起始日期、药品的通用名称、规格、批号、生产厂商、有效期、销售数量、销售日期、分拆及复核人员等。

（四）特殊管理要求药品的销售

药品零售企业不得经营蛋白同化制剂、除胰岛素外的其他肽类激素、疫苗、麻醉药品和第一类精神药品等。

医疗用毒性药品、二类精神药品、按兴奋剂管理的药品（其他列入兴奋剂目录的药品单方制剂，一律按处方药销售；对含兴奋剂药品复方制剂，按处方药和非处方药分类管理制度执行）、含麻醉药品的复方口服溶液等，必须凭处方销售。并将处方保存2年备查。禁止超剂量或无处方销售第二类精神药品，不得向未成年人销售第二类精神药品。

含麻黄碱类复方制剂、复方甘草片和复方地芬诺酯片、含可待因复方口服溶液一次销售不得超过2个最小包装，并登记购买者的姓名和身份证号码；单位剂量麻黄碱类药物含量大于30mg（不含30mg）的含麻黄碱类复方制剂，必须凭处方销售。

药品零售企业发现超过正常医疗需求，大量、多次购买含麻黄碱类复方制剂的，应当立即向当地食品药品监督管理部门和公安机关报告。

四、处方调剂

（一）处方概述

处方是指由注册的执业医师和执业助理医师在诊疗活动中为患者开具的、由取得药学专业技术职务任职资格的药学专业技术人员（以下简称药师）审核、调配、核对，并作为患者用药凭证的医疗文书。处方包括医疗机构病区用药医嘱单。

1. 处方性质

（1）法律性 因开具处方或调配处方所造成的医疗差错或事故，医师和药师分别负有相应的法律责任。医师具有诊断权和开具处方权但无调配权；药师具有审核调配处方权，但无诊断和开具处方权。

（2）技术性 开具或调配处方者都必须由经资格认定的医药卫生技术人员担任。医师对患者作出明确的诊断后，在安全、合理、有效、经济的原则下开具处方。药学技术人员对处方进行审核，并按医师处方准确、快速调配，发给患者使用。

（3）经济性 处方是药品消耗及药品经济收入结账的凭证和原始依据，也是患者在治疗疾病，包括门诊、急诊、住院全过程中用药的真实凭证。

2. 处方分类

按其性质分为法定处方、医师处方和协定处方。

（1）法定处方 指《中华人民共和国药典》、国家食品药品监督管理局颁布标准收载的处方，它具有法律约束力。

（2）医师处方 是医师为患者诊断、治疗和预防用药所开具的处方。

（3）协定处方 是医院药剂科与临床医师根据医院日常医疗用药的需要，共同协商制定的处方。它适于大量配制和储备，便于控制药品的品种和质量，提高工作效率，减少患者取药等候时间。每个医院的协定处方仅限于在本单位使用。

3. 处方结构

处方由三部分组成：处方前记、处方正文、处方后记。

（1）处方前记 包括医疗机构名称、费别、患者姓名、性别、年龄、门诊或住院病历号、科别或病区和床位号、临床诊断、开具日期等。可添列特殊要求的项目。麻醉药品和第一类精神药品处方还应当包括患者身份证明编号，代办人姓名、身份证明编号。

（2）处方正文 以 Rp 或 R（Recipe 的缩写）标示，包括药品名称、剂型、规格、数量、用法、用量等。

（3）处方后记 包括医师、配方人、核对人、发药人的签名和发药日期等。

4. 处方颜色

① 普通处方的印刷用纸为白色。

② 急诊处方印刷用纸为淡黄色，右上角标注"急诊"。

③ 儿科处方印刷用纸为淡绿色，右上角标注"儿科"。

④ 麻醉药品和第一类精神药品处方印刷用纸为淡红色，右上角标注"麻、精一"。

⑤ 第二类精神药品处方印刷用纸为白色，右上角标注"精二"。

5. 处方效期

处方开具当日有效。特殊情况下需延长有效期的，由开具处方的医师注明有效期限，但有效期最长不得超过 3 天。

6. 处方限量

处方一般不得超过 7 日用量；急诊处方一般不得超过 3 日用量。

7. 处方常见外文的缩写及含义

见表 10-1。

表 10-1 处方常见外文的缩写及含义

外文缩写	中文含义	外文缩写	中文含义	外文缩写	中文含义	外文缩写	中文含义
aa	各,各个	gtt.	滴、量滴	NS	生理盐水	q4h	每 4 小时
ac.	餐前	H.	皮下注射	OD.	右眼	qid.	每日 4 次
Add.	加至	hs.	临睡前	OS	左眼	qn.	每晚
Ad.	加	im.	肌内注射	OL.	左眼	qod.	隔日一次
am	上午	Inj.	注射剂	OU.	双眼	qs.	适量
Aq.	水,水剂	iv.	静注	OTC	非处方药	Sig.	标记
Aq dest	蒸馏水	iv gtt	静滴	pc.	餐后	Sol.	溶液
bid.	每日 2 次	kg	千克	pH	酸碱度	Ss.	一半
Cap.	胶囊剂	Liq	液、溶液	pm.	下午	St.	立即
cc.	立方厘米	mg	毫克	po.	口服	Tab.	片剂
Co.	复方的	mcg	微克	Prn.	必要时	Tid.	每日 3 次
Dil.	稀释的	μg	微克	sos.	必要时	U	单位
Dos.	剂量	Mist	合剂	qd.	每日	ung	软膏剂
g	克	ml	毫升	qh	每小时		

（二）处方审核

1. 审核操作规范

① 药学专业技术人员接收待审核处方，对处方进行合法性、规范性、适宜性审核。

② 若经审核判定为合理处方，药学专业技术人员在纸质处方上手写签名（或加盖专用印章）、在电子处方上进行电子签名，处方经药学专业技术人员签名后进入收费和调配环节。

③ 若经审核判定为不合理处方，由药学专业技术人员告知患者找医生确认更正或重新开具处方。

2. 处方审核内容

（1）资质审查 资质审查包括两个方面。

① 审核资质：取得药学专业技术职务任职资格（执业药师）者方可从事处方调剂工作。取得执业医师资格者方可开具处方。

② 审核内容：认真检查处方前记、正文、后记书写是否清晰、完整并确认处方的合法性。其中包括处方类型（麻醉药品处方、急诊处方、儿科处方、普通处方）、处方开具时间、处方的报销方式（公费医疗专用、医疗保险专用、部分自费、自费等）、有效性、医师签字的规范性等。

（2）适宜性审核内容

① 处方用药与病症诊断的相符性：非适应证用药；超适应证用药；撒网式用药；盲目联合用药；过度治疗用药；有禁忌证用药。

② 剂量、用法和疗程的正确性：剂量基本以国际单位制（SI）表示。重量常以 kg、g、mg、μg、ng、pg 为计量单位；容量常以 L、mL、μL 为计量单位；部分抗菌药物、性激素、维生素、凝血酶及抗毒素，由于效价不恒定，采用特定的"IU"（国际单位）或"U"（单位）表示剂量。

③ 选用剂型与给药途径的合理性

a. 剂型与疗效：同一药物，剂型不同，药物的作用不同；适用于疾病的发生阶段不同；起效的快慢、作用强度和持续时间不同；其副作用、毒性不同；同一药物，剂型相同，不同

厂家生产，其药物作用快慢、强度、疗效及副作用都有可能不同。

b. 给药途径：同一种药品，给药途径不同，可直接影响药物作用的快慢和强弱。

④ 是否有重复用药现象：一药多名；中成药中含有化学成分药。

⑤ 对规定必须做皮试的药物，处方医师是否注明过敏试验及结果判定。有些药品在给药后极易引起过敏反应，甚至出现过敏性休克。

⑥ 是否有潜在临床意义的药物相互作用和配伍禁忌：药物相互作用指两种或两种以上的药物合并或先后序贯使用时所引起的药物作用和效应的变化；配伍禁忌有药物理化配伍禁忌（主要表现在静脉注射、静脉滴注及场外营养液等溶液的配伍方面）及药理配伍禁忌（指出现不良反应增加、毒性增强的反应）。

3. 审核结果分类

① 合理处方。

② 不合理处方（包括不规范处方、用药不适宜处方及超常处方）。

4. 注意事项

① 处方审核应配备适宜的处方审核人员。处方审核人员应取得以下条件：取得药师及以上药学专业技术职务任职资格；具有 3 年及以上门急诊或病区处方调剂工作经验，接受过处方审核相应岗位的专业知识培训并考核合格。

② 医药经营企业应具备处方审核场所，配备相应的处方审核工具。

③ 制订本机构的处方审核规范与制度。

（三）处方调配

1. 工作流程

① 调配人员依照审核人员签名的合格处方内容逐项调配。

② 检查药品的质量、效期，核对药品名称、规格、剂型、数量。

③ 选择合适的包装材料包装药品，并在药品用药标签或药袋上写明姓名、用法、用量。

④ 处方调配完成后，调配人员在处方上签名或者加盖专用签章，交复核员核对。

⑤ 复核员接到处方和调配药品后，处方核对人员按处方对照药品逐一进行复核。核对无误的，核对人员在处方上签名或盖章，处方连同药品交发药人员。

2. 操作规范

① 调配处方时应认真、细致、准确，调配过程中如有疑问，调配人员立即向处方审核人员咨询。

② 调配处方时必须做到"四查十对"：查处方，对科别、姓名、年龄；查药品，对药名、剂型、规格、数量；查配伍禁忌，对药品性状、用法用量；查用药合理性，对临床诊断。

③ 调配处方前后应认真核对盛药容器上药物标签，切不可凭印象取药。调配应严格按照操作规程进行，切不可用手数药片。

④ 核对检查时应核对处方与调配的药品、规格、剂量、用法、用量是否一致；逐个检查药品的外观质量是否合格及有效期，并核查人员是否签字。如有错发或数量不符，处方审核人员立即告知调配人员予以更正。复核无误的，在处方上签字并交还调配人员发药。

3. 注意事项

① 仔细阅读处方，按照药品的顺序逐一调配。

② 对贵重药品、麻醉药品等分别登记账卡。

③ 调配药品时应检查药品的批准文号，并注意药品的有效期，以确保使用安全。

④ 药品调配齐全后，与处方逐一核对药品名称、剂型、规格、数量和用法，准确、规范地书写标签。

⑤ 对需特殊保存条件的药品应加贴醒目标签，以提示患者注意，如 2～10℃冷处保存。

⑥ 尽量在每种药品上分别贴上用法、用量、储存条件等标签，并正确书写药袋或粘贴标签。

⑦ 调配好一张处方的所有药品后再调配下一张处方，以免发生差错。

（四）发药

1. 工作流程

① 确认患者。

② 逐一核对药品与处方的相符性。

③ 对患者进行用药指导；向患者交代清楚药品的用法、用量、禁忌、注意事项等。对特殊患者如老年人、幼儿等的用药应作特殊交代。填写《处方药销售记录表》（见表 10-2），留存处方或者其复印件。

2. 操作规范要求

① 发现处方调配有错误时，应将处方和药品退回调配处方者，并及时更正。

② 如患者有问题咨询，应尽量解答，对较复杂的问题可建议到药物咨询窗口。

③ 处方保存年限：普通处方、急诊处方、儿科处方保存期限为 1 年，医疗用毒性药品、第二类精神药品处方保存期限为 2 年，麻醉药品和第一类精神药品处方保存期限为 3 年。

3. 注意事项

发药时应认真核对患者姓名、注意区分姓名相同相似者，发药时应注意和尊重患者隐私，处方药销售记录表见表 10-2。

表 10-2　处方药销售记录表

年		患者信息				医疗机构				处方药						药师签名	营业员签名
月	日	患者姓名	性别	联系电话或地址	《就医记录册》编号	医疗机构名称	医师姓名	就医日期	药品名称	规格	单位	数量	生产厂家	产品批号			

第三节　售后管理

售后服务是指药品销售后围绕药品质量所做的全部工作，是药品经营企业管理的重要环节之一。药品经营企业必须注重售后服务质量，应定期或不定期地进行客户访问，广泛征求用户对药品质量和服务质量的意见和建议，做好用户意见的反馈和处理，并做好记录，定期汇总分类，向有关部门通报。

药品经营企业除了进行客户访问外，还需接待客户查询与处理质量投诉，处理退货药品，执行药品召回，执行药品不良反应报告制度等。这些都属于售后管理的范畴。

一、接待客户质量查询

质量查询是企业在正常的业务经营活动中，针对药品质量问题进行的信息检索、问题咨询、质量确认等，质量查询可以向上级供货方、药品监督管理部门提出。可以采用书面、信函、电话咨询、电子函件等方式进行，药品经营企业应热情接待客户的质量查询，做好记录并妥善解答。接待顾客质量查询记录表见表 10-3。

表 10-3　药品质量查询（或投诉）处理记录

查询(投诉)人姓名		时间		联系方式	地址	
					电话	

质量查询(或投诉)内容：

接待人：　　　　　　日期：

涉及药品	药品名称		规格		产品批号	
	生产企业		数量		有效期至	

质量负责人意见：

质量负责人：　　　　　　日期：

公司质量管理部意见：

质量负责人：　　　　　　日期：

本表一式二份：一份门店留存，一份质量管理部留存。

二、处理退货药品

药品的退换常常伴随着顾客的投诉或抱怨，这也是售后管理的重要内容。正确处理售后药品的退换，有助于医药经营企业服务质量的提高，有利于取得消费者对企业的信任。

（一）药品经营企业处理退货药品操作步骤

（1）倾听　以诚恳的态度认真听取客户要求退货的原因。

（2）检查　仔细检查要求退货的药品包装、批号等，确认为本企业所销售药品。

（3）记录　将情况做好记录。

（4）道歉　对客户因购买药品带来的烦恼表示诚恳的道歉。

（5）征询　征询顾客意见，看是否换货还是退货。

（6）处理　双方协商意见达成统一后，办理手续，开出票据，请顾客签名。

（7）后处理　将退回的药品进行质量验收。质量合格可以继续销售的做必要账务处理后入库或陈列柜台。质量不合格的则进入不合格区，做好不合格药品记录，做后一步处理。

（8）通报　将药品退货原因、处理结果向有关部门及员工通报，以引起重视，并在后续工作中作出改进。

（二）处理退货药品具体要求

按照 GSP 要求，企业应当加强对退货的管理，保证退货环节药品的质量和安全，防止混入假冒药品。

（1）药品经营企业要有药品退货管理制度或规程。

（2）对退回药品，应严格核对原发货记录，与原发货记录相符并与销售联系审核后方可办理退货手续；不符的应及时报质量管理部处理。所有退回的药品，应由收货员凭销售部的退货凭证收货，并将退货药品存放于退货药品库（区）。确认是本企业销售的药品，方可收货并放置于符合药品储存条件的专用待验场所，挂黄牌标示准备验收。

（3）所有退回药品，均应按购进药品的验收规程重新进行验收，并做出明确的质量结论，合格后方可入合格品库。

① 判定为不合格药品，应报质量管理部进行确认后，将药品移入不合格药品库（区）存放，给予明显标志，并按不合格药品规程处理。

② 确认无质量问题，且内外包装完好、无污染的药品，可办理入库手续。

③ 质量无问题，因滞销等原因需将购进药品退回给供货方的，应通知采购部门及时处理。

（4）不能提供冷藏、冷冻药品售出期间储运温湿度数据或温湿度数据不符合要求的，应按不合格品处理。

（5）应建立药品退回记录。退货药品处理记录表见表10-4。

表 10-4　退货药品处理记录

日期	退货单位	药品名称、剂型	规格	单位	生产厂家	数量	产品批号	有效期至	退货原因	处理结果	经办人	备注

三、执行药品召回

《药品召回管理办法》中对药品召回的定义是指药品生产企业（包括进口药品的境外制药厂商）按照制度的程序收回已上市销售的存在安全隐患的药品。

根据药品安全隐患的严重程度，药品召回分为三级召回：一级召回在24h内，二级召回在48h内，三级召回在72h内，通知到相关药品经营企业、使用单位停止销售和使用，同时向所在地省、自治区、直辖市药品监督管理部门报告。

召回药品的处理应当有详细的记录和档案，应包括：存在安全隐患药品的相关资料和信息、药品生产企业或药品监督管理部门的召回通知书、召回过程记录、质量管理部门向销售客户发出的召回通知书、向药品生产企业反馈的文件、向药品监督管理部门报告的文件、召回药品的销售流向记录、召回药品的入库清单、召回药品入库后的处理记录等。并向所在地省、自治区、直辖市药品监督管理部门报告。要求退厂家或供货商的，及时退货；必须销毁的药品，应当在药品监督管理部门监督下销毁。

四、药品不良反应报告

 知识链接

药品经营质量管理规范（2016年修订）

第一百一十九条　企业质量管理部门应当配备专职或者兼职人员，按照国家有关规定承担药品不良反应监测和报告工作。

第一百七十五条　企业应当按照国家有关药品不良反应报告制度的规定，收集、报告药品不良反应信息。

　　药品生产、经营企业和医疗机构应当建立药品不良反应报告和监测管理制度。药品生产企业应当设立专门机构并配备专职人员，药品经营企业和医疗机构应当设立或者指定机构并配备专（兼）职人员，承担本单位的药品不良反应报告和监测工作。对已确认发生严重不良反应的药品，国务院或者省、自治区、直辖市人民政府的药品监督管理部门可以采取停止生产、销售、使用的紧急控制措施，并应当在 5 日内组织鉴定，自鉴定结论做出之日起 15 日内依法做出行政处理决定。

　　药品生产、经营企业和医疗机构获知或者发现可能与用药有关的不良反应，应当通过国家药品不良反应监测信息网络报告；不具备在线报告条件的，应当通过纸质报表报所在地药品不良反应监测机构，由所在地药品不良反应监测机构代为在线报告。

　　报告内容应当真实、完整、准确。药品不良反应/事件报告表见表 10-5。

表 10-5　药品不良反应/事件报告表

首次报告□　　　　跟踪报告□　　　　　　　　　　　　　　　　　编码：_____

报告类型:新的□　严重□　一般□　报告单位类别:医疗机构□　经营企业□　生产企业□　个人□　其他□

患者姓名：	性别:男□ 女□	出生日期:年　月　日 或年龄：	民族：	体重(kg)：	联系方式：
原患疾病：	医院名称： 病历号/门诊号：	既往药品不良反应/事件:有□_____ 无□ 不详□ 家族药品不良反应/事件:有□_____ 无□ 不详□			

相关重要信息：吸烟史□　饮酒史□　妊娠期□　肝病史□　肾病史□
过敏史□_____　　其他□

药品	批准文号	商品名称	通用名称 (含剂型)	生产厂家	生产批号	用法用量 (次剂量、途径、日次数)	用药起止 时间	用药 原因
怀疑 药品								
并用 药品								

不良反应/事件名称：	不良反应/事件发生时间：　　年　月　日

不良反应/事件过程描述(包括症状、体征、临床检验等)及处理情况(可附页)：

不良反应/事件的结果:痊愈□　　好转□　　未好转□　　不详□　　有后遗症□　表现：_____
　　　　　　　　　　　死亡□　　直接死因：_____　　死亡时间：　　年　月　日

停药或减量后,反应/事件是否消失或减轻?　　　　　　是□　否□　不明□　未停药或未减量□
再次使用可疑药品后是否再次出现同样反应/事件?　　是□　否□　不明□　未再使用□

对原患疾病的影响:不明显□　病程延长□　病情加重□　导致后遗症□　导致死亡□

关联性评价	报告人评价：　　肯定□　很可能□　可能□　可能无关□　待评价□　无法评价□ 签名：
	报告单位评价：　肯定□　很可能□　可能□　可能无关□　待评价□　无法评价□ 签名：

报告人信息	联系电话：		职业:医生□　药师□　护士□　　其他□_____				
	电子邮箱：		签名：				
报告单位信息	单位名称：	联系人：		电话：		报告日期：　年　月　日	
生产企业请填写信息来源	医疗机构□　经营企业□　个人□　文献报道□　上市后研究□　其他□_____						
备　注							

填写说明：

1.严重药品不良反应是指因使用药品引起以下损害情形之一的反应：①导致死亡；②危及生命；③致癌、致畸、致出生缺陷；④导致显著的或者永久的人体伤残或者器官功能的损伤；⑤导致住院或者住院时间延长；⑥导致其他重要医学事件，如不进行治疗可能出现上述所列情况的。

2.新的药品不良反应是指药品说明书中未载明的不良反应。药品不良反应在说明书中已有描述，但不良反应发生的性质、程度、后果或者频率与说明书描述不一致或者更严重的，按照新的药品不良反应处理。

3.报告时限：新的、严重的药品不良反应应于发现或者获知之日起15日内报告，其中死亡病例须立即报告，其他药品不良反应30日内报告。有随访信息的，应当及时报告。

4.关联性评价指标

肯定：用药及反应发生时间顺序合理；反应符合该药已知的不良反应类型；停药或减量后，反应停止或减轻；再次使用可疑药品，反应再现；已排除并用药、原患疾病等其他因素影响。

很可能：用药及反应发生时间顺序合理；反应符合该药已知的不良反应类型；停药或减量后，反应停止或减轻；已排除并用药、原患疾病等其他因素影响。

可能：用药及反应发生时间关系密切；反应表现与已知该药ADR不相吻合；无法排除并用药、原患疾病等其他因素影响。

可能无关：用药及反应发生时间相关性不密切；反应表现与已知该药ADR不相吻合；无法排除并用药、原患疾病等其他因素影响。

待评价：需要补充材料才能评价。

无法评价：评价的必需资料无法获得。

5.其他说明

怀疑药品：是指患者使用的怀疑与不良反应发生有关的药品。

并用药品：指发生此药品不良反应时患者除怀疑药品外的其他用药情况，包括患者自行购买的药品或中草药等。

用法用量：包括每次用药剂量、给药途径、每日给药次数，例如，5mg，口服，每日2次。

6.报告的处理：所有的报告将会录入数据库，专业人员会分析药品和不良反应/事件之间的关系。根据药品风险的普遍性或者严重程度，决定是否需要采取相关措施，如在药品说明书中加入警示信息，更新药品如何安全使用的信息等。在极少数情况下，当认为药品的风险大于效益时，药品也会撤市。

自测练习

一、单项选择题

1.销售记录应保存至超过药品有效期后（　　）年，不得少于（　　）年。

A. 1，3　　　　　　B. 1，5　　　　　　C. 2，3　　　　　　D. 2，5

2.下列关于药品召回说法错误的是（　　）

A. 根据药品安全隐患的严重程度，药品召回分为三级召回

B. 药品经营企业采购部门负责药品召回的管理

C. 企业应当协助药品生产企业履行召回义务，按照召回计划的要求及时传达、反馈药品召回信息

D. 企业发现已售出药品有严重质量问题，应当立即通知购货单位停售、追回并做好记录，同时向食品药品监督管理部门报告

3. 每日四次的处方缩写为（　　　）

A. qd.　　　　　　　　B. qid.　　　　　　　　C. qod.　　　　　　　　D. q4h.

4. 以下哪项不属于企业根据自身制定的零售定价目标、成本、需求以及不同的竞争环境采用的定价方法（　　　）

A. 需求导向定价法　　B. 成本导向定价法　　C. 政府定价　　　　D. 竞争导向定价法

5. 以下关于药品批发销售的票据管理错误的是（　　　）

A. 企业销售药品，应当如实开具发票，做到票、账一致即可

B. 发票上不能全部列明所购进药品上述详细内容，应附《销售货物或者提供应税劳务清单》

C. 药品经营企业应建立明确的制度保证销售凭证的流转程序和交接手续

D. 发票和《销售货物或者提供应税劳务清单》加盖企业财务专用章或发票专用章

二、多项选择题

1. 按处方性质，处方可分为以下哪些类型（　　　）

A. 法定处方　　　B. 医师处方　　　C. 合法处方　　　D. 协定处方　　　E. 书面处方

2. 以下属于严重药品不良反应的是（　　　）

A. 导致死亡　　　B. 致癌、致畸、致出生缺陷　　　C. 导致住院或者住院时间延长

D. 导致显著的或者永久的人体伤残或者器官功能的损伤　　E. 危及生命

3. 商品组合的变化要素包括以下哪些（　　　）

A. 长度　　　　　B. 宽度　　　　　C. 关联度　　　　D. 深度　　　　　E. 适度

4. 以下关于特殊管理要求的药品在药品零售企业销售说法错误的是（　　　）

A. 复方甘草片和复方地芬诺酯片必须严格凭医师开具的处方销售

B. 医疗用毒性药品和二类精神药品必须凭处方销售，并将处方保存1年备查

C. 未成年人可购买第二类精神药品

D. 销售含麻黄碱复方制剂类药品时，应当严格查验购买者身份证，并做好有关销售记录

E. 单位剂量麻黄碱类药物含量大于30mg（含30mg）的含麻黄碱类复方制剂，必须凭处方销售

三、简答题

1. 简述药品零售的销售流程。

2. 简述购货单位资质审核流程。

3. 简述处方审核的内容。

实训练习

药品批发企业A的销售员张三经过前期调研，终于成功开发了另一药品批发企业B，药品批发企业B同意从药品批发企业A购进药品，药品批发企业B是药品批发企业A的购货单位。模拟准备药品批发企业B资质1套，按照药品购货单位审核资质的内容要求和审核程序，进行审核。

第十一章
用药咨询与指导

学习目标

本章学习内容包括用药咨询与指导的理论知识及操作技能，以及药物治疗管理（MTM）的知识介绍。通过本章学习，达到以下要求：了解用药咨询的准备工作与基本流程，了解 MTM 的基本概念与核心要素，以及药历书写的基本要求等；熟悉用药咨询的主要内容和应特别关注的问题，特殊人群和特殊剂型的用药指导等；掌握常规用药指导的各项内容；能够针对不同的药品、不同的人群进行合理用药咨询与指导。

第一节 用药咨询

用药咨询是指由咨询服务人员对患者进行合理用药的指导和宣传，并针对患者的具体情况进行个体化用药指导的过程，提高用药者的药物治疗效果和用药依从性，保证用药安全、合理、有效。

一、用药咨询准备

零售药店应设立药学服务咨询处（台），由咨询服务人员为患者提供专业咨询服务。条件允许的药店可设立相对独立的药学服务咨询室。

1. 环境

（1）位置醒目 咨询处（台）宜设在药店大堂，位置应明显和便捷的到达。通常药店将药学服务咨询处（台）设在处方药柜台附近或药店入口处附近，方便患者咨询。

（2）标志明确 咨询室或咨询处的标志应明显，让顾客一进入药店就能看到。

（3）环境舒适，适当私密 咨询环境应舒适，并相对安静，不易受外界干扰。舒适、安静的环境可以让咨询者能安心咨询，专心听取指导。咨询处应为咨询者提供座椅，对大多数咨询者可采用柜台式面对面咨询方式；但对某些咨询者（如计划生育、妇产科、泌尿科、皮肤性病科以及自我保护意识强的）应为其提供较秘密的咨询环境，便于其放心、从容地提出问题。

2. 人员

提供用药咨询的应当是执业药师或药学专业人员。咨询服务人员应掌握系统的基础理论和专业知识，利用自己掌握的专业知识为患者提供良好的用药咨询服务，为患者答疑解惑。

3. 工具

需要配备供阅读参考的药学、医学书刊、资料、工具书，有条件的可以配备计算机合理用药软件和打印机，可当场打印患者所需文件。还可准备一些医药科普宣传资料发放给患者。

二、用药咨询原则与工作流程

1. 用药咨询原则

（1）了解患者对疾病和药品知识的了解程度　目前各种资讯渠道来源广泛，许多患者在网上查资料，还有的受广告影响，对疾病和用药有了一些认识。因此了解对方受了哪些认识的影响、认识是否正确，是用药咨询前的必要阶段。

（2）尽量多地了解患者疾病和用药情况　在咨询过程中应尽量多地了解与咨询问题解答可能有关的患者情况，如既往病史、现病史、既往用药情况和现在正在使用的药品等，一方面为了周全考虑解答方案，另一方面避免因情况了解不全而给患者带来用药风险。

（3）让患者按处方正确使用药物　如何让患者坚持用药、准确用药是用药咨询的关键点。因此，需要了解患者的生活和工作习惯；还要关注患者哪些习惯可能会干扰患者用药的安全性和疗效；某些药物的使用还要示范给患者看。

（4）运用恰当的解释技巧　在解答咨询问题时，咨询服务人员应使用通俗易懂的语言，尽量少使用专业的医学、药学以及带数字的术语，尽量使用描述性语言，还可以语言与书面并用方式，使咨询者能够正确理解。

（5）尊重患者，保护患者隐私　在用药咨询工作中，一定要尊重患者的意愿，保护患者的隐私，尤其不得将咨询档案等患者的信息资料用于商业用途。

（6）及时回答，不拖延　对于患者所咨询的问题，能够当即解答的就当即解答；不能当即答复的，或者答案不十分清楚的问题，不要冒失回答，要问清对方何时需要答复，待进一步查询相关资料后尽快给予正确的回答。

（7）感谢患者及家属的认可　有些患者或家属在用药咨询时不仅认真听讲，而且还会提问，做记录。要及时表达你的感谢，不断地给予对方正面的鼓励。

2. 用药咨询工作流程

用药咨询工作流程见图11-1。

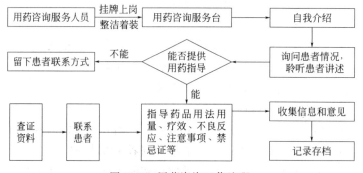

图 11-1　用药咨询工作流程

三、用药咨询内容

用药咨询一般包括以下内容。

① 药品名称：包括通用名、商品名、别名。

② 适应证：药品适应证与患者病情相对应。

③ 用药方法：包括口服药品的正确服用方法、服用时间和用药前的特殊提示；栓剂、滴眼剂、气雾剂等外用剂型的正确使用方法；缓释制剂、控释制剂、肠溶制剂等特殊剂型的用法；胶囊能否打开服用；如何避免漏服药物以及漏服后的补救方法等。

④ 用药剂量：包括首次剂量、维持剂量；每日用药次数、间隔；疗程等。

⑤ 服药后预计疗效及起效时间、维持时间。

⑥ 药品的不良反应和相互作用。

⑦ 有否替代药物或其他疗法。

⑧ 药品的鉴定辨识、储存和有效期。

⑨ 药品价格、报销，是否进入医疗保险报销目录等。

四、用药咨询中应关注的问题

向患者提供咨询服务时，应注意不同患者对信息的要求及解释上存在种族、文化背景、性别及年龄的差异，要有针对性地选用适宜的方式方法，并尊重患者的个人意愿，同时要关注以下几点。

（1）特殊人群特殊对待　如对老年人语速宜放慢，可以适当地多用文字、图片的形式以便其理解和记忆；对女性患者注意询问其是否已经妊娠或有无准备妊娠、是否正在哺乳期等。此外，患者的疾病状况也是不能忽视的问题，如患者有肝肾功能不全，会影响药物的代谢和排泄，易导致药品不良反应的发生和中毒。

（2）确保患者已经理解你的建议　给患者交代用法用量和注意事项后，一定要求对方复述，以表明对方已经接受或理解。如果发现对方并没有完全接受或理解的话，考虑用其他沟通方式帮助对方理解和掌握，如详细的笔录、画示意图、录音、录像等。

（3）给患者适当的用药警示　有些患者会自作主张停药或改变剂量。因此在提供用药咨询服务的最后阶段，要告知在什么情况下要及时就诊或咨询，以及列举几种常见不遵医嘱用药的后果。

（4）关注多病共存、多药同服、有药物过敏史患者。

第二节　用药指导

用药指导是指通过直接与患者或其家属沟通，解答其用药疑问，介绍药物和疾病知识，提供用药咨询服务的过程。参见数字资源 10 药店规范化药学服务七步曲。

数字资源 10

一、常规用药指导

常规用药指导可从用药时间、用法、用量、疗程、漏服与多服、注意事项、不良反应以及服药期间的饮食、情绪、生活方式等方面进行指导，尤其要注意同时服用其他药物、特殊人群等的用药指导。

1. 用药时间

现代医学研究证实，很多药物的疗效、毒性、不良反应等和人的生理节律有关，例如肝脏合成胆固醇在夜间；肾上腺皮质分泌糖皮质激素的高峰在上午 7～8 时；胃酸分泌在清晨 5 时～中午 11 时最低，下午 2 时～次日凌晨 1 时最高；清晨服用利尿药降压可避免夜间排尿过多，影响休息和睡眠等。按时间规律给药，能使用药更加科学、有效、安全和经济。一般药物服用适宜时间见表 11-1。

表 11-1　一般药物服用的适宜时间

服用时间	药物类别	药品举例
清晨	糖皮质激素（可在上午 7～8 时给药）	泼尼松、地塞米松
	抗高血压药	氨氯地平、贝那普利、氯沙坦
	抗抑郁药	氟西汀、帕罗西汀
	利尿药	呋塞米、螺内酯
	泻药	硫酸镁
餐前	胃黏膜保护药	复方铝酸铋
	促胃动力药	甲氧氯普胺、多潘立酮、莫沙必利
	降血糖药	格列本脲、罗格列酮
	钙、磷调节药	阿仑膦酸钠（晨起早餐前）
	抗菌药	阿莫西林、头孢拉定、阿奇霉素、利福平
餐中	降血糖药	二甲双胍、阿卡波糖（与第一口食物同服）
	助消化药	胰酶、淀粉酶
	非甾体抗炎药	吡罗昔康、美洛昔康
	肝胆辅助药	熊去氧胆酸
	减肥药	奥利司他
	抗结核药	乙胺丁醇、对氨基水杨酸
餐后	非甾体抗炎药	阿司匹林、对乙酰氨基酚、布洛芬、双氯芬酸、吲哚美辛
	维生素	维生素 B_1、维生素 B_2
	H_2 受体拮抗药	雷尼替丁、西咪替丁
睡前	催眠药	地西泮、艾司唑仑、苯巴比妥
	平喘药	沙丁胺醇、二羟丙茶碱
	调节血脂药	洛伐他汀、阿托伐他汀
	抗过敏药	苯海拉明、氯雷他定、酮替芬
	钙剂	碳酸钙
	泻药	比沙可啶片、酚酞

2. 用药方法

（1）口服　口服是最安全方便的用药方法，也是最常用的方法。药物口服后，可经过胃肠吸收而作用于全身，或停留在胃肠道作用于胃肠局部。

（2）注射　注射是一种重要给药途径，注射方法主要有皮下、肌肉、静脉、鞘内等。

（3）其他　除了常用的口服与注射外，还有其他通过局部用药以达到局部或全身治疗作用的用药方法，如涂擦、撒粉、喷雾、含漱、湿敷、洗涤、滴入以及灌肠、吸入、植入、舌下给药、肛门塞入、阴道给药等方法。

3. 给药次数与用药剂量

（1）给药次数　每日服药的次数由药物半衰期和在体内消除的快慢决定，大多数药物是一日 3 次。半衰期较短、在体内消除快的药物，给药次数可略予增加；半衰期长、在体内消除慢的药物，可每日服 2 次或 1 次。有时由于个体差异、用药目的不同、剂型不同，服药的时间和次数也会改变。此外，还有一些其他情况，例如根据激素昼夜分泌的节律性，现多主张皮质激素长程疗法中采用隔日或每日一次的给药法，即把两日或一日的总量于隔日或当日早晨一次给予。

（2）用药剂量　凡能产生药物治疗作用所需的药量，称为"剂量"或"药用量"，一般所说的剂量是指成人一次的平均药量。药物的用量因患者具体情况不同而异。60 岁以上的老人，一般可用剂量的 3/4，小儿用药剂量比成人小，一般可根据年龄按成人剂量计算，小儿剂量折算见表 11-2。对毒性较大的药物，应按体重计算或按体表面积计算。

知识链接

按体重和表面积计算小儿剂量方法

小儿剂量按照体重推算公式：

小儿用量＝小儿体重×成人剂量/60kg

小儿剂量按体表面积推算公式：

小儿用量＝小儿体表面积×成人剂量/1.7m²

小儿体表面积计算公式为：

表面积（m²）＝ 0.0061×身高（cm）＋ 0.0128×体重（kg）－ 0.1529

表面积（m²）＝体重（kg）× 0.035 ＋ 0.1

表 11-2　根据年龄折算小儿剂量

年龄	按年龄折算剂量（折合成人剂量）	年龄	按年龄折算剂量（折合成人剂量）
新生儿	1/10～1/8	4 岁	1/3
6 个月	1/8～1/6	8 岁	1/2
1 岁	1/6～1/4	12 岁	2/3

（3）药物计量单位　无论是非处方药还是处方药，它们的计量单位和计量方法均按《中国药典》规定的法定计量单位执行，另有一些药物采用国际单位（international unit，IU）表示。

知识链接

常用重量单位：1 千克（kg）＝1000 克（g）　　1 克（g）＝1000 毫克（mg）
1 毫克（mg）＝1000 微克（μg）

常用体积单位为：1 升（L）＝1000 毫升（mL）　　1 毫升（mL）＝1000 微升（μL）

4. 疗程

疗程是对某些疾病所规定的一个连续治疗的阶段。疗程的长短一般是根据临床经验来确定的。通常抗菌药物、抗结核病药物、糖皮质激素类药物、抗高血压药物、抗肿瘤药等都有明确的疗程，由医生根据病情来确定。患者需要根据医生制定的疗程服药，不应随意加大或减少剂量，不可随意停服。

5. 漏服与多服

不同的药物有不同的服用剂量和用药间隔时间，患者需严格按其特定要求使用。如果遇到漏服药品的情况，要视漏服药品的具体情况而定，通常的规律如下。

① 漏服药品如果是在两次用药时间间隔一半以内的，应当按量补服，下次服药仍按原间隔时间。

② 如漏服药品时间已超过用药间隔时间的一半以上，则不必补服药品，下次服药务必按原间隔时间。

③ 发生漏服药品后，切不可在下次服药时加倍剂量服用，以免引起药物中毒。

④ 如果不慎多服药品，一般不用特殊处理，患者要注意多喝水、多排尿，加速药物排出。如果多服的药量过大或多服的药物毒性较大，以及服药后出现明显的较严重的不良反应的，应当立即去医院就诊。

6. 服药饮水量

口服药物时用适量水送服，一般为 200mL 左右，切忌干吞药物，以防高浓度的药物刺激食管，甚至引起食管溃疡。一般送服药品以温开水为宜，避免使用牛奶、果汁、茶、酒等送服。

某些药物服用时需要多饮水，如平喘药、利胆药、双膦酸盐、抗痛风药、电解质、磺胺类药物、氟喹诺酮类药物等；某些药物服用时则需要限制饮水，如一些治疗胃病的药物、止咳糖浆、抗利尿药等；服用舌下含服的药物时不应喝水，以免药物与水一起咽下；助消化药、含活性菌制剂、维生素类、活疫苗等药物服用时，不宜用热水送服。

7. 体位

一般口服药物时应取站位，适量水送服，服药后不宜立即卧床休息，某些口服抗生素、抗肿瘤药、铁剂服用后如果立即卧床，可能引起药物性食管炎；而一些扩张血管药物、抗高血压药物、镇静药物使用后应静坐或静卧 15~30min，然后缓慢起身，以防直立性低血压。

8. 阳光

药物的光敏性是患者服用或局部使用某些药物后与光源（通常为日光）产生的不良反应，包括光毒反应和光变态反应。光毒反应是指药物吸收的光能在皮肤中释放能量导致皮肤损伤，类似于烧伤；光变态反应是光敏作用的一种，致病光谱主要是长波紫外线，也可由中波紫外线和可见光引起，主要表现为光变应性皮炎。

可引起光敏反应的药物主要有：喹诺酮类、四环素类、磺胺类、吩噻嗪类、口服避孕药等。服用此类药物后应穿长衣长裤、涂抹防晒霜等措施，尽量避免身体暴露在阳光下。服用补钙药物时，应注意多晒太阳，促进身体合成维生素 D。

9. 不良反应和注意事项

应向患者解释清楚，任何药物正常使用中都会出现不同程度的不良反应，不良反应如果轻微或在预料之中，不必影响正常用药。如果出现预计之外的不良反应，或者不良反应较严重的，应当停药并去医院就诊。

10. 同服药物或食物

（1）同服药物遇到患者同时服用两种或两种以上药物时，应仔细询问患者曾经或正在服用的药物，准确记录其服用种类、剂量及时间。判断出哪些是治疗疾病的主要药物，哪些是辅助治疗药物，哪些是不必要的药物。并分析哪些可以同时服用，哪些应分时间隔开服用，哪些应暂停服用。

（2）合理的饮食有助于药物的作用。不当的饮食可能降低药物疗效，危害健康，甚至危及生命，导致严重后果。有些药物如阿莫西林、头孢氨苄等会因胃中食物的影响而减少吸收，此类药物应空腹服用。有些药物对胃肠刺激性较大，则应饭后服用。还有一些脂溶性维生素等药物在服用时可适当高脂饮食，增加药物的溶解度。某些特殊的食物与药物存在特殊的相互作用，举例如下：

① 酒类可抑制中枢，加重镇静药、抗组胺药等的中枢抑制作用；与降血糖药合用会引起严重低血糖；与甲硝唑、头孢菌素类等药物合用会引起双硫仑反应等。

② 茶类所含的鞣质会与生物碱、铁剂等药物发生作用，影响药效；茶叶中的茶碱也对身体有影响，所以应当避免用茶水服药。

③ 葡萄柚汁能抑制细胞色素 CYP3A4 酶活性，从而抑制药物代谢，增加药物效用和不良反应。

④ 牛奶、豆腐等高含钙的食物能与四环素等药物发生螯合，降低药效。

⑤ 其他一些富含酪胺的食物以及一些保健食品等也会对药物产生影响，应当重点关注。

11. 特殊人群

老人、儿童、妊娠期和哺乳期妇女、驾驶员、肝肾功能不全等人群在用药指导时要格外注意。

12. 药品的贮存

一般应指导患者将药品存放在清洁、干燥的地方，远离水源、热源，避免阳光照射；部分需要冷藏储存的药品、打开后的口服液等应注意放冰箱保存；家中如有儿童的，应注意将药品放在儿童不能接触的地方；如家中有多个人同时在服用不同药品的，则应明显分开或在药盒上显著标记等，以防误服。药品贮存中应注意有效期。

13. 服药期间的生活指导

（1）情绪 应指导患者保持良好的心态，有助于疾病的康复或减少复发；尤其是恶性肿瘤等慢性患者，更应树立乐观向上的心态，对抗疾病。

（2）饮食 一般急性病发作期间应指导患者多饮水，清淡饮食；"三高"患者要少油少盐，高尿酸血症患者要少吃富含嘌呤的食物等；便秘者应多饮水，多吃蔬菜水果；腹泻者则忌食生冷等。

（3）运动与生活习惯 一般急性病发作期间以及心脑血管系统疾病、慢性呼吸系统疾病患者应该注意多休息，避免疲劳，避免剧烈运动。"三高"患者则应当适当运动；皮肤病患者应注意清洁，有传染性的皮肤病患者在患病期间生活用品应与家人分开等；戒烟戒酒，不熬夜，养成规律作息的习惯。

14. 其他注意事项

某些药物服用后会有尿色改变（如维生素 B_2 服用后尿色变黄），或某些控释片在胃肠道中释放有效成分后原型骨架随大便排出等，应注意向患者交代清楚，以免引起患者不必要的紧张。

二、特殊人群用药指导

1. 妊娠期妇女用药指导

妊娠期用药应权衡利弊，尽量选用对妊娠妇女及胎儿比较安全的药物，并且注意用药时间、疗程和剂量的个体化。不得使用已经明确对妊娠期妇女和胎儿有严重影响的药物，尽量避免使用上市时间短、毒副作用尚未完全明确的药物。不得滥用抗菌药物，禁止使用喹诺酮类、氨基糖苷类等抗菌药。某些可致子宫收缩的药物也应谨慎使用。

2. 哺乳期妇女用药指导

哺乳期妇女用药要尽量选择对母亲和婴儿影响小的药物，避免使用长效药物或多药联用；尽量选择在血药浓度较低时哺喂婴儿或暂停哺乳。禁用已知对婴儿有严重毒副作用的药物，如喹诺酮类、四环素类、苯二氮䓬类等。

3. 老年人用药指导

老年人的用药方案要简单明了。应选择简化治疗方案和用药方法，便于老年人正确执行医嘱。

① 有些老年人吞服片剂或胶囊有困难，注意选择便于老年人服用的剂型，可选用颗粒剂、口服液，糖尿病患者应注意选择无糖制剂。

② 避免重复用药，防止药物蓄积中毒。

③ 对有特殊注意事项的药物，应重点解说，保证老年患者正确安全用药。

④ 应嘱咐患者家属帮助督促检查，提高用药的依从性。

⑤ 应教育老年患者不要轻信广告宣传，避免随意自行使用广告药品，滥用偏方和秘方、滋补药或抗衰老药。

⑥ 应避免不遵医嘱盲目服用或长期过量服用药物等。

4. 儿童用药

小儿处于生长发育阶段，许多脏器、神经系统发育尚不完全。对药物的吸收、分布、生物转化等过程和药物敏感性均有影响。

（1）用药剂量　儿童用药并不是成人剂量的简单缩减。小儿的年龄、体重逐年增加，体质强弱各不相同，用药的适宜剂量也有较大的差异。近年来肥胖儿童比例增高，根据血药浓度测定发现，传统的按体重计算剂量的方法，往往血药浓度过高，因此必须严格掌握用药剂量。同时，还要注意延长间隔时间，切不可给药次数过多、过频。

（2）给药途径　根据小儿特点选择给药途径。一般来说，能吃奶或耐受经鼻饲给药的婴幼儿，应尽量采用口服给药。婴幼儿皮肤角化层薄，药物很易透皮吸收，甚至中毒，切不可涂敷过多过厚，用药时间不宜过长。另外，为了提高小儿用药的依从性，尽量选用颗粒剂、糖浆等口味适宜的儿童剂型。如必须使用肠溶片（胶囊）、缓控释制剂等，应重点交代不可掰开或压碎服用。

5. 驾驶员用药

在日常各项工作中，驾驶员（包括驾驶飞机、车、船，操作机械和高空作业者）常因服药而影响其正常反应，出现不同程度的困倦、嗜睡、精神不振、视物模糊、辨色困难、多尿、平衡力下降等，影响其反应能力，容易发生危险。因此要尽量避免使用易出现上述不良反应的药物，改用替代药物，如可使用中枢抑制作用较小的氯雷他定等新一代抗过敏药物、"白加黑"等日夜分开的抗感冒药。如果必须要服用可致不良反应的药物，服用后应注意休息4～6h后再开车或工作。驾驶员应慎用的药物见表11-3。

6. 肝肾功能不全者用药

肝脏是许多药物代谢的主要场所，当肝功能不全时，药物代谢必然受到影响，要注意减少药物用量及用药次数，避免或减少使用肝毒性大的药物，选择通过肾脏排泄的药物，避免或减少联合用药。

肾脏功能不全时可引起药物排泄的改变，因此要视个体情况调整药量，避免或减少使用肾毒性大的药物，选择通过肝、肾同时排泄的药物，避免或减少联合用药。

表 11-3 驾驶员应慎用的药物

不良反应	药物类别
容易引起嗜睡的药物	复方抗感冒药、抗过敏药(尤其第一代)、镇静催眠药、质子泵抑制药等
容易引起眩晕或幻觉的药物	镇咳药(右美沙芬)、解热镇痛药(双氯芬酸)、抗病毒药(金刚烷胺)、抗血小板药(双嘧达莫)、磺酰脲类降血糖药等
可引起视物模糊或辨色困难的药物	解热镇痛药(布洛芬、吲哚美辛)、胃肠解痉药、扩张血管药、抗心绞痛药、抗癫痫药等
可引起定向力障碍的药物	镇痛药、抑酸药(西咪替丁、雷尼替丁)、避孕药等
可导致多尿或多汗的药物	利尿药、利尿类抗高血压药等

三、特殊剂型用药指导

在提供用药指导时，除了常规的指导，以及针对特殊人群的特殊注意事项，一些特殊剂型也应向患者解释清楚，提高用药依从性，以做到合理用药。特殊剂型用药注意事项见表 11-4。

表 11-4 特殊剂型用药注意事项

剂型	注意事项
滴丸剂	剂量不宜过大；少量温开水送服；保存时不易受热
泡腾片	用 100～150mL 凉开水或温开水，等完全溶解或气泡消失后再饮用，严禁直接口服或含服；不应让幼儿自行服用
舌下片	迅速含于舌下 5min 左右；不能搅动、咀嚼、吞咽，不要吸烟、进食，保持安静少说话；服药后 30min 内不宜进食或饮水
咀嚼片	咀嚼充分；咀嚼后少量温开水送服；用于中和胃酸时宜在餐后 1～2h 服用
缓控释制剂	除非另有说明，应完整吞服，严禁嚼碎或压碎服用；一般一天用药 1～2 次，服药时间宜固定；某些控释片在胃肠道中释放有效成分后原型骨架随大便排出
肠溶片(胶囊)	除非另有说明，应完整吞服，不得嚼碎或压碎服用；胶囊不宜打开服用
混悬液	使用前应充分摇匀
乳膏剂、软膏剂	使用前皮肤清洗干净；破损、溃烂、渗液的部位一般不用；涂布部位如有红肿、瘙痒等应停用；部分药物(如尿素)涂敷后封包提高疗效；涂敷后轻轻按摩，涂层不宜过厚；不宜用于口腔、眼结膜
含漱剂	按说明书要求稀释溶液；含漱时不宜咽下；含漱后半小时不宜饮水或进食
滴眼剂	清洁双手，头后仰，轻轻拉开下眼睑，将药水滴入下眼睑内；瓶口不要接触眼睛；滴后闭眼 2min 左右，用纸巾轻轻擦去溢出的药液；如同时使用两种或以上滴眼液，应间隔 10min 以上；先滴病症轻的后滴病症重的；滴眼液打开超过 1 个月的不再使用
眼膏剂	眼膏一般在晚上睡前涂敷；涂敷后眨眼数次使药膏分布均匀；其他同滴眼液
鼻用喷雾剂	坐位，头微前倾；用力振摇喷雾剂后将喷头尖端塞入一个鼻孔；先呼气；按动阀门，一次 1～2 撤，同时吸气；喷药后头尽量前倾 10s 左右；更换鼻孔，如上操作；使用后用凉水清洁喷头
气雾剂和吸入粉雾剂	口腔内食物和水咽下，尽量将痰咳出；用前摇匀，嘴唇贴近喷嘴，并尽量呼尽肺内气体；于深吸气同时按压阀门，同时屏住呼吸 10～15s，后用鼻呼气；含激素的喷剂用后温水漱口

续表

剂型	注意事项
阴道栓	洗净双手,仰卧床上,双膝屈起并分开;用置入器或戴指套,将栓剂尖端部向阴道口塞入,并用手向下向前方向推到阴道深处;置入栓剂后并拢双腿,保持仰卧20min;给药后1~2h尽量不排尿;尽量睡前给药;月经期停用,过敏停用;如夏季栓剂软化,可在使用前放冰箱冷藏10~20min;使用栓剂后注意防止污染衣物
直肠栓	洗净双手,侧卧床上,大腿前屈贴腹部,小腿伸直,儿童可趴在大人腿上;放松肛门,带指套,将栓剂尖端塞入肛门,并轻轻推进,儿童2cm,成人3cm,用后合拢双腿保持侧卧15~20min;用药后1~2h尽量不排大便(刺激性泻药除外);如夏季栓剂软化,可在使用前放冰箱冷藏10~20min;使用栓剂后注意防止污染衣物

第三节　药物治疗管理

药物治疗管理的概念是在 2003 年美国最先提出的,是一项由药师提供的药物治疗管理服务。药物治疗管理服务与处方调剂和患者取药时药师提供的常规咨询存在明显的差异。药物治疗管理是一项以患者为中心的服务,不仅关注患者使用的药品,还关注患者的整个用药过程,需要分析和评估患者病情及患者所服用的全部用药方案。

药物治疗管理服务与疾病管理项目也完全不一样。药物治疗管理是全面解决患者潜在的或实际存在的药物治疗问题,而疾病管理项目则注重具体疾病的患者教育和管理。但是高级的 MTM 服务是包括疾病管理的一些内容的,比如帮助患者测量血压、监测血糖及血脂管理。MTM 服务依据患者的情况可以进行全面性或目标性的药物治疗评估,也是疾病管理的一个重要组成部分。

一、药物治疗管理的概念

药物治疗管理(Medication therapy management,MTM)是指具由药学专业技术优势的药师对患者提供用药教育、咨询指导等一系列专业化服务,从而提高用药依从性、预防患者用药错误,最终培训患者进行自我的用药管理,以提高疗效。

二、药物治疗管理的核心要素

MTM 的核心要素包括:药物治疗评估(medication therapy review,MTR)、个人用药记录(personalmedication record,PMR)、药物治疗行动计划(medication-related action plan,MAP)、干预和转诊(intervention and/or referral)以及文档记录和随访(documentation and follow-up)。

1. 药物治疗评估

药物治疗评估(MTR)是一个系统面全面的过程,是收集患者基本信息、评估药物治疗、确定药物治疗相关问题、将问题排列优先解决的顺序并拟定相应的解决方案。

列出之前所用药品目录、建立解决问题计划等。

2. 个人用药记录

个人用药记录(PMR)是全面记录患者的用药情况,包括处方药、非处方药、草药和膳食补充剂。PMR 应记录药物名称、服用方法、服用剂量、药物服用的起止日期、处方医生和医院、特殊说明等。理想的情况是将 PMR 做成便于携带的电子记录卡，记录可以通过患者在药师助理或药师的协助下完成，也可以在患者已存记录基础上更新。

3. 药物治疗行动计划

个人用药记录是以药物治疗行动计划（MAP）患者为中心的列表文件，便于追踪患者情况和进行患者自我管理。MAP 包括药物治疗相关问题清单、解决相关问题的建议、预约药师随访信息等。

4. 干预和转诊

通过干预治疗，解决和减少以及避免在评估过程中发现的药物相关问题，是药师在专业范围内为患者提供的增值服务。当患者病情发生变化或超出药师职业范围时，应建议患者去看医生。

5. 文档记录与随访

文档记录与随访是 MTM 服务过程中最基本的要素，提供的服务应该以统一的格式进行记录，根据患者用药相关需要或其他情况安排随访。

三、药物治疗管理的意义

MTM 服务可以通过面对面或电话交流进行，但面对面交流更有利于药师与患者之间建立良好的治疗关系，药师可以直接通过观察和评估患者潜在的药物治疗相关问题而呈现出来的体征和症状，有助于早期发现药物治疗问题、减少不合理用药、减少急诊和住院的次数。与患者直接接触交流，药师可以更深入了解患者是否真正理解和接受药师的建议。不管是面对面交流的方式，还是电话交流的方式，MTM 服务都需要药师具备良好的沟通能力和评估患者用药的能力。

目前许多患者还不熟悉药师所提供的药物治疗管理服务以及可以为其带来的益处，所以要加强药学专业人员人际交流沟通技能，在简短的时间内（1～2min）传播出清晰的信息，如 MTM 是做什么的、我能为您提供什么样的药物解决方案等，使药物治疗管理服务能真正为患者带来益处。

四、药历

药历（medication history）是药师为参与药物治疗和实施药学服务而为患者建立的用药档案。它源于病历，但又有别于病历，是由药师填写，客观记录患者的用药方案、用药经过、药效表现、不良反应、治疗药物监测、各种医学实验室检查数据、药师对药物治疗的建设性意见、用药指导和对患者的健康教育忠告等内容，可作为药师掌握用药情况的资料。

1. 药历的作用与要求

药历是药师进行规范化药学服务的具体体现，是药师以药物治疗为中心，发现、分析和解决药物相关问题的技术档案，也是开展个体化药物治疗的重要依据。书写药历要客观真实，记录药师实际所做的具体内容、咨询的重点及相关因素，此外还应注意，药历内容应该完整、清晰、易懂，不用判断性语句。

2. 药历的主要内容与格式

中国药学会医院药学专业委员会结合国外模式，发布了国内药历的推荐格式，包括以下项目。

（1）基本情况　患者姓名、性别、年龄、体重或体重指数、出生年月、病案号或病区病床号、医保和费用支付情况、生活习惯和联系方式。

（2）病历摘要　既往病史、体格检查、临床诊断、非药物治疗情况、既往用药史、药物过敏史、主要实验室检查数据、出院或转归。

（3）用药记录　药品名称、规格、剂量、给药途径、起始时间、停药时间、联合用药、进食与嗜好、药品不良反应与解救措施。

（4）用药评价　用药问题与指导、药学干预内容、药物监测数据、药物治疗建设性意见、结果评价等。

此外还有国务院卫生行政部门临床药师培训工作教学药历格式；以及国外的 SOAP 药历模式、TITRS 模式等可供参考。

自测练习

一、单项选择题

1. 针对老年人用药咨询时，应当注意（　　）

A. 语速宜加快，适当地多用文字、图片的形式

B. 语速宜放慢，适当地多用文字、图片的形式

C. 语速宜加快，适当地少用文字、图片的形式

D. 语速宜放慢，适当地少用文字、图片的形式

2. 糖皮质激素一般在（　　）给药。

A. 上午 7～8 时　　　　B. 下午 2～3 时　　　　C. 晚上睡前　　　　D. 每日三餐后

3. 最常用最安全方便的用药方法是（　　）

A. 静脉注射　　　　B. 皮肤涂抹　　　　C. 吸入　　　　D. 口服

4. 以下在驾驶车辆前不宜服用的药物是（　　）

A. 阿莫西林　　　　B. 氨茶碱　　　　C. 苯海拉明　　　　D. 维生素 C

5.（　　）是药师为参与药物治疗和实施药学服务而为患者建立的用药档案。

A. 病历　　　　B. 药历　　　　C. 台账　　　　D. 药典

二、多项选择题

1. 用药咨询中应当关注哪些问题（　　）

A. 特殊人群特殊对待　　　　　　　　B. 运用恰当的解释技巧

C. 尊重患者，保护患者隐私　　　　　D. 及时回答，不拖延

E. 一视同仁地对待所有患者

2. 不宜用热水送服的药物主要有（　　）

A. 助消化药　　　　B. 抗高血压药　　　　C. 含活菌制剂

D. 抗生素制剂　　　　E. 活疫苗

3. MTM 的核心要素包括（　　）

A. 药物治疗评估　　　　　　　　　　B. 个人用药记录

C. 药物治疗活动计划　　　　　　　　D. 干预治疗和（或）提出参考意见

E. 文档记录和随访

三、简答题

1. 常规用药指导应从哪些方面进行指导？

2. 指导老年人用药应注意哪些方面？

3.应如何指导患者使用滴眼剂?

实训练习

1.小王是一位女性白领，今年32岁，已婚，平时自己开车上下班。一天前吃了一盘海鲜后，身上出现红疹，伴瘙痒，有几个地方还被抓破了。现在她来药店购买马来酸氯苯那敏片和皮炎平软膏，请分析她要购买的药品是否合适？如果不合适，请推荐更合理的药品，并对她进行用药指导。

2.张大爷今年70岁了，患有高血压20多年了。三天前因为血压控制得不好，在医生建议下来药店购买了"硝苯地平控释片"，可今天早上张大爷上厕所时发现整个药片随着大便排了出来。张大爷对这个药有疑惑，来药店咨询，请针对他的情况进行指导。

第十二章
药品营销

学习目标

本章学习内容包括药品营销的基本理论知识及操作技能。通过本章学习，达到以下要求：了解医药市场调查的概念、市场细分的定义、目标市场概念；熟悉医药市场调查内容和方法、产品整体概念、市场细分的标准、目标市场选择的策略以及市场定位的策略；掌握产品生命周期、价格策略、渠道类型、促销策略；能够对医药产品市场进行调研，学会制定医药产品渠道策略以及促销策略。

第一节 医药产品市场调查

一、医药市场调查的概念与内容

1. 医药市场调查的概念

狭义的市场调查是对顾客做的调查，是运用科学的方法和手段收集消费者对产品购买及其使用的数据、意见、动机等有关资料，并分析研究。

广义的市场调查包括从认识市场到制定营销决策的全过程的调查，是运用科学的方法和手段，收集产品从生产者转移到消费者手中的一切与市场活动有关的数据和资料，并进行分析研究的过程。

医药市场调查就是根据预测、决策的需要，运用科学的手段和方法，有目的有计划地搜集、记录、整理、分析有关医药市场信息的活动。

2. 医药市场调查的内容

医药市场调查的内容非常广泛，包括医药企业市场营销的各个方面。具体地说，可以概括为以下四个方面。

（1）医药市场需求调查　消费者需求和欲望是企业活动的中心和出发点，医药产品市场需求调查时医药市场调查的核心内容。

（2）医药消费者行为调查　医药消费者行为呈现出情感、个性化和多样化的特征，因此对消费者的调查显得尤为重要。

（3）市场销售组合因素调查　市场销售组合因素调查主要是包括医药产品调查、药品价格调查、医药分销渠道调查和促销调查四项内容。

（4）医药市场环境调查　即对医药企业所处的市场营销环境进行调查。

二、医药市场调查的方法

（1）询问法　询问法是用来获取第一手数据的常用方法。调查人员将拟定的调查事项以面谈、电话或书面向被调查者提出询问，以获得所需信息的方法。主要形式有面谈、电话访谈、邮寄询问等。

（2）观察法　调查人员直接或通过仪器在现场观察和记录调查对象的行为反应或感受的一种收集信息方法。在医药市场信息收集中经常使用此法。

（3）实验法　实验法是指在一定条件下，通过实验对比，对某些变量之间的因果关系及其变化过程加以观察分析的一种方法。如将某一品种的药品改变其包装或价格或广告形式或改变销售渠道以后，对药品销售量的影响，先小范围实验，再决定是否推广。

（4）网络调查法　网络调查作为一种重要的现代调研技术和方法，得到越来越多的重视和运用。提高安全性，是网络调查有待解决的一个重要问题。

三、医药市场调查的步骤

为保证医药市场调查的系统性和准确性，市场调查行动应遵循一定的科学程序。

1. 确定调查目的

通过确定调查目的，可以明确为什么要调查、调查中想要了解什么、调查结果有什么用处、谁想知道调查的结果等。

2. 确定调查项目

确定调研项目就是要明确选择调查的具体问题，原则上不宜过宽泛，也不宜太狭窄。宽泛造成收集成本提高，同时过多的资料往往难以决策，而过于狭窄，又有可能做出片面的决定。

3. 设计调查方案

（1）确定收集的资料来源　依据信息资料的来源不同，可分为一手资料和二手资料。一手资料是为当前某种特定目的、通过实地调查而收集的原始资料，二手资料是已经存在，并已经为某种目的而收集起来的资料。

（2）选择调查方法　选用的方法是否得当，对调查结果的结果影响极大。

（3）确定调查对象及抽样样本　设计抽样计划，抽样计划包括三部分。

① 抽样单位：向什么人调查。

② 样本大小：向多少人调查。

③ 抽样方法：是随机抽样还是非随机抽样等。

抽样样本的大小、多少是由调查对象的规模大小决定，抽样的样本要求是科学、合理、有代表性、典型性。

（4）设计调查问卷　设计问卷是一项重要工作，问卷设计的好坏对结果影响很大。问卷是由一系列问题组成，提出问题的形式有是非题、选择题、自由题。另还要根据收集的目标，设计、观察记录表、实验记录表、统计表等。

（5）确定预算费用　调查预算就是调查活动的资金安排。主要项目有资料收集费用、资料加工整理费用、其他费用。为防止意外情况发生，预算应留有一定的余地和弹性。

（6）部署调查人员　部署调查人员包括组织调查人员的培训、区域分工、将调查工作明细化、明确各调查人员的工作职责、明确人员间的相互协调配合方法。

4. 实施调查

设计好调查方案后，就可以开始按照方案要求进行市场信息的收集。收集信息是关系到市场调查成功与否的关键一步。

5. 调查结果处理

将调查收集到的资料采用科学的方法，进行整理、分类、编号，以便查找、归档，统计分析。然后进行编校，消除资料中的错误和不准确的因素，统计计算并得出结论，撰写调查报告。

第二节　医药目标市场营销战略

目标市场营销战略即STP战略，包括医药市场细分、目标市场选择及医药产品市场定位，是企业营销机会选择和确定过程中的三个互相联系、不可分割的环节。

一、医药市场细分

1. 市场细分的定义

市场细分是指企业通过市场调研，根据顾客对医药商品的不同欲望与需求、不同的购买行为与购买习惯，把某一产品（或服务）的整体市场即全部顾客和潜在顾客，划分成具有某种相似特征的若干子市场的过程。

通过市场细分，不仅有利于企业发现市场机会，而且有利于企业合理地选择目标市场，有效地配置有限的资源，集中力量提供有特色的产品和服务，更好地为目标顾客服务。

2. 医药市场细分标准

医药市场上的需求千差万别，影响因素也是错综复杂。对医药商品市场的细分没有一个固定的模式，企业可根据自己的特点和需求，采用适宜的标准进行细分，以求得最佳的市场机会。市场细分运用遵循求大同存小异的原则。具有代表性的市场细分标准主要有：地理特征、经济文化特征、人口变量特征、心理特征行为特征等，每一细分标准中又包含不同的具体细分变数。对于医药市场而言，还可以根据消费者的病程进行细分，如症状、疗程、用药地位（主药和辅药）等。

二、医药目标市场选择

（一）医药目标市场的概念

医药目标市场是指医药企业根据自身的经营条件和环境所确定要进入并满足其需求的市场。确定目标市场是企业根据自身条件和特点选择某一个或几个特定细分市场的过程。

（二）医药目标市场选择步骤

1. 评估细分市场

每个企业的资源是有限制的，并不一定有能力进入细分市场中的每个子市场，也不是所有子市场对企业都有吸引力，这就要求评估不同细分市场时应考虑市场吸引力、市场的威胁及企业目标与资源。

2. 确定目标市场选择的模式

企业通过细分市场评估后，将决定进入哪些细分市场即选择目标市场。常见的进入目标市场是模式有以下五种。

（1）密集单一市场 企业在众多的细分市场中只选取一个细分市场进行集中营销。选择单一细分市场集中化模式的企业一般考虑：该细分市场中没有竞争对手，企业资金有限，具备在该细分市场从事专业化经营或取胜的优势条件。应用此模式成本小，但风险较大，一旦该细分市场不景气或有强大的竞争者出现，企业易陷入困境。

（2）产品专业化 企业专注于生产某一种或某一类产品，并向各类顾客销售这种产品。应用此模式有利于企业形成和发展生产和技术上的优势，在该专业化产品领域树立形象。但当该产品领域中出现一种全新的替代品时，企业将面临巨大的冲击。

（3）选择专业化 企业选取若干个细分市场作为目标市场，其中每一个细分市场都具有良好的吸引力，且符合企业的目标和资源。应用此模式能有效地分散经营风险，但成本较高。应用此模式的企业应具有较强的资源和营销实力。

（4）市场专业化 企业集中生产某一市场某一顾客群体所需要的各种产品。由于经营的产品类型众多，能有效地分散经营风险，并树立良好的形象，容易打开产品销路。但是当这类顾客由于某种原因购买力下降时，会产生销量滑坡风险。

（5）市场全面覆盖 企业生产各种产品满足各种顾客群体的需要。有能力应用此模式的只有实力雄厚的超大型企业。

3. 制定满足目标市场的策略

企业选择进入目标市场的模式不同，所选择的市场覆盖模式将不同，所采用的营销策略也将不同。

（1）无差异性市场策略 指企业把整个市场作为自己的目标市场，只提供一种产品或服务，采用一套市场营销方案吸引所有的顾客。这种策略的优点是：生产、经营产品单一，服务规范化、模式化，容易保证质量，成本低、经费少、利润率高，从而提高企业竞争力。缺点是：忽视了需求的差异性，部分需求得不到满足，对大多数生产企业不适用。

（2）差异性市场策略 企业将整个市场细分，选择若干细分市场作为目标市场，并针对不同子市场的需求特点，设计不同的产品，制定不同的营销策略，满足不同的消费需求。这种策略的优点是：适应不同的消费者需求，有利于扩大销售，提高市场占有率；能降低企业风险，使企业具有抵御外部环境的干扰能力；易于取得连带优势，有利于企业树立良好形象。缺点是：增加了设计、制造、管理、仓储和促销等方面的成本。随着社会竞争的加剧，该策略被越来越多的大中型企业广泛使用。

（3）集中性市场策略 企业选择一个或少数几个子市场作为目标市场，为该市场开发特定产品，制定一套营销方案，集中力量为之服务，争取在较少的目标市场上占较大的市场份额。优点是：能集中优势力量，在某个或几个子市场上寻求发展，降低成本，有利于提高企业和产品的知名度。缺点是：有较大经营风险。中小型企业受自身条件限制一般采用该策略。

三、医药目标市场定位

（一）市场定位的概念

市场定位就是针对竞争对手现有产品在市场上所处的位置，根据消费者或用户对该种产品某一属性或特征的重视程度，为产品设计和塑造出本企业产品与众不同、给人印象鲜明的个性或形象，并通过一系列营销活动把这种个性或形象强有力地传达给目标顾客。

（二）市场定位策略

目标市场定位主要根据竞争者的状况、本企业的经营状况、目标市场消费者的需求状况来定位。

1. 产品定位

侧重于产品实体定位，根据产品质量、成本、特征、功能、有效性、用途、款式、档次来定位。

2. 使用者定位

针对企业的目标顾客群定位，即根据目标市场消费者希望得到什么样的利益和结果，然后是企业能够创造什么产品和利益。

3. 竞争定位

（1）迎头定位 针对竞争对手的定位而定位，亦可视为对抗定位，即把本企业产品定位在与竞争者相似或相近的位置上，同竞争者争夺同一细分市场。

（2）拾遗补缺定位（避强定位） 企业将产品定位于与目标市场上竞争者不同的市场位置，使自己的产品特征与竞争者有比较显著的区别。

（3）市场缝隙定位 寻找尚未被占领的市场，即填补市场的空白。开发新产品或更新换代产品时，一般采用该定位。特别是新产品，往往寻找产品的某些特性是市场的空白领地来开发市场，这种定位往往容易奏效。

（4）重新定位 市场是纷繁复杂的，市场是不断变化的，消费者的需求和偏好也不是一成不变的。在原有的定位不适应新的市场形势时应考虑重新定位。

第三节 医药市场营销组合策略

市场营销组合策略指的是企业在选定的目标市场上，综合考虑环境、能力、竞争状况对企业自身可以控制的因素，加以最佳组合和运用，以完成企业的目的与任务。1953年，美国人尼尔·博登提出了"市场营销组合"这一名词，总结了12个影响企业营销活动的因素。1960年，杰罗姆·麦卡锡在其《基础营销》中将博登提出的12个要素进行了整合，概括为4类：产品（product）、价格（price）、渠道（place）、促销（promotion），即著名的4P营销组合策略。

一、医药市场产品策略

1. 药品整体概念

药品整体概念是指一切能满足消费者某种利益和欲望的物质药品和非物质形态的服务，即现代营销意义上的药品。

具体来讲，可把产品整体概念划分为三个层次，即核心产品、有形产品和附加产品。核心产品是药品整体概念中最基本和最主要的层次。它是指消费者购买某种药品时所追求的基本效用和利益，是消费者需要的中心内容。有形产品是指核心药品所展示的全部外部特征，即呈现在市场上的药品的具体形态或外在表现形式，主要包括药品实体及其式样、质量、特色、品牌、包装等。附加产品是指消费者因购买形式药品时所获得的各种附加服务与利益，包括咨询、提供信贷、免费送货、安装、售后服务、质量保证或承诺等。

2. 药品生命周期

产品的生命周期是指产品从开始进入营销直到退出营销所经历的时间。典型的产品生命周期一般可分为导入期、成长期、饱和期和衰退期四个阶段。

二、医药市场价格策略

1. 撇脂定价策略

又称高价掠取策略，即在新药上市之初，价格尽量定得很高，以便在短期内获得高额利润。适用于一类、二类新药，产品差异大，价格弹性小，少量生产。优点：①利于投资迅速回收，减少风险；②定高价格，利于降价，掌握主动权；③为企业生产能力的扩大和市场发展相适应创造机会。

2. 低价渗透策略

又称薄利多销策略，是指新药上市之初，把价格定在相对较低的水平上，以"物美价廉"吸引购买者，迅速抢占市场。适用于三类、四类新药以及仿制药定价。

优点：①消费者能迅速接受新产品，市场导入期短；②销量增多，市场份额扩大，从而降低成本。

3. 中间定价策略

又称满意定价策略，介于撇脂定价与渗透定价之间，达到厂商、患者、竞争者都满意。这一策略的目的是在长期稳定的增长中，获取平均利润。因此，这一策略为众多企业所重视。

4. 心理定价策略

主要应用于药品零售环节。常用的心理定价策略包括尾数定价策略、声望定价策略、最小单位定价策略等。

5. 折扣、折让策略

主要针对药品批发企业和零售企业。常见的折扣、折让策略包括数量折扣、现金折扣、交易折扣、推广折扣等。

三、医药市场渠道策略

市场营销渠道也称贸易渠道或分销渠道，是指产品或服务从生产者向消费者或最终用户转移过程中所经过的一切取得所有权（或协议所有权转移）的商业组织和个人。简言之，营销渠道就是产品在其所有权转移过程中从生产领域进入消费领域的途径。有效的渠道策略可以让消费者和客户在他们需要的时间、需要的地点以他们乐于见到的方式购买其需要的商品与服务。

四、医药市场促销策略

促销组合就是把人员推销、广告、营业推广、公共关系等具体形式有机地结合起来，综合运用，形成一个整体的促销策略。

1. 医药人员推销

人员推销是指企业销售人员与顾客直接进行面对面接触、洽商，通过相互的沟通和交流，促进商品和服务的销售，并且通过信息的反馈来发现和满足顾客的促销方式。

人员推销在促销领域发挥着重要作用，其最大的特点是：双向信息交流，针对性强，有助于营销人员及时掌握顾客的需要，随时调整自己的推销方案，在争取顾客偏爱、建立顾客购买信息和促成当面迅速成交等方面效果显著。

2. 医药产品广告

广告是企业界使用最为广泛的促销手段。药品广告是以销售药品为目的的产品广告，它是通过多种媒体向社会宣传药品，以加强药品的生产者和经营者与用户之间的联系，从而达到销售药品、指导患者合理用药的目的。

广告可以用来激发欲望、刺激销售，又可用来树立企业产品形象。广告可用较低的成本将信息有效地传递给地理位置比较分散的购买者。但是医药产品的广告要受到国家有关法规的限制，处方药不得对公众做广告宣传，只能在学术杂志上传播。

3. 医药企业营业推广

医药企业的营业推广是指通过短期的推销活动，直接引导和启发、刺激顾客，以提高其购买兴趣，促其立即作出购买行为。它是介于人员推销与广告之间的一种特殊的推销方法。医药企业营业推广方式有针对最终消费者的医药营业推广、针对中间商的营业推广、针对医院的医药营业推广。

4. 医药公共关系促销策略

公共关系就是一个社会组织为了推进相关的内外公众对它的知晓、理解、信任、合作与支持，塑造组织形象、创造自身发展的最佳社会环境，利用传播、沟通等手段而努力采取的各种行动以及由此而形成的各种关系。公共关系作为促销组合因素之一，在刺激目标顾客对医药产品的需求、增加销售、改善形象、提高知名度等方面起着十分重要的作用。公共关系是一种隐性的促销方式，它是以长期目标为主的间接性促销手段。常见的医药企业公关促销方式有以下方式：药品推广会、开放参观日、赞助活动、公共促销等。

自测练习

一、单项选择题

1. 市场细分的概念最早由（　　　）提出。

A. 菲利普·科特勒　　　B. 温德尔·史密斯　　　C. 马斯洛　　　　　　　D. 亚当·斯密

2. 按年龄、性别、家庭规模、家庭生命周期、收入、职业等为基础细分市场是属于（　　　）

A. 地理细分　　　　　　B. 心理细分　　　　　　C. 人口统计细分　　　D. 行为细分

3. 某药厂只生产抗微生物药，满足被微生物感染患者的需求。该目标市场模式为（　　　）

A. 市场集中化　　　　　B. 产品专业化　　　　　C. 市场专业化　　　D. 选择专业化

4. 企业市场定位是把企业产品在（　　　）确定一个恰当的地位。

A. 顾客心目中　　　　　B. 产品质量上　　　　　C. 市场的地理位置上　D. 产品价格上

5. 购买折让、免费货品、商品推广津贴、合作广告、推销金、经销商销售竞赛等属于针对（　　　）的促销工具。

A. 中间商　　　　　　　B. 消费者　　　　　　　C. 推销人员　　　　　D. 产业用品

二、多项选择题

1. 药品市场细分的因素有（　　　）

A. 地理因素　　　　　　B. 心理因素　　　　　　C. 人口统计因素

D. 行为因素　　　　　　E. 法律因素

2. 目标市场策略包括（　　　）

A. 无差异策略　　　　　B. 产品专业化策略　　　C. 差异化策略

D. 集中性策略　　　　E. 消费者分析策略

3. 目标市场选择的模式有（　　）

A. 密集单一型市场　　B. 产品专业化　　　　C. 选择性专门化

D. 市场专业化　　　　E. 完全覆盖市场

三、简答题

1. 差异化营销策略的优缺点有哪些？

2. 医药目标市场定位方法常见有哪些？

实训练习 📝

　　某药品超市是某医药连锁公司第一家、也是最大的门店，位于繁华的市内居民区，周边居民以本地人为主，与店内人员相熟，对价格比较敏感。临近国庆节，门店打算进行一次促销活动，提升药店影响力，增加销售量。请你根据促销策划方案的要求，制定一份国庆节七天的促销活动方案。

第十三章
经济核算

学习目标

本章学习内容包括经济核算的理论知识和操作技能。通过本章的学习，达到以下要求：了解经济核算的意义；熟悉经济核算的定义和任务；掌握经济核算的内容和经济核算指标。能够运用各种经济核算指标对药品经营过程进行核算。

第一节　经济核算概述

经济核算是指通过簿记和算账，对生产经营过程中的劳动消耗和劳动成果进行记录、计算和分析研究的活动。它是任何生产过程中的共同要求，生产社会化程度越高，这种核算越重要。

一、药品经营企业经济核算的意义

1.有利于提高企业的经济效益

经济核算是对企业经济活动的一种价值管理，是企业实现现代化科学管理的重要方面。在药品生产和药品交换的经济活动中，通过强化财务会计工作加强经济核算，合理使用人力、物力和财力，降低费用水平，发挥其提高企业经济效益的作用。

2.有利于贯彻执行财经法规和财务制度

企业的每一项具体的经济业务活动，都会涉及财经法规、财务制度和财经纪律的有关规定。而各项经济业务活动情况及其结果，又都要利用财务会计来进行记录和反映。因此，经济核算就可以在记录、反映各项经济业务的同时，监督、检查其贯彻、执行和遵守国家的财经法规、财务制度和财经纪律的情况。

3.有利于对企业资金进行全面的考核和科学的分析

经济核算可以充分利用各种财务会计核算资料，对企业的资金使用效果进行全面的分析、考核，挖掘企业内部潜力，进一步盘活企业资金，加速资金周转，更有效地节约人力、物力、财力，提高企业的经济效益。

4. 有利于保护国家和企业财产物资的安全

利用会计资料和有关会计账簿，对企业资金和财产进行连续、全面、系统地反映和监督，可随时检查企业资金和物资的数量，账物相符，账账相符，防止各种财产物资的丢失、毁损、浪费，从而堵塞漏洞，杜绝贪污、浪费、损公肥私等违法乱纪行为的发生，切实地保护国家和企业财产物资的安全，保护所有者权益。

二、药品经营企业经济核算的内容

药品经营企业经济核算的内容是由企业资金运动的内容所决定的，其基本内容如下。

1. 资金核算

资金核算包括资金筹集和运用的核算。主要有资金筹集管理、流动资金管理、固定资金管理和专项资金管理。通过资金核算，合理筹措使用资金，提高资金利用效果。

2. 费用核算

费用核算包括药品流通费的核算和其他开支的核算。费用和开支是企业组织药品流通的耗费。通过费用核算，既要保证组织药品经营的需要，又要节约费用支出，降低成本，提高企业经济效益。

3. 利润核算

利润核算包括税金和利润的核算。企业正确计算销售收入和利润，依法纳税，按规定合理分配税后留利，正确处理国家、企业和职工之间的物质利益关系。

三、药品经营企业经济核算的任务

药品经营企业经济核算的基本任务是：正确处理经营过程中的各种财务关系，保证企业以较少的资金消耗和资金占用，取得较大的销售收入和利润，为实现企业的根本任务服务。具体任务有以下几个方面。

1. 积极筹措和供应资金，保证药品流通的需要

经济核算管理的首要任务是筹集资金，及时组织资金供应，合理节约地使用资金，保证企业经营活动的顺利进行。

2. 降低经营成本，增加企业盈利

经济核算管理要借助于资金、成本和各项费用定额，对购、销、运、存等经营过程实行财务监督，以便控制资金占用和费用开支，加速资金周转，促使企业合理地使用人力和物力，以尽可能少的耗费取得尽可能大的经济效益。

3. 分配企业收入，完成上缴任务

企业财务部门对已实现的销售收入要合理进行分配，正确补偿销售成本，完成国家税收，上缴利润，归还到期贷款，及时清理债权、债务，发放工资和奖金，正确处理有关各方面的利益关系。

4. 实行财务监督，维护财经纪律

财务监督就是利用财务制度对企业经销活动所进行的控制和调节，其目的在于发挥经济核算对经营活动的积极能动作用。财务部门通过它的职能活动对企业各个环节上的货币收支和各方面发生的经济关系进行监督，保证财经纪律的执行。

第二节 经济核算指标

一、满足社会需要程度的经济指标

1. 药品销售额

这是指医药企业在一定时期内销售药品数量的货币表现，是整个经济核算指标体系中最基本的指标，是评价经济效益的基础。因此，同一时期内药品销售额越多，反映企业满足社会需求的程度越大。评价时一般用销售计划完成率来表示。

$$销售计划完成率 = \frac{实际完成销售额}{计划销售额} \times 100\%$$

2. 经营品种数

这是指企业经营药品的不同品种、规格、剂型的总数，也是反映企业满足社会需要的指标。在同一时期内，企业经营品种越多，反映社会需要满足程度越大，评价时多用经营品种完成率表示。

$$经营品种完成率 = \frac{实际经营品种}{必备目录品种数} \times 100\%$$

3. 药品适销率

这是指适销对路药品与库存药品的对比。它反映企业药品资金占用是否合理和满足社会需要的程度。其公式如下。

$$药品适销率 = \frac{库存适销药品总额}{库存药品总额} \times 100\%$$

4. 药品市场占有率

这是指企业经营的某种药品销售量（或额）占该药品市场总销售量（或额）的比重。其公式如下。

$$药品市场占有率 = \frac{本企业某种药品实际销售量（或额）}{同类药品市场实际销售总量（或额）} \times 100\%$$

二、劳动耗费的经济指标

1. 药品流通费

这是指企业在一定时期内药品流通过程中的全部支出。这个指标常用费用额和费用率表示。费用额是指全部支出的绝对额，包括经营费用、管理费用和财务费用。费用率也称费用水平，是指企业在一定时期内药品流通费用额与药品销售额的百分比，药品流通费与经济效益成反比例关系。其公式如下。

$$费用率 = \frac{药品流通费用}{药品销售总额} \times 100\%$$

2. 劳动效率

这是指在一定时期内每个职工所完成的工作量指标。它反映药品销售额与劳动消耗之间的对比关系。正常情况下，劳动效率与经济效益成正比例关系。计算公式如下。

$$劳动效率 = \frac{药品销售额}{职工平均人数}（万元/人）$$

$$职工平均人数 = \frac{月初在册人数 + 月末在册人数}{2}$$

三、劳动占用的经济指标

药品经营企业要想提高经济效益，就必须合理地运用药品资金，减小占用，加速周转，从而节约药品资金。

1. 药品资金周转速度

这是由药品周转次数或周转天数表示的。在一定时期内（一年、一季、一月）所周转的次数或周转一次所需要的天数叫药品资金周转速度。周转速度越快，药品资金利用率越高，经营就越好。其计算公式如下。

$$药品资金周转次数 = \frac{药品销售额}{药品资金平均占用额}$$

$$药品资金周转天数 = \frac{本期天数（年360天、季90天、月30天）}{周转次数}$$

2. 营业面积利用率

这是指一定时期内药品销售额与营业面积的对比关系。它反映了物质技术设备状况和利用程度，反映了营业人员的配备是否科学合理，是一个间接地反映劳动耗费和劳动占用的经济指标。营业面积利用率高，经营效益就大，反之则小，两者成正比，其计算公式如下。

$$营业面积利用率 = \frac{药品销售额}{同期占用的营业面积} \times 100\%$$

四、经营成果的经济指标

经营成果的经济指标是评价经营效益的综合指标，它反映企业实现的利润水平和上缴利税的综合指标。

1. 销售毛利

销售净收入（销售收入－折扣优惠）减去销售成本的差值。计算公式如下。

$$毛利 = 药品销售额收入 - 药品销售成本$$

2. 毛利率

销售毛利与销售的百分比。其意义是"每百元药品销售额所能实现的毛利"，计算公式如下。

$$毛利率 = \frac{销售毛利}{销售成本} \times 100\%$$

3. 经营利润额

这是指药品销售收入扣除进货成本、费用和税金后的余额。其计算公式如下。

$$经营利润额 = 药品销售额 - 进货成本 - 费用额 - 税金$$

4. 经营利润率

这是指经营利润额与销售额的百分比。经营利润率越高，说明经营效果越好。其计算公式如下。

$$经营利润率 = \frac{经营利润额}{药品销售额} \times 100\%$$

5. 利润额

这是指企业营业收入和营业外各项收入之和，是企业的总利润。

$$利润额＝经营利润额＋营业外收入－营业外支出$$

6. 销售利润率

这是指每销售 100 元药品获得利润额的百分比，它反映企业销售的盈利程度。其计算公式如下。

$$销售利润率＝\frac{利润额}{药品销售额}\times100\%$$

7. 药品资金利润率

这是指药品资金平均占用额与利润额的百分比，反映企业药品资金使用的综合效果。其计算公式如下。

$$药品资金利润率＝\frac{利润额}{药品资金平均占用额}\times100\%$$

五、评价药品经营企业服务效益的指标

这是反映药品经营企业服务质量和社会效果的指标。

1. 顾客满意率

顾客满意率是对企业服务态度、服务质量满意程度的评价。顾客满意率一般设满意、较满意和不满意三个等级。其计算公式如下。

$$顾客满意率＝\frac{消费者满意票数}{回收总票数}\times100\%$$

一般满意率以 85％ 为衡量标准。

2. 服务项目便利率

服务项目便利率它是企业应设置的服务项目和已设置的服务项目的对比。反映企业为顾客服务的便利程度。其计算公式如下。

$$服务项目便利率＝\frac{已实施的服务项目}{应设置的服务项目}\times100\%$$

每个企业应在经营中尽量便利消费者购货。服务项目便利率越高，越便利顾客购买，服务质量越高。

3. 药价计量准确率

药价计量准确率是企业在一定时期内准确计量药价的营业笔数与总营业笔数的对比，反映药价计量的准确程度。其计算公式如下。

$$药价计量准确率＝\frac{药价计量准确笔数}{药价计量营业总笔数}\times100\%$$

药价计量准确程度表明医药企业执行政策、遵守职业道德、公平交易、计量水平、经营管理水平等方面的程度。

 自测练习

一、单项选择题

1. 药品销售额－进货成本－费用额－税金 ＝（ ）

A. 经营利润额　　　　B. 经营利润率　　　　C. 销售利润率　　　　D. 资金利税率

2. 经营利润额＋营业外收入－营业外支出＝（　　　）

A. 销售额　　　　　　　B. 利润额　　　　　　　C. 利税率　　　　　　　D. 利润率

3. 顾客满意率是对企业服务态度、服务质量满意程度的评价。顾客满意率一般设满意、较满意和不满意三个等级，一般满意率为（　　　）

A. 85％　　　　　　　B. 75％　　　　　　　C. 90％　　　　　　　D. 60％

4. 资金利税率是指上缴利税总额与（　　　）的百分比，它反映企业实现利润和上缴税金水平的综合指标。

A. 销售额　　　　　　　B. 利润额　　　　　　　C. 资金占用额　　　　　　　D. 利润率

5. 不属于药品经营企业经济核算的内容有（　　　）

A. 资金核算　　　　　　B. 利润核算　　　　　　C. 费用核算　　　　　　D. 税金

二、多项选择题

1. 评价药品经营企业服务效益的指标有（　　　）

A. 顾客满意率　　　　　B. 服务项目便利率　　　　C. 药价计量准确率

D. 药品资金利润率　　　E. 利润核算率

2. 药品经营企业经济核算的内容有（　　　）

A. 资金核算　　　　　　B. 利润核算　　　　　　C. 利税核算

D. 费用核算　　　　　　E. 成本核算

三、简答题

1. 药品经营企业经济核算的意义是什么？

2. 药品经营企业经济核算的任务是什么？

实训练习

某医药公司在相同的时间内，经营一部的药品销售额是 3000 万，经营利润额 300 万；经营二部的药品销售额是 2800 万，经营利润额 290 万。请问经营一部的经营利润率是多少？经营二部的经营利润率是多少？请问哪部的经营利润率高？高出多少？

第十四章
顾客服务

学习目标

本章学习内容包括医药商业礼仪的基本要求、咨询服务和投诉处理的基本知识及操作流程与技能。通过本章学习，达到以下要求：了解沟通的基本含义和技巧，不同顾客的服务接待技巧与常见情况的处理，顾客咨询和投诉的基本类型等；熟悉顾客服务、咨询服务和投诉处理的基本程序，咨询、投诉处理的基本原则等；掌握仪容仪表仪态的基本要求，文明用语表达要求，礼貌用语和服务忌语、咨询服务和投诉处理的基本技巧等；能够以合格的仪容仪表仪态服务不同类型的顾客，接待顾客咨询并做好咨询记录，能够以各种技巧处理好顾客投诉。

第一节 医药商业礼仪

一、仪容仪表和仪态

药店药学专业人员认真接待好每一位顾客，始终保持自己整洁美观的容貌、新颖大方的着装、稳重高雅的言谈举止，就能赢得顾客的信任，从而为顾客提供满意的服务，为企业创造更好的效益。学习和运用服务礼仪，不仅仅是自身形象的需要，更是提高经济效益、提升竞争力的必备利器。

（一）礼仪的原则

（1）尊重　在服务过程中，首要的原则就是敬人之心常存，掌握了这一点，就等于掌握了礼仪的灵魂。

（2）真诚　服务礼仪所讲的真诚的原则就是要求在服务过程中必须待人以诚，只有如此，才能表达对顾客的尊敬与友好，才会更好地被对方理解和接受。

（3）宽容　宽容就是要求我们在服务过程中，既要严于律己，更要宽以待人。要多体谅他人，多理解他人，学会与服务对象进行心理换位，不能求全责备、咄咄逼人。

（4）从俗　在服务工作中，对本国或各国的礼仪文化、礼仪风俗以及宗教禁忌要有全面、准确的了解，才能够在服务过程中得心应手，避免出现差错。

（5）适度 应用礼仪时必须注意技巧，合乎规范，把握分寸，认真得体。

（二）礼仪要求

医药商品是防病治病、康复保健的特殊商品，药学人员应具有与其相适应的仪容表仪态。基本要求是干净整齐、端庄大方、神清气爽、朝气蓬勃。

1. 仪容自然整洁

（1）清洁卫生 上岗前应做好自身的清洁卫生，包括头发、面部、颈部、手部的清洁，同时清除口腔及身体异味，禁止留长指甲。

（2）发型要求 上岗前必须整理好自己的发型。发型应自然大方，避免怪异的发型和发色。女性药学人员应将头发整齐束起，以免头发挡住眼睛，或给人以披头散发之感；男性药学人员不留超过发际的长发，不留大鬓角及胡须。

（3）化妆要求 女性药学人员不可浓妆艳抹，不应留长指甲和涂彩色指甲油，香水不可过浓、气味不可太怪，不戴形状怪异和镜片有色的眼镜。

2. 仪表端庄大方

（1）着装 应着企业统一的制服，保持制服整洁、熨烫平整、纽扣统一齐全，不应将衣袖或裤脚卷起，在左胸前戴好胸卡。同时要注意鞋与服装的搭配，不宜穿式样过于休闲甚至拖鞋上岗。

（2）饰物佩戴 可佩戴一枚戒指或一条项链，但式样不应过于夸张，以体现文雅端庄。

3. 仪态自然得体

（1）站姿 即头正、颈直，两眼自然平视前方，嘴微闭，肩平，收腹挺胸，两臂自然下垂，手指并拢自然微屈，中指压裤缝，两脚尖张开夹角成45°或60°，身体重心落在两脚正中，给人以精神饱满的感觉。工作中应避免倚靠柜台、双手抱肩、叉腰、插兜、左右摇摆或蹬踏柜台、嬉笑打闹等不良姿态。当只有一名药学人员时应站于柜台中央，有两名人员时应分立柜台的两侧，有三名人员时应均匀分开站立。

（2）走姿 在营业场所内走动时须保持稳健的步伐，走路时应目光平视，头正且微抬，挺胸收腹，两臂自然摆动，身体平稳，两肩不左右晃动。

（3）其他举止 在为顾客服务过程中，取物、开具票据等都要表现出训练有素，不慌慌张张、手忙脚乱，动作幅度不宜过大并始终面带微笑，给顾客以大方、亲切、健康而朝气蓬勃之感。

4. 电话礼仪

日常工作中，经常会接到顾客打来咨询的电话，也经常需要使用电话联系顾客，因此使用电话时应注意以下几点。

① 通常在电话铃声响起2声后接起电话，但也不要超过3声，否则顾客会认为公司员工精神状态不佳。

② 接起电话后应主动向对方问好，并首先报出药店名称。

③ 确定来电者的姓氏、身份，听清楚来电的目的。

④ 在接电话时注意声音和表情，养成礼貌用语随时挂在嘴边的习惯，可以让顾客感到轻松和舒适。

⑤ 接打电话时要保持端坐的姿势，不要趴在桌子边缘，这样可以使声音自然、流畅、动听。

⑥ 如果是主动打电话联系顾客，应该注意时间，不能影响顾客正常休息。

⑦ 电话接听完毕前，不要忘记复诵一遍来电要点，防止记录错误或理解偏差带来的误会。

⑧ 最后要道谢，并让顾客先挂断。

二、沟通交流

沟通包括语言沟通和非语言沟通，语言沟通是口头和书面语言沟通，非语言沟通则包括声音语气、肢体动作、面部表情等。最有效的沟通是语言沟通和非语言沟通的结合。

1. 常见沟通基本技巧

① 自信的态度，有自信的人常常是最会沟通的人。

② 体谅他人的行为，所谓体谅是指设身处地为别人着想，并且体会对方的感受与需要。

③ 直言不讳地向你所想要表达的对象告诉我们的要求与感受。

④ 善用询问与倾听，可用询问引出对方真正的想法，了解对方的立场以及对方的需求、愿望、意见与感受，并且运用积极倾听的方式，来诱导对方发表意见，进而对自己产生好感。

2. 语言表达要求

语言应用能力关系到企业的形象、商品的正常销售，沟通时语言表达应注意以下方面。

（1）语言简洁、准确、生动 在沟通中，语言应尽量简明、扼要，清楚、准确地表达事实，并有感染力，不刻板。

（2）语言亲切、诚恳 说话态度要亲切、和善，真诚恳切，把顾客当成朋友相待，设身处地为顾客着想。

（3）语调及语速 要求在工作中说话语调欢快、语速适中，以平常心与顾客交谈。

（4）说好普通话。

三、服务用语

1. 文明用语

掌握柜台日常文明用语并做到语言亲切、语气诚恳、用语准确、简洁生动，直接影响顾客对销售服务的满意程度。日常服务用语可以总结归纳为简洁的"十四字用语"，即"您、请、欢迎、对不起、谢谢、没关系、再见"。在整个销售服务过程中应掌握并灵活应用这些短语，例如：

您好！

对不起，请您稍等，我马上就来。

请原谅，让您久等了。

您需要什么？

请您这边看看。

我来帮您挑选好吗？

收您××元，找您××元，请点一下。

请别客气，这是我们应该做的。

请走好，祝您早日康复。

2. 服务忌语

服务中最需注意的是不讲粗话、脏话，不讲讥讽挖苦的话，不讲催促埋怨的话，不讲与营业活动无关的话。需要练好语言基本功，不断提高语言应用技巧，用语言为顾客营造一个和谐、文明、礼貌的购物环境。服务忌语举例：

你买得起就买，买不起就别买。

到底要不要，想好了没有。

没看见我正忙着吗？着什么急？

不知道。

谁卖你的你找谁去！

你问我，我问谁！

没上班呢，等会儿再说。

要买快点，不买站边儿上去。

四、服务接待

（一）服务接待要点与技巧

在营业中会面对很多个性化很强的顾客，如何对顾客进行随机处理，使你赢得顾客、完成销售呢？以下介绍接待操作中的方法和技巧。

1. 研究心理，区别接待

通常遇到的顾客有以下六种类型，接待时的技巧也各不相同，见表 14-1。

表 14-1　不同类型顾客的接待技巧

顾客类型与特点	接待要点	用语技巧
理智型顾客：对所要购买商品的产地、名称、规格，都说得比较完整，购买前进行反复比较、仔细挑选	接待服务要耐心，做到问不烦、拿不厌	"不要紧""再请您看看这个"或"我给您拿出几种，多比较一下好吗？"
习惯型顾客：直奔向所要购买的商品，并能讲出其产地、名称和规格，不买别的替代品	尊重顾客的消费习惯，满足他们的要求。回答问题、拿递商品要迅速	"您想看看这个吗，需要什么？我给您拿"
经济型顾客：一种是以价格低廉作为选购商品的前提条件，喜欢买便宜货；另一种是专买高档商品，要让这类顾客相信货真价实	营业员要懂商品的性能、特点，要在"拣"字上下功夫，让他们挑到满意的商品	"请您仔细挑，别着急"或"价格贵点，但质量很好！"
冲动型顾客：不问价格、质量和用途，到店就买	要在"快"字上下功夫，同时还要细心介绍商品性能、特点和作用，提醒注意考虑比较	"需要什么品牌的我马上给您拿"
活泼型顾客：性情开朗，活泼好动，选购随和，接待比较容易	多介绍、耐心宣传解释，当好参谋，在"讲"字上下功夫，指导消费	"请您看看这种，我建议您买这种药品，它比较适合您"
不定型（犹豫型）顾客：这类顾客进店后对商品拿不定主意，挑了很久下不了购买的决心	要在"帮"字上下功夫，耐心介绍商品，当好顾客参谋，帮助他们选购商品	"这种可以吗？价格低一点，质量又较好"或"这种商品是××地产的，它的特点是××"

2. 营业繁忙，有序接待

在顾客多、营业繁忙的情况下，要保持头脑清醒、沉着冷静，精神饱满、忙而不乱地做好接待工作。其接待方法如下。

（1）按先后次序，依次接待 接待时要精力充沛，思想集中，看清顾客先后次序和动态，按先后次序依次接待。

（2）灵活运用"四先四后"的原则 营业中在坚持依次接待顾客时要注意灵活运用"先易后难，先简后繁，先急后缓，先特殊后一般"的原则，使繁忙的交易做到井井有条。

（3）"接一顾二招呼三"和交叉售货穿插进行 要运用好"接一顾二招呼三"的接待方法，在接待第一位顾客时，抽出空隙询问第二个顾客，并顺便向第三个顾客点头示意，或招呼说"请稍候"。视情形采用交叉售货，将商品拿递给第一位顾客，让其慢慢挑选，腾出时间去接待购买商品挑选性不强的顾客，力争快速接待，快速成交。

（4）眼观六路，耳听八方 在同时接待多位顾客时，尽管人多手杂，有的问，有的挑，有的取货，有的开票，但需保持头脑清醒，既准确快速地接待顾客，又避免出现差错。要求做到眼快、耳快、脑快、嘴快、手快、脚快六者协调配合。

（二）接待中常见情况处理

接待中常见情况及处理方式见表14-2。

表 14-2 接待中常见情况及处理方式

情况	要求	语言
向顾客询问，得不到回答时	这时不应有不满或反感情绪，而是稍提高点声音，再次亲切向顾客询同成拿出几种商品，用商品答话	"您想看看这个吗？"或"我给您拿出几种看看好吗？"
向顾客询问，得不到礼貌回答时	这时应有高度的涵养，不计较顾客的语言态度。并以文明礼貌的语言去感染他们	"同志，如果您对我们的服务工作感到不满的话，欢迎批评指正"
顾客挑得仔细，而其他购物的顾客又多时	可向正在挑选商品的顾客交代清楚，语言要柔和简练，让其慢慢挑；再接待其他顾客，要眼观六路、耳听八方	"同志，您先挑选，不合适我再给您换"或"别着急，慢慢挑"
顾客代他人购物，规格又讲不清时	应仔细询问托买人的情况	"请再问问朋友/家人需要什么药品"或"请保留好发票，如有质量问题以便退调"
对于挑剔的顾客，在接待时	主动热情介绍商品的性能、特点，引导顾客拿主意，说话既要诚恳又要有说服力	"请您仔细看看说明书，不合适我再给您拿"
与顾客发生了矛盾，顾客确实无理	坚持"服务第一，顾客至上，顾客总是对的"的思想，首先要有一个高姿态。正确对待顾客，在坚持原则、讲清道理的前提下要宽以待人、感化顾客	"同志，没关系，您到这里来，就是我们的客人，我们欢迎您再来"
接待老年人买东西反应慢	对老年人要加热情、耐心，顾客多时，首先接待老年人，帮助挑选，开好销售小票并交代清楚，包扎验好商品	"大娘大爷，不要着急，请您慢慢挑，我再给拿几种"或"您到收银台交款，注意安全，交了款后到我这里来取商品"
几位顾客一起来买商品意见又不统一时	应掌握顾客心理，当好参谋，要以满足购买本人或当权者的要求为原则来调和矛盾，尽快成交，引导购买	"我看这种不错，请您再好好看一下"，应介绍这种药品的作用特点、适应证等

续表

情况	要求	语言
在记账、制表、整理或补充商品时,顾客问话	应首先微笑点头示意,如无特殊原因,应立即停止手头的工作去接待顾客。如一时走不开也应向顾客打招呼	"对不起,让您久等了,我马上就来"
顾客在挑选商品时时间较长又不中意,但又不好意思离开时	要注意观察顾客的心理,本着对顾客负责的态度,讲究职业道德	"同志,没关系,请您再到别的药店去看看"

五、服务程序

根据顾客购买药品时的心理变化,必须辅之以适当的服务步骤,这些操作基本可分为等待时机—初步接触—药品展示—揣摩需求—药品说明—劝说诱导—把握要点—促成成交—收款包装—送客共十个步骤。

（一）等待时机

当顾客还没有上门之前,营业员要随时做好迎接顾客的准备,要精力充沛,不能松松垮垮、无精打采。在此时要把握的原则是保持正确的姿势,选择正确的位置,时时以顾客为重。

（二）初步接触

顾客进店之后,营业员可以一边和顾客寒暄,一边和顾客接近,这一行动称之为"初步接触"。接触的方式主要有以下几种。

① 与顾客打个招呼。

② 直接向顾客介绍他中意的药品。

③ 询问顾客的购买意愿。

（三）药品展示

就是想办法让顾客了解药品的详细说明。药品展示要对应于顾客购买心理过程之中的联想阶段与欲望阶段之间。药品展示不但要让顾客把药品看清楚,还要让他产生相关的联想力。

药品展示一般通过示范法、感知法、多种类示出法和逐级出示法让顾客了解药品的使用过程、药品禁忌证、药品的疗效,同时提供几种药品让顾客选择比较。

（四）揣摩需求

顾客的购买动机不同,其需求便不同,所以药品零售企业营业员要善于揣摩顾客的需要,明确顾客究竟要买什么样的药品、治什么病,这样才能推荐最合适的药品给顾客,才能帮助顾客做出最明智的选择。

（五）药品说明

即营业员向顾客介绍药品的疗效。顾客在产生购买欲望之后,并不能立即决定购买,还要进行比较、权衡,直到对药品充分信赖之后才会购买,在这个过程之中,营业员就必须做好药品的专业说明工作。但要注意,药品说明并不是在给顾客开药品知识讲座,药品说明必须有针对性,要针对顾客的疑虑进行澄清说明,要针对顾客的兴趣点进行强化说明。一定要在不失专业知识的前提下,用语尽量通俗易懂。

（六）劝说诱导

顾客在听了营业员的相关讲解之后,就开始做出决策了,这时营业员要把握机会,及时游说达成购买，这一步骤称为"劝说"。

（七）把握要点

一个顾客对于药品往往会有较多需求，但其中必有一个需求是主要的，而能导致顾客购买的药品特性便称之为销售要点，当营业员把握住了销售要点，并有的放矢地向顾客推荐药品时，交易是最易于完成的。我们在作销售要点的说明时，一般会注意到以下要点。

① 了解顾客购买药品是要由何人、何处、什么时候、怎样用、如何去使用。

② 说明要点要言词简短。

③ 能形象、具体地表现药品的特性。

④ 针对顾客提出的病症进行说明。

⑤ 按顾客的询问进行说明。

（八）促成成交

顾客在对药品和营业员产生了信赖之后，就会决定采取购买行动。但有的顾客还会残存有一丝疑虑，又不好明着向药品购销员说，这就需要营业员做进一步的说明和服务工作，这一步骤称为"成交"。

1. 成交时机

① 顾客突然不再发问时。

② 顾客的话题集中在某个药品时。

③ 顾客不讲话而若有所思时。

④ 顾客不断点头时。

⑤ 顾客开始注意价钱时。

⑥ 顾客开始询问购买数量时。

⑦ 顾客关心售后服务问题时。

⑧ 顾客不断反复地问同一个问题时。

2. 促进成交的方法

① 不要给顾客再看新的药品了。

② 缩小药品选择的范围。

③ 帮助确定顾客所要的药品。

④ 对顾客想买的药品作一些简要的要点说明，促使其下定决心。

这一过程千万不能用粗暴、生硬的语言催促顾客："怎么样，您到底买还是不买？""您老磨蹭什么，没看我这儿顾客多着吗？"如果这样，顾客反而会下定决心不购买。

（九）收款和包装

顾客决定购买后，营业员就要进行收款和包装。在收款时，营业员必须唱收唱付、清楚准确，以免双方出现不愉快。收款时要做到以下五条。

① 让顾客知道药品的价格。

② 收到货款后，把金额大声说出来。

③ 在将钱放进收款箱之前，再数点一遍。

④ 找钱时，要把数目复述一次。

⑤ 将余额交给顾客时，要再确认一遍。

包装药品要注意以下四点。

① 包装力求牢固、安全、整齐、美观。

② 包装之前要特别注意检查药品有没有破损脏污。

③ 如因环保要求、有偿提供购物袋的，要向顾客耐心解释清楚。

④ 包装时要快捷稳妥，不要拖沓。

（十）送客

包装完毕后营业员应将药品双手递给客人，并怀着感激的心情向顾客道谢。另外要注意留心顾客是否落下了什么物品，如果有，要及时提醒。

第二节 咨询服务

一、咨询类型

药学人员在对顾客服务过程中，常常会遇到顾客咨询，一般有以下咨询内容。

（1）知识性咨询 因为某种药品或某种症状、疾病提出咨询，希望能得到有关健康、药品购买或使用上的正确指导。

（2）质量查询 对公司提供的商品或服务质量有抱怨而通过来电、来函或直接上门进行查询。这多半反映在投诉上。

（3）购销业务咨询 顾客对某类（种）感兴趣的医药商品提出有关购销业务上的询问，或者在销售过程中，顾客对营业员的陈述提出异议。

二、咨询操作步骤

（1）倾听顾客咨询和异议 这一过程药学人员需要微笑倾听，耐心地让顾客把话说完，不要打断他的话。

（2）证实你理解了顾客的问题 重复一遍这个问题的大致内容，可以让你的思想保持和顾客一致。

（3）不要争论 对顾客的异议作出反应时，一定要尊重顾客的意见，说几句表示理解的话，可以促进顾客对你的信任感。

（4）回答异议 对一个异议作出反应可以有多种技巧，但在回答前可稍作停顿，一方面给自己一个机会考虑回答问题的适当方式，也有助于顾客更认真地听取你的意见。

（5）努力成交 在回答异议或解答疑问后要努力把握成交的机会，即使对于仅仅来为健康或疾病用药进行咨询，没有购买计划的顾客，也要热情提供服务，使他成为下一个忠实顾客。

三、咨询异议处理

在接待顾客咨询过程中，只要顾客不断地提出问题和异议，就表明他们一直存在购买药品的兴趣，这一桩交易就有可能达成。药学人员要掌握回答顾客异议的技巧，顾客提出的每一个问题都有其具体的情况和背景，有的问题需要详细说明，有的三言两语即可解决，不能采取千篇一律的方法来处理。一般说来，回答顾客的异议总共有以下八种方法。

（1）"是，但是"法 这是一个回答顾客异议时广泛应用的一种方法。它的特点是简单而有效。"是，但是"法的核心是：一方面，要对顾客的意见表示同意；另一方面，又要解释顾客产生意见的原因及顾客看法的片面性。大多数顾客在提出对药品的不同看法时，都是从自己的主观感受出发的，往往带有某种偏见。采用"是，但是"法，可在不和顾客发生争执的情况下，委婉地指出顾客的看法是错误的。

（2）"高视角，全方位"法 顾客可能提出药品某个方面的缺点，药学人员则可以强调药品的突出优点，以弱化顾客提出的缺点，当顾客提出的异议基于事实依据时，可用此法。

（3）"自食其果"法 采用这种方法，实际上是把顾客提出的缺点转化成优点，并作为他购买的理由。

（4）"问题引导"法 有时可以通过向顾客提问题的方法引导顾客，让顾客自己解除疑虑，自己找出答案，这可能比让药学人员直接回答问题效果还好些。

（5）"示范"法 示范法就是操作商品的表演，通过示范表演来证明顾客的看法是错误的，而不用你直接指出来。

（6）"介绍他人体会"法 这种方法就是利用使用过药品的顾客的"现身说法"来说服顾客。一般说来，顾客都愿意听听使用者对药品的评价，所以那些感谢信、表扬信等都是说服顾客的活教材。

（7）"展示流行"法 这种方法就是通过揭示当今药品流行趋势，劝说顾客改变自己的观点，从而接受营业员的推荐。这种方法一般适用于对年轻顾客的说服上。

（8）"直接否定"法 当顾客的异议来自不真实的信息或误解时，可以使用"直接否定"法。

四、咨询记录

在咨询接待过程中，要根据咨询的内容，顾客提出的异议、商品及服务的质量投诉分别予以记录。记录的目的，一方面是药品经营质量管理要求所有行为需要有记录；另一方面，通过信息收集采集可以改善公司内部管理。顾客咨询记录表见14-3。

表 14-3 顾客咨询记录

日期	咨询内容	顾客姓名	地址	电话	接待人	处理意见	咨询解答	备注

第三节 投诉处理

一、顾客投诉原因和类型

1. 顾客投诉原因

产生投诉的原因可从药店营业员和顾客两个方面进行分析。

（1）药店营业员方面 从营业员角度看，产生投诉的原因可能在于顾客有较高的期望而营业员却未意识到；营业员虽有较高的服务质量规范和制度，但实际落实情况不理想；所提供的服务与对外宣传、沟通之间存在落差等。

（2）顾客方面 从顾客的角度看，发起投诉主要是因为预期服务质量与感知服务之间差距较大或未得到承诺的服务。

2. 顾客投诉类型

产生投诉的原因可从顾客投诉在一定意义上属于危机事件，其投诉的常见类型如下。

① 不满意服务提供者的态度或服务质量。

② 取药后认为药品数量不对。

③ 对药品质量存在疑问。

④ 因各种原因要求退药。

⑤ 用药后发生严重不良反应。

⑥ 对药品价格有异议。

二、投诉处理程序

应对顾客投诉时应当妥善处理每一位顾客的不满意与投诉，并且情绪上使之觉得受到尊重，处理顾客投诉时应遵循程序见图 14-1。

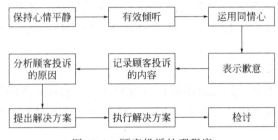

图 14-1 顾客投诉处理程序

三、投诉处理基本原则

1. 树立正确的服务理念

药店是服务性行业，全员要经常学习现代服务理念和行业最新发展动态，不断提高自身的综合素质和业务能力，树立全心全意为顾客服务的思想和"顾客永远是正确的"的观念。投诉处理人员在面对愤怒的顾客时，一定要注意克制自己，避免感情用事，始终牢记自己代表的是公司或药店的整体形象。

2. 有章可循

药店要制订相对完善的制度，并确定专门人员处理顾客的投诉问题，使各种情况的处理都有章可循，同时也有利于保持药店服务的统一和规范。另外，还要注意做好各种可能出现情况的预防工作，防患于未然，尽量减少顾客投诉。

3. 及时处理

处理顾客投诉时切记不要拖延时间，更不能推卸责任。所有人都应通力合作，迅速做出反应，向顾客"稳重＋清楚"地说明有关情况和事件的原因，并力争在最短时间里全面解决问题，给顾客一个满意的答复。拖延或推卸责任，会进一步激怒投诉者，使事情更加复杂化。

4. 分清责任

不仅要分清造成顾客投诉的责任部门和责任人，而且需要明确处理投诉的各部门、各类人员的具体责任与权限，以及顾客投诉得不到及时、圆满的解决时的相关责任。

5. 留档分析

对每一起顾客投诉及其处理结果，要由专人负责进行详细的记录，内容包括投诉内容、处理过程、处理结果、顾客满意程度等。通过对记录的回顾，吸取教训，总结经验，为以后更好地处理顾客投诉提供参考。

四、处理顾客投诉技巧

正确妥善地处理顾客的投诉，可以提高服务质量，增进顾客的信任。反之，不但无益于顾客的药物治疗，无益于改善自身的服务，同时对顾客的失信和伤害可能会产生链式反应，从而失去更大的顾客群。因此，在处理顾客投诉时，应注意做好以下几点。

1. 选择合适的地点

如投诉即刻发生（即刚接受服务后便发生投诉），应尽快将顾客带离现场，以缓和顾客情绪，避免事件对其他服务对象造成影响。接待顾客的地点宜选择办公室、会议室等场所，有益于谈话和沟通。

2. 选择合适的人员

无论是即刻或事后的投诉，均不宜由当事人来接待顾客，以排除情感干扰。一般的投诉，可由当事人的主管或同事接待。事件比较复杂或顾客反映的问题比较严重，则应由店长、经理亲自接待。

3. 处理时态度要温和

首先保持对顾客的尊重，其次运用换位思考的方式，通过恰当的语言和诚恳的态度，使顾客能站在药品购销员或药店的立场上，理解、体谅其工作，使双方在一个共同的基础上达成谅解。

4. 保存证据

保存适当的有形证据，如处方、清单、病历、药历或电脑存储的相关信息，以应对顾客的投诉，同时需要保证证据和说辞具有一致性。

自测练习

一、单项选择题

1.（　　）就是要求我们在服务过程中，既要严于律己，更要宽以待人。

A. 尊重　　　　　　　　B. 真诚　　　　　　　　C. 宽容　　　　　　　　D. 适度

2.（　　）是人类交往的基本工具。

A. 微笑　　　　　　　　B. 表情　　　　　　　　C. 文字　　　　　　　　D. 语言

3. 接待不问价格、质量和用途，到药店就买的冲动型顾客，要注意（　　）

A. 接待服务要耐心，做到问不烦，拿不厌。

B. 尊重顾客的消费习惯，满足他们的要求。回答问题、拿递商品要迅速。

C. 要在"快"字上下功夫，同时还要细心介绍商品性能、特点和作用，提醒注意考虑比较。

D. 多介绍、耐心宣传解释，当好参谋，在"讲"字上下功夫，指导消费。

4. 产生投诉的原因可从（　　）两个方面进行分析。

A. 药店营业员以及顾客　　　　　　　　　B. 药品价格以及质量

C. 药店以及药品　　　　　　　　　　　　D. 顾客以及药品

5. 回答顾客的异议时，药学人员把顾客提出的缺点转化成优点，并作为他购买的理由。这种方法称作（　　）

A. "是，但是"法　　　B. "自食其果"法　　　C. "示范"法　　　D. "直接否定"法

二、多项选择题

1. 对药品购销员仪容仪表仪态的基本要求是（　　）

A. 干净整齐　　　　　B. 端庄大方　　　　　C. 神清气爽

D. 浓妆艳抹　　　　　E. 朝气蓬勃

2. 一般顾客需要咨询的内容主要有（　　）

A. 电话咨询　　　　　B. 现场咨询　　　　　C. 知识性咨询

D. 质量查询　　　　　E. 购销业务咨询

3. 在处理顾客投诉时，应注意做好哪几点（　　）

A. 选择合适的地点　　B. 选择合适的人员　　C. 处理时态度要温和

D. 保存证据　　　　　E. 觉得自己有理的要据理力争

三、简答题

1. 药店营业员在沟通时的语言表达应注意哪些方面？

2. 处理投诉的基本原则是什么？

实训练习

接待顾客，并处理顾客提出的异议或投诉。

1. 角色分配：有学员药学人员和顾客。

2. 情景设计：

① 顾客进门时，药学人员接待顾客。

② 面对不同类型的顾客（参考表 14-1），和接待中出现的不同情况（参考表 14-2），药学人员不同的接待技巧。

③ 面对顾客提出的价格、质量等异议，进行处理。

④ 面对顾客因为药品质量、价格或购销员服务的投诉，进行处理。

3. 两个学员一组，抽签决定药学人员和顾客，抽签决定情景，准备 3min 后进行表演。表演时其余同学注意观察，表演完后讨论，指出成功和不足之处，教师当场总结、打分，然后进行下一组抽签表演。

参考文献

[1] 陈新谦，金有豫，汤光. 新编药物学. 第 18 版. 北京：人民卫生出版社，2018.

[2] 周超凡，刘玉玺，胡欣. 国家基本药物实用指南. 北京：人民军医出版社，2010.

[3] 贡联兵，庞浩龙，李站立. 常用中成药合理应用. 北京：人民军医出版社，2006.

[4] 孙师家，姚丽梅. 实用方剂与中成药. 北京：化学工业出版社，2013.

[5] 杨群华，刘立. 实用药物商品知识. 北京：化学工业出版社，2015.

[6] 覃裕旺，赵兰江. 全科医师用药速查. 北京：人民军医出版社，2015.

[7] 蒋红艳. 常见病例处方分析及用药分析能力训练. 北京：科学出版社，2011.

[8] 向敏，缪丽燕. 基础药学服务. 北京：化学工业出版社，2012.

[9] 杨宝峰. 药理学. 第 8 版. 北京：人民卫生出版社，2013.

[10] 印晓星，张庆柱. 临床药理学. 北京：中国医药科技出版社，2016.

[11] 国家食品药品监督管理总局执业药师资格认证中心. 药学专业知识（二）. 第 7 版. 北京：中国医药科技出版社，2018.

[12] 张虹，秦红兵. 药理学. 第 3 版. 北京：中国医药科技出版社，2017.

[13] 邓冬梅，柯小梅. 连锁药店运营管理. 北京：化学工业出版社，2015.

[14] 王东风. 医药商品购销员国家职业资格培训教程. 北京：中国中医药出版社，2003.

[15] 中华人民共和国劳动和社会保障部. 医药商品购销员国家职业标准. 北京：中国中医药出版社，2002.

[16] 丛淑芹，丁静. GSP 实用教程. 第 2 版. 北京：中国医药科技出版社，2017.

[17] 鞠强. 中国痤疮治疗指南（2019 修订版）. 临床皮肤科杂志，2019，48（9）：583-588.

[18] 国家卫生健康委员会. 手足口病诊疗指南（2018 年版）. 中国病毒病杂志，2018，8（5）：347-352.

[19] 李邻峰. 中国湿疹诊疗指南（2011 年）解读. 中国社区医师，2012，28（30）：7-10.

[20] 余稿婕，陈子林. 干眼的定义与分类的研究现状. 中国临床新医学，2019，12（07）：801-804.

[21] 甘湘宁，周凤莲. 医药市场营销实务. 北京. 中国医药科技出版社，2017.

第一章　医学基础知识

一、单项选择题

1. D　2. B　3. A　4. D　5. D　6. A

二、多项选择题

1. ABCD　2. AB　3. ABCD

三、简答题

略

第二章　药物基础知识

一、单项选择题

1. B　2. B　3. A　4. A　5. C　6. B

二、多项选择题

1. ABCD　2. ABDE　3. ABCD

4. ABCDE

三、简答题

略

第三章　常用药物介绍

一、单项选择题

1. D　2. D　3. D　4. B　5. A　6. D

7. D　8. B　9. D　10. B

二、多项选择题

1. ABE　2. ABCDE　3. BCDE

三、简答题

略

第四章　保健食品与医疗器械

一、单项选择题

1. C　2. C　3. C　4. D　5. D

二、多项选择题

1. BCE　2. AB　3. ABC

三、简答题

略

第五章　常见病药物治疗

一、单项选择题

1. B　2. A　3. D　4. B　5. B　6. A

7. D　8. C　9. A　10. C

二、多项选择题

1. ABCDE　2. ABD　3. AB

三、简答题

略

第六章　药品采购

一、单项选择题

1. D　2. B　3. A　4. A　5. C

二、多项选择题

1. ABC　2. ABD

三、简答题

略

第七章　药品收货与验收

一、单项选择题

1. B　2. B　3. A　4. D　5. C

二、多项选择题

1. BCDE　2. ACDE　3. ABCDE

三、简答题

略

第八章　药品储存与养护

一、单项选择题

1. C　2. B　3. D　4. C　5. A　6. C

二、多项选择题

1. ABCDE　2. BCD　3. ABCE

4. ABD

三、简答题

略

第九章　药品陈列

一、单项选择题

1. B　2. B　3. C　4. A　5. D　6. C

二、多项选择题

1. ABCD　2. ACDE　3. ABCE

三、简答题

略

第十章 药品销售

一、单项选择题

1. B 2. B 3. B 4. C 5. A

二、多项选择题

1. ABD 2. ABCDE 3. ABCD
4. ABC

三、简答题

略

第十一章 用药咨询与指导

一、单项选择题

1. B 2. A 3. D 4. C 5. B

二、多项选择题

1. ABCD 2. ACE 3. ABCDE

三、简答题

略

第十二章 药品营销

一、单项选择题

1. B 2. C 3. B 4. A 5. A

二、多项选择题

1. ABCD 2. ACD 3. ABCDE

三、简答题

略

第十三章 经济核算

一、单项选择题

1. A 2. B 3. A 4. C 5. D

二、多项选择题

1. ABC 2. ABD

三、简答题

略

第十四章 顾客服务

一、单项选择题

1. C 2. D 3. C 4. A 5. B

二、多项选择题

1. ABCE 2. CDE 3. ABCD

三、简答题

略